北京语言大学
列国汉学史书系
Sinological History Series

荷兰汉学史

熊文华 著

學苑出版社

图书在版编目（CIP）数据

荷兰汉学史 / 熊文华著. —北京 ：学苑出版社，2012.4
（列国汉学史书系/阎纯德，吴志良主编）
ISBN 978-7-5077-3987-9

Ⅰ. ①荷… Ⅱ. ①熊… Ⅲ. ①汉学－历史－荷兰
Ⅳ. ①K207.8

中国版本图书馆CIP数据核字（2012）第052952号

责任编辑：杨　雷
封面设计：徐道会
出版发行：学苑出版社
社　　址：北京市丰台区南方庄2号院1号楼
邮政编码：100079
网　　址：www.book001.com
电子信箱：xueyuan@public.bta.net.cn
销售电话：010-67675512　67678944　67601101（邮购）
经　　销：新华书店
印 刷 厂：河北金鑫印刷有限公司
开本尺寸：710×1000　1/16
印　　张：22
印　　数：1500册
版　　次：2012年4月第1版
印　　次：2012年4月第1次印刷
定　　价：45.00元

本书系之出版获澳门霍英东基金会与澳门基金会资助

序

经过近30年多位学者的辛劳努力,现在我们可以说,国际汉学研究确实已经成长为一门具有特色的学科了。"汉学"一词本义是对中国语言、历史、文化等的研究,而在国内习惯上专指外国人的这种研究,所以特称"国际汉学",也有时作"世界汉学"、"国际中国学",以区别于中国人自己的研究。至于"国际汉学研究",则是对国际汉学的研究。中外都有学者从事国际汉学研究,但我们在这里讲的,是中国学术界的国际汉学研究。自从"改革开放"以来,国际汉学研究改变了禁区的地位,逐渐开拓和发展。其进程我想不妨划分为三个阶段:一开始仅限于对国际汉学界状况的了解和介绍,中心工作是编纂有关的工具书,这是第一个阶段。到了20世纪90年代,出现国际汉学研究的专门机构,大量翻译和评述汉学论著,应作为第二个阶段。在这两个阶段里,学者们为深入研究国际汉学打好了基础,准备了条件。新世纪到来之后,进入全面系统地研究国际汉学的可能性应该说业已具备。今后国际汉学研究应当如何发展,有待大家磋商讨论。以我个人的浅见,历史的研究与现实的考察应当并重。国际汉学研究不是和现实脱离的,认识国际汉学的现状,与外国汉学家交流沟通,对于我国学术文化的发展以至于多方面的工作都是必要的。我曾经提议,编写一部中等规模的《当代国际汉学手册》,使我们的学者便于使用;如果有条件的话,还要组织出版《国际汉学年鉴》。这样,大家在接触外国汉学界时,不会感到隔膜,阅读外国汉学作品,也就更容易体味了。必须指出的是,国际汉学有着长久的历史,因此现实和历史是分不开的,不了解各国汉学的历史传统,终究无法认识汉学的现状。我们已经有了不少国际汉学史的著作及论文。实际上,公推为中国最早的汉学史专书,是1949年出版的莫东寅《汉学发达史》,尽管是通史体裁,也包含了分国的篇章。这本书最近已有经过校勘的新版,大家容易看到,尽管只是概述性的,却使读者能够看到各国汉学互相间的关系。由此可见,有组织、有系统地考察各国汉学的演进和成果,将之放在国际汉学整体的背景中来考察,实在是更为理想的。

这正是我在这里向大家推荐阎纯德教授、吴志良博士主编的这套"列国汉学史书系"的原因。阎纯德教授在北京语言大学主持汉学研究所工作多年,是我在这方面的同行和老友,曾给我以许多帮助。他为推进国际汉学研究,可谓不遗余力,所做出的重要贡献是学术界周知的。在他的引导之下,《中国文化研究》季刊成为这一学科的园地,随之又主编了《汉学研究》,列为《中国文化研究汉学书系》,有非常广泛的影响。其锲而不舍的精神,我一直敬服无地。特别要说的是,阎纯德教授这几年为了编著这套"列国汉学史书系"所投入的心血精力,可称出人意想。在《汉学研究》第八集的《卷前絮语》中,阎纯德教授慨叹:"《汉学研究》很像同人刊物,究其原因是因为从事这个领域研究的学者太少,尤其是专门的研究者更是少之又少,所以每一集多是读者相熟的面孔。"现在看"列国汉学史书系",作者已形成不小的专业队伍,这是学科进步的表现,更不必说这套书涉及的范围比以前大为扩充了。希望"列国汉学史书系"的问世成为国际汉学研究这个学科在新世纪蓬勃发展的一个界标,让我们在此对阎纯德教授、这套书的各位作者,还有出版社各位所做出的劳绩表示感谢。

李学勤

2007 年 4 月 8 日

于清华大学国际汉学研究所

序　二

汉学历史和学术形态历史是既抽象又具体的存在，是浩瀚无边的过去、现在和未来。历史会让我们兴奋，也会使我们悲哀，有时会令人觉得它又仿佛是一个梦。但是，当我们梦醒而理智的时候，便会发现——自然史、时间史、太阳史、地球史、人类社会史，一切的一切，不管是曾经存在过的恐龙，还是至今还在生生不息的蚂蚁社群，天上的，地下的，看得见的，看不见的，一切都有自己的历史。一切都有过发生，一切都还在发展，一切都还会灭亡。

任何事物的发生都有一个有形或无形的孕育过程，“汉学”（Sinology）也是这样，其孕育和成长，就是中国文化与异质文化相互交媾浸淫的历史。这个历史，始于公元1世纪前后汉代所开通的丝绸之路，接下来是7—8世纪的大唐帝国、14—15世纪的明代、清末的鸦片战争和“五四”新文化运动，这种文化的碰撞和交流之潮时起时伏直到今天。这是历史，是汉学的昨天和今天，孕育、发生和成长的过程显现出的文化精神。但是，昨天有远有近，我们可以循蛛丝马迹探讨，找回其真；而今天，只是一个过渡，一俟走过，便成为昨大的陈迹。写作汉学史是一件艰难的劳作，尤其对象是遥远的昨天，尤其是“遗失”在异国他乡的昨天，更非一件易事。时至今日，朦胧面纱下的汉学还不为一些学人所认识，因此有必要取下面纱，让人们看个究竟。

从20世纪70年代中期之后，尤其90年代以降，“汉学”（Sinology）便逐渐成为学术界耳熟能详的学术名词。中国大陆重提“汉学”（Sinology）至今，汉学就像隐藏在深山里的小溪，经过30年的艰辛跋涉之后，才终于形成一条奔腾的水流，并成为中国文化水系不可或缺的组成部分。这个变化是时代和历史变迁带来的结果，也是文化自己发展的规律。

那么，究竟什么是汉学（Sinology）呢？首先，这里的汉学非指汉代研究经学注重名物、训诂——后世称“研究经、史、名物、训诂考据之学”的“汉学”,而是指外国人研究中国历史、语言、哲学、文学、艺术、宗教、考古及社会、经济、法律、科技等人文和社会科学领域的那种学问,这起码已是200多年来世界上的习惯学术称谓。李学勤教授多次谈到这个问题:“‘汉学’,英语是Sinology,意思是对中国历史文化和语言文学等方面的研究。在国内学术界,‘汉学’一词主要是指外国人对中国历史文化等的研究。有的学者主张把它改译为‘中国学’,不过‘汉学’沿用已久,在国外普遍流行,谈外国人这方面的研究,用‘汉学’比较方便。”李学勤《国际汉学漫步·序》,河北教育出版社,1997年。Sinology一词来自外国,它不是汉代的“汉”,也不是汉族的“汉”,不指一代一族,其词根sino源于秦朝的“秦”(Sin),所指是中国。

在历史长河里,汉学由胚胎逐渐发育成长。虽然在1814年12月11日,法国法兰西学院才有第一个被称为西方汉学起点的汉学讲座;但指代汉学的“Sinologie”(英文“Sinology”)一词则出现在18世纪末,早于由雷慕沙(Jean Pierre Abel Remusat)主持第一个汉学讲座的时间,更不会晚于1838年。从此之后,“Sinology”便成为主导汉学世界的图腾,约定俗成的学术“域名”。在世界文化史和汉学史上,外国人把研究中国的学问称为“汉学”,研究中国学问的造诣深厚的学者称为“汉学家”。因此,我认为,我们不必要标新立异,根据西方大部分汉学家的习惯看法,“Sinology”发展到如今,这一历史已久的学术概念有着最广阔的内涵,绝不是什么“汉族文化之学”,更不是什么汉代独有的“汉学”,它涵盖中国的一切学问,既有以儒释道为核心的传统文化,也包含“敦煌学”、“满学”、“西夏学”、“突厥学”以及“藏学”和“蒙古学”等领域。但是一直以来人们对汉学的理解和解释相左,因此便有了“中国学”、“海外汉学”、“海外中国学”、“域外汉学”、“国际汉学”、“世界汉学”等不同的叫法;如果咬文嚼字,推演下来,一定还会有“国内汉学”、“国内中国学”,甚至“北京汉学”、“河南汉学”等。由于汉学的发展、演进,以法国为首的“传统汉学”和以美国为首的“现代汉学”,到了20世纪中叶之后,研究内容、理念和方法,已经出现相互兼容并包状态,就是说Sinology可以准确地包含Chinese Studies的内容和理念;从历史上看,尽管Sinology和Chinese Studies所负载的传统和内容有所不同,但现在却可以互为表达同一个学术概念了。话再说回来,对于这样一个负载着深刻而丰富的历史内涵的学术“域名”,我以为还是 Sinology 最好,因为,Sinology 不仅承继了汉学的传统,而且也容纳了 Chinese Studies 较为广阔的内容。另外,中国人对中国文化的研究应该称为国学,而外国学者研究中国文化的那种学问则称为汉学。这样,汉学既符合中国文化的学术规范,又符合世界上的历史认同与学术发展实际。

汉学的历史是中国文化与异质文化交流的历史,是外国学者阅读、认识、理解、研究、诠释中国文明的结晶。汉学作为外国人认识中国及其文化的桥梁,是中国文化和外国文化撞击后派生出来的学问,实际上也是中国文化另一种形式的自然延伸。但是,汉学不是纯粹的中国文化,它与中国文化有着密不可分的血缘关系,既是中外文化的“混血儿”,又是可以照见“中国文化”的镜子,是可以攻玉的“他山之石”。“‘Sinology’是一门在国际文化中涉及双边或多边文化关系的近代边缘性的学术,它以‘中国文化’作为研究的‘客体’,以研究者各自的‘本土文化语境’作为观察‘客体’的基点,在‘跨文化’的层面上各自表述其研究的结果,它具有‘泛比较文化研究’的性质。”[①]以上两种表述虽有不同,但学理一致,基本可以厘清我们对于 Sinology(汉学)的基本学术定位。

法国汉学家马伯乐(Henri Maspero)说过:“中国是欧洲以外仅有的这样的一个国家:自远古起,其古老的本土文化传统一直流传至今。”法国哲学家弗朗索瓦·于连(François Jullien)也说:“中国文明是在与欧洲没有实际的借鉴或影响关系之下独自发展的、时间最长的文明……中国是从外部审视我们的思想——由此使之脱离传统成见——的理想形象。”[②]他在《为什么我们西方人研究哲学不能绕过中国》中提出:“我们选择出发,也就是选择离开,以创造远景思维的空间。人们这样穿越中国也是为了更好地阅读希腊。”为了获得一个“外在的视点”,他才从遥远的视点出发,并借此视点去“解放”自己。这便是一个未曾断流、在世界上仅存的几种古老文化之一的中国文明的意义。中国文明是一道奔流不息的活水,活水流出去,以自己生命的光辉影响世界;流出的“活水”吸纳异国文化的智慧之后,形成既有中国文化的因子,又有外国文化思维的一种文化,这就是“汉学”。

① 严绍璗:《我对 Sinology 的理解和思考》,载 2006 年《世界汉学》第四期。

② [法]弗朗索瓦·于连(François Jullien):《迂回与进入》,中国香港三联书店,1998 年。

也就是说，汉学是以中国文化为原料，经过另一种文化精神的智慧加工而形成的一种文化。从某种意义上说，汉学既是外国化了的中国文化，又是中国化了的外国文化；抑或说是一种亦中亦西、不中不西有着独立个性的文化。汉学作为一门独立的具有跨文化性质的学科，是外国文化对中国文化借鉴的结果。汉学对外国人来说是他们的“中学”，对中国人来说又是西学，它的思想和理论体系仍属“西学”。

汉学研究是指对外国汉学家及其对中国文化研究成果的再研究，是中国学者对外国学者研究中国文化的反馈，也是对外国文化借鉴的一个方面。凡是对历史或异质文化进行研究，都有一个价值判断和公正褒贬的问题。因此，对于外国汉学家对于我们中国文化的研究，必得有我们自己的判断，然后做出公正的褒贬。我们说汉学是可以攻玉的“他山之石”，但是这句箴言并非只是适用于中国人，对外国人也是一样。汉学也像外国的本体文化一样，对我们来说有借鉴作用，对西方来说有启迪作用——西方学者以汉学为媒介来了解中国，汲取中国文化的精华，完善自己的文明。人类由于文化背景差异和文化语境的不同，思维方向和方式也会不同，因而就会得出不同的结论，讲出不同的道理。“西方学者接受近现代科学方法的训练，又由于他们置身局外，在庐山以外看庐山，有些问题国内学者司空见惯，习而不察，外国学者往往探骊得珠。如语言学、民俗学、考古学、人类学、社会学诸多领域，时时迸发出耀眼的火花。”[①]汉学的学术价值往往不被国人重视，并利用汉学家对于中国文化的一些误读贬低汉学的价值。其实，这并不公平，有些汉学家对于中国文化确实有其独到的见解，能发中国人未发之音。法国汉学家马伯乐（Henri Maspero，1883—1945）对中国上古文化和上古宗教的研究就有独到的贡献，被称对中国宗教研究有“先河”之功。他研究中国宗教的宗教社会学的方法，促进和推动了中国学者采用宗教社会学来研究中国宗教，被称为“中国宗教社会学研究的真正创始人”。瑞典汉学家高本汉（Bernhard Karlgren，1889—1978），终生的最高成就是根据研究古代韵书、韵图和现代汉语方言、日朝越诸语言中汉语借词译音构拟汉语中古音和根据中古音和《诗经》用韵、谐声字构拟古音，写出了著名的学术专著《中国音韵学研究》、《汉语中古音与古音概要》、《古汉

① 季羡林：《汉学研究·序》第七集，中华书局，2003年。

语字典重订本》、《中日汉字形声论》、《论汉语》、《诗经注释》、《尚书注释》和《汉朝以前文献中的假借字》等,他对汉语音韵训诂的研究是不少中国学者所不及的,并深刻影响了对于中国音韵训诂的研究。20 世纪著名的日本学者津田左右吉关于中国文化的研究著述甚丰,他认为中国文化是一种"人事本位文化",其核心是"帝王文化",其他认识上尽管有偏颇,但也有其独异性和深刻之处。这就是"他山之石"的意义和价值。当然,不可否认,汉学家对于中国文化的误读或歪曲也是常见的,诸如瑞典考古学家安特生(John Gunnar Andersson)于 1921 年 10 月对河南仰韶文化遗址发掘之后,便说中国彩陶制作技术源于西方,并在他的《甘肃考古记》和《黄土儿女》著作中反复强调他的这一错误观点。这一观点亦为"西方文化东移造成中国文化之说"提供了说辞。日本学者石田幹之助也推波助澜,闭门造车地推测出西方文化东渐的路线;甚至连我们的国学大师章太炎、刘师培也被"忽悠"得认可了"中国文化西来说"①。美国现代汉学(中国学)的奠基人费正清对中国历史尤其近代史的研究独具风采,为美国人民认识中国搭建了一座桥梁;但他在研究上的所谓"冲击—回应"模式,却近乎荒谬,认为是西方给中国带来了文明,是西方的侵略拯救了中国。综上所述,对于汉学成果的研究,只有冷静、公正、客观、全面,才能在沙中淘得真金,拥抱"他山之石"。

在中国,汉学的接受与命运,诚实地说,在 20 世纪 80 年代初期之前,基本上是无视它的学术价值,更没人把它看做是中国文化的延伸。此外,由于民族心理上的历史"障碍",我们还曾视汉学为洪水猛兽,甚至觉得它是仇视中国、侮辱中国的一个境外的文化"孽种"。这种"观点",虽嫌偏颇,但也不是空穴来风。因为自 19 世纪"鸦片战争"前后,直至 20 世纪 40 年代,偌大的中国曾经惨遭蹂躏,整个历史写满了炮火压迫和宗教怀柔,其间也不乏为列强殖民政策服务的传教士、"旅行家"和"学者"深入中国腹地,以旅行、探险、考古之名而实行搜集社会情报、盗窃和骗取中国大批文物。

人类思想的飞翔,是受社会和历史禁锢的,山高水远的阻隔也使得人

① 《章太炎全集·〈訄书·序〉·〈种姓篇〉》,上海古籍出版社,1985 年;刘师培:《刘申叔先生遗书·〈思念祖国〉·〈华夏篇〉·〈国土原始论〉》。

类互相寻找的岁月特别漫长。交流是人类文化选择的自然形态,汉学就发生在这种物质交流和文化交流之中。

公元前后,中国人被称为赛里斯(Seres),中国叫赛里加(Serice),这是陆路交往关于中国最初的叫法,时间较早;另一种叫法,把中国人称为秦尼(Sinai),中国叫秦(Sin),这是海路交往关于中国的叫法,时间较晚。由商人输往西方的中国丝绸绢绘是当时帝王贵族倾慕的奢侈珍品,Seres 和 Serice 两字系由阿尔泰语所转化,是希腊罗马称谓中国绢绘的 Serikon、Sericum 两字简化而来。西方人当时称中国为“秦”(Sin),称中国人为“秦尼”(Sinai),则是源于秦朝。[①] 人类在互相寻找的初级阶段,中国和西方试探性的商业交往还很原始,那时的人类,不同的国家、民族和族群处于相对落后和封闭的状态,人类各个角落的不同文化还处于相对不自觉或是相对蒙昧的历史时期。在人类最早的沟通中,中国人走在最前边。公元前 139 年,张骞奉汉武帝之命,越过葱岭,亲历大宛、康居、大月氏、大夏、乌孙、安息等地,直达地中海东岸,先后两次出使中亚各国,历时 10 多年,开创了古代和中世纪贯通欧亚非的陆路“丝绸之路”,为人类交往开创了先河,也为汉学的萌发洒下最初的雨露。

在文化史上,以孔孟儒家学说为核心的中国文化最先影响朝鲜半岛,然后才是日本和越南等周边国家。这些周边国家与中国的关系复杂,甚至被说成同种同文,因此可以说它们的文化与中国文化有着很深的“血缘”关系。公元 522 年,中国佛教渡海东传日本,从那时开始,中国典籍便大量传入日本,但这只是一种“输入”,只是日本创建自己文化的借鉴,并没有形成对于中国文化的深层研究。及至唐代,由于文化上承接了汉朝的开放潮流,那时与异质文化的交流相对更加频繁,商贸往来和文化沟通有了发展,西方和中国周边国家或地域的人士通过陆路和水路进入中国腹地,长安、洛阳、扬州、广州、泉州等城市,都是中外贸易和文化交汇的重要都会,尤其是前者,更是当时世界最大的商业文化之都;而后者,由于东南沿海经济崛起、人口增多、手工业发达、农田水利的改善,为海外贸易发展创造了条件,再由于唐代中期“安史之乱”切断了陆路“丝绸之路”的缘故,曾称为“鲤城”、“温陵”、“刺桐城”的泉州,便成为联结亚洲、欧洲和非洲的海上丝

① 莫东寅:《汉学发达史》,北平文化出版社,民国 38 年,第 3 页。

绸之路的“东方第一大港”,是那时以丝绸、金银、铜器、铁器、瓷器为主的国际贸易之都。通过频繁的往来和交流,外国人对中国文化的认识越来越多、越来越深,汉学也便在这种交流中不知不觉慢慢衍生。

但是,源远流长的汉学,人们习惯地认为其洪流和网络在西方,西方是汉学的形象代表。这一看法一是源自近代以来西方强势文化和中国人的崇洋心理;二是西方汉学的某些特征也确实有别于朝鲜半岛、日本和越南的汉学。其实,如果我们从世界汉学历史发展的角度看,日本、朝鲜半岛和越南的汉学要早于西方的汉学,比如日本在十四五世纪已经初步形成了汉学,而那时西方的传教士还没有进入中国。因此,对于汉学的研究,无论是西方还是东方(朝鲜半岛、日本和越南),我们都不能顾此失彼,要以同样的关注和努力探讨其历史。当然,汉学的历史藏在文献里,而隐性源头却在文献之外。

文化往往伴随经济流动,其交流也会在不自觉或无意识状态下发生。到了明代初年,郑和率舰队出使西洋,前后 7 次,历经 28 年,到过 30 多个国家,最远抵达非洲东岸和红海口,真正拓展了海上“丝绸之路”。在公元八九世纪至十六七八世纪期间,关于中国,多见于西方商人、外交使节、旅行家、探险家、传教士、文化人所写的游记、日记、札记、通信、报告之中,这些文字包含着重要的汉学资源,因此有人把这些文献称为“旅游汉学”。这些人的东来源于文艺复兴,因为思潮的开放影响了欧洲人的思想和生活,他们或通商,或传教,或猎奇,但了解和研究中国文化却是一致的,于是汉学便在葡萄牙、西班牙、意大利、法国、荷兰、英国、德国、俄罗斯等主要的西方国家逐步发展起来。

这类游记和著作较早的有约在公元 851 年成书的描述大唐帝国繁荣富强的阿拉伯佚名作者的《中国与印度游记》,吕布吕基斯的《远东游记》(1254),意大利的雅各·德安克纳的《光明城》,贝尔西奥的《中华王国的风俗与法律》(1554),《利玛窦中国札记》,亚历山大·德·罗德的《在中国的数次旅行》(1666),南怀仁的《中国皇帝出游西鞑靼行记》(1684),费尔南·门德斯·托平的《游记》,李明的《关于中国现状的新回忆录》(1696)和《中华帝国全志》(《中国通志》)等,以及罗明坚、金尼阁、汤若望、卫匡国等名士的著作,还有大量名不见经传的传教士、商人、旅行家、探险家的各种记述,都成为日后汉学兴旺发达的必然因素。这类著作主要涉及中国的物质文明,较多描述、介绍中国的山川、城池、气候,以及生活起居、饮食、服饰、音乐、舞蹈,也涉及一些中国的观念文化。这些“旅游汉学”著作中,影响最大的是《马可·波罗纪行》(《东方见闻录》)。马可·波罗(Marco Polo)于1275年随父亲和叔父来中国,觐见过元世祖忽必烈,1295年回国后出版了这本书,它以美丽的语言和无穷的魅力翔实地记述了中国元朝的财富、人口、政治、物产、文化、社会与生活,第一次向西方细腻地展示了“唯一的文明国家”——“神秘中国”——的方方面面。

这些包罗万象的文献,不仅记录了不同时代的中国,还以自己的文化视角开始了中西文化最初的碰撞。作为文献,这些游记、日记、札记、通信和报告,有赞美,有误读,也有批评,但因为其中包含大量中国物质文化及政治、经济、历史、地理、宗教、科举等多方面的文化记载,而成为汉学的重要组成部分,在学术史上有重要价值。

汉学的发生、发展与经济、政治、交通以及资讯分不开。有学者把汉学的历史分为“萌芽”、“初创”、“成熟”、“发展”、“繁荣”几个时期,也有的分为“游记汉学时期”、“传教士汉学时期”和“专业汉学时期”三个阶段。但汉学的真正形成是在明末兴起的“西学东渐”和“中学西传”的互动之中。

从16世纪到十八九世纪,在数以千计的散布在中国各地的传教士中,有不少人成为名载史册的汉学先驱,他们为汉学的发展做出了重大贡献。自1540年罗耀拉(S. Ignatins de Loyola)、圣方济各·沙勿略(Francisco Xavier)等人来华,开始了以意大利、西班牙传教士为主的第一时期的耶稣会的传教活动。接着,意大利的范礼安(Alexandre Valignani)、罗明坚(Michel Ruggieri)等著名传教士来华。1583年,即明朝万历十一年,罗明坚将利玛窦神甫(Matteo Ricci)带到中国,从此,耶稣会士在中国的宗教活动无论是对于西方或是东方,都开始了一个新的历史时期。西班牙的胡安·冈萨雷斯·德·门多萨(Juan Gonzalez de Mendoza)的《中华大帝国史》于1588年问世,这部世界汉学史上的第一部汉学著作,名副其实地对中国的政治、历史、地理、文字、教育、科学、军事、矿产、物产、衣食住行、风俗习惯等做了百科全书式的介绍,具有相当的学术价值,以七种文字印行,风靡欧洲。以利玛窦为核心的耶稣会士的历史意义在于他们开始了对中国文化的全面“开垦”,不仅著书立说,还把《大学》、《中庸》、《论语》、《孟子》等中国文化经典译成西文,不仅开西学东渐之先河,也推动了中学西传,使中国文化对西方科学与哲学产生重要影响，因此这位思想家当仁不让地被视为西方汉学的鼻祖。与其先后到达中国的著名的传教士都著书立说、传播中国文化，对推动西学东渐和中学西传作出了贡献。在世界汉学史上，除了以上提及的，还有许多汉学家的名字十分响亮，诸如曾德照、柏应理、卫匡国、殷铎泽、南怀仁、汤若望、龙华民、金尼阁、罗如望、熊三拔、李明、张诚、白晋、马若瑟、宋君荣、钱德明、翟理斯、安特生、雷慕沙、儒莲、德理文、安东尼·巴赞、蒙田、冯秉正、尼·雅·比丘林、巴拉第·卡法罗夫、瓦西里耶夫、沙畹、伯希和、马伯乐、葛兰言、斯文赫定、马礼逊、斯坦因、理雅各、翟里斯、李约瑟、韦利、霍克斯、卫礼贤、福兰阁、孔拉迪、高本汉、卫三畏、费正清、戴密微、石泰安、谢和耐、欧文等。他们和东方日本、朝鲜半岛的富有建树的汉学家以及当今散布在各国的汉学家，对中国文化的独特理解，铸造成汉学史上的思想学术之碑，开垦了汉学成长的沃土。

“西方的汉学是由法国人创立的。”但是，在欧洲全面研究中国文明的问题上，“法国的先驱是葡萄牙、西班牙和意大利”①。戴密微把以上三个国家誉为汉学的先锋，“他们于16世纪末叶，为法国的汉学家开辟了道路，而法国的汉学家稍后又在汉学中取代了他们”，真正建立起作为学术的汉学传统。就传统汉学而言，法国是汉学家最多的国家之一，有许多汉学界的学术巨擘，不断为汉学的崇高而添砖加瓦。

中外文化交流的结果不仅意味着中国文化“外化”的传播，也意味着异质文化对中国文化“内化”的接受。汉学家作为中外文化交流的桥梁和使者，在异质文化的交流中，也是人类和谐与进步的推动者。

汉学诞生在与异质文化碰撞、交流和相互浸淫之中。这个结果无异于一枚果子的成熟，只有“风调雨顺”才生长得好。和谐、宽容、理解与尊重，是异质文化彼此借鉴的保证。作为文化形态的汉学，其成长和生存离不开良好的国际语境。就中国而言，历史上凡是开放的时代，文化交流多，汉学就发展；反之，汉学就停滞，这似乎成为一种规律。

作为学术公器的汉学，文化上有其自己的成长过程。汉学是发展的，这一植根于中国文化土壤，生存于异国他乡的文化，同样深受不同时代语境的极大影响。这里所说的语境，既包括中国的历史演变，也包括异国和

---

① 戴密微：《法国汉学研究史》，耿昇译：《法国当代中国学》，中国社会科学出版社，1998年。

世界的历史变化。也就是说，不同的历史时期，不同的社会、政治、经济、文化背景，在很大程度上左右着汉学的发展方向和内容；换句话说，汉学的形成和发展，不仅受制于中国历史的更迭，也受制于他者社会的变化。这就是以历史悠久的中国文化为研究对象的汉学发展的基本轨迹。

汉学作为一种学术形态，总体上可以分为“传统汉学”和“现代汉学”。传统汉学以法国为中心，而现代汉学兴显于美国，20世纪中期以来，在西方其他国家葆有传统汉学的同时，现代汉学也很繁荣。随着中国与世界政治关系的变化，随着中国文化与世界文化交流的拓展，现代汉学有了显著的发展。

虽然20世纪的后50多年，中国文化与世界各国文化接触开始多了起来，但就整体而言，1949年后约有30多年是一个相对“闭关锁国”的时期。公正地讲，这道意识形态的“长城”也并非就是中国的政策，是那时期以美国为首的国家在政治、经济、军事、文化上对我国全面封锁的结果。这个时期的“汉学”涂满了政治色彩，以法国为代表的汉学较多地保持着传统汉学的学术精神，而美国的“中国学”却成了充满政治意识的现代汉学的代表。美国的“中国学”所关心的不是中国文化，更不是中国的传统文化，而是中国的政治、经济、军事、教育和社会生活各个层面的问题。这种政治特征，是那个时期美国汉学的基础，这一特征也影响了其他国家汉学的研究方向和内容。

由于中国与世界的隔离，由于西方与中国少有交流，因此汉学家不了解中国最新的文化进展（比如新的考古发现），致使汉学处于断炊或“无米之炊”的状态，没有中国文化的支持，西方汉学要想取得研究上的突破也很困难。陌生感和神秘感困扰着汉学家，这不仅是文化的尴尬，也是汉学家的难堪。

人类文化包含了物质文化和观念文化等。物质文化表现在衣食住行生活方面，是一种看得见、摸得着又极易变化的“具象”文化，例如饮食、服饰、住房、音乐、舞蹈等；观念文化是一个民族的核心，表现在人的价值观、道德观、家庭观、宗教观等诸多方面，以及关于自由、平等、民主的理解，观念文化是一个民族的思维经过高度抽象后形成的思想、观念和精神，它通过文化灵魂——哲学、文学、语言、宗教、历史等来表达。[①] 观念文化,一俟进入外国汉学家的研究视野,他们的研究也就进入了对中国文化核心的深层研究。

汉学家从对中国物质文化到观念文化的研究,其领域越来越广越来越深。现在,汉学不仅包括对中国的哲学、文学、宗教、历史领域的研究,还包括社会学、政治学和自然科学。Sinology(汉学)和 Chinese Studies(中国学),它们已经发展到可以"异名共体"的地步。

时至今日,传统汉学和现代汉学这两种汉学形态不仅同时存在着、共荣着,而且还互相浸透着。

19 世纪末至 20 世纪初,美国汉学悄然嬗变为中国学,并以自己独有的个性特点和极强的生命力出现在世人面前。美国汉学始自 1830 年东方学会(American Oriental Society)的建立,这个学会虽然代表了欧洲那种对东方学文学的兴趣,但这个学会"从一开始就有一种与众不同的使命感"——"为美国国家利益服务,为美国对东方的扩张政策服务"[②]。这个特点也与"美国海外传教工作理事会"向中国派出基督教传教士的宗旨相一致。可见,美国汉学一开始就和美国的国际战略和对华政策联系在一起。卫三畏(Samuel Wells Williams)1848 年出版的百科全书式的《中国总论:中华帝国的地理、政府、教育、社会、生活、艺术、宗教及其居民观》就带有较为浓厚的社会科学特点,与欧洲具有人文科学特征的汉学颇有差异,但它依然属于 Sinology 的范畴。

美国从南北战争后的统一中走向强大,加入强国之列。八国联军对中国的侵略行径,是列强联合的第一次尝试。从那时起,承担着相当"政治"角色的传教士进入中国。真正美国式的"汉学"——中国学,就从那时开始,而奠基人和开拓者是之后的费正清(John King Fairbank)。作为美国首席中国问题专家的费正清,他的中国学研究不仅影响了美国,也对其他国家的汉学研究或中国学研究有强烈的影响。

在西方,费正清的魅力在于,没有谁能像他那样以更清晰、更富于洞察

---

① 任继愈:《汉学发展前景无限》,载《中华读书报》2001 年 9 月 19 日。

② 侯且岸:《费正清与中国学》,李学勤主编:《国际汉学漫步》(上),河北教育出版社,1997 年。

力的笔触来表述中国。“在使美国人了解中国，了解中国的传统、中国纷扰不安的近代史，以及中国神秘莫测的现状等方面，谁的贡献也没有像他那样大。”费正清等一批知名的美国中国学家都参与过战时情报工作，在战后作为美国政府的智囊而直接为制定对华政策服务。费正清的研究虽然充满了实用和功利色彩，立场和观点也有偏见，但这并不妨碍他在历史上作为一个贡献巨大的汉学家和中国人民的朋友的光辉。美国学者从事研究的根本出发点是“使命感”、“学术个性”和“反唯理智论倾向”，“蔑视学问，更为强调实用性知识”，“更为明显同自己以外的社会，即政治家、实业家及其实践家始终保持紧密的联系”①。这就是美国中国学家的基本心态，他们讲究功利和实用，不理会学术上的理智倾向，这与法国汉学家的学术心态、学术个性与学术传统几乎大相径庭。

传统汉学（Sinology）和现代汉学（Chinese Studies）的差异在于前者是以文献研究和古典研究为中心，它们包括哲学、宗教、历史、文学、语言等；而以美国为中心的现代汉学（中国学）则以现实为中心，以实用为原则，其兴趣根本不在那些负载着古典文化资源的“古典文献”，而重视正在演进、发展着的信息资源。但是，汉学发展到21世纪，其研究内容和方式已经出现了融通这两种形态的特点。这种状况既出现在欧洲的汉学世界，也出现在美国的中国学研究之中，可以说世界各国汉学家的研究中，都兼有以上两种汉学形态。

汉学（Sinology）对中国研究者来说，被尘封得太久，所以它的空白很多，浩如烟海的资源还有待于深入开掘。这种开掘，不仅可以收获汉学，还可以无意中发现被历史“放逐”和“遗失”在异国他乡的中国文化。编撰“列国汉学史书系”的目的和宗旨，不仅是为了梳理已有的汉学资源，在世界范围内追踪中国文化的外传历史状况、经验及影响，同时探究汉学的产生、成长、发展与繁荣，还要尽可能厘清这块“他山之石”对于中国文化的作用。当然，“列国汉学史书系”还期望对推动中国文化与世界文化的交流有所裨益。

“列国汉学史书系”作为一个文化工程，其撰写的难度非一般学术著作所能比拟。严绍璗教授谈到 Sinology 的研究者的学识素养时提出四个

---

① ［美］赖肖尔《近代日本新观》，三联书店，1992年。

“必须”:①必须具有本国的文化素养(尤其是相关的历史、哲学素养);②必须具有特定对象国的文化素养(同样包括历史、哲学素养);③必须具有关于文化史学的基本学理素养(特别是关于“文化本体”理论的修养);④必须具有两种以上语文的素养(很好的中文素养和对象国的语文素养)。这几点确实都是汉学研究者必须具备的文化和语文素养,否则很难进入汉学研究的学术境界。

写作“列国汉学史”艰难,而出版可谓难上加难。1995 年曾经“落实”的出版经费,因故而一风吹。人间的事好像天上的云地上的风,飘忽不定没有根,铁板钉钉是没有的,因为钉子可以用“权力”拔出来,一切承诺和协议,都可以化为乌有。虽然“列国汉学史书系”的生长不断受到寒风的袭击,但它终没有自毙于摇篮之中,冬天之后是春天,接着便是收获的季节。这套富有创意和价值的书系,将对中外文化交流和汉学的发展及其比较研究产生深远影响。说到这里,“书系”编辑委员会同仁和作者,要感谢学苑出版社所给予的支持,尤其要感谢社长兼总编孟白先生和不久前病逝的总编辑助理郭强副编审,由于他们慧眼识金才使这一书系得以面世。

有人认为“汉学史中国人写不了”,当然这是一个很奇怪的“立论”。日本人石田幹之助写了《欧人的中国研究》(1932)、莫东寅写了《汉学发达史》(1949),接下来又有严绍璗的《日本中国学史》(1991),张国刚的《德国的汉学研究》(1994),张静河的《瑞典汉学史》(1995),何寅、许光华主编的《国外汉学史》(2002),刘正的《图说汉学史》(2005)和李庆的《日本汉学史》(2005)相继面世。在人类的文化长廊里,无论是中国还是外国,各种史书琳琅满目,这其中有外国人写中国的各类历史,也有中国人写外国的各类历史。历史,是往事,是记录,是选择,并有相对独立的评论和褒贬。但是,事实上任何一部历史都不是最后的历史,历史随着时光的流逝而演进,修史很难一步到位,它需要一代代学者“积跬步”才能“至千里”,只有“积土成山,积水成渊”,方能“风雨兴”、“蛟龙生”。学问之事非一夕之功,非得有前赴后继者敢于赴汤蹈火“流血牺牲”,才会达至光明顶峰。

开拓者也许会在某个时候将自己的真诚劳作化为欢乐,因为在以后的岁月里,定会有人踏着自己的肩膀或是踩着自己的鼻子和头顶攀上高峰,以鸟瞰美丽风光。21 世纪是经济的大空间,对汉学来说也是一个“大空间”。但是,要探索这个“大空间”,需要有个和谐的“太空站”,需要大家联袂共建；当然世界上需要多元文化和谐相处的历史语境，共同创造彼此接近、认识、理解、尊重、沟通、借鉴与融合的机会，这个机会，就是汉学研究发展的机会。

时间在行走，历史在行走。人类创造过历史，书写过历史，但是没有最后的历史。汉学有历史，而且还正在创造新的历史，汉学及其研究将以自己的品格和个性在人类文化的世界里放出异彩。

阎纯德

2006 年 12 月 5 日

于北京半亩春

目 录

前 言 …………………………………………………………………………（1）

第一章 荷兰汉学的生成背景及其发端 ……………………………（1）
一、大航海时代两个伟大文明之间的接触 …………………………（3）
二、荷兰汉学是殖民时期的产物 ……………………………………（11）
三、茶文化与早期荷兰汉学研究选题 ………………………………（24）
四、瓷文化与早期中荷文化交流 ……………………………………（29）

第二章 荷兰汉学从精英文化到务实性研究的进程 ………（36）
一、荷兰汉学家心目中的家谱 ………………………………………（38）
二、莱顿大学见证了荷兰汉学的发展 ………………………………（48）
三、通过译介赋予中国文学新的美学价值和学科生命 ……………（57）
四、中国历史是荷兰汉学研究的主流学科 …………………………（67）
五、荷兰的中国社会学研究与多元并立理念 ………………………（73）
六、荷兰对佛教、道教和中国民间宗教的研究 ……………………（80）
七、功利性和实用性语境中的荷兰当代汉学研究 …………………（84）

第三章 荷兰汉学的阶段特征及汉学家往事综述 ……………（88）
一、荷兰殖民时期的中华文化研究（17 世纪初至 19 世纪中叶） …（91）
（一）首部《汉—拉—荷辞典》的编撰者赫尔聂斯 ………………（91）
（二）尼乌霍夫如何表现风情画内外之中国 ………………………（93）
（三）福修斯对中国传统文化的深刻感悟 …………………………（97）

(四)范罢览的中国情结 …………………………………… (103)
(五)研究中国北方历史和地理的专家维特森 ………………… (109)
(六)塞缪尔·范德帕特的西藏研究 …………………………… (114)
(七)中国文物收藏家鲁瓦耶 ……………………………………… (117)
(八)莱顿大学首任汉语讲座教授约瑟夫·霍夫曼 ………… (122)
二、后殖民语境下的荷兰汉学研究(1851 年至 1968 年) ………… (123)
(一)博古通今的汉学家薛力赫 ………………………………… (123)
(二)高延在中国民间宗教和民俗学研究方面的非凡造诣 …… (130)
(三)包雷对《道德经》研究倾注的满腔热情 ………………… (137)
(四)戴闻达:从汉文通事到汉学大家 ……………………… (143)
(五)何四维在译注秦汉法典残简方面的贡献 ……………… (152)
(六)以创作仿狄公案小说闻名汉学界的高罗佩 …………… (162)
(七)潜心研究中国戏曲和道教的龙彼得 …………………… (175)
(八)汉学文献管理专家马大任 ………………………………… (177)
(九)中国文学翻译家和评论家约恩克 ……………………… (179)
(十)通过传教史研究文化互动机制的许理和 ……………… (182)
三、转型时期的荷兰汉学研究(1969 年至 1999 年) ……………… (189)
(一)以研究中国道教蜚声国际汉学界的施舟人 …………… (189)
(二)莱顿大学应用语言学教授梁兆兵 ……………………… (199)
(三)杂剧、小说和翻译专家伊维德 ………………………… (201)
(四)社会经济史学专家弗美尔 ………………………………… (205)
(五)潜心研究中共党史和华人迁移史 30 年的班国瑞 ……… (209)
(六)研究全球一体化对东亚影响的拉特克 ………………… (211)
(七)中国十四行诗和悲情诗的知音汉乐逸 ………………… (214)
(八)欧亚交流史和华人史专家包乐史 ……………………… (218)
(九)集汉学史和社会经济学史研究之大成者宋汉理 ……… (221)
四、多元价值观视野中的荷兰当代汉学研究(21 世纪至今) …… (225)
(一)热心中国社会发展和党史研究的赛奇 ………………… (225)
(二)长期从事海外华人和党校干训研究的彭轲 …………… (227)
(三)视宣传招贴画为研究中国发展重要资源的田思 ……… (230)
(四)研究中国历史、政治学和思想史的施耐德 …………… (232)

（五）柯雷对中国当代诗歌的考察、研究和思考 ……………… (234)
（六）从对比和应用角度研究现代汉语的司马翎 ……………… (236)
（七）从文本和语境角度研究中国现代诗歌的贺麦晓 ………… (237)

第四章 荷兰汉学的体系、趋向和机制的普世价值 ………… (240)
一、荷兰汉学的理论体系定位 ……………………………… (244)
二、从选题变化看荷兰汉学研究的华丽转型 ……………… (255)
三、荷兰汉学研究的区域化、团队化和专业化机制 ……… (261)
四、国际化、多元化和本土化视阈中的荷兰汉学研究 ……… (268)
五、荷兰汉学研究与中国形象 ……………………………… (273)
六、面向21世纪的荷兰当代汉学研究 ……………………… (280)
（一）汉学研究的回顾和总结思路与咨询和预警功能 ……… (281)
（二）汉学研究的立场选择：
本国中心论、中国中心论和欧洲中心论 ……………… (282)
（三）汉学资源的主流和非主流学科与中心话语权 ……… (283)
（四）汉学研究取向与语言学、历史学、社会学
和文化学结合的演变历程 ……………………………… (285)
（五）从汉学现代性和新儒学看后续研究的机遇和挑战 ……… (288)

附录一 参考文献 ……………………………………………… (294)

附录二 汉英人名对照表 ……………………………………… (297)

附录三 汉英术语对照表 ……………………………………… (311)

前　言

要研究荷兰汉学发生和发展的历史，首先必须对荷兰的学术生态环境和历史背景有所了解。

所谓“学术生态环境”，这里并非指一般意义上与人类生活和生产关系密切的自然因素，而是指民族生存条件和自然环境对人们世界观、思想和生活方式、人与自然、自我与他人关系的理解和协调在学术研究中所产生的影响。

所谓“历史背景”，这里也不仅仅指时代的变迁或者朝代的更迭，更主要的是指人文环境的变化对于一个国家的政治变革、生产发展、社会潮流、学术传统诸方面的密切关系。人文环境的变化必然引起人们思想观念、价值观念、哲学观念和审美观念的变化，这一切又必然反映到史学研究之中。

汉学家较多关注比较文化学、比较历史学、比较社会学和比较政治学，或者喜欢从社会学、文化学、历史学、政治学、经济学的角度来考察一个国家与中国关系的变化历史。当然，汉学并非仅仅局限于这一范围。其他相关学科，如比较民俗学、比较经济学、比较文学、比较语言学、比较教育学和比较人类文化学等都有可能不同程度地涉及。

汉学研究是否也涉及自然科学发展史？英国汉学家李约瑟（N. J. T. Montgomery Needham，1900～1995）主编的《中国的科学与文明》广泛涉及了自然学科中的冶炼、采矿、化学、物理学、生物学、植物学、动物学、生理学、解剖学。他个人不仅仅从养生学角度研究了道家思想，更主要的是他还从中获得了形成自己科学思维的营养。日本物理学家汤川秀树（1907～1981）和美国物理学家卡普拉（Fritjof Capra，1938～）也发现道家思想有助于建构一种科学文化与人文文化、西方文化与东方文化相互关联的模式，并曾尝试把“道”的观念广泛应用到现代物理学、化学、宇宙学和人体生命科学的研究之中。许多西方实在论哲学家（Realist Philosopher）本人就是自然科学家。

从 1568 年到 1648 年荷兰人奋力抗争 80 年才摆脱了西班牙的统治，赢得了独立。在相当长的一段时间内，荷兰成为欧洲各国宗教叛逆者的避难所，追求自由的思想家和艺术家的一方净土。1585 年安特卫普被西班牙军队攻破，该市数千名手工业者、商人和银行家逃到阿姆斯特丹。17 世纪初不少英国的清教徒、法国的胡格诺派教徒、西班牙和葡萄牙的犹太教徒，都先后移居荷兰去开辟新的事业。1686 年大批遭迫害的法国胡格诺教徒工业家带着技术和资金在荷兰重振雄风。

17 世纪的阿姆斯特丹是欧洲有名的信息和知识的交流与传播中心。荷兰在国家安全有保障以及经济繁荣的背景下实行了宗教自由、社会和解、文化宽容的政策，产生了以写实、纯朴、表现情感与愿望为其特点的荷兰画派，造就了一批思想家、科学家和艺术家。法国哲学家狄卡尔（René Des Cartes, 1596 ~ 1650）在侨居荷兰的 20 多年中完成了《论世界》（1634 年）、《形而上学的沉思》（1641 年）和《哲学原理》（1644 年）等著作。哲学家斯宾诺莎（Baruch Spinoza, 1632 ~ 1677）一家为逃避异端审判所的惩罚而前往荷兰。虽然无神论者鄙夷地称他为“上帝的崇拜者”，而虔诚的教徒又看不起他这个“讨厌的无神论者”，但是那儿的逋逃薮却成就了他以及与他遭遇相似的一代哲学伟人。

荷兰的汉学研究就是在这样的环境中展开的。国际学术界普遍认为：荷兰的汉学研究历史长，视野开阔，手段丰富，成果卓著，与俄国、法国、英国、德国、意大利、瑞典等欧洲汉学大国比较起来独具特色。在方向定位、机构建设、人员培训、方法现代化和成果应用等方面都令同行瞩目。

虽然在荷兰从事汉学研究的人员不算多，机构比较分散，规模还有扩展空间，但是他们受到外界的干预少，几乎没有什么禁区和忌讳，主要靠学科自律和个人判断选题。尽管跨学科的综合性项目有时需要与政府部门、相关技术和资助单位以及接受加盟的个人签约合作，不过一般无须为游说或公关公司的银子折腰。学者们在研究过程中也不回避同道可能投来的质疑目光，不担心会不会出现研究机构重叠或者选题分布不均匀的现象，因为思路和方法的不同可以让他们在同一片蓝天下开出不同的花朵来。在欧洲汉学协会（European Association of China Studies）、欧洲亚洲研究联盟（European Alliance for Asian Studies）和欧中学术网络（Eu-China

Academic Network，简称 ECAN，1996 年创建）的协调和帮助下，一切都井然有序地进行着。

许多荷兰汉学家学风严谨，基本功扎实，数十年如一日地献身于汉学研究。有些人年复一年地闭门修炼，几乎到了废寝忘食的地步，对待他人却又是从善如流胸怀坦荡的君子。尽管学者们也积极参加一些复杂或者敏感问题的争辩，但是看得出来多数人不媚俗，不人云亦云。现在，第一代学者已经作古，第二代学者少数人仍然忠于职守，第三代学者正积极参与，第四代学者跃跃欲试，有着更高的期待。这一切，可以最大限度地克服学术上自我欣赏或者突发奇想所产生的狭隘性，必将为新时代的荷兰汉学研究开启通向阳光灿烂未来的大门。

对立学派的存在有助于学术上的相互竞争，相互学习，也有利于研究领域的开拓和繁荣。在 17 世纪殖民时代荷兰学术界曾就当局执行的政策出现过争论，在后来对待华人移民政策以及莱顿大学汉学研究院教授的资格问题也有过不同观点。不过从总体上看，荷兰汉学家的人数、从事汉学教学、翻译和出版工作的单位数目都不足以形成很多的竞争学派或对手。不像日本近现代中国史学界有那么多学会（秦汉史研究会、六朝研究会、唐史研究会、宋史研究会、明清史研究会）、派别（东京学派与京都学派）、学风（传统与现代）和团体（国立、地区或民间）。但是荷兰学者开放包容的品格以及许多人掌握多国语言的优势为他们参与跨地区跨专业合作增加了便利，团队化、国际化和专业化在荷兰汉学界基本上不存在障碍。

成功的汉学家是否都是有左派意识的知识分子？有些人认为：具有右派意识的汉学家多半会“唱衰”中国，而具有左派意识的汉学家必定“唱盛”中国。其实这样的概括未必准确，至少对荷兰汉学家来说不都是这样。高罗佩（Robert Hans van Gulik，1910 ~ 1982）是一位外交官出身最懂政治的汉学家。可他是一位性情中人，曾经向世界各国图书馆寄赠《中国古代房内考》一书，在东京去使馆上班的路上常常带着一只长臂猿，似乎没有一点“左派”形象。其实，汉学家用批判性的目光来观察中国的历史和现实，“客观”和“公正”为其第一要素。通观国际汉学史就可以发现，只有亲和力才是正确解读中国事物的密码。这也是我们为汉学家写史立传时的参照标准。

早期的荷兰汉学侧重于中国语言、历史、文学和宗教的研究，经院式的汉语教学不能很好地适应“二战”后培养汉学新人的现实，但是荷兰汉学的转型比较及时，几乎没有纷争，没有阵痛。当代的荷兰汉学研究与教学密切结合，十分注意跟国际接轨，在选题范围、调研手段、分析方法、读者定位和专业素养等方面也都与时俱进。新概念、新手段和新术语无疑都闪耀着炫目的色彩，但是引介为的是便于陈述新观点，而不是为了赢得喝彩。在荷兰这样一个多元文化和多元价值观共存的国家，许多学者觉得学习文言文、写繁体字与当代汉学研究并不矛盾，至于学术观念更新和学术队伍的新陈代谢都属于正常的运作机制，无需过分渲染。

转型之所以没有阵痛的另一个原因是：“二战”前荷兰的汉学研究和汉语教学的古典式程度远不如英国和美国等一些国家所受到的制约。薛力赫（Gustaaf Schlegel，1840～1903）曾经说过一句名言：“只管读，读！把语法书扔到一边去！”（Lisez，lisez！Jetes le grammaire！）姑且不说从对外汉语教学的角度分析薛力赫的观点是否无懈可击，只要设想一下在中外经院式的课堂上有哪位老夫子敢放此等狂言？可见当时荷兰的汉语教学课堂气氛是何等宽松，难怪传统汉学与当代汉学之间差异的纷争在荷兰汉学界一直未曾形成一种普遍性的焦虑。

荷兰汉学转型没有阵痛的第三个原因是部分第三代汉学家在20世纪60年代已经崭露头角。他们所处的学术环境促使他们改变殖民时代为参与对荷属殖民地华人管理而从事中华文化研究的路数。他们的观点和成果很快产生了强大的冲击力，对当时的第二代汉学家产生了积极的影响，最终形成了新老两代汉学家联手打造新汉学的繁荣局面。

我们今天研究荷兰汉学史，为的是增进人民和学术界之间的了解和交流。不同肤色、文化、信仰和制度的和谐共存是人类文明的最高境界，这既是汉学家们的追求，也是历史的潮流和新时代的召唤。瑞士比较法研究所中国法专家胜雅律（Harro von Senger，1944～）说：“汉学就是（或致力于）在中国资源的基础上对其历史、语言、文学、宗教，以及精神与物质文化的探索，为的是通过对中欧文化互植（cross-fertilizations）的可能和意愿的审慎评测，把中国文化元素传播到欧洲。换言之，汉学研究除了现有的功能外，还应积极并系统地把中国文化中最具价值的成分移植到欧洲文化中去。当然，前提是应该掌握欧洲文化的广博知识，至少也必须掌握可以接受移植的欧洲文化领域的相关知识。执行此项任务的汉学家，在一定程度上也应该是欧洲学专家。"他认为，汉学研究移植功能的理论和实践并非始于今日，早在17～18世纪欧洲汉学研究的先行者中的耶稣会士就坚信中国文化所具有的世界性意义。他列举了一些西方伟大思想家和作家从中国理念或中国语境中获得灵感和启发的例子：

德国哲学家莱布尼茨提出与中国"先天八卦"相吻合的二进制；

法国哲学家伏尔泰（Voltaire, 1694～1778）改编的剧本《中国孤儿》（L'Orphelin de la Chine）统领了欧洲中国热的新潮流；

法国重农主义者魁奈（Francois Quesnay，1694～1774）和杜尔哥（Anne Robert Jacques Turgot，1727～1781）根据中国土壤与农业模式提出有影响的自然经济理论；

俄国作家托尔斯泰（Tolstoy，1828～1910）受中国哲学思想影响创作的多部小说；

法国作家克洛岱尔（Paul Claudel, 1868～1955）编译的中国诗词；

瑞士心理学家荣格（Carl Gustav Jung，1875～1961）对于中国宗教和哲学，特别是对《易经》的执著研究；

美国现代派诗人庞德（Ezra Pound，1885～1972）的《诗章》及其有关儒家学说的译作；

德国戏剧家和诗人布莱希特（Bertolt Brecht，1898～1956）创作的《四川贤惠女人》（Good Woman of Setzuan）；

德国教育家和哲学家赖克温（Adolf Reichwein，1898～1944）1923年在柏林出版的《18世纪中国与欧洲知识界和文艺界之间的交往》的《前言》中有关孔子和老子学说对德国青年影响的论述，等等。①

历史上平等的文化交流模式都是双向或者多向的，近代西方的社会和自然科学在中国的传播验证了这一规律。18世纪西方传教士在中国各地开堂礼拜的同时，也广泛介绍了西方的物理、化学、数学、天文、地理、医学和军事知识。各地创办的洋务实业和新式学堂中有不少都聘请了西方学者担任专家或教习，引介西方先进的科学技术和管理制度。中国留学欧美的学生在国外学习近代科学、社会和政治知识，特别是民族和民权学说，对

① Harro von Senger, 1995. *Earthbound China—Earthbound Sinology*. pp. 353～355, Archiv Orientalni 63.

他们的思想产生了深刻的影响，成为后来中国政治变革的骨干力量。20世纪以后来自西方世界的声、光、化、电大潮的冲击，从中国政治家到普通市民的生活中掀起了阵阵波澜。

英国小说家吉卜林(Joseph Rudyard Kipling, 1865～1936)1889年在他的《东西方之歌》(The Ballad of East and West)中这样写道："啊！东方就是东方，西方就是西方，直到大地与苍穹并立于上帝庄严的审判席前，这两个世界才会相互交融。唯其如此，才没有东方与西方之分，才没有疆域、种群和生死之别。虽然分别来自世界两极，却正是两位巨人相向而立之时。"东西方两个文明世界在漫长发展进程中最终相遇是否称得上"伟大"？这个问题历史已经作出了明确的回答。尽管经历了无数次血雨腥风，但是至少减少了我们这个星球各种文明发展的封闭和对抗状态吧？如果说吉卜林时代的作家当时只能满足于一种畅想，那么我们时代的学人却完全可以做些实际工作，让理想离我们更近一些。从这个角度看，汉学研究虽然任重道远，但是意义非凡。

国际汉学研究凝聚着世界人文学科的智慧，通过中外学人在共同感兴趣的领域进行对话，有利于不同文化之间的沟通和理解，毕竟国际汉学是一种不容忽视的历史存在。基于以上认识，本书在写作方法上充分注意史论构思应有的系统性、理论性和可信性，并遵循静态与动态结合、微观与宏观结合、史实与论证结合的原则。

考虑到对汉学著述感兴趣的读者多半都是从事不同领域研究的情况，本书只按照专业读本写作，但是不严格按照专史模式编排。作者在史料筛选中牢牢把握其权威性和多样化的同时还适当兼顾史学的文学性，通过资料的解读、细节的烘托以及历史事件的过程叙述，以学科意识、对比意识和交流意识为导向撰写每一章节。这不仅仅是作为一种解读文本的手段，同时也为了免于陷入枯燥年代、模糊概念和歧义术语的困境。史料考证和文本分析力戒主观和绝对的倾向，不追求"宏大叙事"(Grand Statement)的构想为已固化的史实证实或为将来的历史发展证伪，书中所陈述的观点只代表个人的现在认识。作者也不追赶所谓的"平民化"和"娱乐化"浪潮，意在营造远离浮躁的学术氛围。鉴于时下媒体中流行在女性名字前冠以"美女"、在男性名字前冠以"著名"的套路，本书在译介荷兰汉学界代表人物时，一方面力求向读者展示他们的思想魅力和学科品格，另一方面又尽可能摒弃上述媚俗之辞，以便给广大读者留出充分的思考和判断空间，为此特作郑重免责声明。

作者曾三度访问荷兰，第三次因为承担着授课任务逗留的时间最长。最难忘的是与几位汉学家的多次长谈，也十分怀念与莘莘学子的那些周末聚会和节日欢庆。10月3日莱顿节在圣彼得教堂前分享吃白面包夹鲱鱼的快乐，马斯特利赫特边城冬日的绮丽风光，海牙小人国的人生百态场景，阿姆斯特丹大街热烈奔放的国际氛围，为我的教学和研究增添了不少情趣。授课之余总是抓紧时间阅读从大学图书馆借来的每一本书，回顾200年来的荷兰汉学史，仿佛能时时真切地感悟到历史巨人渐行渐远的庄严步伐。我写这本书的灵感和素材都与个人的那些难忘经历分不开，希望能给读者们带来快乐！

熊文华　谨识

2011年2月2日

于北京语言大学

第一章
荷兰汉学的生成背景及其发端

荷兰(Holland 或 the Netherlands,在 1794 年以前的明清典籍中曾有“贺兰”、“和兰”、“阿兰陀”和“尼特兰”等不同译名)地处欧洲西北部的莱茵河、玛斯河和斯海尔德河入海口,西临浩瀚的北海。1000 多公里的海岸线和广阔的水域为其提供了发展海运、商业、造船业、捕捞业和旅游业的便利,但是因为一半的国土面积接近或低于海平面,需长期依靠海堤和排灌系统来维护环境的安全。历史上北海在给荷兰人带来丰富的海洋资源的同时,也给他们带来苦涩和辛酸,使人联想起 1840 年理查德・瓦格纳(Richard Wagner,1813 ~ 1883)创作的三幕歌剧《漂泊的荷兰人》(The Flying Dutchman,又译作《飞翔的荷兰人》或《彷徨的荷兰人》):一位荷兰船长曾因敢于向万能的天神挑战而被惩罚终日驾驶着“漂泊的荷兰人”号在海上漂流,只被允许每七年上岸一次寻找爱情,一旦有哪个女人对他真诚相爱才能使他摆脱漂泊的厄运。现实中的荷兰人继承了祖先巴达维(Batavi)在严酷的生存环境中战天斗地、广纳百川的品格,坚信“上帝创造了世界,荷兰人创造了荷兰”的格言。早在 13 世纪他们就开始围海造田,从国外购买沙石筑坝 1800 公里,扩大国土面积 60 多万公顷,把大片盐碱湿地改造成适合放牧、耕种和宜居的家园。今日荷兰大地上水道纵横,风车、奶牛、木屐和郁金香为鲁伊斯达尔(Jacob van Ruisdael, 1628 ~ 1682)、保罗・波特(Paul Potter, 1625 ~ 1654)和范・德・威尔德(Van de Velde, 1633 ~ 1707)时代的油画家提供了最浪漫的素材。

从比邻国家来看,荷兰与英国只有一水之隔,与德国和比利时接壤,与卢森堡、法国、意大利、奥地利、西班牙、葡萄牙、丹麦等西北欧诸国近邻。历史上的一些公爵领地和伯爵辖区,与复杂的皇室联姻和权力争斗联系在一起,这一纽带也连接了欧洲各国的语言、文化、历史、传统和时尚。文艺复兴的浪潮、宗教改革的波澜、大航行时代的帆影、产业革命的号角,几百年来在包括荷兰在内的欧洲各国回荡起伏,相互呼应,其间所涌现的几大强国竟同时出现在向中国索款的庚子列国名单中,并非历史的巧合。

在古罗马时代,今日的荷兰曾先后属于比利时高卢省和日耳曼行省,到了中世纪,与现在的比利时、卢森堡以及法国和德国的部分地区被统称为"低地国家",成为大孛艮第 - 哈布斯堡公国的一部分。1568 年为反抗西班牙国王的专制集权和对新教加尔文教派的迫害,当年的荷兰、比利时和卢森堡等北方七省结成了乌特勒支联盟。经过 80 年的抗争联盟终于赢得了独立,这就是现代荷兰历史的开端。

17 世纪荷兰的米德尔堡和弗利辛恩等城市已出现了较大规模的手工工场,毛麻纺织和造船业发达。重要商港阿姆斯特丹拥有庞大的商船队,与国外的贸易往来频繁。农村地区大部分土地已开始采用资本主义方式经营。荷兰开始走上了殖民主义扩张的道路,先后在东南亚、非洲和美洲占领了大片殖民地。到 17 世纪中期,荷兰已经成为经济最为发达的殖民强国之一,逐渐取代了西班牙在海上的霸权地位。

18 世纪荷兰的经济发生了危机。由于工业生产基础薄弱,原料和劳动力不足,大量资金被投入商业或流出国外,使不稳定的对外贸易在竞争中连续受到打击,削弱了实力。1795 年荷兰竟沦为法兰西帝国的附庸,到拿破仑执政时期,整个荷兰为法国所兼并。

1813 年奥兰治最后一任总督威廉五世的儿子威廉一世回国,两年后成为荷兰联合王国(The United Kingdom of the Netherlands)的君主,国土范围包括今日的荷兰、比利时和卢森堡。但是好景不长,1830 年比利时宣告独立,1890 年因国王威廉三世去世卢森堡也终止了与荷兰的联盟关系。

至此,荷兰上空的太阳为其历史断代确立了时间坐标,也为其汉学研究的发展史打上了年代的烙印。

据史料记载,中国与荷兰的非正式往来始于明末清初,早在 1598 年就有荷兰船队从里斯本转道来华,1603 年水师提督韦麻郎(Waijbrandt van Waerwijck)经马六甲海峡由巴达维亚(雅加达)抵达澳门。1622 年荷兰东印度公司(Vereenigde Oost-Indische Compagnie,简称 VOC)在澎湖建城堡失败,两年后退至台湾大员(台南安平)设据点。荷兰占领台湾的目的是为了建立中国、日本、朝鲜半岛和东南亚的大商业圈，输出砂糖、鹿皮、藤条和大米等台湾特产，转口销售荷兰的金属和药材，巴达维亚的香料、琥珀、棉花、鸦片和锡锭以及中国大陆的丝绸、瓷器、茶叶和黄金。17 世纪成了荷兰殖民帝国的世纪，一章章惊心动魄的历史由此开始演绎。

从严格意义上说，荷兰的汉学研究始于 19 世纪下半叶。长期以来莱顿大学（Universiteit Leiden）的汉学研究院会聚着来自各界的学术精英，既承担着中国语言和文化的教学任务，又与该校的其他人文学科联手从事中国国情和文化的研究工作。1851 年霍夫曼（Johann Joseph Hoffmann）在莱顿大学开设第一个汉学讲座的爆炸性新闻，1877 年薛力赫就职演说《论学习汉语的重要性》（On the Importance of the Study of the Chinese Language）的语惊四座效应，1891 年高延（J. J. M. de Groot, 1854 ~ 1921）以中国民俗的研究硕果获人类学教授的荣誉，1930 年戴闻达（Jan J. L. Duyvendak, 1889 ~ 1954）创建汉学研究院的远见卓识，都给人们留下了美好的回忆。

在第二次世界大战期间莱顿大学被迫关闭，汉学研究几乎处于停顿状态。战后荷属东印度群岛独立，建立了印度尼西亚共和国，中国也于 1949 年发生了翻天覆地的变化。为适应荷兰汉学研究的新环境，莱顿大学广招天下饱学之士，鼓励他们创建新学科，开创新格局。在过去几十年中取得了有目共睹的成绩。

近 20 年来莱顿大学原来最具影响力的三位教授施舟人（Kristofer Schipper, 1934 ~ ）、伊维德（Wilt Lukas Idema, 1944 ~ ）和梁兆兵（James Chao-ping Liang, 1936 ~ ），或者襄助中国汉办实施四书五经翻译大计，或者在北美开辟了新的研究平台，或退休后与太太移居他国。1994 年曾任汉学研究院院长的托尼·赛奇（Anthony J. Saich, 1953 ~ ）已被哈佛大学聘任为肯尼迪政府学院的教授，当代中国资料中心讲师彭轲（Frank N. Pieke）也被牛津大学中国研究中心和英国校际中国研究中心聘为主任。莱顿大学汉学研究的教席虚位以待新一代学人的加盟，去执行一项更加雄心勃勃的研究计划。

一、大航海时代两个伟大文明之间的接触

荷兰汉学家戴闻达在他的《荷兰对汉学研究的贡献》一文中说：“西方

汉学发展的历史就是新世界发现的历史。事实是:新世界的发现正是汉学研究的直接结果。……因为哥伦布读过马可·波罗的书以及他讲述的有关遥远东方契丹和日本宫的传奇,坚信地球是圆的,就大胆向西航行,意外地到达了美洲,最终被告知那里是印度。如果不是当初汉学研究中的常识性问题引发出的天大错误,哪儿会有今日的什么美利坚合众国?”①

古代中国与西亚和欧洲交往有两条通道:从长安、玉门关、阳关、葱岭到中亚或西亚;或者经永昌、大理进入缅甸或印度前往欧洲。15 世纪末土耳其人阻断了东西方贸易的传统通道,欧洲人便横渡大西洋,开辟了经美洲绕道南非好望角到达印度和其他亚洲国家的新航线,大大缩短了亚欧之间的距离,进入了被历史学家称为地理新发现的“大航海时期”。伴随着新航路的开通,殖民主义与自由贸易倾向日趋加剧,冒险家纷纷扬帆出海,考察世界,寻找海外资源和商机,来华的欧洲舰只和商船不断增多。

16 世纪上半叶,人口稠密、交通发达的荷兰(包括现在的南荷兰省和北荷兰省)和西兰(Zeeland)等地区经济快速增长,捕鱼业、造船业、毛麻纺织和手工工厂位居欧洲各国前列。莱顿的呢绒、乌特勒支的丝织品以及哈勒姆的麻布大量出口。阿姆斯特丹和鹿特丹等港市已经拥有规模可观的船队。当地生产的船只吃水线深,载重量大,适合公海航行,因此也带动了捕捞业、海上运输和对外贸易的发展。手工业,如:皮革、印刷、奶业、造纸、制镜和木材加工也随之繁荣。农村的封建势力逐渐瓦解,商业发展造就的新兴资产阶级强烈要求摆脱宗法束缚,改变生产现状和管理方式。农业技术改造为农产品的产量提高和商品化创造了有利条件。统治北方低地七省的西班牙国王查理一世和腓力二世实行的专制制度严重损害着资产阶级的政治和经济利益,激起了人民的强烈不满。1566 年爆发的资产阶级革命经过长期的斗争,终于在 11 年之后成立了联省共和国,为经济进一步发展铺平了道路。

在新的政治和社会环境中联省共和国的航运和对外贸易迅速拓展,先后在世界各地建立了多个殖民地和贸易站,很快就成为 17 世纪世界航海和贸易强国。资料显示:当时共和国的商船数目已经超过了欧洲所有国家商船数目的总和,被誉为“海上马车夫”,该国商品在北海和波罗的海贸易

---

① J. J. L. Duyvendak, 1950. *Holland's Contribution to Chinese Studies*. London: The China Society.

中占有重要的份额。经过多年的打拼,荷兰人取代了意大利商人在地中海一带的经营贸易,又逐渐成为俄国和斯堪的纳维亚粮食、木材、钢铁和纺织品实力雄厚的供应商。他们还不断出现在葡萄牙、西班牙和英国舰只巡航的东南亚海域,许多荷兰年轻人都希望到海上创建一番事业。

一个在外闯荡江湖的荷兰须德海青年曾于1568年至1588年两度乘葡萄牙海船到过澳门。回国后他撰写的见闻录被同乡卢卡斯·扬斯·瓦赫纳尔(Lucas Jansz Waghenaer)收录在广为人知的《航海宝典》(Treasure of Navigation)一书中。他写道:“中国居民极好。该国盛产黄金、宝石、各类丝绸、珍珠、珠母贝、樟脑、水银、大黄、金线、麝香以及可能想到的一切东西…… 当地人在庙里供奉着魔鬼般的神像。因为不允许携带武器,他们的指甲都留得特别长。该国居民生活水准极高。虽然他们喜欢吃狗肉甚于其他肉类,但是均可享用到各类食品。他们饮用大米酿制成的烧酒直至酩酊大醉,可他们天性聪慧,善于制作各类灵巧的东西。”

基督教来华传教士是西方各国汉学研究的早期开拓者。如果把唐代景教僧人看作是历史上基督教来华传教的先遣队,那么元代方济各修士和清代以方济各·沙忽略(Francisco Xavier,1506~1552)为代表的西方来华传教士就属于第二、第三批的传教团队了。目前尚无法知道第三批西方传教士中有多少人来自荷兰,但是根据耿昇的考察当时操佛兰芒语和荷兰语的来华传教士大约有18人。①

1624年荷兰基督教新教传教士在台湾开堂礼拜。到17世纪中期大约有37名荷兰传教士先后到台湾山地人中传教。其中一位传教士是甘治士(George Candidius, 1597~1647),1627年尤罗伯牧师(Robert Junius, 1606~1655)也加入了他们的行列。他们为当地居民讲经、办学、治病,为4000人进行过洗礼,还为帮助他们学习文化创造了一种罗马化拼写系统。

荷兰人林斯霍腾(Jan Huygen van Linschoten,1563~1611)出生于哈勒姆一个法律公证人的家庭,年轻时就幻想周游世界,到海外经商。1590年他结识了从日本和中国回国的庞普(Dirck Gerritswzoon Pomp, 1544~1608)。此人是一位荷兰海员,外号“中国通迪尔克”,曾于1568年在葡属

① 耿昇:《从基督教的第三次入华高潮到早期汉学的形成》,载《华侨大学学报》2009年第2期。

印度果阿经商,乘葡萄牙商船到过中国和日本。林斯霍腾从他那里了解到葡商每年向日本出口丝绸赚取银元的消息。在他的影响之下林斯霍腾于1593年经西班牙前往果阿,不久为一位葡萄牙主教所器重担任他的抄写文书,公务之暇一直潜心学习亚洲各国的地理、历史和民族文化知识,了解葡萄牙人在远东航行和贸易的业绩。1596年他回到荷兰,将自己积累的资料写成一本名为《东印度水路志》(Itinerario)的书,交给阿姆斯特丹出版商科内利斯·克拉斯(Cornelis Claesz, 1551~1609)出版。该书的第一版是荷兰文版,配有精美的插画和地图,一上市就成为畅销书。1599年该书的部分内容被译成拉丁文发行,1604至1605年又发行了三卷本的第三版。它不仅仅是作者从亚速尔群岛、葡萄牙到今日的印度尼西亚水路航行的记录,后来增补的两卷还对整个新几内亚海岸和葡萄牙人东渡航线进行了生动的描述。书中还附有前往印度的航海指南,是作者从葡萄牙人秘藏的档案中获取的珍贵资料。除此之外,还有关于洋流、海深、岛礁和沙洲等方面的数据,以及精确的海岸线绘图,都是安全航海不可或缺的知识。

荷兰新教徒赫尔聂斯(Justus Heurnius, 1587~1651)父兄都是莱顿大学的教授。他原本学习医学专业,后来却对神学产生了兴趣,以"帮助异教徒重获新生"的使命自诩。1624年他前往东印度群岛之前曾经出版一本有关传教法的书,书中谈到传教应该使用当地语言,并认为中国是已经消失了的十大部落的国度,应该向他们宣讲救世福音书。他还引用先知艾赛亚的话说:"看呀,他们来自远国近邦,来自北方西方,还来自中国人的故乡!"他在巴达维亚任职期间结识了一位懂拉丁文的中国天主教徒,便跟他学习汉语。他在给荷属东印度公司董事的一封信中写道:"在一位懂拉丁文的中国人帮助下我们编写了一部辞典,先列出荷兰文和拉丁文,然后注明汉字及其用法。同样地我们还把信条经文、十戒和主祷经文译成了汉语,并附上基督教要义。"该辞典现在收藏在伦敦大英博物馆,荷兰只保存了一个没有拉丁文的副本。

这本辞典流失之前曾一度保存在任教于莱顿大学的东方学学者雅各布·戈利耶斯(Jacob Golius, 1596~1667)的私人图书馆中。戈氏旅居近东多年,1625年被聘任为阿拉伯语教授,1629年又受聘于该校数学系。他和几位前任,如约瑟夫·斯卡利杰尔(Josephus Scaliger, 1540~1609)以及萨尔马修斯(Claudius Salmasius, 1588~1654)等人都对中国人用天干地支纪年的方法以及其他各种历法感兴趣。戈利耶斯在一位中国学者的帮助下弄清了他对中国流年图许多不易理解的模糊点,可以说他是从真正意义上开始了荷兰莱顿大学的早期汉学研究。他一生收藏了中国图书19部80卷,比较1647年以前巴黎皇家图书馆收藏的汉籍仅有4册的事实,戈利耶斯的收藏在当时算是一笔相当可观的财富了。他曾希望去世前以他的家人能得到一笔合理的补偿为条件把全部藏书转让给莱顿大学。但是莱顿大学一直苦于无法筹措到那样一笔款项,直到他去世31年后的1698年藏书才不得不在莱顿市公开出售。阿马教区纳西瑟斯·马什(Narcissus Marsh)大主教购得了其中大部分书籍,后来又悉数捐赠给英国牛津波德雷安图书馆。清贫的学人辞世后其家人无法支配昔日赖以支撑先人精神生活的财富,曾令莱顿大学的学者们欷歔不已。

1650年,意大利牧师卫匡国(Martino Martini, 1614 ~ 1661)代表耶稣会中国传教团赴罗马教廷为中国"礼仪冲突"辩护前曾为印制地图在荷兰阿姆斯特丹等待了几个月。1643年他从印度来到中国,在北京、山西、南京、浙江、江西、福建、广东等地传教,广交江南名士、达官显贵,认真学习汉语和中国历史文化,是一位著名的汉学家、地理学家、历史学家和神学家。戈利耶斯很想向他请教,但因为卫匡国计划顺访德国、法国、英国、比利时和挪威等国,要把中国的文化、历史、地理、宗教等情况向各国宗教界介绍,日程安排得很紧,只能利用在莱顿换船的短暂时间与他会面。卫匡国告诉戈利耶斯波斯的"契丹纪年系统"与中国的天干地支纪年系统原来是一回事,只不过其中一个是成吉思汗西征将士带去的历法,另一个是直接从中国传去的版本。戈利耶斯对于那次会见十分满意。1654年他再次在比利时安德卫普会见了卫匡国。那时卫匡国在罗马就中国的"礼仪问题"与多米尼各派辩论已经获胜,还在游说期间用拉丁文撰写了介绍中国历史、地理和文化的《中国上古史》、《中国新图志》、《论鞑靼之战》和《汉语语法》等四部著作,感触良多,跟戈利耶斯有过一番促膝长谈,向他介绍了许多有关中国的闻所未闻的新鲜事。回到莱顿后戈利耶斯发表了一篇短文,介绍了中国人对季节的划分及其名称,作为卫匡国地图册的附录。文中的汉字是荷兰第一次用于印刷的木刻字块,也是欧洲第一次刻制的字块。

卫匡国的地图册出版时还附文叙述了明朝为清所亡的史实。17世纪荷兰著名诗人和剧作家冯德尔(Joost van den Vondel,1587 ~ 1679)与卫匡国有过交往并从那篇史料中获得了灵感,后来他曾以明亡这一非同寻常的题材写过一个剧本,于1667年他80岁生日时发表。为卫匡国出版地图的阿姆斯特丹制图专家和地图出版商布劳(Willem Janszoon Blaeu,1571～1638),一直是荷兰东印度公司指定的出版商,正是冯德尔的旧友。

另一位关心中国事情的荷兰学者是戈利耶斯和萨尔马修斯的高足伊萨克·福修斯(Issac Vossius, 1618～1689)。他对中国纪元系统也十分感兴趣,不过他想了解的不是技术方面的问题,而是历史方面的问题。当时欧洲的知识分子,特别是法国的哲学家们,崇尚并研究中华文明,想证明比欧洲更先进的文明国家是存在的,以此作为抵抗教会长期专制、建立新哲学体系的武器。福修斯就属于这样的批判主义者,他常常以所报道的中国悠久历史来激起人们对圣经传统真实性的怀疑。作为瑞典皇家图书馆的一位学者,福修斯曾为瑞典女王克里斯蒂娜收购过不少珍版图书和手稿。宫中常常拖欠他的薪俸,为了弥补经济收入的损失,有些书稿他便借而不还。虽然他一生中只收藏了一本中文书,却存放着大量传教士所写的有关中国情况的出版物。

1660年福修斯在阿姆斯特丹出版了一本名为《论世界的真实年龄》的著作,提出了世界至少比通常测算的历史要长1440年的新观点。在该书的第11章开头他写道:中国人是世界上最有学问的人。中国历史延续了4500年,他们的经典作家早于摩斯。他们与邻国不相往来,不知战争为何物,一切顺乎自然,轻松快乐。他们如是度过了4000余载,不为外人所知,却自得其乐。然而就在400年前鞑靼人(蒙古人)打开了该国大门。马可·波罗等人有幸前往造访,回国后讲述了在那儿的一段美好经历。无人可以对此事加以印证,因为能去者寥寥,去后愿返国者更是寥寥。"我认为,"福修斯写道,"他们不愿离开是因为有感于中国人善良的天性和那片天空下的仁慈与宽厚。与中国人共享过欢乐的人是难以忘怀那个国度和那儿的友人的。"他还说,即便像卫匡国这样一位在叙述中国人美德时表现得很有节制的人也曾对友人坦言:当他再次奉谕前往中华之邦时,故国于他已似流放之地,若日后不能老死中国,不如早日了此残生。的确,"怀念中华"和"东方的召唤"是当年侨居中国的西方人所熟悉的两句话。

伊萨克·福修斯还在另外一部题为《杂谈》(Variarum Observationum Liber)的著作中谈到了中国的事情。他赞叹中国人口众多,在科学和艺术方面，特别是在医药、植物学、药理学、建筑学、音乐、绘画、雕刻方面的成就以及指南针、印刷术和火药的发明，都出类拔萃。他认为中国人只是在数学和天文学方面逊色于西方基督徒。

荷兰法兰西教派的一位名叫菲利普·马松（Phillippe Masson）的牧师曾得到赫尔聂斯编写的《荷汉辞典》和基督教要旨以及其他一些手稿。他认为中华民族是世界上一个古老的民族，用汉语一定可以对希伯来语撰写的经典进行最恰当的解读，于是便向乌特勒支大学（Utrecht University）一位叫雷兰（Reland）的知名东方学教授请教。凭借那本《荷汉辞典》他大胆地进行希伯来语和汉语的比较。他的研究结果无不使世人震惊。例如他说以色列人在沙漠中所得到的神赐食物“吗哪”（manna）与汉语的“馒头”源出一词。他还对《旧约·创世纪》第49章第10节的那段话“圭必不离犹大，杖必不离他两脚之间，直等细罗来到，万民都必归顺”①解释说：“希伯来语‘细罗’与汉语‘时乐’也是一个意思，可以用来描述弥赛亚，也可与《路加福音》第2章第10节相比较：‘不要惧怕！我报给你们大喜的信息，是关乎万民的。’”②马松在研究过程中曾与巴黎的国王图书馆馆长阿贝·比尼翁（Abbé Jean-Paul Bignon，1662～1743）有过书信往来。当时有一位叫黄嘉略（Arcadius Hoang，1679～1716）的中国人专门负责对传教士所存放的中文书中的疑难进行解答。比尼翁曾让那位黄先生看过马松写的论文，黄先生提出过若干条意见。马松的儿子长大成人后去伦敦维拉大街的法兰西教会当了牧师，把那本辞典和一些手稿带到了那儿。可惜的是，那些遗物早已淹没在大英博物馆的故纸堆中，被世人遗忘了。

阿姆斯特丹市市长尼古拉斯·维特森（Nicholas Witsen，1641～1720）早年就读于莱顿大学，受到戈利耶斯较大的影响。他曾读过第三批荷兰赴华使团的旅行日志，后来成为一名俄国事务专家和彼得大帝的密友。在他撰写的《中国东北的鞑靼人》（North and East Tartary，1692）一书中他曾谈及许多中国北方的情况。他与许多能提供第一手中国情况的人有过通信联系，例如佛拉芒北京传教团（The Flemish Missionaries at Peking）成员就是其中一些人。他也编辑过其他访华使团的见闻录。1692～1694年俄国沙

① 译文转引自新加坡圣经公会2002年简体字和合本《圣经》，第91页。
② 译文转引自新加坡圣经公会2002年简体字和合本《圣经》，第109页。

皇曾派使团从陆路来北京,该使团的报告记录了许多外国人未曾去过的亚洲地区的珍贵资料,就是经他的手编辑出版的。

1681 年奉耶稣会中国传教会的派遣回罗马向教皇汇报中国传教工作的耶稣会士柏应理(Philippe Couplet,1623 ~ 1693)曾经到过荷兰。他出生于比利时的马利纳,1656 年随传教士卜弥格来华。他尊重中国风俗习惯,穿中式服装,与知识分子交友,努力学习中国语言文化,认真研究中国历史、哲学和宗教,通过自己的著作将西方文化介绍到中国,也把中国文化介绍到欧洲。他先后在江西、福建、广东、浙江、江苏等地传教,主持过松江、上海、嘉定、崇明、苏州、镇江、淮安等地教务。1682 年他在罗马朝见教皇英诺森十一世,献上了 400 余卷由传教士编纂的中国文献,这批书后来为梵蒂冈图书馆所收藏,成为该馆早期的汉籍藏本。

陪同柏应理返欧的一位南京人沈福宗(Michael Alphonsius Shen Fu-Tsung,又拼作 Michel Chin-fo-tsoung 或 Shen Fo-tsung,1657 ~ 1692)是早期访问欧洲的一位中国天主教徒,曾与荷兰教友有过频繁接触。他曾向法国国王路易十四展示过一幅孔子画像,还用毛笔为他表演中国书法。法国和英国宫廷画师特意为他画像,使他一时成为公众人物。当时的报业为此盛赞中国社会和中华文化:汉字共有 8 万个,需费时 30 年才能掌握,可见中国人记忆力有多强;中国有很多学校和救济院,唯独没有乞丐;中国人的父母去世后都土埋,葬礼十分隆重。沈福宗的出现进一步掀起了欧洲人对中国知识追求的热潮,有关他访欧的报道也先后见诸荷兰报刊。两年后沈福宗在法国与柏应理重聚,经比利时前往荷兰搭乘商船返华。

荷兰著名的旅行家塞缪尔·范德帕特(Samuel Van de Putte, 1960 ~ 1745)也是莱顿大学的毕业生。他于 1721 年离开荷兰,游历了波斯、印度、尼泊尔等国。1728 年他从孟加拉赴西藏,在拉萨住了很长一段时间,后来来到北京,回国后就陆路与西藏通商问题写过一份报告。戈比(Gaubil)牧师在 1752 年写的一封信中曾经谈到了范德帕特当年如何赢得西藏喇嘛的好感,如何在那儿进行了实地考察。他唯一幸存下来的信件大约写于 1732 年,信中叙述了他如何化装成一个当地上层喇嘛驼队的赶驼人,在长城关卡躲过哨兵的检查进入了京城,后来又如何绕道西南回到西藏。令人遗憾的是,1745 年当他已遍游亚洲返荷之时,却病倒在巴达维亚。他在临终遗嘱中要求将自己的全部笔记和手稿焚毁,他身边的人不得不照办。倘若此事未曾发生,人们也许可以从他留下的笔记和手稿中找到很多有关18世纪中国的珍贵史料。

二、荷兰汉学是殖民时期的产物

荷兰汉学家伊维德在《荷兰的汉学研究》(Chinese Studies in the Netherlands)中说:“17世纪下半叶,荷兰(联省)共和国是欧洲收集和传播中国信息的一个主要中心。形成这一局面的原因之一是荷兰东印度公司在亚洲(包括华南沿海)的商业活动及其在台湾的殖民冒险和结果;原因之二是当时阿姆斯特丹已有‘国际出版中心’的美誉。这一时期最有影响的一份出版物是约翰·尼乌霍夫(Johan Nieuhof,1618~1672)撰写的有关荷兰使团访问北京的报告《1656年荷兰东印度公司使团觐见当今中国大汗纪实》(Het Gezantschap Der Neerlantsche Oost-Indische Companie, aan den Grooten Tartarische Cham, Den Tegenwoordigen Keizer van China (1656))。该书收录了介绍中国国情的一些文章,其中主要选录了耶稣会士的论述,而且还配有大量符合欧洲品位的有关东方宝塔、椰林和驼队的精美雕刻插图。该书多次再版,并译成当时欧洲的各种主要语言,对于后来兴起的‘中国热’起到了相当重要的推动作用。”

荷兰是一个海洋国家,在大航海时代迅速向外扩张是其必然执行的对外政策。其他西欧沿海国家情况虽然不尽相同,但是在海权争霸的环境中国力雄厚的国家多半也都极力对外扩张。葡萄牙人以澳门为基地,买卖日本白银,经营南海物资的转口贸易;西班牙商人则以马尼拉为中心开展对外贸易,用美洲白银换取中国商品。英国在激烈的海权竞争中亦不甘示弱,处处直接挑战葡萄牙、西班牙和荷兰势力。

1592年荷兰人豪特曼(Cornelis de Houtman,1565~1599)受阿姆斯特丹商人的派遣到里斯本搜集有关如何前往亚洲开展香料贸易的航海信息。当他回到荷兰时刚好林斯霍腾也从印度归来。两人带回的珍贵资料让阿姆斯特丹商界精神为之一振,一致认为印尼的万丹就是最佳的去处。1594年他们成立了远洋贸易公司(the Long-Distance Company),1595年4月2日由豪特曼率领200多名船员乘坐阿姆斯特丹号、查亚普拉号、毛里求斯号和杜伊夫根号前往印尼。两个月后船队抵达西爪哇的贸易中心万丹,当地人民友好地欢迎他们。豪特曼在后来的航海日志中写道:“我们到万丹后每天都有许多船只驶来,在我们的甲板上摆满了销售丝绸、丝线和瓷器的货摊,使我们几乎无法迈步。那些华人非常能干勤劳,不怕吃苦赚钱……就像我国的犹太人一般。他们家里都供奉着鬼怪似的大型彩像,烧香点烛念经,祈求保佑平安。模样越可怕的神,他们就越叩拜。”①

1597 年豪特曼的船队返回荷兰,虽然盈利不多,但毕竟成功地开辟了前往东印度群岛的航线。1598 年,由范尼克(Jacob Corneliszoon van Neck, 1564 ~ 1638)率领的 8 艘荷兰船队再次前往万丹,在当地购买了大量胡椒,还设立了贸易站。几天后其中 4 艘满载而归,另外 4 艘则继续前往班达和安汶等地购买丁香和豆蔻,并伺机建立贸易站。

商人们在香料贸易中获利不菲,从此前往印尼的荷兰船队持续不断。从 1598 年到 1601 年共有 14 个船队远航亚洲,引发了各贸易公司之间的激烈竞争。为了避免不必要的摩擦,1602 年 3 月 20 日在联省议会大议长奥尔登巴内费尔特(Johan van Oldenbarneveldt, 1588 ~ 1619)的协调下联合组建了荷兰东印度公司,总资本为 350 万荷兰盾,在阿姆斯特丹、米德堡、恩科豪森、代尔夫特、荷恩和鹿特丹分别设立了办事处,组建了由 70 人组成的一个董事会。到 1669 年,该公司已发展成为拥有 5 万名员工、150 艘商船、40 艘战舰以及 1 万名雇佣军的军政商联合体,获准垄断贸易、发行货币、与外国签订条约并实行殖民统治的特权。

1605 年荷兰东印度公司控制了马鲁古的主要岛屿,后来势力范围扩大到苏门答腊、加里曼丹、爪哇和伊里安,几乎垄断了那里的全部香料贸易。1610 年他们在印尼设立总督指导各地的荷兰商馆。1617 年东印度公司在雅加达(后改名为“巴达维亚”)购买地皮建造住房和仓库,周围还建筑起围墙和堡垒,在此后的 300 多年中该市一直为荷兰的一个海外贸易、文化、经济和政治中心。

他们大量招聘华人建设巴达维亚,发展制造业和商业,开拓与中国沿海地区的贸易。1619 年侨居巴城的华人大约为 350 人,多数来自福建、广东和海南,10 年以后增至 2000 多人,1720 年巴城一带的华人激增至 10 万人。在印尼的其他城市,如泗水、棉兰、北干巴鲁、三宝垄、坤甸、锡江、巨

① J. J. L. Duyvendak, 1950. *Holland's Contribution to Chinese Studies*. London: The China Society.

港、万隆也有许多华工移民和寻找商机的华商,1740 年在荷兰东印度公司统治地区的华人几乎占了当地人口总数的一半。

"对于中国移民的管理,"戴闻达在《东印度群岛上的中国人》一文中写道,"当地政府得到了一些中国文员的协助。过去称他们为'甲必丹'(captain)或者'助理'(lieutenant),而在一些较大城镇则称他们为'长老'(major)。他们推选出当地社区的管事,让他们负责多少带有点民事性质的事务,成为政府与移民之间的中介。近年来他们的影响力有所减小,因为正如大型商业社区出现的情况那样,商人都组成了强有力的商会,是其主要因素。荷属东印度群岛的华人和中国国内的人一样都十分喜欢各类组织,还有很多社团,有老式的,也有新式的,仿照在中国雨后春笋般出现的那些会社。"①

荷兰并不满足于与东印度岛国之间的贸易,早在 1595 年国会就对一支前往远东的舰队发出指令,要求他们调查中国和日本的国情和经济状况。1609 年荷兰在日本平户设立了第一个商馆,但是在中国大陆却迟迟未能开展活动。1601 年范尼克舰长率领的荷兰船队试图驱赶澳门的葡萄牙人未果,1604 年水师提督韦麻郎进攻澳门被击退。1622 年雷尔松(Cornelis Reijersen)率领 600 名水手再次进攻澳门失败,退居澎湖,后在台南四草(北汕尾)设立了简易商馆,1625 年又在大员(今台南安平)建筑荷兰地(Orenge, 两年后更名为"热兰遮"Zeelandia),作为统治台湾的基地,目的是为了构建中国、日本和东南亚商业圈,垄断马尼拉、印尼与中国之间的三角贸易。台湾的大米、砂糖、鹿皮、鹿角、藤条,印尼和马来亚的胡椒、豆蔻、琥珀、麻布、棉花、鸦片、锡锭,中国的茶叶、丝绸、陶瓷和黄金都是他们转口或者输出的商品。

台湾岛上的原住民属于南岛语系的马来波利尼西亚民族,但是语言和风俗习惯各不相同,是在不同时期从不同地区迁徙而来的人群,因此形成了互不隶属的部落社会。荷兰据台之初,因为开垦土地急需大量的劳动力,便有计划地从中国大陆等地引入汉人移民。在同一时期台湾的 1800 名荷兰移民中有 600 多名官吏、商人和传教士。官吏们引进了欧洲封建管

① J. J. L. Duyvendak, 1926. *Chinese in the Dutch East Indies.* Paper read before the Chinese Social and Political Science Association.

理制度,采取了政教合一的方式,发展农业,设立学校,教授荷文。由于汉人大都勤奋好学,许多人得到器重,当局对他们的依赖于是日益增大,计划在他们当中培养一些地区管理人才,以便利用他们的良好知识帮助解决荷兰人与原住民之间的问题,同时也把他们看作联系中国的渠道。出于这些考虑,荷兰殖民当局在对原住民执行教化政策的过程中引进了罗马字拼音法,使台湾原有的部落社会文化发生了巨大改变。他们还先后分批派人到厦门和澳门等地学习汉语、闽南话和广东话,研修中国社会、历史、文化和宗教等课程,培养荷汉双语翻译,从此台湾开始从史前时代快速进入了历史时代。目前保存在荷兰莱顿大学的大量印尼华人社区早期行政档案、族谱和华工移民的文契对于当时情况都有详细记录。

在对华展开直接贸易之前,荷兰商人也经常乘坐戎克船偷偷到厦门、金门、漳州一带购买大陆产品,或者在对地方官员行贿得到默许的情况下采购商品,但是他们都觉得那毕竟不是长久之计,而且对于商品的数量、质量和供货时间都无法准确预计。1626 年 4 月两艘荷兰船发现收款却未付货的海商许心素出现在厦门,便立即前往追讨,但是许心素推说曾受海盗阻拦无法践约,荷商便威胁要向厦门总兵投诉,并扬言荡平闽南、浙江和广东海盗,然后上书明廷申请直接到台湾贸易的许可。鉴于荷商与日本、印尼和台湾贸易往来密切,厦门总兵承诺前往巴达维亚的戎克船如期开航,海澄月港的对外贸易将维持正常,但是实际上明廷的禁海令仍然限制商人前往台湾和日本。

1628 年 10 月 1 日台湾的荷兰长官彼得·纳茨(Pieter Nuyts)与掌握福建沿海和马尼拉贸易实权的郑芝龙(1604 ~ 1661)私下签订了为期三年的贸易契约。郑芝龙出生于福建泉州南安县,早年移居澳门,皈依基督教,通晓葡萄牙语,他领导的海商团伙长期活动于澳门、马尼拉和日本之间,接受明廷招安之后更以合法身份控制着福建沿海的对外贸易。1630 年台湾荷兰新任长官汉斯·帕特曼斯(Hans Putmans, ? ~ 1656)又与郑芝龙续签贸易协议。然而好景不长,明廷当时的禁海令仍未撤销,第二年厦门的大街小巷到处都张贴着禁止与荷商通市的告示。

荷兰东印度公司为改变以战逼商的策略,于 1655 年 6 月 14 日派遣巴达维亚商人杯突高啭(Pieter de Goyer, 又译"郭佑")与惹诺皆色(Jacob de Keyzer)作为荷兰政府特使,分别乘坐两条船离开巴达维亚前往广州,携重礼觐见清帝，寻求建立友好关系和直接贸易。使团共 14 人，有书记 6 名，管事 1 名，医生 1 名，商人 2 名，翻译 2 名，鼓手 1 名，号手 1 人。礼品包括贵重的纺织品、香料、珠宝以及奇珍异物。两个月后抵达南中国海岸；又经广东、九江、南京、芜湖、扬州到北京。沿途所见有迤逦风光，也有街头小景：南京大报恩寺的琉璃塔，25 英尺高城墙内街市繁忙的天津卫，北京阳光下的紫禁城，瓷器、绸缎和刺绣琳琅满目的商店，发式奇特服饰靓丽的中国男女，无不令荷兰观光客赏心悦目。

1656 年 7 月 20 日顺治在北京接见使团时由德国耶稣会士汤若望(Johann AdamSchall von Bell，1592～1666)任翻译。汤若望并非一般的外国传教士，他于 1619 年 7 月奉葡萄牙政府的派遣到澳门圣·保禄学院学习北京官话，研究中国儒学和经史。1623 年 1 月 25 日他到北京后，为了开创局面，把从欧洲带来的数理天算书籍呈送给朝廷，又将带来的科学仪器陈列在馆舍供中国官员参观，并成功地预测了当年 10 月 8 日和第二年 9 月将发生的月食，还计算出了北京子午圈与罗马子午圈的准确距离。他一度在西安传教三年，后来被调回北京礼部参加修历，为明朝铸造大炮，翻译矿冶新书。清兵入主北京后汤若望曾冒死自荐，居然得到了信任。1644 年 7 月他向清廷进呈浑天星球、地平日晷和望远镜以及历书范本，因此很快就被任命为钦天监监正。顺治亲政前，多尔衮对通晓天象和物理的汤若望相当敬佩，1646 年由于制定历书有功清廷授予他太常寺少卿衔，官阶为正四品。顺治亲政后对汤若望的道德和学问也非常赏识，加之皇后大婚前汤若望曾为她治过病，顺治心存感激，尊称他为“玛法”(尊敬的老爷爷)，经常请他到宫中叙谈，见面时免叩跪之礼。1651 年 9 月的一天顺治连续加封汤若望通议大夫、太仆寺卿、太常寺卿三个头衔，官阶也从原来的正四品晋升为三品，同时还加封他的祖父母和父母亲。此次荷兰东印度公司派贡使来华，顺治颁令由汤若望出面接待。荷方提出了与中国签订通商条约、授予居留澳门权、允许加尔文教派来华传教等要求，汤若望考虑到此举有碍于他所属教派在华的发展，就劝说顺治一一婉拒，认为保持葡萄牙、荷兰和南明王朝三种势力在澳门相互制约的局面对大清王朝有利。顺治询问对待荷兰使团策略，汤若望提出“八年进贡一次，可附带小宗贸易”的解决办法。

8 月 6 日，有官员将一份与荷兰使团意愿相去甚远的商务草约向汤若望咨询。后来荷兰使团被告知“每八年乘四艘商船来华”的决定。1657年1月28日荷兰使团返回广州,3月31日回到巴达维亚。

使团随员约翰·尼乌霍夫曾于1640~1649年以候补军官身份前往巴西服务,1654年春被派往爪哇岛,任职于荷兰东印度公司。此次随同荷兰使团来华亲身感受到帝国雄风和京都充满诗情画意的情景。令人难忘的是:平南王尚可喜和靖南王耿继茂亲自接待,在150名清军护卫下骑马翻过大庾岭进入江西,在大内受到风流倜傥的少年天子接见,心存感激。精于绘画的他将沿途所见以画稿形式记录了下来,回国后制成了一幅幅铜版画、地图和皇宫平面图收录在后来出版的书中。他在广州停留近半年的时间内,也不忘用画稿描绘当时这个华南唯一的对外贸易商港,其中的《牌楼》在所有广州题材的画作中得到的评价最高。尽管插图中的中国牌楼多少有点像罗马式的拱门,七层宝塔像摞在一起的玻璃碗,所描绘的山峦、河流、道路、城垣、建筑和船只不过是画家头脑中的各种东方元素的组合,却也表现了当时京畿的街市面貌,成为欧洲人第一次接触到的中国视觉形象和直观了解中国的重要材料。

1665年阿姆斯特丹的雅各布·范·默尔斯出版社出版了约翰·尼乌霍夫编著的《1656年荷兰东印度公司使团觐见当今中国大汗纪实》荷文版,书中有中国景物插图150幅,很快就被译成了法文、德文、英文和拉丁文,在欧洲广为流传,被视为一份有关中国的重要文献。今天我们在所能见到的欧洲早期有关中国人物形象、动植物、船舶、桥梁和风景的作品中,几乎都可以找到尼乌霍夫铜版画插图的中国元素。

1977年莱顿大学中国史副教授范霍斯特(D. van der Horst)在他的《第一批访华的荷兰人》(The First Dutchmen in China)一文中对尼乌霍夫的上述专著做了如下评述:

> 该书在某些方面可以看作是对18世纪出现的“中国热”所作的预热。鉴于过去传教士常常被指责故意过分美化中国,那么,对几批荷兰使团访华纪实(包括后来达珀撰写的书)中所用的许多赞美之辞的关注是很有意义的。事实上,17世纪访华的欧洲人对于中国都充满了仰慕之情,这并不会使人觉得奇怪。中国毕竟是一个幅员辽阔的强大国家,治理国家的官员都是通过科举制

度选拔出来的。虽然确实存在以罚代刑的问题，或者残忍的体罚无处不在，但是当代欧洲在这一方面又何尝不是这样？在大运河航行中这些荷兰人亲眼看到了高水准的水利工程，还有高度发达的农业，以及稠密的人口分布。另一方面他们也注意到明末农民叛乱和满人征战造成的巨大破坏。18 世纪对于儒家有关高尚道德教导的逢迎并没有进入画面，但我们却常常发现民间宗教也许遭到了普遍的谴责。……把贡使的报告跟该书的正文加以对照并没有给人留下这样的印象：就像有时出现的情况一样，该书曾经因为销售的需要做过一些润色。

尼乌霍夫书中的一些章节充满了谜团。他一回到荷兰肯定将出版书的事托付给了他的兄弟，然后他本人继续外出旅行。1672 年他在马达加斯加被当地的土著人杀害了。这里不宜就原著和现在版本之间关系的复杂情况详加介绍。该书肯定更为详尽，原来的手稿显然已经遗失。在 1876 年海牙举行的一次图书拍卖的目录中出现过这本书的书名。虽然出售该书的公司（马蒂纳斯·尼乌霍夫公司）还在经营，但遗憾的是他们已经无法告诉我一个世纪之前他们把书卖给了谁。

不管怎么说，自打 17 世纪以来该书就始终疑云重重。率领第三荷兰访华使团（1685～1687 年）的佩茨谈到过尼乌霍夫的著作如何"不可靠"和"涂脂抹粉"，他指的是书中的插图。虽然直至今日原来的画稿一张都找不到了，但是我们敢肯定插图是根据当时大众的期待作过修改的。我们知道原来的版模是尼乌霍夫亲手雕刻的，他的工艺水平之高超正是当时吸纳他为使团成员的原因之一。①

1662 年荷兰东印度公司因为被郑成功逐出台湾，失去在华的唯一立足点，便先后派遣使节团访问北京，表示愿派 17 艘战舰与清军水师协同作战围剿郑成功。1664 年他们得悉清廷同意荷商每两年来华互市一次，在暗自高兴的同时又找借口改变与清军合作的打算。1665 年 7 月，荷商运

① 1977 年 9 月《通报》第 18 卷第 3 期。

载货物到福州和漳州通市,清政府即下令禁止与他们贸易。根据平南王和靖南王的建议,同年荷兰东印度公司再次派财政部长兼驻东印度枢密谘议范和伦(Pieter van Hoorn)以贡使身份从厦门经福州前往北京,请求允许在厦门开展贸易。此时清政府禁止荷兰人取道福建入贡,只能改从广东进京。

1685 年荷兰政府派出以佩茨(Paets)和惹诺皆色为正副贡使的第三个使团访问北京。因曾帮助清军收复台湾,荷兰使节到福建后巡抚金鋐按例接待,并于次年派官员护送荷兰贡使入京。此时清廷已开海禁,同意荷兰改八年一贡为五年一贡,准由福建入境,特批允许他们在广州设立商馆。1727 年后荷兰在广州设立了十三行商馆(集义行),专营丝绸、茶叶和瓷器等中国紧俏商品。

荷兰作家达珀(Olfert Dapper, 1635 ~ 1689)后来将荷兰第二、第三次使团访华详情写成一本名为《荷兰东印度公司第二和第三次使团出访大清帝国纪实》(Gedenkwaerdig Bedryf der Nederlandfche Maetschappy, op de kufte en in het Keizer-zijk van Taising of Sina)的专著,1670 年由荷兰东印度公司的阿姆斯特丹国际出版中心出版。书中收录了大量铜版画,其中一张表现了荷兰人如何支援清兵攻打金门城架设云梯的情景。

1635 年达珀出生于阿姆斯特丹,1658 年就读于乌特勒支大学,两年后自称"注册医生",但是没有人知道他是否读过医学专业。1665 年他曾把希罗多德(Herodotus,485 B. C. ~425 B. C.)的著作译成荷兰文出版。17 世纪中叶荷兰兴起了一股探险和外国文化热,他因此受熏陶致力于地理学和人种学的研究,首先着眼于非洲(1668 年),然后进入中国(1670 年)、波斯(1672 年)和中东(1680 年)等领域。他的著作很快受到追捧,并先后被译为英文、法文和德文,但是他从来没有去过他研究或描写过的国度。他广泛涉猎耶稣会士和探险家的资料,引介中尽量不表明个人的价值取向,更不涉及人种学等敏感话题。他开创了荷兰学术界跨学科研究的先河,把对一个国家的地理学、经济学、政治学、医学、社会生活和风俗习惯的考察融为一体。他的作品追求的不是介绍异国他乡的奇风异俗,而是为子孙后代留下精神财富,因此赢得了读者的好评。

达珀的《荷兰东印度公司第二和第三次使团出访大清帝国纪实》问世不久就被译成德文和英文,引起了知识界的广泛关注和重视。书中有插画

150余幅，详细地介绍了中国的地理、动物、植物、民族、宗教、服饰、语言、文字和科举制度。书后附《荷兰人统治下的台湾》一文，记述了有关台湾的地理、历史、物产、风俗和历史大事。作者根据资料绘制了有关台湾原住民的居民、住房、村社和宗教仪式等画面。在17世纪的欧洲，只有很少一些书能够如此详尽地对中国进行描述，因此赋予了它极大的可读性和知名度。

荷兰政府每隔数年就派遣使团赴北京寻求扩大两国之间的贸易，每次都以事后发表旅行日志为其最大收获。1794年荷兰政府又派出特使德胜（Issac Titsingh）和范罢览（Andre Everard van Braam Houskgeest，1739～1801）来华朝贺乾隆皇帝（爱新觉罗·弘历，1711～1799）登基60周年，于翌年抵京。这是鸦片战争前最后一个访问北京的荷兰使团。

德胜原是荷兰在日本定居点出岛（Dejima）的一名外科医生、厂主和日本通，后来被聘任为欧洲驻亚洲贸易公司与日本江户幕府打交道的全权代表，觐见过江户幕府将军。后来又任荷兰东印度公司在孟加拉国钦苏拉的总督。当时荷兰政府对于他率团访华有很高的期待。

使团的翻译是法国人小德金（Chrétien Louis Joseph de Guignes，1759～1845），法国汉学家德金（Joseph de Guignes，1721～1800）之子，1784年来华，曾任法国驻广州领馆随员及法皇驻广州代表，1801年回国。1808年他在法国出版了一部有关在华生活以及陪同荷兰使团访问北京的回忆录，在他的《北京、马尼拉、毛里西亚岛游记》（Voyages a Peking, Manille L'ile de France, faits dans l'intervalle des annees 1784 a 1801）一书的第357至439页也作了详尽记述。法国皇帝拿破仑当时希望了解中国，责令他编撰一部《汉语—法语—拉丁文辞典》（Dictionnaire Chinois, francais et Latin）。小德金以格莱莫纳（Basilio Brollo de Glemona，1648～1704）编写的《汉语—法语—拉丁文辞典》为蓝本，终于1813年完成了拿破仑下达的任务，算是他当年陪同德胜和范罢览访华故事的续编。

范罢览曾在荷属东印度公司从事对华贸易业务多年，1774年退休后闲居荷兰乡间。1783年他携妻儿移居美国，在南卡罗来纳州的查尔斯顿建了一个大米种植园。后来屡遭不测，4个儿子死于传染病，财产部分丧失，1790年便以商团首领的身份重返广州。正是由于他的努力，促成了另一个荷兰使团的北京之行。当他拿着清帝致荷兰国王的信件到达广州之时,万里之外的荷兰王室成员已经在法国国民公会军队的炮声中逃往英国。1795年荷兰沦落为大法兰西帝国的附属国,政治环境已不允许他返回故土。于是他带着妻儿和大量中国古董、1800多幅字画和服饰到了美国费城,一时间成了街谈巷议的人物。他在宾夕法尼亚城郊建了一处住房,取名"华静居"(China Retreat)。当时的费城是法国高等难民的聚居地,范罢览与奥尔良公爵等贵族过从甚密。一位法国出版商鼓励他把北京之行用法文写出来。不久,他以旅行日志的形式写出了《1794~1795年荷兰东印度公司使团访问中华帝国朝廷纪实》(Voyage de l'ambassade de la Compagnie des Indes orientales hollandaises, Vers l'empereur de la Chine, dans les annees 1794,1795)一书,记述了1794年11月22日荷兰使团如何从广州出发,经陆路于第二年1月抵达北京觐见乾隆帝,又于同年5月初回到广州的旅程。1797年他乘坐一艘美国船运送该书第一卷的500本前往美国,海上遇到法国私掠船,所有的书均遭查抄。后来该书第一卷的内容被重新写成两册出版,竟很快被译成英文、德文和荷兰文,而原来计划中的费城版《北京之行》第二卷后来却胎死腹中。

1919年9月21日美国的《纽约时报》刊登了格雷斯·范·穆尔黑德(Grace V. Moorhead)撰写的《1794年中国皇宫中的一位美国人》(An American at the Chinese Court in 1794),记述了荷兰特使范罢览觐见清帝乾隆以及他在中国游览的观感。文中还插登了一幅范罢览夫人和女儿的照片,其说明文字是:"在中国皇宫受到接见的第一位美国人范罢览的夫人和女儿,该画像由一位中国宫廷画师绘制,然后烧制在珐琅瓷盘上。这一秘传技艺现在已经失传,但是画像却仍然为范罢览的太曾孙女所珍藏。"下面是穆尔黑德文章的译文:

> 这些日子一提起"山东"这个词就会使某些美国人(特别是参议院的议员)撇嘴,仿佛把它视为该省久负盛名的柿子中最青涩的一颗。然而人们对于中国的兴趣,特别是对于延伸到黄海之外的那片土地的兴趣,是那样强烈,正如用熟语"关键时刻之心理"(psychological moment)来描述在费城图书馆被人遗忘的书架一角发现第一位高加索人前往该省故事时的感受一般。可以补充说明的是,他说不定也是第一位受到中国皇帝接见的"外宾"

呢！而且，他就是一位美国人。

虽然这位旅行家范罢览是以荷兰东印度公司大班兼荷兰使节的身份前往中国的，但是他当时已是一位被同化了的美利坚公民，而且已经在此间居住了多年。他遵照乔治·华盛顿的建议编撰了一本献给他的书，是一本以“日志”的形式发表，向美国人展示中国如何造就了“黄金时代”的书。某些既圆滑又会耍两面派的广府官员和商人被指责为国际商务中的最大障碍，但是作者却认为英、美两国应该联手把中国作为商业大国推向世界前沿。

当然，125 年前就可能出现过这类古雅形式的日志，但是经向他的后人查询却没能找到另外一本这样的书。这就使这册由伦敦菲利普斯出版社出版、德布雷特发行的书，无论对于爱书人还是研究《凡尔赛和约》中有关山东条款的学者都同时具有吸引力。

范罢览的中国之行是在 1794 ~ 1795 年间，但是他所谈到的许多天国之事仍然符合今日之现实，因为中国长期保持一种静态，旅行者所看到的样子几乎没有任何一个美国人能捉摸，即便传教士也捉摸不透。

安德烈亚斯·埃弗拉德·范罢览（据说最后一个词“Houckgeest”是用于表示他的名分的）1739 年出生于荷兰乌特勒支，距威廉·霍亨索伦（William Hohenzollern）希望度过自己余生的小镇不远。他为国服务的第一件事是在海军服役。他生在一个海军之家，兄弟三人中两人都是海军上将，唯独他愿意从商，1758 年以荷兰东印度公司商务大班的身份前往中国，1773 年前一直住在澳门和广州，然后返回荷兰，定居于海尔德兰省。

然而，范罢览基本上是从一个美国人的角度记述了自己的思想和经历的，因为 1796 年他重返美国，4 月 24 日在费城机场走下飞机，直到 1798 年他的大作才问世。

范罢览在宾夕法尼亚营造了一所名为“华静居”的房子，至今仍然保存完好。他在这里收藏着他所喜欢的中国珍宝，不过已经把其中最值钱的一些东西捐赠给了法兰西共和国。

“我们的司仪是三位德高望重的官员，”他在书中写道，“第一位身穿带深蓝色纽扣官服的王大人精通政务；第二位穿带透明蓝纽扣官服的明大人是一位武官；第三位穿带白色透明纽扣官服的桑大人是一位文官。他们每个人身边都有数位职务较低的官员拿着金杖随从伺候。军官是满人，其他两位为汉人。”

虽然使团阵容庞大，行程壮观，使团人员却仍然感到诸多不便。天气严寒，客舍简陋，车夫粗心，添乱不少。轿子颠簸，马车晃悠，让荷兰和法兰西绅士们斯文扫地。正如范罢览所指出的，在许多场合因为供应姗姗来迟，几个星期中除了水之外其他什么都喝不上。

他们在去北京皇宫的旅途中，所穿越的山东路段过去从来没有“白人”去过，返程时经过的地方更是欧洲人“闻所未闻之处”。

范罢览在使团中虽然荣耀尽享，但他只是一名副使。可巧途中正使染病，年迈的中国皇帝乾隆便首先接见了他。范罢览还见到了后来在1796年继位的第十七位皇太子。

在北京皇帝接见毫无疑问安排在凌晨。让这位荷兰人感到最别扭的是早晨4点钟起床，然后在寒风中等待一个多小时，皇帝去太庙祭祖后才开始接见。

皇宫外部像是有淡红色和金黄色的涂层，令人赏心悦目。他亲眼目睹的滑冰仪仗也是如此。听说那是一年一度的庆典，中国人在其他任何时间都不会穿那让人再熟悉不过的荷兰式“冰鞋”的。

然而皇宫中却不那么吸引人。弯弯曲曲的水道，幽暗街道般的清冷长廊，窄小的房间，一切都不叫人喜欢，不过皇上自己的寝宫却很宽敞，单层玻璃的大窗户，透过它皇上可以观察到自己管辖的皇天后土。

“蒙古和高丽使团向皇上朝贺之后，”作者写道，“我也走到年迈的君主面前，轮到我俯身叩拜了。按照中国礼节，君主在沙发上盘腿而坐。他的右边是和中堂，左边是福长安。后者俯首跪地向皇上报告，据我判断，是有关我的事情。和中堂然后站起来，代表皇上，吩咐通事告诉我：今儿是皇上85大寿(原文如此，可能按虚岁计算——笔者)，我是第一位能与他近距离会面的荷兰人。

我以最谦恭的态度对他的恩典表示感谢。我们一再叩首之后才起身。”

“我们被引领到稍靠左边一点的地方，刚才说到的其他使团也如此，然后让我们坐在事先特意铺好的地毯上，分两排一前一后坐着。我不习惯这种坐姿，简直就是受罪。”

谈到山东时范罢览语出不敬，认为那儿只不过是孔夫子的诞生地，不是什么重要省份，大米、丝绸和受欢迎的青花瓷的产量都不高。在荷兰使者的心目中，一个煤炭、金、银、草编织物丰富的省份，所缺乏的只是当时尚未开发的东西，作为旅程通道是情有可原的，因为毕竟主管官员还是给使团的每一个人都送了一件红色皮里小大衣。

人们不妨尽情去构想范罢览在自己书中所描绘的中国。他与皇上长时间的会面，奇特的祭天祭月仪式，汉人的歌舞，盛宴和美艳的烟花，这一切至少激发了荷兰人的热情。范罢览对宏丽壮观寺庙的描写，仿古希腊和古罗马礼仪火化死者的中国风俗，荞麦地里的故事，满载大米的大型驳船，皇宫鱼池中“颜色奇异身长15英寸”的金鱼，以及他对此前欧洲人和美国人从未涉足的皇宫的景色和私室的描写，所有这一切都向世人展示了一幅已经消逝的美妙动人的中国图画。

中国总是一个反差很大的国度。作者在这一页谈到了简陋的马车，“类似荷兰的粪车”，是当地的一种主要的运输工具，马匹几乎都没有喂养好；可在另一页，作者却又描写官员家中如何都有锅炉，供热管道接入每一个房间，锅炉不是安装在室内，而是安装在门外的地下室中。

“这些供热锅炉的管道四通八达，”范罢览写道，“就铺设在地砖之下，也铺设在中国人睡觉的土炕之下。那些管道还可以穿过墙壁，通往不同的房间。这样，热气调到所需的温度，通过那些管道输送到住处的不同地方。”

佣人白天黑夜都管着火，即使外面刮起凛冽寒风室内还是很舒适。当地人心灵手巧（特别是在山东，那儿河流湍急，港湾处处，男人个个都是水手），能用竹篾编绳，造竹桅杆，用竹子造工具,盖房子,制作饰物,使这位贡使惊叹不已,连声夸奖。他还对捕鱼人着墨甚多。他们“不用鱼钩鱼线”,放出鱼鹰到水中捕鱼,叼住鱼后就飞回主人身边,将鱼交给主人。

山东的大桃也让贡使大饱口福。有些桃子,他说,圆周足有14英寸,汁多味浓,入嘴即化。但是作者全书的主题却是中国如何向世界提供的绝佳机遇。中国的美景、中国的神秘、中国的技艺和人民,都对他有一种感召力,然而他本质上还是一位海商。

他风趣地谈到了这群陌生白人使团上路时他如何被情绪激动的男男女女围观的情形,也谈到了沿途士兵和官员对他们的高规格礼遇,美国、法国和荷兰来宾都得到了同样的礼遇。

三、茶文化与早期荷兰汉学研究选题

据考证,早期欧洲人所了解的有关中国茶叶的知识和中国人饮茶的习俗是从来华的欧洲旅行家和耶稣会士那儿获得的。马可·波罗(Marco Polo, 1254～1324)在他的游记中曾经有中国某大臣因为滥收茶税而被罢官的记载。1548年葡萄牙多明我会传教士加斯帕·达·克鲁斯(Gaspar da Cruz,1520～1570)在给友人的一封信中也提到过中国人都喝一种“有益健康的草药饮料”。达克鲁斯曾与10名葡萄牙传教士乘船到印度果阿传教,在那儿居住了六年,其间还先后到过马六甲、锡兰(斯里兰卡)和柬埔寨等地,1556年抵达离广东上川岛以北6里格[①]远的地方。1569年埃武拉的安德烈·布尔戈斯出版社出版了他的《中国志》(Tractado das cousas da Chine)。他在书中写道:“如果有人或者几个人造访某个体面人家,那儿习惯的做法是向客人献上一种他们称为‘茶’的饮料,装在瓷杯里,放在一个精致的盘上(有多少人便有多少杯),那是带红色的,药味很重,他们常饮用,是用一种略带苦味的叶调制而成的。他们通常用它来招待所有受尊敬的人,不管是不是熟人,他们也好多次请我喝过。”[②]

---

① 里格(League)是欧洲和拉丁美洲的古代长度单位,相当于一个人步行1小时的距离。在英语国家1里格通常被理解为陆路3英里(4.828公里)或海上3海里(5.556公里)。

② 澳门民政总署文化康体部:《明清时期荷兰与广州的茶叶贸易》,2008年。

也有学者认为欧洲人早先所了解的中国茶的信息是从阿拉伯人那儿获得的。1559年意大利人詹巴蒂斯塔·拉穆西奥(Giambattista Ramusio)在《航海与旅行》(Navigatione et Viaggis)一书中曾经记录了阿拉伯人哈兹·穆罕默德(Hajji Mahonmed)有关中国茶叶的介绍。①

广东珠江三角洲地处中外经济和文化交流的前沿,是华南最先发展夷务的地区之一,也是中国与荷兰贸易的重要出入口岸。广州人所熟悉的"荷兰豆"、"荷兰薯"、"荷兰芹"和"荷兰牛",荷兰人所熟悉的"戎克船"(junk),大概都是从早期中荷贸易和文化交流频繁的港市传递出来的故事。

当年荷商从广州购买的中国商品主要是茶叶、瓷器、丝绸和药材。

早在1515年葡萄牙人就开通了通往中国的航道,不断把中国茶叶运到里斯本。但是他们对于中国茶的经济价值和文化价值并不十分了解,只让当时在海上开发紧随他们的荷兰人把它转运到荷兰、英国、法国以及一些波罗的海沿岸国家。

1602年以后荷兰东印度公司开始垄断从好望角到麦哲伦海峡的茶叶和香料贸易。1607年,荷商从澳门把茶叶运到印尼的万丹,然后运回荷兰,掀开了茶叶贸易的序幕。1690年以后从厦门开往巴达维亚的戎克船平均每年14艘,运载茶叶、瓷器和丝绸跟当地商人交换胡椒、豆蔻等香料土产。广州——澳门——巴达维亚——荷兰是早期中荷茶叶间接贸易的路线。善于经营的荷兰人除了从巴达维亚进口中国茶叶外,也通过波斯等国购买中国茶叶,销售对象既包括本国批发商,也包括欧洲其他国家及北美的客商。荷兰全面入侵印尼以后,巴达维亚逐渐成为荷兰在亚洲的殖民统治中心和贸易中心,荷商是当地中国茶的最大买家。到17世纪50年代,阿姆斯特丹一跃而为欧洲的中国茶最大供货市场,甚至开始了茶叶拍卖交易,这一切对于荷兰在近代中西茶叶贸易的兴起和发展起到了重要的作用。

1610年荷商第一次运往欧洲销售的中国茶是产自福建崇安县星村的小种红茶。乾隆时代对荷销售的中国茶主要有武夷红茶和岩茶(乌龙茶)、徽州松萝茶(绿茶)、珠茶和花茶。

随着欧洲对茶叶需求的迅速增长,荷兰东印度公司已不满足于中国戎

---

① 张应龙:《鸦片战争前中荷茶叶贸易初探》,载《暨南学报》(社哲版)1998年3月。

克船运往巴城的茶叶数量。1728～1734年，该公司直接从国内派出11艘商船到广州购买茶叶。其中两艘船途中遇险沉没，另外9艘船运回茶叶135万磅，总价值为174.40万荷盾，计共获利约233.46万荷盾。[①]1740年，荷兰殖民者屠杀巴城华人的惨剧发生后，茶叶贸易数量急剧下降，直到1757年荷兰东印度公司才重开对华茶叶贸易。从18世纪20年代到90年代，茶叶占荷商购买中国商品总值的70%～80%。

荷兰对华直接贸易利润丰厚，仅茶叶一项，当时广州与阿姆斯特丹的差价就高达2～3倍。过去荷商可以用在巴达维亚收购的胡椒、豆蔻和锡锭等货物换取中国茶叶，但是直接贸易的开展要求荷商用白银支付货款。与此同时，大班、船长、水手和船工纷纷参与走私，为避开检查，他们故意寻找各种借口，在到达目的港以前停船卸货。管理人员虚报价格和运费的事情时有发生，海运成本一直居高不下。于是，荷兰东印度公司继续鼓励中国戎克船前往巴城，恢复广州—澳门—巴达维亚—荷兰的间接茶叶贸易。

为解决白银大量流失、职工贪污走私和利润下降等问题，1734年荷兰东印度公司董事会决定停止对华直接贸易，每年改从巴达维亚派两艘商船前往广州，采购所需货物之后其中一艘返回阿姆斯特丹，另一艘停靠巴达维亚完成换货之后再返回荷兰。这种对华间接贸易与直接贸易结合的方式连续实行了长达21年之久。此外，荷兰东印度公司还专门成立管理对华贸易的中国委员会（China Committee），每年秋天举行一次例会总结前一年的中荷贸易情况，然后对下一年度的贸易开展采取新的措施。另外，公司给每艘来华的荷兰商船提供30万荷盾银币，到巴达维亚采购香料和锡锭等土产后前往广州换购中国茶叶才可返回阿姆斯特丹。[②]

中国茶叶进入荷兰市场之初，饮茶在海牙尚未成为时尚，原因之一是高消费（每磅茶叶售价超过100荷兰盾）使之成为少数富人的专利。但是到了1666年，荷兰简直就是顶级茶业社会的缩影，每个富贵之家都有自己的茶厅。

在三个西欧海洋大国中，英国是最后一个与中国和东印度开展海上贸

① 庄国土：《茶叶、白银和鸦片：1750～1840年中西贸易结构》，中国经济史论坛2004年2月。

② 张应龙：《鸦片战争前中荷茶叶贸易初探》，载《暨南学报》（社哲版）1998年3月。

易的国家，主要原因是当时斯图亚特王室（1603～1714 年统治苏格兰和英格兰的王室）政权不稳和克伦威尔引发的内战，无暇顾及海外贸易。英国有关"中国茶"的早期文字是一篇 1598 年从荷兰文译为英文的《林斯霍腾航海记》，介绍荷兰探险家如何绕道南非前往印度果阿的经历。文章中有关林斯霍腾的旅途和饮茶的记述激发了荷兰和英国人闯荡东印度群岛的热情。1645 年饮茶之风传入英国，1652～1654 年间英国市场上出现的中国茶主要是从荷兰转口销售的。当时"茶"有"tcha"、"chaw"、"tay"、"tee"和"tea"等不同形式的拼读方法，大约与不同乡土背景的中国茶农的发音有关。茶在英国逐渐被尊为一种具有药用功能的中国式时尚饮品。一磅茶叶的售价竟相当于普通劳工 9 个月的工资，所以只有皇室才享受得起，而且茶杯都特别小。

慢慢地茶成了欧洲贵妇社交的饮品。1662 年葡萄牙国王约翰四世的女儿凯瑟琳公主（Catherine de Braganza，1638～1705）与英国王子查理二世（Charles Ⅱ，1630～1685）大婚，公主的陪嫁除了中国茶叶外，还包括丹吉尔和孟买的领地证书。1612 年英国东印度公司曾在印度打败葡军，从莫卧儿王国划得大片贸易租界，后来分别在马德拉斯、孟买、加尔各答建立了贸易站，开始从事茶叶、棉花、丝绸、染料和硝石的贸易。此时英国东印度公司名正言顺地得到了那些活动地盘，作为公主陪嫁的中国茶竟然成了历史的见证。

饮茶之风很快蔓延整个欧洲，茶成了人们生活中一日不可或缺的消费品。1657 年伦敦的加罗威咖啡店开始供应下午茶，号称可以"强肾提神"。1638 年法国人也开始以饮茶为一种时尚。1680 年一位法国侯爵夫人首先建议在茶饮中加入牛奶，使之更贴近欧洲人的习惯。凡事喜欢随意的荷兰人开始在旅馆提供饮茶服务，并在每个房间的取暖设备中增设一套便携式茶具，从此可以在花园中为自己和来访客人斟上几杯茶。

1650 年荷兰人把茶叶生意做遍了整个西半球。彼得·施托伊弗桑特（Peter Stuyvesant）把第一批中国茶叶运到美洲的新阿姆斯特丹（后来英国人把该市改名为"纽约"）的荷兰人定居点。当地居民几乎都成了爱喝茶的人，确实，该城消费茶叶的数量已经超过了整个英格兰。1773 年英国政府为帮助本国东印度公司倾销库存的茶叶，允许他们免缴进口关税，并禁止在波士顿及周边地区出售私茶，使公司输入的茶叶较私茶便宜 50% 以上。该决定引起了北美殖民地人民的反对。一批青年组成波士顿茶叶党

(Boston Tea Party),于1773年12月16日晚化装成印第安人潜入商船,将英国东印度公司的342箱茶叶(价值1.8万英镑)全部倒入大海。英国政府派兵弹压,结果导致了后来美国独立战争的爆发。

1727年荷兰获准在广州十三行区设立商馆。荷兰东印度公司的商人喜出望外,在年底就派出载银30万荷盾的商船到广州采购茶叶、丝绸和瓷器等商品。中荷茶叶贸易由原来的广州—澳门—巴达维亚—荷兰的间接形式转变为荷兰—中国的直接形式。为适应荷兰对茶叶不断增长的需求,阿姆斯特丹商会奉命筹划中荷直接贸易的新行动,并为此订购了两艘新船。

荷兰进口茶叶数量不断增加,茶叶价格逐渐开始下降。随着社会上茶的消费指数大幅度攀升,医生、传教士、博物学家和高校当局预感到问题的严重,开始就饮茶与国民健康的利弊得失展开了激烈的争辩。1649年莱顿大学教授科尼利厄斯·博特科伊(Cornelieus Bottrekoe)写了一篇题为《茶、咖啡和巧克力》的论文,极力肯定饮茶的好处,提出日饮200杯茶能医治百病的观点。虽然从1635年到1657年争论一直在持续不断地进行着,有时还充满着你死我活的火药味,但是大部分荷兰茶客对此并不十分理会,仍旧在每天忙碌之余或者访亲探友的欢聚中尽情享受这一新款饮品。原先老百姓只能从与姜和糖一起出售的香料商号中买到的稀罕之物茶叶,到了1675年在全荷兰的食品店都能买到了。这一期间荷兰和法兰西共同领导着欧洲饮茶的新潮流。

19世纪40年代,美国特制的快速帆船加快了从中国运送茶叶到美洲和欧洲的速度。部分船艇从香港开往伦敦的航程只需95天,海上竞争成了见怪不怪的平常事。走私商和越境者也从航运提速的先进技术中得到了好处。

美国人对于饮茶所做的贡献有两个方面:一是1904年理查德·布莱勤登(Richard Blechynden)为圣路易斯世博会创制的冰茶;二是1908年托马斯·沙利文(Thomas Sullivan)在纽约发明的袋茶。美国茶商的创造性经营对荷兰人来说也是一种值得效法的商业开拓。

中国茶,原是山野之物,滋润于氤氲雨露,成长于四季阳光地带,不似果珍芬芳袭人,亦非面包牛奶足以适口充肠。但是经茶农千百年的打理,茶饮居然进入上至王公贵族下至寻常百姓人家。茶,是招待宾客的经济饮品,公务繁忙时的贴心伴侣,断肠人的温馨慰藉,狂欢夜的串场小品。英国鸦片商憎恨过它,波士顿的茶叶党谋划过它,阿姆斯特丹的拍卖行叫卖过它,邻居家华人小妹哭嫁时捧饮过它。在那个年代人们赋予了中国茶太多的政治元素、金钱魅力和人文色彩。当它从遥远的山村野岭被迎送到喧嚣的都市时,独具慧眼的汉学家立即就把它列入了自己的论文选题中,于是就为怀旧读者敷衍出一篇又一篇人情世故的文章来,容不得任何史家对它的冷落。

四、瓷文化与早期中荷文化交流

瓷器是中国的国粹,大约在14世纪就开始与中国漆器和丝绸一起出现在欧洲市场上。荷兰东印度公司在创建之初就开通了直达亚洲的航道,为大量中国瓷器进入荷兰创造了条件。除了公司大量购销中国瓷器外,水手们也直接参与贩运中国瓷器。虽然葡萄牙和西班牙在此之前数十年就把中国瓷器纳入了他们的经营项目,但是荷兰东印度公司的瓷器贸易却显得更有成效。阿姆斯特丹就是17~18世纪中国瓷器的销售中心。1637年荷兰东印度公司的哈普斯勋爵(Lord of Habsburg)曾致信巴达维亚总督,让他在购买茶叶的同时,也采购瓷杯、瓷碟和瓷壶之类的茶具。江西景德镇、福建德化和广东石湾都是声名远播的中国外销瓷生产基地,每年运往巴达维亚销售的中国瓷器高达15万件。1657~1683年明清鼎革之际,战乱频仍,荷兰减少了中国瓷器的进口,转向日本采购。但是1684年后中荷瓷器贸易得到了恢复。1734年一年之内中国销往荷兰的瓷器就多达40万件。17和18世纪荷兰东印度公司采购的中国瓷器总数估计超过了5000万件。

早先欧洲人日常使用的器皿基本上是石制、陶制、木制或金属制品。虽然中国瓷器很早就已经通过西亚和北非商人转运到了欧洲,但是因为价格昂贵,多半只能为王公贵族所收藏,平民百姓无缘享用。中国瓷器不但被视为高贵用品,而且还被认为有一种神奇功能,食品是否含毒一盛在瓷碗中就可以检测出来。意大利画家乔凡尼·贝理尼(Giovanni Bellini,1430~1516)在1514年创作的《诸神的盛宴》(The Feast of the Gods)中就有一位女神手托青花图案的中式果盘,另一位跪地女神面前也摆着一个相似果盘。据专家考证,画中的瓷盘是中国明代青花瓷款式(Ming Dynasty blue and white porcelain type),实物很可能属于1498~1508年曼努克·苏尔坦家族(the Mamluke Sultans)的外交礼品,画家是应痴迷中国瓷器的阿方索一世公爵(Duke Alfonso I d'Este)的请求而创作的。联想起第一代荷兰静物画家奥西亚斯·贝尔特(Osias Beert, 1580~1624)1608年创作的《盛在瓷碗里的草莓和樱桃》(Still-life with Cherries and Strawberries in China Bowls),我们对于贝理尼的《诸神的盛宴》的感受就会更加深刻。

16世纪中期,收藏中国瓷器已经成为欧洲上层社会的一种时尚。葡萄牙王后和公主以拥有中国瓷质手镯为荣,王后曾委托商家在中国订做有自己肖像的餐具用于奖赏有功的士兵。在16世纪西班牙国王查理五世的收藏品中,就有一套以皇家纹章盾徽为装饰的中国瓷器。1522年葡萄牙国王下令从印度支那回来的商船所装载的货物的1/3必须是瓷器。个中缘由一是出于社会需求的考虑,二是瓷器比重大于茶叶,码放底舱可以使船体在风浪中保持平稳。

奥兰治家族在联省共和国成立后政治上今非昔比,从王子到省长都想寻求表达自己作用和地位的新方式,有意于显示豪门富绅的气派:拥有大量瓷器的家族,比权量力,谁能与他们同日而语?装饰豪华的海牙"豪斯登堡"(Huis ten Bosch,密林中的豪宅)式皇宫成为他们炫耀财富的一种标志。海外纳贡人向王子弗雷德里克·亨德利克(Frederik Hendrik,1584~1647)呈献的贡物中最引人注目的就是中国瓷器。王妃阿玛利娅(Amalia van Solms, 1602~1675)是第一位拥有专门陈列大量中国瓷器展厅的贵妇。其他荷兰显贵和富绅也以奥兰治家族为榜样,收藏中国瓷器成了17世纪之后荷兰社会的热潮。

1752年荷兰东印度公司的商船"格尔德马尔森"号(Geldermalsen)在从广州返欧途中遇到狂风巨浪沉没,船上203箱23.9万件瓷器、68.7万磅茶叶、147块金锭以及一些纺织品、漆器和沉香木,总价值超过80万荷兰盾,全部沉入了海底,112名船员也都死于海难。1985年英国潜水员哈彻(Michael Hatcher, 1940~)从沉船中组织打捞起了15万件青花瓷器和126块金锭,在阿姆斯特丹面向社会拍卖,其中3000件瓷器以3700万荷兰盾成交,每块10两重的船形金锭单价也高达5万英镑(按当时比价约合8万美元)。

早先中国人在瓷碗、瓷碟和瓷花瓶上描制的图案通常为西方人所不熟知的事物,这一异国情调对他们具有极大的吸引力。17世纪下半叶,荷商按照王宫的指令,将伦勃朗(Rembrandt Harmenszoon van Rijn, 1606~

1669)等荷兰名画家的作品和荷兰艺术家设计的图案带到华南订货。广州作坊为满足外商的要求,一度专门从景德镇订造素身瓷坯,然后按照西洋画技法在瓷器上绘制荷兰风车、磨房、郁金香图案,或者制作鹿特丹街景和渔民北海捕鲸的画面,然后加釉烧制成"广彩"瓷器交付客商。

广彩,又称"广州织金彩瓷",就是在白胎瓷器的釉面上绘制金色花纹图案,有如万缕金丝绣锦缎,然后用低温烧制而成。其最大特色是构图严谨、色泽艳丽、金碧辉煌。这项技术始于明代的广州三彩,后来发展到清代的五彩,又在乾隆时代进一步形成独特风格,把西方的"金胎烧珐琅"技法用于白瓷胎上,已有数百年的历史。初期的珐琅彩,备受豪绅贵族的青睐,外国王室常派官员专程求购。后来欧洲商人干脆带来图样,广东厂商从景德镇购得瓷坯,采用江西粉彩技艺描绘(或聘请江西师傅直接操作)后焙烧而成。艺人借鉴西洋画法,用广州的西洋红、鹤春色、粉绿、麻色(多用于外销瓷器上)等颜料,绘出有岭南特色的图案,包括仕女、神仙、乡绅、花篮、龙凤、彩蝶、金鱼等传统花款。

18 世纪中叶至 19 世纪初,广彩瓷器和铜胎珐琅各自分离为独立行业,后来部分岭南派画师还直接参与绘制彩瓷图案。广彩瓷器大体可分为艺术瓷和日用瓷两大类:艺术瓷图案多为人物花卉、神话故事、西方风景、洋人洋狗;日用瓷包括碗、碟、壶、盅等产品。嘉庆道光年间广彩瓷器除船运出口外,部分产品也直接投放广州十三行外销,实际上广彩瓷器就是外销瓷器(又称"贸易瓷")。

1602 年荷兰东印度公司在海上曾捕获一艘葡萄牙商船"克拉克"号,发现船上装有大量来自中国各地的青花瓷器,因产地不明,于是把这种瓷器统称为"克拉克瓷"(kraak ware)。后来欧洲商人就把所有按照西洋画稿在素胎瓷上绘图的仿欧风格中国瓷器都统称为"克拉克瓷"。这些产品大多是从外形上摹仿欧洲器皿、玻璃器或陶器,实用型的有果盘、水壶、杯具等,观赏型的有花瓶和摆件。以宗教、希腊和罗马神话为题材,绘制女神、丘比特或半裸美女的图画亦为当时中国输往欧洲瓷器的一种风格。婚誓和寓言之类的绘画在输往欧洲的瓷器中也十分常见。20 世纪 80 年代中期,阿姆斯特丹曾举行题为"晚到 400 年的中国瓷器终于来了"的大型拍卖会,拍品都是从 16 至 17 世纪沉船中打捞出来的中国瓷器,其中不乏广义的"克拉克瓷"。

洛泰·莱德罗斯(Lothar Ledderose)在《中国对 16 ~ 18 世纪欧洲艺术

的影响》(Chinese Influence on European Art, Sixteenth to Eighteenth Centuries)一文中写道:

> 瓷器贸易对于陶瓷历史的走向产生了巨大的影响和变化。石制器皿在欧洲失宠,而技艺超群、美学内涵更为丰富的中国产品却深受欢迎,并广为复制。代尔夫特等地生产出白釉蓝彩陶瓷销售很广。1709 年约翰·戈特弗里德·巴特格(Johann Gottfried Büttger)一度"再创制"一批瓷器,许多高温窑便在迈森等地建起。直到今天,贸易瓷的形制和绘画仍可追溯到其中国原型。在世界历史中白釉蓝彩瓷堪称最成功的一类瓷器。
>
> 17 世纪中国瓷器销往欧洲的数量之多足以说明,为什么中国的其他艺术不如瓷器在西方收藏得那么广泛,研究得那么深入。中国陶瓷的文献可以摆满一个小型图书馆。当我们对本文献进行研究时,一种有关具体操作的重要现象昭然若揭。中国人在制作外贸瓷时心里一直想着欧洲市场。中国工匠使其产品符合他们所构想的欧洲人的情趣,常常为客户设计出独特的花样。有时他们甚至模仿原先就是从中国样品复制而成的欧洲陶瓷。当中国人设法挽回明末清初(1644 ~ 1911)在有田(Arita)被日本人抢占去了的市场份额时,他们有意在自己作品中融合进已经在欧洲流行的日本风格元素。①

16 世纪许多欧洲画家,特别是荷兰画家,喜欢在自己作品的背景中画几件中国瓷器。一些画家,如雅克·利纳德(Jacques Linard,1600 ~ 1645)在 1627 年的作品中甚至还出现了汉字。这一潮流与当时欧洲从中国直接进口"克拉克瓷"的情况有关。17 ~ 18 世纪在荷兰和法国出现过高仿真的中国瓷,后来他们干脆在本国设厂生产瓷器。

1584 年,奥兰治王室曾通过西班牙和葡萄牙商人向景德镇订购青花瓷和白瓷 9.6 万件,王子威廉于是萌生了在自己国家生产瓷器的想法。

---

① Thomas H. C. Lee (ed.), 1991. *China and Europe*, Hong Kong: The Chinese University Press, pp. 222 ~ 223.

1610年奥兰治王室指示荷兰东印度公司商人从中国景德镇等地采购白瓷釉和青花颜料，还派专人筹建皇家代尔夫特陶瓷厂，招聘制陶名匠仿制景德镇的青花瓷。代尔夫特市离阿姆斯特丹约60公里，也是画家维米尔(Johannes Vermeer, 1632～1675)的故乡，现存的荷兰皇家代尔夫特蓝瓷厂(Royal Delft)是当年32家同类作坊中的一家。1653年建厂之初，工匠们使用当地红泥制胎，先覆盖上一层白色涂料，然后再敷上蓝色或其他色彩。第一代代尔夫特瓷器是蓝白两色的款式，因工艺精致，物美价廉，实用性强，很受中产阶级的欢迎。工厂至今仍以完全手工的方式制作瓷器，据说蓝瓷所借鉴的是中国明朝的染蓝技术，后来又模仿了日本的古伊万里和柿右卫门的彩画，从而推出图案精美技巧纯熟的产品。1728年经中国政府批准荷兰人在广东建立了一个瓷器工厂，但是该厂如何帮助培训荷兰技工，提高他们国内瓷器的生产水平，目前尚缺乏具体资料。

代尔夫特还有一家仿古陶瓷厂(Antique Dutch Delft Pottery)，原是1512年吉多·达·萨维诺(Guido da Savino)在安德卫普开设的陶瓷厂，因为产品采用意大利锡釉花饰陶的工艺，因此又被称为"马约利卡陶"(Majolika)。

早期的白釉蓝彩陶瓷(deft wares)的意大利马约利卡(Majolica)风格明显，碗和碟子的表层涂锡釉，多数产品都有几何图形或者意大利法恩扎花(Faenza flowers)和叶子装饰。由于当时使用的钴类颜料纯度不高，图案的深蓝色轮廓显得格外分明。纹章主题在早期产品中就有体现。自1610年起白釉蓝彩陶瓷全部用一层薄釉覆盖，画完图案后再上第二层釉。17世纪下半叶，这类产品虽然跟大部分欧洲陶瓷产品一样受到中国工艺的巨大影响，但是仍然保持着荷兰产品的鲜明个性。有趣的是，早期英国白釉蓝彩陶瓷多半都使用廉价的锡釉，但是却没有人认为这类产品是"马约利卡陶"。荷兰和英国的早期白釉蓝彩瓷盘装窑时都分别倒置于高架上，出窑时无不留下明显的瑕疵，优越于"马约利卡陶"的白釉蓝彩工艺在此却于事无补。1680～1720年间生产的荷兰仿古白釉蓝彩陶瓷属于精品系列，应归功于1689年继位的英国国王威廉和王后玛丽。他们热心于白釉蓝彩陶瓷，帮助荷兰产品获得了大众的广泛认可。这一时期的荷兰白釉蓝彩瓷精品的绘图自然优雅，匀称调和。1730年后却失去了一些个性，虽然优雅彩绘仍然充满魅力，但是多少显得有些杂乱无章。18世纪下半叶厂家推出了一些可爱的小人像，到18世纪末再现了早期的一些设计，几乎与原型样板相差无几。18 世纪荷兰的瓷窑设计采用了一些新技术,例如以煤炭取代木柴以及消除了产品麻点的工艺,1750 年后上釉也更为均匀了。

许多荷兰画家对于中国瓷器有一种非常敏锐的洞察力,并且表现出不寻常的追求热情和珍爱情感。“静物大师威廉·卡尔夫(Willem Kalf)对中国青花瓷的爱好,我们从他的静物画代表作中早有领略。对于伦勃朗,我们只知道他曾经收藏中国瓷器和近东珠宝古董;而维米尔,则正是欧洲人曾提出这样一种推断,即认为他经常使用蓝黄两种颜色很可能是从中国瓷器的色彩获得的灵感。如所周知,维米尔的出生地代尔夫特正是荷兰大量进口并率先仿制中国瓷器的荷兰瓷都。”①

16 世纪以后有关中国事物的题材不断在欧洲绘画中出现,与那个历史阶段中国丝绸、瓷器、漆器、家具、壁纸和外销山水画出口西方以及欧洲使团访华频繁的情况有密切关系。1665 年阿姆斯特丹出版社出版了约翰·尼乌霍夫编著的《1656 年荷兰东印度公司使团觐见当今中国大汗纪实》荷文版,书中有中国景物铜版画插图 150 幅,采用了中国传统山水画特有的透视手法,为荷兰和欧洲艺术界所青睐。1667 年德国耶稣会士基歇尔(Athanasius Kircher,1602 ~ 1680)在阿姆斯特丹出版了一册根据吴尔铎(Albert D'orville, 1621 ~ 1662)等耶稣会士提供的素材编撰而成的《中国大观》(China Monumentis),书中用了许多篇幅描写中国的宗教、语言、动植物、风俗习惯和风景名胜,除了西安景教碑的拓片和地图外,还附有若干数量的汉人和蒙族画家创作的精美中国画,由白乃心(Johann Grueber, 1623 ~ 1680)从中国带回欧洲。该书刚上市就受到广泛的欢迎,当年市场上就出现了盗版。1670 年达珀编撰的《荷兰东印度公司第二和第三次使团出访大清帝国纪实》出版,书中有铜版画插画近 150 幅,问世不久就被译成德文和英文,引起了知识界的广泛关注和追捧。

谈到有关中国景物的铜版画的艺术魅力,洛泰·莱德罗斯在《中国对 16 ~ 18 世纪欧洲艺术的影响》中写道:

> 继中国瓷器之后,铜版画也是提高欧洲人鉴赏中国事物能力的媒介。然而珍贵的瓷器是在遥远的景德镇制作,经过漫长而艰

---

① 王镛主编:《中外美术交流史》,湖南教育出版社 1998 年,第 186 ~ 187 页。

难的历程才到达欧洲的,而铜版画则是欧洲人根据自己对中国的直接观察而设计制作的艺术。尽管这样的感受有些肤浅,但是也许正因为如此,铜版画对欧洲艺术的影响力却强大无比。

大多数铜版画出现在旅行记和使团日志以及有关中国的概述中。早在16世纪,诸如林斯霍腾描述中国的书中就有铜版画插图,然而数量有限,而且素材来源不十分可靠。但是17世纪60年代所出版的尼乌霍夫、基歇尔和达珀撰写的三本豪华版的书却取得了重要的进展。

……博学多才的耶稣会士基歇尔从未到过远东,但是他在罗马供职时曾经接触过耶稣会士传教团的各种档案,有许多机会见到前往中国或者从中国回来的耶稣会士。他的《中国大观》中的铜版画插图显然是根据异质原型制作出来的。尼乌霍夫的画令人信服地表达了个人的感受,外国人的面貌和一些陌生的举止,而基歇尔则常常没能抓住建筑细部和服饰方面的“异质”。他确实常常借用西洋绘画传统中的外形分类手法。①

荷兰的吕伐登普林瑟斯霍夫博物馆(Princessehof Leeuwarden)、格罗宁根博物馆(Groninger Museum)、海牙海米特博物馆(Gemeetemuseum Den Haag)和阿姆斯特丹莱克斯博物馆(Rijksmuseum Amsterdam)收藏了大量中国瓷器。海牙和阿姆斯特丹的博物馆中的每一件藏品几乎都是顶级独立艺术作品,体现了19~20世纪的审美观点,人们参观之后都有一种“眼界大开”的感觉。北方的格罗宁根和吕伐登博物馆的藏品数量多得惊人,盘、碗、碟、茶杯、茶壶、花瓶一应俱全,有青花图案设计,也有彩色珐琅装饰,或者在蓝色釉底上作画,涵盖了从大众化到高雅的各种档次。

18世纪荷兰人对于中国事物的兴趣催生了不少中国艺术品的鉴赏家,倪汉克(Henk B. Nieuwenhuys)就是其中的一位。2008年他将家族珍藏的97件17世纪中国销往欧洲的景德镇精美瓷器捐赠给了上海博物馆,藏品真实记录了令人怀念的那段历史。

---

① Thomas H. C. Lee (ed.), 1991. *China and Europe*, Hong Kong: The Chinese University Press, pp. 224~225.

第二章 荷兰汉学从精英文化到务实性研究的进程

汉学研究是中外人文交流的重要篇章。国家不分大小,距离不分远近,凡是历史上与中国或华人交往密切的国家,均有一部发达的汉学史,其中必有灿烂的汉学星座,必有跌宕起伏的乐章,必有数以万计的读者群和追星族。

纵观荷兰汉学研究发展史,读者不难发现有一条清晰的脉络贯穿其中:以殖民扩张的需要为动力,以精英文化探索为发端,逐渐过渡到以"区域研究"口号统辖下的跨文化、跨专业、跨时代的运作,团队化和国际化的配合优势又进一步推动了整个学科的建构,在 21 世纪全球经济一体化的今天,多维视野和多元价值观的研究方式赋予了荷兰汉学独树一帜的维度与力度,并使世界汉学超越了东方学、南洋学和东亚研究等相邻学科。

引领荷兰汉学的核心学科大体上包括:汉语语言学、中国文学、历史学、文化学、宗教学、社会学、经济学和政治学。开始阶段多侧重于儒家学说和精英文化,现代的研究则注重于务实性和应用型的考察,把官方消息以外的社会运动和非主流信息也纳入了研讨之中。其中,涉科范围、思维模式、视野维度和研究方法随着时间的推移都不断有所增减附益,但是在比较语境中先叙述后捕捉他性(otherness)和共性(generality)则是荷兰汉学研究的基本模式。

所谓的"精英文化",是指以文化和经济地位较高,政治意识较强,具有较多的社会话语权(discourse right)的精英阶层在官修正史中所代表的主流文化和发展方向。从史料的来源看,官修正史可能排斥口传文化、地域文化、非物质文化和非主流文化；从受众的角度看，它以受教育程度较高的官僚阶层、知识阶层、儒商、儒将为主体的读者对象；从专业取向看，它包括政治专业精英、历史专业精英、经济专业精英和哲学专业精英为主导的精英专业文化。劳动阶层创造的文化是民族文化的重要财富，在不同历史时期经过精英的提升也可以不同程度地进入精英文化领域。荷兰汉学研究涉及对两国"精英文化"的不同定位。

荷兰汉学史的发端与殖民统治范围东扩的历史是紧密联系的，中国的主流文化、国家档案、官修正史、正式出版物都是早期荷兰汉学家的首选材料。因为他们在这一阶段没有其他资源，也无法获取小道消息之类的素材。但是客观地说，对于官修正史应该进行具体分析，笼统地否定和排斥不是科学的态度。因为一般来说，史学著作毕竟是一批专业人士倾毕生精力和才智写出来的作品，即便不可避免地存在着公式化甚至消极或糟粕成分，其中所展现的大量历史事实和时代智慧却也是无法否定的。史家通过对各类史料的收集、分析、解读、鉴别和批判，提升了自己史学著作的价值，客观公正的态度和透明心态无疑是中国史学的优秀传统。

西方学术界和媒体对于非基督教文明社会的官方消息以外的社会运动和非主流信息常常特别感兴趣，据称是出于这样的认识：占统治地位的思想都是执政集团思想的具体表现，意识形态的发展动向和诠释活动都是在特定的权力背景下展开的。毋庸讳言，历史上代表少数人利益的执政集团常用巧妙语言对事实作出似是而非的解释，通过手中的权力突出自己的意志，排斥不同的见解，为的是维护与本阶级核心利益一致的思想。革命阶级掌权以后也是如此，把自己的利益统一于普遍利益之中，赋予自己的思想普遍意义，使自己的全部历史和学术诠释活动获得合法性。但是，革命阶级代表了人民大众，也敢于公开承认这一历史本质，这正是两种诠释观的本质区别。

本章从荷兰汉学家心目中的家谱、荷兰的汉语教学与研究、中国文学译介与研究、中国历史研究、中国社会学研究、中国宗教研究和当代中国研究等七个方面，对荷兰汉学发展史作提纲挈领的梳理，以展示荷兰汉学的主流研究领域、历程和成果。这些与其他国家的汉学研究情况相比较，有不少相同之处，但是却有更多的不同之处。

一般说来，各国的汉学规模与中外关系、历史契机、时代潮流、研究目标和学术分工密切相关。汉学家选题范围的宽窄和项目的多少并不是判断一个国家汉学水平的主要标准,因为项目的设计定位、参研人员数量、经费的投入和程序的管理,都可能直接影响项目的进行。但是,作为一项具有跨时代、跨文化、跨语种、跨专业人文工程的汉学研究,一直被公认为国家综合学术能力的表现,也是提升国家学术水平的一种载体,因此历来受到学界的关注和重视。

一、荷兰汉学家心目中的家谱

何四维(Anthony Francois Paulus Hulsewé, 1910 ~ 1993)在他的论文《筚路蓝缕,以启山林——记莱顿大学早期汉学家,1853 ~ 1911 年》[①]中,对于荷兰汉学的开端和发展历程做了深情回顾和详尽描述,如数家珍。那些往事和人物,饱含着荷兰汉学人的信仰、梦想和追求,依然鲜活地存留在他们的记忆中,任何研究荷兰汉学史的人不可不读,因为这是创业者自己的版本,不带色素和调味剂的版本。细心的读者不难发现,何四维把荷兰汉学发展史置于欧洲汉学乃至整个欧美汉学共同体中进行比照和分析,使其提供的史实和论证更显洞察智慧和真实感,即便有遗憾之处也为他的大度和理性所平衡。他写道:

> 人们时常谈到荷兰的汉学研究始于 17 世纪初。有一些值得关注的开创性的探索,如 1628 年赫尔聂斯牧师编写的《汉荷辞典》(Chinese-Dutch Dictionary),30 年后雅各布·戈利耶斯对于波斯天文学使用的中国“天干地支”的研究,以及荷兰贡使范罢览 18 世纪末在费城出版的有关在北京觐见乾隆皇帝的著述。
>
> 在那几位先行者中只有戈利耶斯跟莱顿大学有密切联系,但最关键的问题是他们的汉学研究后继乏人。显然,这些先辈与其说是拓荒者,倒不如说是奇境漫游者,莱顿大学汉学家并不是他们的直接传人。虽然历史最悠久的荷兰大学的阿拉伯学学者有

---

① *Of Hewers of Wood and Drawers of Water*: *Leiden University's Early Sinologists* (1853 ~ 1911), in *Leiden Oriental Connections* 1850 ~ 1940, Willem Otterspeer (ed.), 1989. pp. 317 ~ 353, E. J. Brill.

充分理由证明荷兰拥有连续400年的传统，但是莱顿大学的华夏文明研究者在追溯自己的学术家谱时还得降低期待。

大约在140年前荷属东印度政府的日文翻译霍夫曼撒下了第一批汉学研究人才的种子。这位以莱顿为基地的学者于1849年11月13日在自己家中开始亲授一个9岁男童基础文言文。这个男童就是薛力赫，8年后被派到华南沿海省份去学习当地方言。在厦门和广州呆了四年半后他被聘任为荷属东印度政府常驻巴达维亚汉文通事达11年之久。1873年返回荷兰大约一年左右，他应聘担任了一个专设的汉学教席，这就是荷兰汉学史的发端。

1877年10月27日薛力赫在就职演说中就欧洲和中国汉学研究之现状作了一个简要的回顾，断定荷兰创建这个新教席乃应时之举。此前荷兰周边国家为引进高校水平的常规汉语教学所作的努力成效甚微或者几乎不见成效。19世纪70年代欧洲的汉学研究"完全被冷落，只有为数不多的追随者"，早在1814年就在法兰西学院创建了一个汉学教席的法国情况也是如此。1876年10月27日，欧洲这一人数不多的团体的资深学者理雅各博士(Dr. James Legge, 1814～1897)被确认已经获得了牛津大学汉学教席的任命。一年后薛力赫也象征性地选择这一吉日发表就职演说，告诉大家经过多年的口水战，实际上他已经在理雅各之前就获得了任命。他们的学术圈人数极少，几乎得不到任何人的敬重，研究遥远中华之邦学问的欧洲学者恰似鱼儿离开了水。

薛力赫指出，在中国西方汉学却破土而出，生机无限。无需推测，在一个国家学习其语言和文化条件最好不过。但是应该知道当时西方人去中国不容易，直到后来情况才发生了变化。在1842年《南京条约》之前欧洲学者不能在中国学习汉语，条约签订之后才宣布开放五个通商口岸，向英国割让香港。……

看来薛力赫好像在就职演说中向那些有志于成为汉学家的学子们展示就业机会，并表达了对于他们远大前程的期待。值得注意的是学子们的用武之地不是中国，而是荷属东印度群岛，薛力赫就是被特别聘任去为那儿的殖民政府培养汉语翻译生。虽然他知道自己培养的是语言学家而不是总督，但是学子们的职业前景不会因为所接受的专门书面语训练而受到太多的限制。

关于莱顿大学的早期汉学研究，何四维向读者披露了许多不为外人所知的情节，勾勒出一幅幅生动的画面。几位早期的荷兰汉学家像所有的学人一样，工作中有乐趣，也充满辛酸，时时事事都在荷兰海外殖民年代的背景下运作。虽然创业者为荷兰汉学立下了汗马功劳，但是其中的局限也可想而知。对此何四维简要地做了以下描述：

薛力赫在莱顿执教25年（从1876年至1902年），他的工作范围远远超出了对所选拔翻译生的培训。他本人就是一位通才，十分注意鼓励学子们钻研汉学领域内的不同学科。他通过编写《荷汉辞典》，训练能编排汉字的荷兰印刷徒工，以及与法国同事高第（Henri Cordier, 1849～1925）联合创办有影响力的学刊《通报》，为汉学研究铸就了一个坚实的基础结构。他身上有不少明显的毛病——据说在任期间脾气越来越暴躁，爱吵架，自命不凡——但是却被大家看作一位学术巨人，莱顿的汉学人都踩着他的肩膀向上攀登，扩大并加深了对中国社会的了解。

因为这里基本上是由一位老师为荷兰殖民政府培训汉文通事，主要任务是开展对荷属东印度群岛华人社区及其与广东和福建沿海原籍省份关系的实用型研究。薛力赫的继任高延通过聚焦于华人宗教的社会学研究也开设了同样的课程。1912年他离开莱顿移居柏林应聘当地汉学教席后，这里有一段休整期，有关各方就继续这一办学方向的必要性展开了辩论。

经过一段漫长的等待，1919年高延的弟子戴闻达被任命为该校的汉学讲师掌管教学。1912年至1918年他任职于荷兰外交部门，此时基本上不再保持与殖民事务的联系，就把自己的研究和部分课程转向中国。在他的指导下莱顿大学的汉学家进入了汉学研究的主流之中，并持续到今日。

华人民间宗教和秘密结社的研究取代了原有古典哲学和中国国家建制的研究；对于闽南话和客家话等南方方言的教学也让

位于国语培训。换句话说，就是让汉学研究的“大传统”取代了汉学研究的“小传统”。这一方向性的改变既不是纯粹的巧合，也不是戴闻达个人的偏爱，而是中国和东印度群岛所发生的急剧政治变革的结果。

……这一时期荷属东印度群岛的华人少数民族的解放使华人通译业人员过剩。华人通事资深团队重组后不再仅仅介入荷属东印度群岛华人的社会和经济生活，而主要面向中国的智能汇集和政策制定的咨询工作。总之，20 世纪 20 年代以后荷兰汉学研究的兴趣发生了重大的转变，主要聚焦于中国本身而非荷属东印度华侨社区。随着东南部城市的发展，应用型的研究为更深思熟虑的方法所取代。

在戴闻达任教于莱顿大学的 35 年中(1919 年至 1954 年)荷兰汉学留下了他个人鲜明的烙印。他是一位有国际声望的学者，也是一位多才多艺的行政监管。对于荷兰广大读者来说他是一位了不起的中国通(Great Communicator on China)。他撰写的通俗读物和中国通史受到了读者的广泛欢迎，也是了解中国的必读文献。他是一位杰出的人物，读者除了了解到他撰写的一些讣告和偶尔发表的历史概要之外，对于他的先辈的著作却知之甚少。在人们对世事尚未淡忘之前，这里有必要对戴闻达就任之前 50 年的荷兰汉学做一番回顾。

荷兰早期的汉学家兼通事主要聚焦于来自东南沿海省份的华人移民社会的应用型研究。他们的一些著作经历了时间的残酷考验，因为他们作为立身基业所做的一些细致田野调查如今不可能重复。至于那些语言学和法律问题的著作，则因为失去了时效而被人们淡忘。然而就总体而言，早期汉学家所做的研究充满活力，具有承前启后的作用，达到了为当时特定目标服务的目的。戴闻达教授在就职演说中曾经把创业的头几年比喻为“当学徒”阶段，每一名汉学专业的学生都必须“劈柴打水”。这一特点也符合莱顿大学汉学院的实际情况。

我们应该首先考虑制约那些早期汉学家创业的社会政治因素，具体研究一下为当年殖民政府服务而在莱顿大学设置的汉语专业学生培训计划。唯其如此才有可能对早期荷兰汉学翻译生的目标,以及在殖民政府政策职能范围之内采用的方法作进一步研究。

华人移民与早期荷兰汉学的发端关系密切。荷属东印度群岛华人社区的管理和汉文通事的培训带动了荷兰汉学研究的发展,这是荷兰汉学不同于其他西欧汉学以传教促研究之处。这一时期,荷属东印度的政治和生活还因为荷兰君主制的复位,英国对印尼部分岛屿的短暂占领,以及18世纪下半叶东印度公司逐渐走向衰落而变得曲折和复杂。直到今天还有相当数量的荷兰汉学文献尚未从印尼文和荷兰文译成国际语言,直接影响到对其使用和研究。何四维在专论中继续写道:

> 荷兰人与华商有历史记录的最早一次会议,于1596年6月26日荷兰东征船队到达万丹爪哇港后召开。那是当时东南亚最大的商业中心之一。据文献记载,华商都住在设有栅栏的舒适小区,据说他们的住家是全城最漂亮的地方。
>
> 印尼群岛华侨商人聚居地和他们在当地市场的主导作用给荷兰人留下了深刻印象。不久荷兰人就把华商看作自己的竞争对手,深知向该地区经济领域渗透没有华人的合作将一事无成。事实上荷兰东印度公司在爪哇立脚后,就在与当地居民的商务交易以及整个200年统治时期的税收中,先后雇用了华人中介。
>
> 19世纪中这一切都发生了变化。1811年至1816年间英国人的势力进入印尼部分岛屿。这一期间荷兰殖民政府继续其前任的行政改革路线,主要的挑战是把殖民资产从赤字变为谋利的产业。荷兰人在这方面创下了辉煌业绩:1830年爪哇所建的声名狼藉的耕作区很快转亏为盈,变成了供应世界市场的大量热带经济作物产地。1816年荷兰恢复了君主制,使其海外殖民事业得以延续。
>
> 19世纪30年代英国新教传教士麦华陀(Walter Henry Medhurst, 1823~1885)以其地位证明了欧洲的汉文通事可以为殖民当局提供宝贵的服务。他曾在马六甲伦敦教会语言培训中

心学习过汉语,1822 年他移居巴达维亚在当地的华人和马来人中宣讲福音。这位有事业心的传教士除了履行其神职人员的职责外,还创办并经营了多家爪哇文、马来文和汉文印刷厂和学校,1833 年开办了有名的帕拉帕丹孤儿院(Parapattan Orphan Asylun),研究汉文、日文和韩文辞典编撰,并出版了相关辞典。偶尔他也为当地荷兰殖民当局就华人事务提供通译和咨询业务。

当地殖民政府雇用的法律汉文通事可以进行汉文和马来文互译。在巴达维亚这些通事共分三级:警署通事、巴达维亚移民署通事和高等法院通事,但是他们在荷文法律公务口笔译用语的准确性方面都不十分可靠。1842 年麦华陀离开印尼前往中国,当局意识到关键时刻再也找不到称职的通事了。紧急培训供殖民政府雇用的欧洲汉文通事的问题首次提到了日程上。就像在官场上通常出现的情况一样,该问题的辩论不久便陷入了僵局,因为不知道由哪个部门来承担费用。常有人向当时的总督罗胡森(J. J. Rochussen)咨询此事,后来接任的总督范特威斯特(A. J. Duymaer Van Twist,1809 ~ 1887)下决心要解决问题。1853 年 9 月 18 日他在给殖民事务大臣帕胡德(C. F. Pahud)的一封信中提请他关注殖民当局在处理华人关系时碰到的棘手问题,诸如当时与西婆罗洲会馆的冲突、马来半岛秘密社会向班加金矿矿工社区的发展,以及与爪哇的华商和包税商(taxfarmers)之间的纠纷等。其中一些是老问题,另外一些是新问题,但是有一点是共同的,即:没有华人事务专家的帮助任何问题都解决不了。特威斯特觉得必须紧急培养一批汉文通事,因为殖民政府对于居住在东印度群岛华人的情况了解得比过去多些,但是还不符合维持秩序良好社会的要求。为此他建议组织一个汉文通事团队,并派送几个有语言天赋的荷兰青年到中国接受培训。他已经就此事跟英国驻广州副领事弗雷德里克·金(Frederick King)取得了联系,对方答应予以协助,并建议他们派遣几名学生前往澳门。

帕胡德接到特威斯特的信函后当即向住在莱顿的日文翻译霍夫曼咨询。19 世纪 30 年代霍夫曼从巴达维亚带回的华人助手郭庆常(Ko Ching-chang)曾教过他文言文,因此帕胡德认为霍夫曼可以胜任创办汉文学校的任务。

霍夫曼在回答帕胡德的咨询时提出了三个重要问题：1. 汉文培训应该包括哪些具体内容？2. 如何安排学员们学习汉文，最终达到什么要求？3. 汉文翻译生的培训年限多长？他指出学习汉文的最大绊脚石是汉字和发音。根据他的说法，汉字及其意义与发音知识的传授应该先于对学员的白话训练，因为在中国尽管各地口音有差异，但是只有受过教育的人才能认读汉字。另外，各个地区的口语有很大区别，北京人无法让广东人听懂自己的话。中国官员不仅必须通过书写交流，也必须通过对话进行交流，建立在北京话基础上的官方语言在各地官方场合都可以流通。所谓的“官话”就像一条通往各省的国家高速公路。尽管为荷属东印度群岛服务的汉文通事不得不用闽南话或者客家话开展工作，但是霍夫曼认为他们应该接受官方语言的基本训练。他强调现代了不起的汉学家，如马礼逊(Robert Morrison，1782～1834)、麦华陀、郭实腊(Karl Friedrich August Gützlaff，1803～1851)和巴夏礼(Harry Smith Parkes，1828～1885)等人的实践都印证了上述理论的正确性。

霍夫曼同意选择广州为培训地点。虽然他从来没有去过东印度群岛，但是他相信在爪哇无法找到合格的教师，而在广州要找一位乐意培训外国学员的秀才并不困难。

谈到学员的遴选时，霍夫曼认为培训计划的最终成功取决于年龄(13至15岁)、语言能力和视觉记忆三个因素。他们必须精通几种欧洲语言，因为为数不多的几种可用教材无非都是用法语或英语编写的。他列举了法国汉学家儒莲(Stanislas Julien，1797～1873)翻译的五本汉籍，雷慕沙(Jean-Pierre Abel Rémusat，1788～1832)的《汉语语法要素》(Les Éléments de la grammaire chinoise)和马礼逊的《汉语语法》(Chinese Grammar)。霍夫曼相信学习阅读课文和会话大约需要四年时间。

原来霍夫曼已经教过两名学生，一位是传教士，但不久他就打退堂鼓了，另一位是莱顿自然历史博物馆馆长赫尔曼的儿子薛力赫。他在霍夫曼家里学了四年古文，已经会读会抄写《论语》

了。霍夫曼相信这个14岁的孩子长大后一定会成为汉语和中国文学权威,就建议帕胡德大臣批准他享受奖学金出国深造。帕胡德大臣接到霍夫曼的报告后,于1854年1月11日请求国王批准储备专项基金派遣两名学员赴广州深造,同时建议每月给薛力赫发放津贴。

两名学员在广州的三年培训费和交通费共计22500盾。相比之下,薛力赫三年中每年的津贴只有500盾(其中每天学习拉丁文和希腊文的年津贴为300盾,学习法文、英文和德文的年津贴为200盾)。也许帕胡德大臣觉得给薛力赫的津贴相当高了,就在呈送国王的报告中旁注:"我估计300盾就够了。"六天后大臣接到国王的批复:可派送两名学员前往广州深造,今后薛力赫的每月津贴为25盾"以补贴他在莱顿斯特德里克预科班的长时间面授"。此外,荷属东印度部队第三期药剂师班学员格里斯(G. F. M. de Grijs)被临时安排向赫尔曼学习辨认并为自然历史博物馆和莱顿植物标本室搜集荷属东印度群岛上的动物、矿物和热带植物,还特准他休假,以便参加霍夫曼的中文速成班,为将来收集中国动植物的数据做准备。

一份颇有影响力的殖民学刊《荷印杂志》(Tijdschrift voor Neêrland's Indië)在1855年春季卷透露:据可靠消息,目前两名年轻人正被遴选为派往中国培训的翻译生。主编赫费尔(W. R. Baron van Hoëvell)觉得这事太奇怪了,难道他们不能在巴达维亚学习,多省一些钱?在爪哇成千上万的华人中有学问的人多得是,其中很多人都能说一口流利的荷兰语,有些人还精通法语。赫费尔还建议在东印度群岛选拔学员,而不是像往常那样在荷兰高层公务员儿子中遴选。主编的愿望最终只有部分得到了实现。两名学员阿尔布雷赫特(J. C. Albrecht)和费伯(M. von Faber)都是在当地出生并接受教育的年轻人。他们被派到广州后由荷兰领事直接监管。殖民政府为每人每年在广州学习期间的饮食、住宿和学费拨款3000盾。

霍夫曼在莱顿也同时负责培训两名跟薛力赫年龄差不多的学员弗兰肯(J. J. C. Francken)和沙尔耶(M. Schaalje)。1857

年1月30日他被聘任为日语和日本文学教授。格里斯已经派驻厦门履行领事职责,并收集中国动植物标本。这一年薛力赫已经16岁半,正在厦门深造。弗兰肯的天赋很高,成绩斐然,渴望成为一位最了不起的汉语和中国文学大师。沙尔耶跟自己同学一样勤奋,也取得了令人满意的进步,可惜缺乏理解词源学和基础语言学原则所必需的背景知识。霍夫曼认为时机已经成熟,该把弗兰肯和薛力赫列入报送留学人员的名单中,以便派遣他们到中国学习印尼华人使用的方言。但是沙尔耶还需要在莱顿学习一年拉丁语。1857年6月16日薛力赫和弗兰肯都投身于殖民事业。几个月后他们登上了东渡轮船,绕道巴达维亚和香港,于1858年6月1日抵达厦门。

何四维敏锐地发现,荷兰汉学家个人思想和际遇的变化以及学术环境的差异,给荷兰汉学的发展带来了决定性影响。有些敏感问题的关键并不为外人所知,只有汉学家能悟出其中道理并以共同智慧熨平心灵的创痛。为什么高延离职之后莱顿大学汉学研究院的教席候选人那么难确定呢?这一教席的应聘人应该具备什么资格?汉学家的研究领域又应该如何根据时代特点定位?这些不仅仅是学术方向的问题,更是汉学研究的现代性如何体现的问题。对此,何四维这样写道:

包雷于1888年至1892年在莱顿大学攻读汉学,曾在厦门游学两年,同时在廖内任汉文通事。1894年4月24日当地《共同商报》(Algemeen Handelsblad)刊登了一篇文章谈到正在讨论荷属东印度群岛的汉文通事的地位问题。一位匿名作者说如今通事们风光不再,已经沦为一群不受重视的低薪顾问。他们的行政身份不再与地位和昂贵学费相称。该文在行政部门引起了不小的振动,掀起了有关汉文通事团队是否需要重组的讨论。

1895年皇家法令对于通事(此时已改称为"华人事务官员")的地位、组织、称谓、培训和薪金进行了重新定位。重组中的最大变化是,汉学家可以根据请求或者出于主动充当司法和行政当局的顾问,因此翻译职责降为次要地位。

包雷清楚地看到殖民社会的陋习,也看到了官场关系中严重缺乏策略和连续性,实际上他已经陷入了由重组引发的混乱之中。正当通事新职责需要验证和推敲之时,包雷起草了一份报告,因为措辞激烈,呈递上去后就立即从文档中被撤了下来。其实从长远观点看他的许多见解都是正确的,人们只能认为:在反应迟钝的行政当局面前他只不过是一名牺牲者。

在一些荷兰汉学家心目中包雷是“一位有争议的人物”,高延曾经说过“包雷让荷兰汉学丢尽了脸面”。包雷则认为虽然高延是一位杰出的语言学家和人类文化学家,但是他对于宗教和哲学问题却缺乏洞察力。当中国处于爆发革命之边缘,社会秩序非常动荡,高延有关中国宗教的著述能在多大程度上对中国社会做出相关的解释呢?包雷和高延之间的纷争是荷兰两代汉学家之间的纷争,或者说是两个世界汉学家之间的纷争。毕竟无法谴责高延有什么不道德的行为,或者谴责他没有尽心尽力做实事。每当参与,他都以殖民政府忠实勤务员的身份做事。而包雷则不愿意看到荷属东印度群岛的华人只是一群东方子民。按照他的观点,华人是被禁锢在为重生而战的世界中历史最为悠久并充满活力的文明代表;汉学家应该在这前进运动中发挥作用,而不是集中精力去收集即将废弃的宗教习俗的资料。荷兰的公众对于包雷的批评是否正确都有自己的判断,在他们心目中高延这位学者隐士的形象是:正当需要学者去为中国即将发生的事情作出预测时,他却在潜心研究即将逝去的宗教礼仪。

1911 年的辛亥革命的爆发或多或少印证了包雷在四年之前发表的著名的《东方之黎明》中的预言。但是正当荷兰公众需要真正中国通参与的关键时刻,无论是性格喜怒无常、学术兴趣广泛的包雷,还是与他共事的东印度殖民政府的其他通事,都无法胜任时局的要求。足足花了又一个八年时间才找到了刚刚从北京返国的戴闻达,人们希望这位高延的高足能成为古代和当代中国的真正解读者。

戴闻达果然不负众望,他吸取了前辈的教训,在莱顿大学任职期间(1919 年至 1954 年)他的学术兴趣既涵盖了古代中国又

> 涵盖了当代中国。对于各种各样中国信息的需求从戴闻达时代一直延续到今日,最后具体落实到当代中国文献中心的创建,莱顿大学汉学研究院的屋檐下两班人马协同运作,其乐融融!

何四维这篇论文被视为荷兰汉学研究发展史纲,也是一份有价值的回忆文献。

二、莱顿大学见证了荷兰汉学的发展

从某种意义上说,莱顿大学见证了荷兰早期汉学发生和发展的全部历史进程。

莱顿是荷兰的一座历史名城,人口约11.5万,位于荷兰南北铁路干线的交汇点,距东北部的政治文化中心海牙17公里,距西南部的阿姆斯特丹41公里,是荷兰古往今来人才荟萃之地。1574年莱顿人民在反抗西班牙入侵中英勇战斗,翌年奥兰治威廉王子下令在该市创建一所大学,以示对莱顿人民的嘉奖。莱顿大学建成后,莱顿从原来的纺织城变成了大学城,莱顿大学也逐渐成为一所享誉全欧的综合性大学。

经过几代学人的艰苦努力,莱顿大学的学科建制日趋完善。到1971年,该大学已建立八大学院:神学院;法学院;医学院;文学院(包括历史分院、艺术学分院、古代语言与文学分院、西方语言与文学分院、非西方语言与文化分院、中心混合专业分院);社会科学院(包括社会学分院、心理学分院、教育学与成人教育学分院、民俗学与非西方社会民族学分院);地理学和先史学混合学院;数学与自然科学分院(包括数学与情报分院、化学分院、生物分院、地质分院、天文与自然学分院);中心混合专业学院。

18世纪前对中国事物关心的荷兰学者不多。荷兰汉学的发展阶段始于19世纪,最直接的原因是荷兰对外贸易增加,同东印度群岛、日本和中国的联系紧密,殖民当局的管辖范围有所扩大,与华人打交道日益频繁。为了有效地对许许多多组织严密的华人社区进行管理,了解他们的组织情况,查阅他们的中介账目,解决税务和赔偿纠纷,处理民事和刑事案件,急需大批译员和华人通。虽然当时有华人甲必丹(captain,俗称"甲大")的协助,但是通常只能使用葡萄牙语,很不方便。1853年,荷兰南洋殖民总督德玛尔·范特威斯特曾向殖民大臣帕胡德(C. F. Pahud)提议培养荷兰人自己的中文翻译,因为东印度群岛和台湾的培训工作条件并不完善,便把选址目标转向荷兰本土。

不久荷兰政府批准在莱顿大学建立一个汉语培训中心,招收学生。几年后薛力赫、弗兰肯和德格里斯(De Grijs)等4名荷兰学生被派到中国留学。由于当时南洋多数华人的祖先来自闽南和广东,他们便首先被派到厦门学习闽南话。第一批懂汉语的荷兰留华生学成回国后被派往巴达维亚任职,其中一些人后来成了荷兰汉学界的知名人物。

1851年莱顿大学正式开设了中文和日文讲座,霍夫曼被聘任为首任讲座教授。1863年为印度果阿培训官员的任务从代尔夫特转移到莱顿大学以后,东方学和汉学的涉科内容逐渐明确并被列入了研究范围。1876年莱顿大学正式设立了中国语言和文学教席,学生的培养目标定位为殖民地官员。1930年12月20日,莱顿大学汉学研究院作为当时荷兰从事中国政治、经济、语言、文化和历史研究和教学中心正式宣告成立,引起了广泛的关注。

汉语、中国地域方言和中国少数民族语言都是各国汉学家的必备工具和学养,汉语教学也是最具科际意义(interdisciplinary significance)最活跃的汉学基础学科。研究中国历史的外国学者可以不到中国来,因为历史是过去发生事情的记录,可以通过自己熟悉的语言阅读汉籍译本。与历史学不同的是,汉学是研究已经固化为历史、正在或者将来可能出现的中国国情的综合学科,不懂中文就无法搜集第一手资料,无法与中国人进行访谈,无法直接到中国来进行必要的考察。况且,语言是文化的一种载体,汉学家学习汉语也是了解中国文化和国情的渠道之一。通过阅读经典文献、观看媒体资料、参加研讨会或进行田野考察,可以扩大与中国现实的接触,有助于对中国人的思维方式、文化模式、道德规范、国家观念、精神世界和价值趋向的零距离了解。可以说:一个国家的汉学水平与本国汉学家的汉语水平是密切相关的。这就是为什么荷兰汉学家历来重视汉语学习的原因。

对莱顿大学汉学研究有贡献的一位早期人物是范西博尔德(Philipp Franz van Siebold,1796~1866)。他曾在荷兰军队中服过役,1823年以医生身份到日本的荷兰人定居地出岛任教,热衷于东洋植物学和民族学的研究。后来因为卷入了一场官司被迫离日返荷,住在莱顿。他曾从巴达维亚带回中国人郭庆常,同事霍夫曼是他自己的同乡。他们在安德卫普一家旅馆的酒吧偶遇成为相知。霍夫曼因为对他崇拜,便尊他为师,除了向范西博尔德学习日文外,还向郭庆常学习汉语。虽然霍夫曼聪明能干,却也时时被这两门东方语言的功课所困扰。在法国汉学家儒莲的鼓励和帮助下他才鼓足勇气继续学习下去。1846 年伦敦国王学院需要聘请一位汉语老师,儒莲便极力推荐他去应聘。荷兰学术界得悉此事后极力挽留他,不久国王任命他为日语翻译官,1851 年晋升为莱顿大学教授。他除了从事日语教学和研究工作外,还搜集了许多中文书籍,为汉学研究奔走呼号。1860 年由他监制了一套汉字字模。当时他不但要自己刻字,还要当排字工。那套字模使用了近百年,20 世纪 50 年代布里尔出版社(E. J. Brill)的东方部使用的汉字就是用它浇铸出来的,《贾尔斯英华大字典》(Webster-Giles English-Chinese Dictionary)第二版也是在莱顿印刷的。它不但为荷兰,也为欧洲的汉学研究出版物的印刷立下过汗马功劳。

1874 年莱顿大学设立的第一任中国语言文学教席由薛力赫担任。1891 年他的弟子高延(J. J. M. de Groot, 1854 ~ 1921)被聘任为莱顿大学人类学教授,1903 年接替了他的教席。1912 年高延移居柏林,莱顿大学中国语言文学教席空缺。

1919 年戴闻达以讲师身份代行中国语言文学教席一职。他从来没有在东印度群岛殖民政府中任职,师从高延学习汉语后在巴黎和柏林见习两年,然后被派往荷兰驻北京使馆任通译。一位曾服务于东印度群岛殖民政府多年并自称一直效忠于殖民事务部的竞争对手包雷(Henri Jean Francois Borel,1869 ~ 1933),曾批评对戴闻达的任命是对荷兰外交部的工作的粗暴干涉。当时的情况是:废除帝制后中国的民族主义思潮高涨,袁世凯的皇帝梦和张勋的复辟使政局动荡不稳,在中国社会急剧变动的关键时刻戴闻达等学者预感到需要培养新型的汉学人才和中国事务专家,但是他的对立面却认为按照高延思路办学不可取。然而正是戴闻达开创了莱顿大学汉学研究的新局面。

莱顿大学汉学研究院的成立在荷兰汉学研究史上有其特别重要的意义。首先它表明荷兰的汉语人才培养和汉学的研究工作由私授、自发、分散转变为在由政府资助的院校中有组织有计划的正规教育方式;其次,它表明荷兰的汉学研究范围已从南洋华人社会扩大到了中国本土,从为对海外华人的户籍行政管理而学习汉语方言转变到对中国历史、文化和国情的系统研究，并与荷兰政府对华外交政策的制定、两国贸易的发展和人员的交流联系了起来。这就赋予了莱顿大学新的生命力，为汉学研究院后来发展成为欧洲汉学研究有影响的中心地位打下了坚实的基础。

20 世纪初荷兰舆论界关于海外殖民政策的争论中，有不少人持有一种所谓的“伦理政策”（Ethical policy）观点，认为殖民政府应该首先为当地居民着想。莱顿大学东方学专业的不少主管教授都持有这种观点。因此对立派担心那些“心慈手软”的教授们（soft professors）会把自己的思想灌输给将来在殖民政府供职的学员们头脑中去。于是设法筹措一笔款子在乌特勒支大学创办一所东印学院，以期培训一批心狠手辣的未来殖民政府官员（tough colonial officials）。鉴于荷兰皇家石油公司（Royal Dutch Oil）已经投入巨资，就把该系命名为“石油学院”（Oil Faculty）。因为东印度群岛有许多华人居住，从 1933 年至 1939 年汉语一直为该学院的主打课程。主讲教师弗格森（Th. T. H. Ferguson）是一位曾经在华任教多年的荷兰工程师，并且出版过几部教材。从 1940 年至 1956 年著名语言学家约瑟夫·穆列（Jozef Lodewijk Maria Mullie, 1886～1976）接替他的教学工作。穆列教授原是佛拉芒语传教士，在热河居住过 20 多年，出版了多部文言和现代汉语语法详解，不过都是用荷兰语撰写的。1956 年他退休离职，该学院的汉语课程无人继任。20 世纪 50～60 年代校方曾设法恢复汉语课教学，最后还是没能维持下去。这样，荷兰的汉学研究传统就理所当然地由以莱顿大学的汉学家为首的学者们去发扬光大了。

1928 年戴闻达发表的《商君书》（The Book of the Lord Shang）使他在汉学界的知名度大大提高，被晋升为哲学教授。由于他的坚持不懈的努力正式成立了汉学研究院（Sinological Institute），他本人担任第一任院长。1930 年 10 月 8 日他以《历史与儒家学说》（History and Confucianism）为题发表了就职演说。在他之后的几任院长依次为：何四维、许理和（Erik Zürcher, 1928～2008）、伊维德、柯雷（Maghiel van Crevel）、田海（Barencl ter Haar, 1958～）。

20 世纪 50 年代是荷兰东方学研究的苍白阶段，主要原因是原来的荷属殖民地相继独立，例如印尼完全脱离了荷兰，苏里南和安第列斯群岛也变成了荷兰的平等伙伴。在许多学者心目中东方学已经失去了存在的理由，因此许多教席长期空缺，曾经靠高额奖学金和在殖民政府供职的前景吸引前来就学的学生人数大幅度下降。直到20世纪60年代才缓慢复苏，到70年代荷兰各大学扩招的规模空前，汉语和日语专业终于度过了经费削减的难关，学生人数持续增加。

当时莱顿大学“汉学院是六年制，一年级要学900个汉字，要基本上掌握汉语的各种句型、能简单对话。还要学中国历史、文化、哲学方面的基本知识；二年级开始学古代汉语，同时学习中国近代史和中国文学史；三年级学古典文学，包括朱熹的《孟子集注》、袁枚的《子不语》和《古文观止》，还选读中国现代作家的短篇小说，同时学习中国的政治、经济、社会、地理等课程；四、五年级学生在教师指导下结合专题研究进行学习（很少到课堂，主要泡在图书馆里）；六年级集中写毕业论文。”①

到80年代莱顿大学汉学研究院进入了黄金阶段，伴随教职员工人数的增加，研究专业的范围也不断扩大。20世纪末在编教学研究人员有40多人，其中三分之一的人既承担教学工作又从事科研业务。日语系和韩语系与汉学研究院在同一大楼开展业务。中国语言文化系有学生300多人，四个年级开设的课程分别为：

一年级：现代汉语、文学入门、文言基础、中国史导论；

二年级：现代汉语、口语会话、文言阅读、中国史纲、文化交流、中国宗教、语言学、现代中国研究；

三年级：每年有十几名学生到北京大学、北京语言大学、台北师范大学等高校学习；

四年级：现代汉语、个人阅读、讲座、毕业论文等。

该系学制为四年。一年级的课程设置旨在帮助学生打好汉语（包括现代汉语和文言）基础，使他们对中国文化、历史、文学和意识形态有一个初步的了解。第二年继续对学生进行现代汉语的强化训练，帮助他们提高文言文水平和对文献资料查阅技巧的掌握，要求他们从中国历史、现代中国研究、中国宗教、中国文学和汉语语言学五门课程中选读两门。主管当局鼓励学生去中国学习汉语至少一年，并希望有一天能把中国艺术也纳入选修课程之中。三、四年级的学生可以继续学习所选专业，也可以选读为培

① 陆亨俊：《外国人怎样研究中国》，载《炎黄春秋》2009年第1期。

养学生商业或者行政管理技能而开设的其他课程。在这两年中语言课程通过专题研讨方式与就业培训相结合,同时指导他们撰写硕士论文(没有学士论文的要求)。老师从严要求学生,注重培养他们的理论和实践能力。学院内的学习气氛浓厚,学生独立研究能力较强,很多人跨系或者跨校学习其他专业课程。

中国历史和传统文化的研究一直是莱顿大学汉学研究院的主要任务。像西欧许多大学的中文系和汉学研究所一样,在汉学研究院成立之初到20世纪上半叶,中国语言(文言文和语体文)、哲学、宗教和历史是主打课程,文献资料以古典汉籍为重点,经院式的教学在不同时期有不同程度的表现。政界和社会关心的一些问题以及学术界的新选题则基本无人关注。

第二次世界大战结束后这一矛盾越来越突出,原因是多方面的。首先,因为世界政治、经济、文化和科技的格局发生了根本性的变化。美国汉学界的区域研究和学科联姻的理论先声夺人,团队化、国际化和产业化的倾向对于欧洲同行产生了深刻的影响。其次,苏联解体和中国"文革"结束后,东西方国家互派留学生和高级学者增加,促进了彼此间政治上的互信和学术上的了解,研讨会和媒体传播拉近了各国学术界之间的距离,为广泛的学术交流和观念更新创造了有利条件。

面对新的挑战,当局和学术界认为解决的办法有两个:一是让非专业的新闻记者、外交官和社会科学工作者去写文章、做节目、发表演说,临时满足日趋增长的社会需求,但是这被看作为权宜之计;二是在传统办学理念强烈的院系不愿改变现状的情况下单独设立新的院系或学科,这就意味着人们不愿看到的分裂局面的发生。

1961年主持莱顿大学汉学研究院工作的许理和设法阻止了可能出现的分裂。他在经费和教席方面保证了汉学研究领域持续发展的新局面。扩展后的汉学研究院包括:中国语言文化系(Department of Chinese Language and Culture)、图书馆和当代中国文献研究中心。托尼·赛奇曾先后留学伦敦大学和南京大学,1986年在莱顿大学获得博士学位,后在中国语言文化系担任中国政府和政治学教席。

新的办学和科研理念赋予了汉学研究院新的生命力,在教材内容、教学方式、课题选择、对外联系等方面都出现了重要变化。原来的一些强项,如:语文学研究、东西方交流史研究、中国法律制度研究、中国宗教研究、中国语言与文学研究,在继续保留的基础上进一步得到了发展。其他领域的研究,如:政治学、经济学和社会学,则作为新开发项目重点对待。现代汉语和书面语的教学越来越得到重视。到20世纪60年代末该学院基本上采用了现代语言的教学方式,聘请了许多中国教师和海外学者来校长期或短期任教,加强了与中国大陆和港台教育界的联系,注意教材的更新换代,建立了语言实验室,增设了广东话班。

1986年中国语言文化系增设汉语应用语言学教席,由梁兆兵担任。他在美国费城大学获得博士学位,研究领域为第一和第二语言习得,并参加过这一专题的多语种大型科研活动。社会语言学的课程由范德博(M. E. van den Berg, 1942~)负责,他的博士论文研究的是台湾普通话的普及问题,曾撰写过有关汉语声调、现代规范汉语功能语法以及汉语句调等多篇论著。此外还有担任描写语言学教学的维登霍夫(J. Wiedenhof, 1959~)、研究汉藏语言学的乔治·范德里姆(George van Driem)、生成语言学的司马翎(Rint Sybesma,1960~)等学者。

21世纪初汉学研究院由教授领衔的三个部分组成:中国语言文学、中国历史和现代中国。15位教师负责不同学科的教学工作,涵盖了人文和社会科学的语言学、文学、哲学、政治、宗教、经济学、人类学、艺术和物质文化、电影及媒体研究,学生约175人。

莱顿大学汉学研究院先后与北京大学、北京语言大学、南开大学、厦门大学、台湾大学、台北师范大学和中国社会科学院建立了人员交流和合作关系。汉学研究院历届毕业生中有任职于荷兰驻华大使馆或国际机构的,有担任驻华记者或商务代表的,也有任教于哈佛大学和伦敦大学等校的汉学系科的。

关于莱顿大学汉学研究院今后的发展计划,2009年8月院长柯雷在一次访谈中说:"第一,我们现在所达到的和能保持的一种(研究)宽度要越来越宽,不能再保持保守的、地域性的研究和狭隘的看法;其次,我们必须保证学术的水准,为了钱而多招生是一个很危险的诱惑。还有一点就是国际化,这个词到现在恐怕已经不是一个空荡荡的词汇,而是一种实践。"①

---

① 《欧洲汉学掠影》,新华网,2009年8月26日。

汉学研究院图书馆正式创建于1930年。在此之前,除薛力赫和高延曾广泛搜集中文和外文汉学书籍外,1913年和1919年莱顿大学还从鞑靼研究学者克拉姆(F. G. Kramp)那儿收购了大量的汉学图书。戴闻达上任后说服莱顿大学当局不能把汉学图书束之高阁,必须让学生时时刻刻能得到查阅资料的便利,大学图书总馆应该将全部汉学研究的中西文书籍调拨出来,让汉学研究院单独建立分馆。后来这一愿望终于得到了实现。为了办好汉学研究院图书馆,高年级学生每周参加义务劳动一天,这一传统一直延续到20世纪60年代。

早先该馆的采购偏重于人文学科书籍,与北京图书馆建立了交换关系后得到了大量中国大陆出版的图书。20世纪六七十年代台湾再版了许多中国文学和历史书籍,使该馆得以采购所缺版本。当代中国文献研究中心建立以后,馆藏图书增加了大量现代社会科学文献资料。当年荷兰从中国所得庚子赔款转入荷兰王国与中国文化关系促进基金以后,莱顿大学从中划拨到部分款项,成立了莱顿大学汉学研究促进基金。汉学研究院便利用得到的启动基金支付管理人员的薪金和日常馆务开支。后来汉学研究院又先后从荷兰教育部得到几笔拨款,因此能够购买高罗佩的所有私人藏书以及商务印书馆重印的《四库全书》。近年来该馆还得到中国大陆和台湾有关部门及私人捐赠的数量可观的图书。

建馆之初,汉学研究院图书馆的中文藏书只有850种,西文藏书500种。据1990年统计,该馆收藏的中、日、韩文书籍共有25万册,西文图书约2.6万册,中、日、韩文各类期刊约4000种,现期期刊约1000种,中西文报纸约1520种,现期报纸45种,显微胶卷约5500卷,显微胶片约4000种,幻灯片约20000片。[①]馆藏善本书不算多,1660年钟惺编撰、王汝南补遗的《明纪编年》算是其中最珍贵的一本,大约是在17世纪80年代被带入欧洲,1690年被莱顿大学图书馆所收购的。但是馆藏中国地方志、沿海地区史料、现代文史哲刊物的种类却相当丰富,仅丛书(包括影印的文渊阁四库全书之类的丛书)数量就不下数百种。为了容纳更多图书,1996年该馆已由两层加高到三层。

① 参见吴荣子:《汉学研究在荷兰》,载《汉学研究通讯》第9卷第4期,总号36期,台北,1990年。

汉学研究院图书馆是荷兰唯一的汉学图书馆,其藏书量在欧洲仅次于巴黎法兰西汉学研究院图书馆。该馆电脑化的编目和检索系统已经在几年前投入使用并得到了逐步完善,幻灯视听汉语教材的编制已经进行了多年,电脑课件(PPT)逐步替代原有的教学手段。

汉学研究院图书馆的第一任馆长为曾祖森(Tjan Tjoe Som, 1903 ~ 1969)。1950 年他的《白虎堂》(Po Hu T'ung)第一卷出版之后被聘任为中国哲学教授。1952 年他返回雅加达印尼大学任教,由约恩克(Dirk Reinder Jonker, 1925 ~ 1973)接替他的工作。此后馆长职务分别由威廉·阿克(William R. B. Acker)、范霍斯特、马大任(John T. Ma, 1920 ~)、吴荣子(Joyce Wu)、雷哈诺(Hanno Lecher)接任。他们不但精通图书馆业务,为扩大馆藏作过重要贡献,而且也是乐于助人的学问家。

《通报》(T'oung Pao)创刊于 1890 年,是莱顿大学汉学研究院和巴黎法兰西学院合办的一份有影响的研究年刊,主要刊登两校学者研究中国国情和文化的文章。据《通报》1953 年刊出 1890 年至 1949 年 55 期总目录的分类,刊用的文章共涵盖文学、宗教、艺术、语言学、历史学、民族学、地理学、社会科学和自然科学等方面的内容。每期篇幅约为大 32 开 350 ~ 550 页,由莱顿的布里尔出版社出版。文章一般用荷兰文、英文或者法文写出,所引用的例句和例字多用 2 ~ 5 号宋体汉字印刷。多数文章的作者治学态度严谨,所用资料翔实可靠,观点新颖独到,为他们长期研究的成果,极少应景之作,因而深受各国汉学界的欢迎。与此同时,每期《通报》还刊登一些很有见地的书评,读者从中获益不少,这也是该刊享誉西方汉学界的原因之一。1890 年主编为薛力赫和高第;1904 年至 1916 年的主编为法兰西学院的高第和沙畹(Emmamuel-édourad Chavannes, 1865 ~ 1918);1917 年至 1919 年的主编为高第;1920 年至 1925 年的主编为高第和伯希和(Paul Pelliot, 1878 ~ 1945);1926 年至 1936 年的主编为伯希和;1937 年至 1947 年的主编为戴闻达和伯希和;1948 年至 1954 年的主编为戴闻达和法兰西学院的戴密微(Paul Demiéville, 1894 ~ 1979);1957 年至 1975 年的主编为何四维和戴密微;1976 年至 1992 年的主编为许理和和法兰西学院的谢和耐(Jacques Gernet, 1921 ~);1993 年至 1998 年的主编为伊维德和法兰西学院的魏丕信(Pierre-Etiene Will)。从以上名单可以看出该刊的编辑实力。

三、通过译介赋予中国文学新的美学价值和学科生命

中国文学是各国汉学家研究的一个重要科目，荷兰汉学家在这方面也不例外。通观荷兰汉学史就会发现以研究中国文学为专长的学者人数一直在增加，使中国文学成了荷兰汉学领域的一门核心学科。他们通过翻译、解读和诠释中国文学作品认识中国历史和中国社会，赋予了中国文学世界意义，给中国文学带来新的美学价值和学科生命。他们把中国文学与中国历史、哲学、宗教、政治、社会和文化联系起来，进行文学与非文学对比，中国文学与西方文学对比，把文学主题与文学创作方法和技巧放在一个相互关联的平台上，运用自己熟悉的西方文学批评手段进行综合探讨，以多元取向的科际研究分析方法解读中国各个时期的文学作品，提出自己的真知灼见。

汉学家们从自己独特视野中揭示中国作家所传递的信息，确定中国文学在世界文学中的地位，塑造文学艺术中的中国形象，进而影响自己国家的读者和文化。这个形象也许是正面的，也许是负面的，但是汉学家都是其最大的推手。美国汉学家夏志清(1921～)通过对沈从文、张爱玲和钱钟书作品的形式主义分析重新确立了他们在中国现代文学史中有争论的地位。贺麦晓(Michel Hockx,1964～)在教授中国文学时特别注意平衡文本细读与外部研究之间的关系并彼此承认不同方式的研究结论，以确保内部和外部研究的意义和价值。德国汉学家顾彬(Wolfgang Kubin, 1945～)笼统地把中国当代文学贬为“垃圾文学”，也是干预读者对中国文学评价的一种手段。

荷兰读者虽然可以读到很多中国文学作品，但是在20世纪70年代之前直接从汉语译为荷兰文的中国文学作品却很少。早先懂汉语的荷兰人并不多，前往台湾和印尼的荷兰东印度公司的商人一心只想发财，没有像耶稣会士那样刻苦学习汉语。历史上著名的荷兰汉学家一般都通晓多国语言，他们的许多论著都是用英语、德语或者法语发表的。至于普通的荷兰读者，通过第三种语言了解其他民族的文化也是常见的事情。

荷兰汉学家伊维德说：“整个19世纪和20世纪的很长一段时间几乎

没有直接从汉语译为荷兰文的中国文学作品,乍一看来令人迷惑不解。我们所能看到的是,许多荷兰汉学大家在开创阶段都用荷兰文发表文章,但是出版鸿篇巨制时他们就马上改用其他西方语言了。因为荷兰文在任何一个学术领域都不是主要的语种(也许有关印尼研究的文章属于例外),如果他们想接近国际读者,实在别无他法。我们不能指责他们对外语的这种偏爱,不过,难免得出这样的结论:就中文的诗歌、散文、历史和小说的翻译而言,荷兰汉学家对本国公众的服务实在太差了。选用外语作为表达自己思想的主要手段,结果必将影响对于文学翻译的兴趣——有些荷兰汉学家肯定在这方面是有兴趣的。外语水平高超到能在文学作品翻译中应用自如的人几乎没有。从薛力赫到许理和,发表自己的学术著作都不用荷兰文而用外文。这些学者为何如此精明?从约瑟夫·穆列的现代汉语和文言文语法详解的遭遇就可以找到答案:书的初稿用荷兰文撰写,只能以油印方式跟读者见面,不久就会被人遗忘。现在偶尔还引用那两本语法的当代学人,据我所知,只有葛瑞汉(A. C. Graham)一人。”①

分析中国文学在中荷文化交流史中的地位和作用时,首先必须回顾一下17~18世纪有关中国题材的荷兰旅游文学以及荷兰作家以中国题材创作的文学作品,因为这两类作品引导了荷兰读者和作家对中国文学的关注,并进而激发了荷兰学者直接译介中国文学的热情。

有几部广为人知的作品值得讨论。1667年发表第一部中国题材作品《崇祯皇帝》(Zungchin)的荷兰著名诗人和戏剧家冯德尔,年轻时做过丝绸生意,后来由于经营不善生意做不下去了,不得不到阿姆斯特丹一家当铺当伙计。他和父母都是反对就公职和服兵役的孟诺派教徒(the Mennonite),但是他父母都在佛拉芒教堂(the Flemish Church)做礼拜,而他自己却加入了阿姆斯特丹的瓦特兰教会(the Waterlander Congregation),一度还被推选为执事,因为他觉得在那儿更能接近文艺界人士,后来又因为对教理教义认识的分歧加入了罗马天主教(the Catholic Church)。这一观念变化使他创作的悲剧作品更具孟诺教派的文化色彩。他写过几部经典诗剧,在荷兰文学史上享有很高的地位。他也为教友写过赞美诗、贺喜诗或悼亡诗。《崇祯皇帝》的剧情沿着崇祯煤山自缢和李自成率义军攻占京

① W. L. Idema,1996. *A Historical Survey of Dutch Translation of Chinese Literature.*

城的两条主线展开，中间还穿插了西班牙耶稣会士沙忽略的鬼魂出现于西方传教士在北京的一次圣歌班的合唱中的情节，作者以此预言大难即将降临，满人终将统领天下。冯德尔在与意大利传教士卫匡国的交谈中了解到中国政局变化的详情，似乎赞同卫匡国对中国事态发展的观点，但是他本人对中国当朝皇帝没有什么好感，对于西方传教士以后在华的前途也不甚乐观。他勉强同意卫匡国对于明朝崩溃原因的分析，然而却又把中国朝代的更迭归结为上帝的意志。

戈伊斯（Joannes Antonides van der Goes，1647 ~ 1684）的《征服》（Trazil）也是1667年创作的同类题材作品，但是剧本直到1685年才与读者见面。作者出生于一个孟诺教派家庭，四岁时全家搬到阿姆斯特丹后就读于一所拉丁文学校，曾当过药铺店员。后来在乌特勒支大学学习医学专业，1674年获得博士学位后成为鹿特丹的一名内科大夫。他很少去教堂做礼拜，曾否入教也无人知道，但是宗教生活的缺失并没有影响他成为一位著名的诗人、剧作家和翻译家。他的《征服》剧情围绕李自成短暂临政后被满人取代的主线展开，发表后立即得到冯德尔的赏识，彼此成了好朋友。他掌握的素材除了源于卫匡国讲的故事外，也包括尼乌霍夫编著的《1656年荷兰东印度公司使团觐见当今中国大汗纪实》。有趣的是作者不惜笔墨描写了暴力场面和流星的陨落，却没有揭示明朝崩溃的真正原因，国家的兴衰似乎完全为命运所控制。

斯劳尔霍夫（Jan Jacob Slauerhoff，1898 ~ 1936）也以中国素材写过小说。他出生在一个荷兰基督教中产阶级家庭，从小体弱多病，是一位多产诗人和小说家。1916年他到阿姆斯特丹学习医学专业，曾在学生刊物上发表过诗作。1923年他出版了第一部诗集《群岛》，表现出胸怀浪漫主义理想狂放不拘的诗人对当时荷兰主流诗歌唯美主义倾向的批判。他喜欢也善于在自己的诗作中渲染异国情调。医学院毕业后他在一艘爪哇—中国—日本航线的班轮上当医生。1927年他多次到过中国大陆、中国香港和日本。每到一处他都写下详尽日记、报告或者信件，作为自己以后创作的素材。他的一部小说《春岛》（Het Lente-eiland）就是以厦门鼓浪屿为背景展开的故事。1930年他出版了专集《用不着》（Yoeng Poe Tsjoeng），收录了根据多种文本转译的中国诗词和自己创作的诗歌。他在《前言》中写道："本诗集中的诗歌部分译自法语、德语和英语，部分直接译自中文，'丝袍'、'玫瑰'、'明月'之类的词语都割爱了,因为在别的诗集中已经用得太滥。有关生活艰难的内容被列为首选,因为这在中国比任何地方都多,以此表明我们普通人的感受。"1932 年他发表了《禁区》(The Forbidden Realm)后声名大噪。这是一部既有史实依据又有虚构成分的现实主义作品,把16世纪葡萄牙诗人金梅士(Luis de Camoes)与故事的描写结合了起来。故事说的是一艘远洋船上的报务员在一场灾难中来到澳门,冥冥中他觉得自己就是16世纪50年代侨居澳门的葡萄牙诗人金梅士。两个不同时代的人物和场景的相互交错,为这部作品营造了浪漫氛围。故事的结尾是这位报务员最终放弃了远离尘世苦修的想法,回到了现实中来。小说中有关中国内地和澳门生活的描写生动逼真。斯劳尔霍夫的译作大都有别于前人,原因之一是他那自我意识的转换特别鲜明,原因之二是他转译的诗歌多半都以英国汉学家韦利的译作为蓝本,有节制的表述是其一大特色。但是有时他也反其道而行之,例如他把白居易刻画成具有李太白性格的人物,如同一位极富欧洲传统的浪漫主义叛逆者。绝大多数读过斯劳尔霍夫"中国诗词"的荷兰人至今仍然用这样的观点来理解中国诗歌。他追求浪漫主义感情的自由抒发,对于不同处理方法的作品倒觉得平淡得味如嚼蜡。1993 年莱顿的巴拉宾斯克出版社还出版了他通过欧洲几种语言转译的一部中国古诗集《醉春》(Drunk in Springtime)。

1866 年薛力赫曾经把一首广东话叙事诗《花间集》译成了荷兰文,但是此前该诗已有彼得·佩兰·汤姆斯(Peter Pering Thoms, 1824~?)和亨利希·库尔泽(Heinrich Kurz, 1836~?)的英语翻译。

荷兰翻译家何时开始直接把中文文学作品翻译为荷兰文?包雷(Henri Borel,1869~1933)曾广泛研究中国宗教和哲学,在早期的荷兰学者中他翻译的中国文学作品的水平堪称一流。1896 年他直接从中文翻译了《中庸》(The Central Mean)、《大学》(The Great Learning)和《论语》;1897 年他翻译了《道德经》(Tao-te ching);1931 年他翻译了《孟子》。除此之外,他还有《中国的哲学家老子》(1897 年)、《无为:建立在老子思想基础上的幻想》(1903 年)和《老子的道与无为》(1919 年)等专著,其中一些先后被转译成英文、德文和法文出版。

直接把中文作品翻译成荷兰文的学者还有:布洛克(J. A. Blok)翻译的老子《道德经》(Book of the Way and Virtue, 1910 年)和《庄子》(The Works of Zhuangzi, 1951 年);郭克明(Kwee Kek Beng)翻译的《中国伟大诗

人李白》(1927 年);威廉·德·梅罗德(Willem de Mérode)翻译的《中国诗词》(Chinese Poems, 1933 年);范莫斯(H. van Meurs)翻译的《孝经》(1938 年);梁友兰(Nio Joe Lan)翻译的《封神演义》(Novel of the Enfeoffment of the Gods, 1940 年);韦尔策(E. J. Welz)根据万寿堂版本翻译的《至理名言》(From the Hall of Longevity, Chinese Practical Wisdom, 1941 年)、《道德经》(Book of the Way and Virtue, 1947 年)、《大学》(The Great Learning, 1948 年);德希尔曼(G. L. Tichelman)翻译的中国诗词《战争与和平,女人和酒》(War and Peace, Women and Wine, 1944 年)。

早期一些中国文学作品的荷兰文译本已经无法查出原译者的姓名。原因之一是年代久远,资料缺失;原因之二是译文难度大,篇幅长,也许先后曾经过多人的增补和修订。例如:1767 年译自英文的《好逑传》(The Pleasing History);1829 年译自法文的《玉娇梨》(Two Cousins);1844 年译自英文的《正德游江南》(Emperor Zhengde and His Courtiers);1975 年译自法文的《道德经》(Book of the Way and Virtue)等。

1923 年戴闻达在用荷兰文撰写的一篇题为《中国的文学革命》(Een Letterkundige renaissance in China)的文章中,向荷兰读者介绍了刘半农和沈尹默等现代诗人的作品并附译文。1940 年他把鲁迅的短篇小说《肥皂》译成荷兰文在《中国》季刊上发表。1942 年他翻译了老子的《道德经》,还在自己的论著《中国思想家》中介绍了其他中国古代哲学家的作品。

据说高罗佩在学生时代曾把许多中国古诗译成了荷兰文。他用英文翻译了《武则天四大奇案》的前半部,但却直接用荷兰文创作了狄仁杰断案的故事。

1926 年爱德华·韦特曼 (Eduard Veterman)从德文翻译了李行道的《灰阑记》(The Chalk Circle)。

1928 年佛拉芒语作家斯特勒弗尔(Stijn Streuvels)翻译了《今古奇观》和《东周列国志》。

1936 年德马克(A. Demaerckere)从德文翻译了施耐庵和罗贯中撰写的《水浒传》(The Bandits of the Liangshan Awamps)。

1939 年埃泽曼(J. L. J. F. Ezerman)从德文翻译了茅盾的《子夜》(Midnight)。

1940 年梁友兰根据一个简写本翻译了《封神演艺》(Novel of the

Enfeoffment of the Gods)。

1940年凯尔克(C. J. Kelk)根据一个德文简写本翻译了《金瓶梅》(A Monk Dallies in Flower Gardens)。

1943年克龙(C. C. Crone)从德文翻译了《三国志演义》(The Peach-orchard Oath)。

1946年福斯特曼(Ad Vorstman)根据一个德文简写本翻译了曹雪芹的《红楼梦》(The Dream in the Red Chamber)。

1947年蓝根(F. Langen)从英文和德文翻译了蒲松龄的《聊斋志异》(The Mysterious Stories of a Chinese)。

1950年弗尔肯(H. Foeken)从英文翻译了吴承恩的《西游记》(Monkey, A Chinese Legend)。

1965年热拉尔(W. G. Gérard)从德文翻译了凌濛初的《拍案惊奇》(Eros on Golden Lilies and Horse's Hooves)。

1967年彼得·德·容(Peter de Jong)从德文翻译了李渔的《肉蒲团》(Peregrinations of the Late Night Scholar)。

1967年霍格沃斯特(A. C. Hoogvorst)从德文翻译了惜阴堂主人的《二度梅》(The Miracle of the Second Blossoming of the Plum)。

莱顿大学汉学研究院的第一位研究中国文学的汉学家是约恩克。1925年3月13日他出生于阿珀尔多伦,学完预科后于1946年在乌特勒支开始学习约瑟夫·穆列教授开设的课程,同时选修阿拉伯语。他因病休学一年后于1949年转学到莱顿大学,受业于戴闻达和曾祖森。1952年曾祖森返回印尼后,汉学研究院图书馆的工作主要由约恩克接管。在此后的若干年中他孤军奋战,后来才有少数实习生协助他分担馆务。当时的那些藏书都是他采购来的。他办事认真,通过学习和实践掌握了丰富的文献学知识,并乐于应用到解答读者的咨询业务中。但是他个人的专业兴趣却是汉语和中国诗词,他在这两方面的知识出色得惊人,从他发表的一些书评中可以看到他并不是一个思路狭隘的专家。他博览群书,对于文学鉴赏,特别是对于诗词的评析,非一般人所能胜任。很多荷兰期刊和年鉴中都收录了他撰写的文章。他为学生编撰的许多学术价值极高的导读和文摘一直是重要的参考资料。遗憾的是他始终没有找到机会把自己鉴赏中国诗词的心得和译文奉献给社会上的广大读者,因为他的文章大都是用荷兰文写的,流通范围受到限制。目前他的部分作品已为荷兰和比利时在根特合资出版的七卷本《现代世界文学百科全书》(Moderne Encyclopedie der Wereld Literatuur)所收录,他撰写的中国作家评传也将为纽约古德里奇(L. E. Goodrich)主编的《明代作家辞典》(The Ming Biographical Dictionary)所采用。

伊维德,中学时就喜爱诗歌、文学和音乐。1963 年进入莱顿大学汉学研究院学习中国语言文学,1974 年在莱顿大学获得博士学位,1976 年被任命为汉学研究院中国语言与文学教授,2000 年任哈佛大学东亚语言与文学系的中国文学教授。他的研究领域主要是中国古典文学,特别是宋、金、元、明各朝的戏曲和小说,也常常翻译并研究中国现代文学作品。除了用英文发表了大量论著外,他还以中文和德文发表学术论著,用荷兰文发表专著 30 多部。他是一位勤奋的多产作家,主要著述有:《形成期的中国白话小说:》(Chinese Vernacular Fiction: the Formative Period, 1974 年),《中国戏剧资料,1100 年 ~ 1450 年》(Chinese Theater, 1100 ~ 1450: a Source Book,与奚如谷(Stephen West)合著,1982 年),《朱有燉(1379 ~ 1439 年)的戏剧作品研究》(The Dramatic Oeuvre of Chu Yu-tun, 1379 ~ 1439, 1985 年),《月与琴:西厢记》(The Moon and Zither: the Story of the Western Wing,与奚如谷合译,1991 年),《荷兰汉学:过去、现在和未来》(1993 年),《西厢记》(The Story of the Western Wing, 1995 年),《中国文学导论》(A Guide to Chinese Literature,与汉乐逸(Lloyd Haft, 1946)合撰,1997 年),《诸宫调研究——对于不同见解的重估》(1998 年),《诗人、大臣和僧侣的冲突:1250 ~ 1450 年间杂剧中的苏轼形象》(1998 年),《性与贞——弘治本〈西厢记〉中莺莺的形象的塑造》(1998 年),《我们为何从未读到真正的元杂剧——杂剧在明代宫廷的演变》(2001 年),《改头换面的孝鹦哥——〈鹦哥宝卷〉短论》(2002 年),《彤管:中国帝制时代妇女作品选》(The Red Brush: Writing Women of Imperial China,与管佩达(Beata Grant)合撰,2004 年),《清初文学中的创伤与超越》(Trauma and Transcendence in Early Qing Literature,与李惠薏和魏爱莲等合编,2005 年)。他翻译的中国文学作品有:冯梦龙的《三言》(1975 年与约恩克合译 8 个故事,1976 年翻译 5 个故事);寒山的诗 200 首(1977 年);白行简的《大乐福》(1983 年);孟浩然、王维、李白、杜甫和白居易的诗(1984 年);董解元的《西厢记诸宫调》(1984年);白居易的《长恨歌》和其他诗(1986年);叶君健的《山村》(1986年);冯至的《北游》(1987年);杜甫的《风疾舟中伏枕书怀》(1989年);李清照词(1991年);冯梦龙《刘智远诸宫调》(1994年)等。

汉乐逸对中国现代诗歌有深入的研究。他发表的译作有:闻一多的《死水》(与吴瑗合译,1981年);《闻一多、卞之琳、何其芳、李广田和臧克家诗选》(与吴瑗合译,1983年);《卞之琳:中国现代诗歌之研究》(1983年);《顾城、多多、北岛、芒克、食指、雪迪、王家新、柏桦、杨炼和琼柳现代诗集》(与柯雷合译,1990年)。他是1979年欧洲科学基金会资助、欧洲汉学家协会筹划出版的《1900~1949年中国文学导读》第3卷(诗歌卷)的主编之一,还致力于中国十四行诗的研究。

近年来荷兰学生撰写有关现代中国文学的毕业论文数量比前增加,大家比较熟悉的有:

哈吉纳(Elly Hagenaar)的《中国现代文学的意识流和自由间接语段》(Steam of Consciousness and Free Indirect Discourse in Modern Chinese Literature, 1992年)、贺麦晓的《雪朝——踏上现代之路的八位中国诗人》(A Snowy Morning. Eight Chinese Poets on the Road to Mordernity, 1994年)以及柯雷的《破碎的语言——中国当代诗歌与多多》(Language Shattered. Contemporary Chinese Poetry and Duoduo, 1996年)。

20世纪70~80年代荷兰学习汉语的学生人数激增,越来越多的年轻学人参与现当代中国文学作品的荷兰文翻译。他们多数对中国历史和社会有较深入的了解,懂中文,受过专业培训,因此翻译起来得心应手,作品可读性强,受到读者好评。他们所选的作品多半是现代或当代中国作家的作品,知名度高,时代性强,而且还把港澳台作家的作品纳入选译范围,因此更有代表性。荷兰出版社也积极参与引介中国文学作品,与一些基金会联手翻译新作,邀请部分中国作家访问荷兰,通过媒体直接与读者见面,促进了中国文学界与荷兰学术界的交流。这一阶段翻译的中国文学作品有:

1969年杰夫·拉斯特(Jef Last)翻译的《呐喊》(Call to Arms)。

1971年汉斯·霍姆(Hans Hom)和保罗·罗登科(Paul Rodenko)翻译的《毛泽东思想和诗词》(Mao Zedong:Thoughts and Poems)。

1972年罗杰·安德里斯(Roger Andries)翻译的《毛泽东诗词》(Mao Zedong, Poems)。

荷兰作家兼诗人弗里斯(Theun de Vries)翻译的赵树理的《李有才板话》(Village Singer,1951 年)、《中国白话小说》(《无双》等,1955 年)、鲁迅小说《阿 Q 正传》(The True Story of Ah Q, 1959 年)、《毛泽东诗词》(Mao Zedong, Poems, 1976 年)、《中国短篇小说选》(Short Stories from China, 与弗格森和弗洛尔合译,1979 年)。

1979 年达恩·布朗克霍斯特(Daan Bronkhorst)翻译老舍的《骆驼祥子》(The Rickshaw Boy)。

柯雷翻译北岛的诗《波动》(Waves, 1989 年)、《田间课桌》(A Writing Table in the Fields, 1991 年)、《保密》(Secrets Kept, 1992 年)、《没有天明》(There Is No Dawn, 1996 年)、琼柳的《虚构性格的人》(A Fictitous Character, 1989 年)。

高柏(Koos Kuiper)是成果卓著的现代荷兰翻译家之一。他先后翻译了《卢新华、刘心武、陈国凯、茹志鹃、高晓声和王蒙现代小说集》(New Chinese Stories: Lu Hsin-hua, Liu Hsin-wu, Ch'en Kuo-k'ai, Ju Chih-chuan, Kao Hsiao-sheng and Wang Meng, 与布兰克斯津(Ad Blankestijn)合译 1983)、戴厚英的小说《人啊,人》(Names in the Wall, 1987 年)、张洁的小说《只有一个太阳》(There is Only One Sun,1992 年)、《世界上最疼我的那个人去了》(My Mother, 1998 年)等作品。

1986 年克鲁恩(W. Croon)和霍泽曼(T. Hoosemans)翻译的巴金小说《家》(Family)。

1989 年若泽·布鲁米津(José Bruurmijn)翻译张洁的小说《沉重的翅膀》(Leaden Wings)。

1986 年贾恩·威廉·博斯(Jan Willem Bos)翻译叶君健的《山村》(Mountain Village)。

司马翎是笔耕不辍的另一位翻译家。他先后翻译了《郁达夫小说》(Stories,1987 年)、《王蒙和王安忆小说》(1987 年)、张贤亮的小说《男人的一半是女人》(Half of Man is Woman, 1988 年)、《绿化树》(1989 年)、《习惯死亡》(Getting Used to Dying, 1992 年)、《我的菩提树》(My Bodhi Tree, 1996 年)、王安忆的小说《小鲍庄》(The Story of Bao Town, 1990 年)等作品。

哈吉纳(E. Hagenaar)翻译张洁的小说《爱是不能忘记的》(Love Must

Not be Forgotten, 1988 年)、《祖母绿》(Emerald, 1991 年)、冯骥才的《感谢生活》(Hua's Punishment, 1994 年)、余华的《活着》(Lifetimes, 1995 年)。

贺麦晓翻译多多的作品《怕迷路》(Afraid to Get Lost,1991 年)、《熄灯号》(Tattoes, 与柯雷合译,1995 年)、《不懂》(I Do Not Understand, 与柯雷合译, 1996 年);虹影的《饥饿的女儿》(Daughter of the River, 与红雨合译, 1998 年)。

凯泽(Anne Sytske Keyzer)翻译聂华苓的《桑青与桃红》(Mulberry and Peach: Two Women of China, 1978 年);

爱德华·布罗伊克斯(Eduard Broeks)翻译苏曼殊的《断鸿零雁记》(The Lonely Swan, 1987 年)和张洁的小说《方舟》(The Ark, 1987 年)。

荷兰文学创作和翻译基金会专业翻译林恪的译作不少,如:韩少功的《爸爸爸》和《女女女》(1996 年)、苏童的《米》(Rice, 1997 年)、虹影的《背叛之夏》(Summer of Betrayal, 1997 年)等。他还计划和同事一起用几年时间把《红楼梦》译为荷兰文。

1999 年包德贞(Jeanne Boden)翻译了马原的《虚构之刀》(Capricious Pattern On a Wall)和《虚构》(Figment)、琼瑶的《烟雨濛濛》(Fire and Rain)、苏童的《三盏灯》(Three Lanterns)。

据不完全统计,从 1767 年至 1999 年 232 年间,荷兰出版的中国文学荷文译本总数不少于 200 部,其中大部分是 20 世纪 70 年代以后翻译的。译者除了荷兰汉学家和中国文学爱好者外,也有一部分是移居国外的荷兰学者,如:加拿大安大略博物馆亚洲艺术馆的鲁克恩(Klaas Ruitenbeek, 1951 ~)和比利时旁特出版社社长杰曼·卓根布鲁特(Germain Droogenbroodt);还有一部分是东南亚国家精通荷兰语的华裔学者,如郭克明和梁友兰等。

1966 年以来荷兰与比利时联合出版双年刊,专门刊登中国文学作品的荷兰文译本。至今已经出版三卷,刊发的是传统、现代和当代的中国诗歌和小说。

荷兰出版部门也译介了不少伤痕文学(scar literature)、先锋文学(vanguard literature)、女性作家文学(literature by female authors)、异端文学(literature by dissident authors)和朦胧诗(obscure poetry)等方面的作品,似乎要表现中国在意识形态和实践方面的变革,同时也有意无意地把一些有争论的边缘成分夹杂其中。

"20 世纪最后 20 年各方面的形势都十分令人振奋，"汉学家伊维德说，"有越来越多才华横溢、热情充沛的年轻人积极投入现当代小说（modern and contemporary literature）和诗歌的翻译工作。虽然翻译的覆盖面仍然极不均匀，但是很多空白点将在可以预见的将来得到填补。这方面缺少筹划也许根本算不了什么坏事。名声好坏仍然是见仁见智的事情，翻译选题在很大程度上取决于译者个人和出版社的情趣。尽管还有很多有价值的作品有待翻译，不过多半还要看未来情况的发展。人民共和国的作家们今后是否仍然被允许表达自己的心声，继续就文学技巧和主题素材进行试验？还是让我们回到社会主义现实主义的萧瑟岁月？一般来说，荷兰出版商在出版现当代小说方面是有几分冒险的。翻译和出版需要补贴的是诗歌和剧本。荷兰出版人有句常说的话：小说卖得好，诗歌还凑合，剧本根本没人要！古典和传统文学译本的前景并不那么令人乐观。可用于转译的最基本的中国文学著作往往都难以找到，有实力有奉献精神的译者更是寥寥无几。而且，如果没有大量的补贴，中国古典和传统文学的纯正翻译的出版将是商业灾难。尽管书评很打动人心，但是在这方面积极经营的出版公司几乎赚不到多少钱，因为销售量往往都不大。在荷兰，除了中学和大学教科书的出版外，即使前现代荷兰文学作品的出版在商业上都是不可行的。谁能想像还有什么比这更糟的情况？然而，从事这方面工作的少数译者，无疑还将坚持不懈地向自己的同胞引介世界上传统最丰富的国家的文学作品。"①

四、中国历史是荷兰汉学研究的主流学科

汉学具有跨学科多维视野研究的性质，具体地说就是跨越文学、史学、哲学、政治学、社会学、宗教学、经济学、语言学和人类文化学（ethnology）等学科界限的必要和可能。这种"跨越"当然不是"超越"，而是就涉科范围而言。在中国学术界，史学著作常常处于中心地位，享有比西方任何人文社会学科更优势的地位。有些学者认为史学是汉学的主流学科，因此有最

① W. L. Idema, 1996. *A Historical Survey of Dutch Translation of Chinese Literature.*

大的话语权,有时甚至有意或无意地把治史规则放大为多科应用规则。其实在汉学领域中每门分支学科都有各自的治学细则。

荷兰汉学家研究中国历史(包括文学史、宗教史、文化史、思想史、教育史和科技史)并不完全拘泥于新旧历史主义的模式。老一代的汉学家,如戴闻达、何四维、许理和、施舟人等,学风严谨,知识面宽,熟悉欧洲传统的治史规则,但是在掌握表达自由度时,却又在形式和内容上兼顾意识形态、社会心理、民族传统和文化差异等方面的情况。包乐史(Leonard Blusse, 1946~)和宋汉理(Harriet Thelma Zurndorfer, 1946~)的治史观念较为宽泛,许理和指导的博士生论文选题多有拓展和创新,在一定程度上改变了依赖历史文献和官修正史的传统写史方法,在适当参照地方志、族谱、民间收藏和外国资料的同时均十分注重田野调查,这样既丰富了史论文本的多样性,又赋予了史学著作的通俗性。

1919年戴闻达在莱顿大学上任后开创了荷兰汉学研究的一代新风。1924年他发表在《东方研究学刊》第三卷(Acta Orientalia Ⅲ)上的《景善大人日记》(The Diary of His Excellency Ching-shan)译稿是一部有关义和团运动的著作,充分表现出他对中国近代史的浓厚兴趣和学养。在很长一段时间他坚信所采用文本的真实性和权威性。但是后来他被告知,《景善大人日记》可能是英国汉学家巴克斯(Sir Edmund Trelawny Backhouse, 1873~1944)和上海英租界工部局秘书长濮兰德(John Otway Percy Bland, 1863~1945)合谋编撰的伪书时,情绪上受到很大打击。

巴克斯是何许人氏?他于1898年以英国驻华使馆翻译生身份来华,精通汉语和日语,1903年至1913年被聘任为京师大学堂英文教习,晚年任英驻华使馆业余日语翻译。第一次世界大战结束后曾于京郊购置房产,闭门著书立说。与濮兰德合撰《太后统治下的中国——慈禧其人其事》(China under Empress Dowager, Being the Life and Times of Tzu His, 1910年)和《16~20世纪清廷编年史回忆录》(The Annals and Memoirs of the Court of Peking from the 16th to 20th Century,1913年)等书。第二次世界大战爆发后他暂住东交民巷,一度被日军列入遣返的黑名单中,后来因病死于法国医院。

濮兰德,爱尔兰人,1883年来华,曾任职于总税务司署总司录事司,1896年任上海英租界工部局秘书长,兼任英国《泰晤士报》通讯员,暗中为日本情报机关搜集信息。著作有《中国近闻与政策》(Recent Events and

Present Policies in China, 1912 年)、《中国、日本与朝鲜》(China, Japan and Korea, 1912 年)、《中国之遗憾》(China: The Pity of It, 1932 年)等书。1906 年任英中有限公司(British and Chinese Corporation Ldt.)驻华代表,曾与清廷签署铁路借款协议。

1937 年戴闻达在《通报》第 33 卷上发表了一篇题为《景善日记之谜》(Jing-shan's Diary—A Mystification)长达 27 页的文章,痛心疾首地对这一汉学界丑闻做了回顾并自责。此事对戴闻达的汉学研究方向产生了负面影响。后来他一度打算以《荀子》为题撰写博士论文,但是得悉美国学者德效骞(Homer Hasenpflug Dubs, 1892~1969)正在翻译该书,就把选题改为法家历史名著《商君书》。1928 年他的论文发表后得到了学术界认可,从此确立了他在中国先秦哲学著作研究领域中的权威学术地位。

戴闻达还致力于中西交流史的研究,特别是对荷兰东印度公司与中国交往历史的研究。为此他曾写过与欧洲汉学研究和郑和下西洋历史有关的多篇专题论文。

第二次世界大战期间德国当局下令关闭莱顿大学。在那些艰难日子里戴闻达所能做的汉学研究就是 1930 年由他创导并审核在布里尔出版社出版的"莱顿汉学丛书"(Series Sinica Leidensia)。纳入了该系列的重要专著有:恒慕义(Arthur William Hummel, 1884~1975)的《一位中国历史学家的自传》(The Autobiography of a Chinese Historian, 以顾颉刚《古史辨》翻译为主线的述论,1931 年);奥弗德金克(G. W. Overdijkink)的《林则徐传略》(A Biographical Sketch of Lin Tse-hsü,1938 年);费渊(J. Vixseboxse)的《17 世纪荷兰使团访华纪实(1685~1687)》(A Dutch Embassy to China in the Seventeenth Centuury(1685~1687),1946 年);埃森·盖尔(Esson M. Gale)的《盐铁论——中国古代有关国控制商业和产业的辩论》(Discourses on Salt and Iron: A Debate on State Control of Commerce and Industry in Ancient China,1931 年);德克·卜德(Derk Bodde,1909~2003)的《统一中国的第一位皇帝:从李斯的生平看秦朝(280~208B. C.)》(China's First Unifier—A study of the Chin Dynasty as Seen in the Life of Li Ssu (280~208B. C.) 1938 年);曾祖森的《白虎堂综论》(Po Hu T'ung—The Comprehensive Discussions in the White Tiger Hall,1949 年);贾保罗(R. P. Kramers)的《孔子家语》(The School Sayings of Confucius, 1949)和阿克的

《前唐和唐代中国画论》(Some T'ang and Pre-T'ang Texts on Chiese Paiting, 1954 年)等。①

1913 年哈克曼(H. Hackmann, 1864～1935)被聘任为阿姆斯特丹大学(Universiteit van Amsterdam)的宗教史教授。他是一位德国神学家,曾经在中国生活多年,发表过许多有关中国民间宗教和中国哲学的著述。

戴闻达的继任是他的亲授弟子何四维,莱顿大学毕业后他到北京深造,后又移居日本京都。因为曾经供职于荷兰东印度公司的巴达维亚殖民政府,他一度作为战俘被日本人关押。1947 年回到荷兰后,他以现代汉语讲师身份协助戴闻达工作。他原打算专攻唐法典,后来得悉卡尔·邦杰(Karl Büngers)写过一篇《唐代法典史探源》(Sources for the History of Law for the Tang-period)的文章,便决定研修汉法典。1955 年他撰写的博士论文《汉律遗文导论——并附前汉书卷二十二礼乐志和卷二十三刑法志译文及注释》(Remnants of Han Law, Introductory Studies and an Annotated Translation of Chapters 22 and 23 of the History of the Former Han Dynasty)获得通过,第二年便被莱顿大学正式聘任为教授。他在 22 年的任期内曾经指导了不少课题研究并撰写了多篇论文,选题广及早期中国的佛教、中世纪的中国数学、中国传统小说、中华人民共和国的马克思主义文艺理论等,但是他个人的研究领域主要还是秦汉法典制度史和中国史学史。这一阶段他撰写的论文有:《中亚汉代文献最新研究综述》(1950 年)、《汉律残篇》(Remnants of Han Law, 1955 年)、《中国社会史研究》(Verkenningen in de Geschiedenis van de Chinese Mmaatschappij, 1956 年)、《中国共产党人对中华帝国起源和创建的论述》(Chinese Communist Treatment of the Origins and Foundation of the Chinese Empire, 1968 年)和《荷兰的中国研究和日本研究》(Chinese and Japanese Studies in Hoolland, 1969 年)等。1975 年他退休后仍笔耕不辍,主要的著述有:1979 年的《中国在中亚的早期阶段(125B. C. ～A. D. 23):前汉书卷六十一张骞李广利传和卷九十六西域传译文和注释》(China in Central Asia, The Early Stage: 125 B. C. ～A. D. 23, An Annotated Translation of Chapters 61 and 96 of the History of the Former Han Dynasty)和 1985 年的《秦律遗文:1975 年湖北云梦出土的公元

① W L. Idema, 1997. *Chinese Studies in the Netherlands*.

前三世纪秦律及秦田律译文并注释》(Remnants of Chin Law: An Annotated Translation on the Chin Legal and Administrative Rules of the 3rd Century B. C., Discovered in Yun-meng Prefecture, Hu-pei Province in 1975)等。1990年他80大寿时友人和弟子以《秦汉时期中国的思想与法典》(Thought and Law in Qin and Han China)为题为他出版了一册纪念文集，表彰他学术上的非凡造诣。

1961年莱顿大学汉学研究院殖民地史教席空缺，另设东亚历史教席由许理和担任。许理和曾师从戴闻达，在撰写博士论文期间暂住巴黎。他的博士论文以《佛教征服中国：中世纪佛教在中国的传播与本土化》(The Buddhist Conquest of China, The Spread and Adaptation of Buddhism in Medieval China)(两卷)为题，展示了他对中国吸纳和接受外国思想体系史实的浓厚兴趣。在继续研究早期佛教在中国各地传播的同时，他也就明末中国人对耶稣会士来华传教的观点、中国文化以及中国思想史与外部世界的联系等题材写了不少有见地的文章。如：《中国文化时空观》(Time and Space in Chinese Culture, 1995年)、《中国的现代化、西化和文化适应》(China's Modernization, Westernization and Acculturation, 1993年)和《中国思想史和中国与外部世界的早期联系》(History of Chinese Thought and Early Relations between China and the Outer World, 1996年)等。此外，他还以荷兰文发表了有关马克思主义在中国传播的追述。1969年他在汉学研究院创建了中国当代文献中心，并兼任主任一职。

为庆贺他担任东亚历史教授25年，中国语言文学系专门设立福建—台湾地区历史工作室，1990年以《17～18世纪福建省的兴衰》为题出版一册文集。1993年他从东亚史教席荣休时，他的昔日弟子和友人为他出版了四册纪念文集：由包乐史和宋汉理主编的《现代初期亚洲的冲突与调和》(Conflict and Accomodation in Early Modern East Asia, 1993年)、由汉乐逸主编的《西方人的话》(Words from the West, 1993年)、由梁兆兵和司马翎主编的《长沙马王堆汉墓的帛画秘符及其他》(From Classical *Fú* to "Three Inches High", 1993年)以及拉特克(Kurt Werner Radtke, 1945～)和赛奇主编的《中国的现代化》(China's Modernization, 1993年)。

20世纪80年代中期许理和致力于一项"视听历史教学"的大型项目，通过系列幻灯和文本课件展示中国的主要历史事件和传统文化，所搜集的资料包括图像、地图、图表和关键词。该项目的适用对象为中文系一年级学生及其他同类学生。

许理和荣休后,原来担任的职务由东亚史教席改名为中国史教席,由施舟人接任。施舟人教授毕业于巴黎,20 世纪 60 年代侨居台湾 8 年,后来返回法国任教 20 余年,担任过各种职务,但是他的研究项目主要是中国道教和民间宗教,曾致力于大型道藏工程多年。后续的是莱顿大学与北京大学联手合作项目,主题为"圣城北京"(Peking as a Sacred City)。

宋汉理,美国加利福尼亚大学伯克莱分校的博士生,专攻晚清社会经济史。1990 年她的博士论文《中国地方历史上的变迁与持续:惠州 800 ~ 1800 年之间的发展》就是根据她对惠州的历史及其商家状况的调研写成的。她的汉学史研究在她 1995 年撰写的《中国文献学:古代和现代中国研究参考书目指南》的"引言"中得到了全面的概括。她的近期研究成果是有关 18 世纪中国知识女性的一篇论文。目前宋汉理兼任《东方社会经济学报》编辑。

包乐史的工作单位是欧洲扩展及反馈历史中心,研究领域是中国荷兰两国早期交流与 17 ~ 18 世纪东亚国际贸易。他的主要著作有:《与众不同的公司:华人定居者、欧美印第安混血女人与巴达维亚荷兰东印度公司》(Strange Company, Chinese Settlers, Mestizo Women and the Dutch in VOC Batavia, 1986 年)、根据尼乌霍夫有关第一个荷兰赴华使团(1655 ~ 1657)日记原始手稿与福尔肯博格(R. Falkenburg)合作编辑的《约翰·尼乌霍夫中国之行图说》(Johan Nieuhof's Images of a China Trip,包括尼乌霍夫在旅途中所作的插图原件,1987 年)以及论述 17 世纪早期至现在的中荷关系通史《向中国纳贡》(Tribute to China, 1989 年)。包乐史参加了荷兰东印度公司与台湾关系的大型档案资料编辑出版工作。在他的指导下成少康博士(Dr. Cheng Shaokang)已经完成 600 多页的《一部被遗忘的历史:荷兰东印度公司在台湾》(The Dutch East Indian Company on Taiwan, A Forgetten History, 1995 年)中文翻译工作。

与前现代历史题材(subjects from premodern history)有关的荷兰博士研究生论文大部分是由许理和指导的,包括:目前在比利时勒芬大学(Leuven University)任教的斯坦达德(N. M. J. F. T. Standaert, 1959 ~)的《中国明末的儒家学说与基督教教义:杨亭云的生平及思想(1562 ~

1627)》(Confucian and Christian in Late Ming China: The Life and Thought of Yang Tingyun (1562~1627),1984年);在荷兰外交部工作的希尔(Ph. De Heer, 1950~)的《当政皇上:从明朝第七代皇帝朱祁钰(1449~1457)临政政治历史看15世纪翰林院的方方面面》(The Care-Taker Emperor, Aspects of the Imperial Institution of the Fifteenth Century, As Reflected in the Political History of the Reign of Chu Chi-yu, Seventh Ruler of the Ming Dynasty (1449~1457),1986年);原任亚洲艺术博物馆馆长鲁克恩的《鲁班经:15世纪中国工匠手册》(The Lu Ban Jing, A Fifteenth-Century Chinese Carpenter's Masnual, 1989年);田海的《白莲教及其教义:现实与标识》(The White Lotus Society and the White Lotus Teachings: Reality and Label, 1990年);目前已下海的德克莱克(D. Declercq)的《得体的措辞:从对白台词体看晋朝(266~420)的文学与政治关系》(Righteous Rhetoric: literature and Politics in the Jin Dynasty (266~420) As Seen in the'Staged Discussion' Genre, 1993);杜丁克(A. Dudink)的《五论中国明末的基督教》(Christianity in Late Ming China, Five Studies, 1995年);第齐亚诺·利皮埃罗(Tiziana Lipiello)的《汉魏三国六朝的吉兆和奇迹》(Auspicious Omens and Miracles in Ancient China, Han Three Kingdoms and Six Dynasties, 1995年);荷兰皇家科学院研究员恩格尔福莱特(P. Engelfriet)的《欧几里得在中国:对欧几里得算法的首次中文翻译的历史背景调查——翻译分析及其延续到1723年的影响》(Euclid in China: A Survey of the Historical Background of the First Chinese Translation of Euclid's Elements, an Analysis of the Translation, and a Study of its Influence up to 1723, 1996年)。[①]

五、荷兰的中国社会学研究与多元并立理念

20世纪30年代费正清(John King Farbank,1908~1992)等美国汉学家提出了扩大汉学研究范围的主张,后来又进一步提出由"区域研究"(Area Studies)统辖的"汉学与社会科学联姻"的多元并立理念,这源于在此之前汉学研究被理解为仅限于古典文学、宗教、历史、哲学和汉语的范

① W. L. Idema,1996. *A Historical Survey of Dutch Translation of Chinese Literature.*

围。第二次世界大战结束后各国汉学家逐渐取得了共识：汉学研究的涉科范围除上述学科外，还应该包括基于对比视野中的社会学、政治学、经济学和人类文化学，甚至还把新闻学、考古学、教育学、版本学、方言学、音韵学等具有普世意义的中国命题的人文学科都纳入其中。

“社会学”在某一历史阶段曾被作为“情报学”（所谓的“从社会学角度对中国情治现状的解释和预测”）的替换词使用。在台海两岸关系紧张时期，西方无法获取必要的中国信息，只能通过台湾的情治部门获取中国“社会学”资料，通过收听中国各地的广播电台节目，对来华商人、旅游者或留学生进行访谈，摘编省级以下报刊的新闻和文论热点，以了解中国大陆的社会动态。

“社会学”概念模糊的另一种情况是，“社会学”与“社会科学”和“汉学”的非专业使用。“社会学”是以研究人类社会生活及其发展，并对人类行为的普遍规则进行归纳的一门具体学科，而“社会科学”和“汉学”却各自属于一种独立学科门类。由于内涵丰富，“社会学”在汉学研究领域中的学术地位往往大于其他单一人文学科，常与相邻学科结合为诸如社会心理学、社会历史学、社会语言学、社会文化学、社会经济学、社会生态学或社会民族学。

荷兰汉学领域中的社会学研究与美国情况有所不同。1952 年海牙成立了一所基于国际政策研究和教学的社会学研究院（The Institute of Social Studies），意欲在开发领域展开各学科之间的研究和咨询工作，总体计划则侧重于基础应用政策问题的探讨。先后有 8500 多名来自各发展中国家的研究生和专业人士在该院学习社会学、经济学、政治学、国际法和公共管理等课程。课堂用语为英语，通过讲座、研讨会、导师指导和课后阅读等方式进行教学。该学院积极参与人类发展资源研究中心（全荷跨校开发研究院）的活动，出版《发展与变化》（Development and Change）季刊，在不定期印发的文档和工作文件中报告进行中的有关研究项目。中国是该学院区域研究的内容之一，如：1987 年海牙社会学院赛司教授（Prof. Ashawani Saith）编辑的《中国农民的再崛起——农村非集体化的方方面面》就是一篇以中国农村为题材的论文。大部分研究都通过对比语境展开，已完成的选题还有：欧文（R. G. Irvin）的《东南亚市场过渡》（Market Transition of Southeast Asia）、梅西科波博士（Dr. M. Messkoub）的《中国国内移民》

(Internal Migrations in China)、西登瑞教授(Prof. S. Sidenri)的《中国的经济发展与东南亚一体化》(China's Economic Development and South-East Asia Integration)、特朗博士(Dr. T. Truong)的《研究和培训中的性别和谐与发展问题》(Collaboration on Gender and Development in Rsearch and Training)等。

阿姆斯特丹的国际社会历史学院(International Institute of Social History)是挂靠于荷兰皇家科学院的一所独立研究院,与莱顿大学汉学研究院的当代中国文献研究中心合作开展一项名为"中国的政治和国民结社"(State and Civil Society in China)的大型科研项目。该院征集两大类资料:第一大类为手稿、档案、传单,第二大类为中国工运和抗议文件,目的是在中国文化的语境中对抗议运动进行广泛深入的学术研究。目前已经收藏了田思博士(Dr. Stephan Landsberger)搜集到的各类中文海报。①

范黑克(Frederik van Heek, 1907 ~ 1987)是莱顿大学的一位社会学教授,1934 年他曾经访问中国 6 个月,在工人中进行调研,向首席经济专家进行咨询,第二年写出了论文《西方的技术与中国社会生活》(Westersche Techniek en Maatschappelijk Leven in China)。只因用荷兰文撰写,读者面受到一定限制。后来他又发表了一篇专题论文《荷兰的华人移民》(Chineesche Immigranten in Netherland, 也是用荷兰文撰写),此后便把研究方向转向荷兰的社会问题。他的著述被认为有些异乎寻常,不仅仅因为面世后没有在中国引起人们的关注,而且也有悖于 20 世纪 30 年代荷兰汉学研究的优先选题原则。尽管当代中国社会曾被列入荷兰汉学研究的重点,但是汉学研究的主要范围当时却明确规定只包括中国古典文献和语言学习两个方面。

20 世纪 30 年代大量的汉学著作、刊物和社会调查报告表明,当时的社会学研究正处于发展阶段。乔治·施穆茨(George Schmutz)曾经把 1949 年前的社会学家分为两大派:一派是美国(或芝加哥)社会生态学派(School of Social Ecology);另一派为深受英国人类社会学影响的社会民族学派(Ethnosociology)。前者得益于城市社会调查,后者则化无数的事实为语境加以利用。虽然范黑克个人所接受的训练与美国学派并无相同之处,

① W. L. Idema, 1996. *A Historical Survey of Dutch Translation of Chinese Literature.*

但是他的思想大致接近于前者。事实上范黑克对中国使用西方技术的研究,正是"二战"前在阿姆斯特丹学术界占上风的一个荷兰社会学派本身缺憾的明证。

范黑克的《西方的技术与中国社会生活》是他向阿姆斯特丹城市大学提交的博士论文,共七章,通过对中国煤矿、棉布、丝绸、火柴、水泥和面粉加工工人的人口调查和经济社会背景分析,作出对西方入侵后的中国社会结构变化的评估,并对机械化冲击所出现的"鸿沟"进行解释。范黑克在论文中对限制实现工业化的人口和地理两个因素都很看重。人口密集增加了生产过程的费用支出,而独特的地理因素则不利于工业向沿海内侧分布。他论文的亮点是对各类机械工业及其作用的分析。在最后一章他试图把中国工人与"中国新社会"的力量、新知识阶层、农民、商人和"新国家"联系在一起。他的结论是,尽管实现了工业化,然而中国社会的经济基础仍然在家庭内部,阶级差异也存在于亲情关系之内。正是这一"牢固的家庭基础"使中国本土工业化的速度比日本慢。他认为中国未来实现工业化的最大希望在于所有的家庭小企业(作坊工业)的扩展,从中可望发展成为较大的工业化经济。

范黑克的论述有三个特点:重视实验数据的收集和分析;跨文化比较,主要是欧洲文化和日本文化之间的比较;在有限信息的基础上进行简单归纳。

范黑克出生于一个纺织工业家的家庭,他童年时代生活的特文特市是当时荷兰的主要棉布产地。按照当地习俗他本该学商,以便将来追随他的父亲做纺织品生意。但是他父亲思想比较开明,允许他上大学发展自己的才能。在校期间他所学的知识远远超出了贸易经济范围。1929 年经济危机的冲击使他对于经济历史和理论以及社会地理与人类文化学倍加关注。1931 年他毕业于阿姆斯特丹城市大学经济专业,政治上对社会主义怀有好感。

此后他受聘于一家荷兰的东非贸易公司。在此期间他意识到自己并不适合做特文特棉布生意,1933 年回国后便决定从事学术研究。有关西方技术对中国社会的影响的博士论文选题引起他对特文特的关注,他想了解更多有关东亚纺织工业与特文特经济竞争的背景情况。他的导师社会地理学教授特费恩(Henri Nicolaas ter Veen, 1883 ~ 1949)建议他着手对贫穷社区进行调研。1934 年他在中国居住了半年，会见了社会学家陈翰笙(Chen Hansheng，1897 ~ 2004)和人类学家许烺光(Francis L. K. Hsü，1909 ~ 1999)，收集了大量论文素材，包括外贸局编撰的研究资料和政府报告。回到阿姆斯特丹后他完成了博士论文，同年获得了经济学博士学位。第二次世界大战结束后他被莱顿大学法学院聘任为社会学教授，后来任职于新创建的社会学学院。

1936 年范黑克发表了《荷兰的华人移民》，回顾了华人海员从 20 世纪 20 年代来到荷兰以及 30 年代面临失业的历史过程，经济和社会条件的变化逼迫他们从码头走上阿姆斯特丹和鹿特丹大街，靠卖花生艰难度日。其中大部分人来自广东的穷乡僻壤，先后在中国和荷兰船上当过海员，第一次世界大战后生活更加艰难。范黑克准确地描述了他们在荷兰两个城市所处的困境，住房、饮食、衣着、卫生条件都极差，华人之间以及与当地人之间的交往甚少，有些人甚至卷入麻醉品、武器和弹药的走私。他认为是船东迫使他们负债，逐渐留用并控制了他们，让他们陷入悲惨境地。他的社会学分析深刻而中肯，引起了社会舆论对华人生活状况和社会地位的关注。

范黑克认为华人移民就是荷兰最重要的见证人和社会描述者(sociographer)。他的阿姆斯特丹同事施泰因梅茨(S. R. Stenmetz，1862 ~ 1940)曾经自创"社会描述研究"(sociography)一词，意思是为评估文化发展而收集社会、政治、经济和人口数据。他认为社会描述研究是社会学的核心。"社会学的任务就是对历史、法制发展、民族及其文化的盛衰进行解释，"他说，"而这些问题的事实积累则靠社会描述研究去运作。"特费恩是施泰因梅茨社会描述研究教席的继任者，但是他认为"社会描述研究"的"进化论色彩太浓"，因此改变了施泰因梅茨的研究方向，告诉自己的学生可以根据更现代的社会筹划理论功能去收集数据。

1937 年范黑克改变了对中国和汉语的专业兴趣，开始他的层次理论以及针对荷兰社会现实的宏观社会学的研究。虽然他对中国社会学的研究贡献有限，但是他对于中国的关注也是出于对荷兰社会的关注，他的老师对此一再加以肯定。施泰因梅茨的生态学、社会学和社会描述研究的观点对于数代荷兰社会学家的影响都是巨大的，而范黑克的著作正是在这样的氛围中出版的。

施泰因梅茨的社会学理论还有耐人寻味的一点。他认为社会描述研究是了解"高层次"人群(higher people)的科学,而人种论(ethnography)则是跟"低层次"人群(Lower people)打交道的科学。根据他1931年出版的那部广为人知的专著《社会学导论》(Introduction to Sociology)的第二章的论述,民族学、人种论、社会学和社会描述研究之间的区别在于被调研人群的不同发展阶段。他说:"人种论是对低层次人群进行描述的科学,而民族学则是对这些人群的描写性资料进行处理、对比和解释的科学。"他还认为,描述的覆盖面应该包括这些人群语言之外的所有方面。对于施泰因梅茨来说,民族学就是对"低层次人群"的"文化"进行的一种研究,即:他们的宗教、家庭结构、艺术和物质文化;而社会描述研究却适用于对"高层次人群"从地理学到阶级差别等各方面情况所进行的说明性描述。

在此我们可以看到,20世纪30年代范黑克对中国产业工人的历史社会学调查与社会描述研究理论的具体目的和方法都是一致的。他的《西方的技术与中国社会生活》和《荷兰的华人移民》撰写于第二次世界大战前阿姆斯特丹社会学的实践环境之中。与此同时,他在自己后来的著述中也跨越了社会学理论和实践之间的"鸿沟"。正是由于他的努力,有关社会层次和动性的研究在荷兰社会学界变成了一种常态化的学术研究选题。

荷兰的社会学界还有两位被牛津大学人类学教授莫里斯·傅利曼(Maurice Freeman, 1920 ~ 1975)称为"中国海岸学派"(The China Coast School)的人物——薛力赫和高延。

早在1866年薛力赫就在《巴达维亚艺术科学协会论文集》中发表了《中国妓女其人其事》(Lets over de prostitutie in China)一文,还翻译过话本小说《卖油郎独占花魁》。傅利曼称之为"社会人类学创建之前的一个参与者体验案例"。薛力赫还对中国女船民进行过调查,并作出与其"中国海岸学派"身份相符的决定——了解中西文明的相同根源。1872年他试图探讨汉语和雅利安语是否同源的问题。薛力赫像所有研究者一样坚信中国在"雅利安旗帜"之下有一个共同的早期文明之根,中国和西方共同本质体现在共同的祖始之中。

高延也是一位早期"中国海岸派"成员,但是他个人的性格跟恩师却完全不同。薛力赫迷恋的是低俗淫荡的事物,而高延则对其他信仰生成的民间文化感兴趣。他出生于一个天主教家庭，年轻时就开始叛逆自己的出身，通过德国斯特劳斯和法国勒南的著作阅读有关对基督教血统的修正性解释，对于自己信仰的宗教矢志不渝。他曾经梦寐以求在天涯海角从事某一职业，但是却一次次被拒绝到陆军和海军服役。1873 年他到莱顿大学学习汉语，准备将来成为一名通译。尽管他不喜欢薛力赫对黄色读物的迷恋，但还是从他那儿学到了许多汉语知识。1877 年薛力赫派高延到厦门实习一年，他开始对中华文化感到兴趣，对当地的宗教信仰和习俗进行认真考察之后撰写了第一部专著，最后成为一位事业有成的教授。

宋汉理在《第二次世界大战前荷兰的社会学、社会科学和汉学》一文中说："莱顿对于非西方社会的传统基础研究不同于阿姆斯特丹。17 世纪莱顿大学设立了阿拉伯语教席，从此以后东方研究就成了该校的一个专业，在后来的几百年中一直享有'异邦'语言（包括波斯语、土耳其语、梵语、爪哇语以及印尼其他语言）学习中心的美誉。19 世纪莱顿还是培训殖民地文职官员的舞台，印度尼西亚民族学是学习非西方语言专业学生的必修课。这就是说，大批拟派往印度尼西亚的荷兰文职官员都已接受过应用人类学的培训。虽然莱顿的'真正'人类学还有待著名的先锋结构主义者若斯林·德容（J. B. P. de Josselin de Jong, 1886 ~ 1964）的参与，但是维斯（P. J. Veth）和维尔肯（G. A. Wilken, 1847 ~ 1891）已经为此做好了铺垫。1864 年莱顿大学已经建立了荷属东印度的'语言、地理和民族学'教席，1877 年起所有殖民政府管理学员都要学习东印度群岛人民的历史、文学、考古、制度、礼仪、风俗等课程。维斯是负责该课程的首任教师，但是他从未去过荷属东印度群岛。他的继任维尔肯在莱顿大学学习过梵语和阿拉伯语，是一位印尼泛灵论（animism）专家。更为重要的是，早在 19 世纪末莱顿大学就以语言和民族学培训内容对非西方社会研究作出了界定。从这一点出发，我们应该就荷兰汉学的发展如何使当代中国社会学研究黯然失色的情况进行认真反思。"①宋汉理说的最后一句话，在一定程度上表达了当代荷兰汉学界的普遍看法。

---

① Harriet Thelma Zurndorfer, 1989. *Sociology, Social Science, Sinology in the Netherlands before World War* Ⅱ, pp. 26 ~ 27, in *Revue Europeenne des Sciences Sociales* Tome XXⅦ No. 84. Librairie DROZ Genève.

六、荷兰对佛教、道教和中国民间宗教的研究

宗教学是研究宗教的起源、性质、规律及其发展变化的人文社会学科。广义的宗教学不同于以承认神灵存在为前提的神学,而是把历史存在的宗教现象作为研究对象的一门学科。

荷兰的汉学领域除了对中国的佛教和道教进行研究外,也把有争议的民间宗教信仰(如临水夫人信仰、大伯公信仰、三一教、善天道、符仔会)、“儒教”、秘密会社(如天地会、义和团)、“邪教”(罗祖教、斋教)以及风水都纳入了宗教课题。他们认为佛教虽然是境外传入的宗教,但是佛学理论融合了许多中国儒家和道家学说。历史上的一些封建帝王曾把佛教尊为国教,与儒家学说创始人孔子和道家创始人老子供奉在相邻的孔庙和道观里,这是宗教史上的奇迹。中国学术界对于道家和道教的区别是明确的,唯独对儒家是教非教的问题存有争论。儒家没有在神的名义下进行教化是尽人皆知的事实。宋明儒家讲“天人之际”,理学家讲“存天理,灭人欲”,但是他们强调的是人性完善最高境界的“天德合一”。儒学确实有敬天的精神,不过那不是神学宗教,充其量只是一种人文主义“宗教”罢了。多数荷兰汉学家都接受这一观点,不把儒学看作儒教。

荷兰汉学界对中国道教的研究始于19世纪末。研究道教的荷兰汉学家可以分为四类:第一类把道教及其教义作为中国文化的一部分来研究,在研究中国宗教制度的同时也研究古代天文学、社会学、民俗学和民间宗教,例如薛力赫、高延、戴闻达和许理和。薛力赫在华期间曾撰写过介绍中国天文学和民间秘密结社的专著《星辰考源——中国天文志》(Sing Chin Khao Youen, Uranographie chinoise, 1875年),《天地会:中国人与荷属东印度华人中的秘密会社》(Thian Ti Hwui, the Hung-League, 1866年)。高延在厦门生活期间收集了大量中国宗教和民间信仰的历史资料,先后撰写了《中国厦门人的年节和风俗》(1881年)、《中国的宗教系统及其古代形式、变迁、历史及现状》(The Religious System of China, its ancient forms, evolution, history and present aspect, 1892～1910年)、《宗教史的一页——中国的宗教教派和宗教迫害问题》(Sectarianism and Religious Persecution in China, 1903－1904年)、《中国人的宗教》(1910年)、《中国的宗教:天道

观——研究道教和儒教的关键》(Religion in China: Universalism, A Key to the Study of Taoism and Confucianism, 1912 年)、《一元论——中国宗教伦理、国务及各种学科的基础》(Univer-sismus—Die Grtmdlage der Religion and Ethik, des Staatswesens und der Wissenschaften Chinas, 1918 年)、《论道教教会的起源》(1908 年)等论文。戴闻达的学术兴趣比较广泛,但是中国宗教是他研究的一个重要部分。他先后发表过《中国的宗教》(Chinese Religions, 1940 年)、《唐代的道教》(Taoism in the Tang China, 1948 年)以及许多有关道教和《道德经》的译文和论文。许理和于 1956 年完成了博士论文《佛教征服中国:中国古代佛教的传统和同化》,之后又相继发表了《佛教的起源及其通过文字、地图和图画的传播》(Buddhism: its Origin and Spread in Words, Maps and Pictures, 1962 年)、《中国第一次反基督教运动》(1970 年)、《从道教经典看佛教对早期道教的影响》(1980 年)、《天主和魔鬼》(1985 年)、《老子在东方和西方:变化中的评价和解释》(1991 年)、《中国明朝末年的儒教和基督教信仰热》(Confucian and Christian Religiosity in Late Ming China, 1997 年)等论文。

第二类把道教作为哲学思想来研究的汉学家,例如亨利·包雷和哈克曼(Heinrich Ffiedefich Hackmann, 1864 ~ 1901)。包雷曾在厦门居住两年,后来在荷属东印度殖民政府担任通译,长期生活在华人社区,对于中国文化和民间宗教有充分了解,对于道教哲学有深入研究。1897 年他翻译的《老子》是第一本荷兰文译本,1898 年他出版了介绍儒家和道家思想的《中国哲学》,1903 年他发表了论文《无为:建立在老子哲学基础上的幻想》(Wu-wei: A Phantasy based on the Philosophy of Lao-Tse), 1921 年他在英国出版了《建立在老子哲学基础上的生活节奏》等著述。哈克曼是阿姆斯特丹大学宗教史教授,发表过许多有关中国民间宗教和哲学方面的论文,如:《佛孝灸》(1905 年)、《从峨眉到八莫——中国、西藏、缅甸边境游》(1905 年)和《中国道教三百位僧人》(1931 年)等。

第三类为把道教作为中国本土宗教系统来研究的汉学家,例如施舟人。他长期从事中国历史研究,对于道教和中国民间宗教有深刻了解。20 世纪 60 年代旅居台湾学习道教 8 年,拜曾赐和陈翁道为师,修习正一科仪。中国道师对他的学识和学德赞赏有加,口传心授,亲切教诲,视他为高徒,临终前遗嘱将毕生收藏道经留赠与他。他撰写有关道教的专著和论文多达40种,如:《道教分灯科仪》(1975年)、《道教的总体》(1982年)、《保生大帝的供奉及其在台湾的传播》(The Cult of Pao-sheng ta-ti and its Spreading to Taiwan——A Case Study in the 17th and 18th Centuries, 1990年)、《旧北京的宗教行为结构》(The Structure Religious Behavior in Old Beijing, 1993年)、《道体》(The Daoist Body, 1994年)、《古代北京的礼拜仪式结构》(Liturgical Structure of Ancient Beijing, 1995年)、《欧洲道教研究史》(The History of Taoist Studies in Europe,1995年)等。20世纪末,在由欧洲汉学家协会发起、欧洲科学基金会赞助的"道藏工程"中,他主持了《道藏索引和提要》的编制工作。他主编的《道藏手册》已经在1996年由美国芝加哥大学出版社出版。

第四类汉学家从科学和文学的角度来研究道教,例如高罗佩。养生术和打坐是道教修炼的功课之一,跟道教音乐和美术、分灯科仪、炼丹长寿理论都有关系。高罗佩的《中国古代房内考》带有浓厚的养生成分。

《道德经》是道教的重要典籍,5000余言,文简意赅,词约义丰,蕴涵着无穷的东方智慧,为许多西方汉学家所看重。从中文或其他欧洲语言把《道德经》译为荷兰文的大约有19个版本:

1897年包雷在阿姆斯特丹范坎鹏出版社(P. N. van Kampen)出版的《道德经》(Tao-te ching);

1910年布洛克(J. A. Blok)在阿姆斯特丹乌基沃—马查匹出版社(Theosofische uitgevers-maatschappy)出版的《老子的道德经》(Tao The King van Lao Tse);

1942年戴闻达在阿纳姆的范洛赫姆·斯泰如斯出版社(Van Loghum Slaterus)出版的《道德经——道与德的书》(Tau-te-tsjing, het boek van weg en deugd),1950年和1980年两次再版;

1947年韦尔策(E. J. Welz)在比瑟姆的克龙达出版社(F. G. Kroonder)出版的《道德经》(Tao-te King);

1975年无名氏根据法文转译在安特卫普出版的《道德经》(Tao te King);

1976年罗埃尔·霍温克(Roel Houwink)根据德文转译在巴伦的安布出版社(Ambo)出版的《道德经》(Tao-The-King);

1979年卡罗勒斯·费尔福斯特(Carolus Verhulst)根据英文和德文转

译在瓦瑟纳尔的米拉纳达出版社(Mirananda)出版的《道德经》(Tao Te Tsjing),1986年再版;

1987年卢佩纳(Rupena)根据英文转译在希勒霍姆阿尔塔米拉出版社(Altamira)出版的《老子的生活之路》(Het Leven volgens Lau Tse);

1987年西蒙·温肯努格(Simon Vinkenoog)根据德文转译在阿姆斯特丹奥米加出版社(Omega)出版的《老子的智慧》(Wijsheid van Lao-Tse);

1988年克里斯·穆温(Chris Mouwen)根据英文在巴恩的比戈与范罗苏出版社(Bigot & van Rossum)出版的《道的威力》(Het Tao van macht);

1990年约翰·威廉森(Johan Willemsen)在阿姆斯特丹的布雷斯出版社(Bres)出版的《老子的道》(De weg van Lao-tse);

1991年曼斯威尔特·贝克(B. J. Mansvelt Beck)翻译的《道德经》;

1992年赫伊布·威尔克斯和迈克尔·贝克(Huib Wilkes & Michael de Bake)根据英文和西班牙文转译在海姆斯泰德的阿尔塔米拉出版社(Altamira)出版的《道德经》(Tao Te King),2001年再版;

1992年维尔(W. A. M. Weel)在迪尔堡的阿尔贝维京出版社(Al-beweging)出版的《智者道德之路》(De Deugdelijke Weg volgens Oude Wijze);

1993年汉斯·凯泽(Hans P. Keizer)根据英语在阿姆斯特丹的奥米加出版社(Omega)出版的《道德经》(Dao de jing);

1995年保罗·萨利姆·克卢温(Paul Salim Kluwer)根据多种文本转译在代芬特尔的安赫-赫米斯出版社(Ankh-Hermes)出版的《道德经》(Daodejing);

1996年阿莱德·斯维仁格等(Aleid C. Swierenga et al)根据英文转译在格罗宁根的蒙德里出版社(Mondria)出版的《道德经袖珍读本》(Het boekje met de Tau-te-tjing);

1999年维维安·弗兰肯(Vivian Franken)根据英文转译在代芬特尔的安赫出版社(Ankh)出版的《道的学说》(Lessen van de Tao)。

据统计,老子的《道德经》全世界至少有400种外文版本,荷兰文的译本数量多达19种,除了英文和法文的译本之外,荷兰文的译本也算是相当可观的了。

1991年5月许理和在台湾举办的一次“中国人的价值观”国际讨论会

上宣读论文《老子在东方和西方》时说："在西方人眼中，《道德经》一书无论从任何西方的思想派别来看，都是中国最重要的哲学典籍，也最富于中国智慧。但其中许多研究并不完全是哲学性的，有的用福音的语词来解读老子，有的将老子的'道'，与叔本华的'世界魂'或柏格森的'生命冲力'、或是印度的'大梵天'相比拟。虽看法各有不同，但都表示对老子《道德经》的重视。最初西方人推崇儒家思想，后转为重视道家。西方人对老子的理解，随着他们对于中国观点的变化而变化，而往往只是把老子作为他们的观点的一种外在见证罢了，每一个时代都能利用《老子》作为灵感的源泉。"①

七、功利性和实用性语境中的荷兰当代汉学研究

20 世纪 70 年代以后荷兰汉学研究的转型具有重要的历史意义。在学科方向上，学者们一改过去重典籍轻现实的状况，强调教学内容和学科选题厚今薄古的原则，通过多学科交叉方式扩大研究领域，重视功利性和实用性，兼容多元化论证和多元价值观的结论。在研究方法上，既重视文本研读，也采用田野调查、问卷反馈、数量分析、问题史学、网络通讯等手段，在微观与宏观结合、理论与史实结合的前提下扩展视野，采用团队化、专业化和国际化手段，甚至与政府部门、公司和参研人员签约方式运作，克服自身人力、专业和地域限制，以期实现多专多能多产的理想目标。

1969 年许理和在莱顿大学汉学研究院建立了当代中国文献研究中心（Documentation and Research Centre for Contemporary China），目的是搜集当代中国社会学和经济学资料，为有关政府、贸易和公共事业发展的研究领域提供信息。中心除了日常的教学和研究工作外，也积极参与政府部门和贸易机构的合作市场调研和信息咨询业务。该中心经费来源得益于荷兰教育科学部和欧盟的资助，与中国和欧洲各国大学和科研机构建立了广泛的合作关系。

社会经济史学专家弗美尔（Eduard B. Vermeer，1944～）是该中心首任负责人。他于 1969 年和 1972 年先后在莱顿大学获得历史学和汉语博士

① 陈才智：《〈老子〉研究在西方》，中国文学网 2009 年 7 月 6 日。

学位,并留校从事中国经济和历史的教学与研究工作。他的主要研究领域是当代中国经济,曾在中国大陆和台湾的一些地区进行过考察,多次参与应用项目研究。1986 年他参加了欧盟资助的“中国乳产品发展项目评估”;1988 年参加了欧盟资助的“中国教育管理项目评估和系统阐述”以及“欧中农产品加工交流中心项目设计”;1990 年参加了“中国的城市污染治理和环境保护调查”;1991 年参加了中国社会科学院组织的“陕西社会经济发展调研”;1995～1998 年参加了中国国家科委和荷兰教育科学部合作的“宁夏畜牧业和草原法的实施研究”等项目。弗美尔撰写或者编辑的主要论著有:《水土保持和灌溉:中国的社会、经济和农业技术等方方面面》(Water Conservancy and Irrigation in China, Social, Economic and Agro-technical Aspects, 1977 年);《广州经济史(1930～1980)》(1987 年);《中国地方经济的发展:1930 年以来的陕西省经济》(1988 年);《1930 年以来中国陕西省中部的经济发展》(Economic Development in Provincial China, The Central Shaanxi Since 1930,1988 年);《中国地方史:来自福建的宋元明清时期的石碑文》(1991 年);《巴山贫困地区的经济发展》(Bashan Pinkun Diqu Jingji Fazhan,1994 年);《泉州农业经济史》(1998 年);《中国的股份合作制》(2000 年);农村股份合作制试验:山东周村地区个案分析》(Experiments with Rural Shareholding Cooperatives: The Case of Zhoucun District, Shandong Province,2000 年)等。

田思(Stcphan R. Landsberger,1955～)也是该中心的成员,主要从事中国宣传海报研究。他的博士论文题目是《展示未来——1978～1988 年‘四个现代化’时期的中国宣传招贴画》(Visualizing the Future, Chinese Propaganda Posters from the ‘Four Modernization’ Era, 1978～1988,1994 年)。

中心的其他成员还有:吴德荣(Tak-wing Ngo)、范·斯特拉唐(N. H. van Straten)、W. L. 琼(W. L. van Woerkom-Chong)、伊维德、拉特克、汉乐逸和彭轲等。

该中心还出版由 W. L. 琼主编的《中国情报》(China Information)季刊,每期就当代中国和华人地区的政治、经济、法律、生态、文化、社会、文学和艺术方面的重大事件进行及时和深刻分析,特别关注不为主流媒体重视的问题,鼓励不同学术观点之间进行交流,为有争论或持异议的意见提供表达平台，聚焦于敏感问题的研究。该刊的书评通常覆盖中国和台湾与香港地区以及日本、法国、德国的出版物。《中国情报》超越了社会和人文学科之间的传统界限，已经成为当代中国研究的主流西语刊物。从该刊2010年7月第24期(卷二)的以下目录就可以了解到编辑和作者的独运匠心：

1. 王东撰《国际化传统：教科文组织与中国龙门石窟》；

2. 伊莱恩·杰弗里斯撰《当代中国私事的管辖：私家侦探与配偶不忠的涉警问题》；

3. 张梅撰《城乡移民的影响：华中黄土高原案例研究》；

4. 聂敬撰《柔性构型示范：自恋一代与王孟、徐行和椿树心中的北京朋克》；

5. 评安德烈·拉利博替《领袖与慈悲：证严法师与佛教慈济运动》；

6. 评琳达·切兰·李《中国的政府至上主义：掌管变化，变化中的政府》；

7. 评黄瓦兰《大中华跨境犯罪的政治——中国大陆、香港和澳门案例研究》；

8. 评尼克拉斯·斯瓦斯托姆《中国能源的地缘政治——上合组织与中亚》；

9. 评马克·布来卡《中国国家社会主义过渡时期的工人民主》；

10. 评尚晓源《国家和社会对福利需求的回应》；

11. 评卢克曼·崔《中国互联网的力量——公民在线行动主义》；

12. 评赵利涛《消失的脚印——"文革"时期青年人的思想》；

13. 评理查德·利维《中国的交流——政治经济、力量和冲突》；

14. 评哈丽雅特·埃文斯《中国后社会主义性工作者的生活》。

在当代中国文献研究中心的学术氛围影响下，莱顿大学汉学研究院中国语言文化系新设立了中国政府与政治教席，由赛奇全面负责。他曾就读于伦敦大学和莱顿大学，先后获得硕士和博士学位，长期从事中国政治、经济与公共政策问题研究。他发表过多部专著和论述，如：《中华人民共和国境内新发现1949年以前的中国共产党党史资料》(Newly Available Sources on Pre-1949 CCP History from the People's Republic of China, 1989 ~ 1990年)；《中国政治与行政》(China's Politics and Administartion, 2001年，2004年)；《中国第一次联合阵线缘起：马琳的作用》(The Origins of the First United Front in China: The Role of Maring, 1991年)；《中国农村的改革》(Reform in Urban China, 1991年)；《毛泽东的中国革命论述》(Revolutionary Discourse in Mao's Republic, 1994年与大卫·阿普特合著)；《中国共产党的力量崛起》(The Rise to Power of the Chinese Communist Party, 1996年)。20世纪90年代赛奇担任福特基金会驻华首席代表(The representative of Ford Foundation for China)，与中国政府签订的一个项目曾培训了六期中国司局级以上的官员。

近年来，荷兰莱顿大学、阿姆斯特丹大学和马斯特利赫特大学(Universiteit Maastricht)的年青一代讲师和教授都重视与自己专业有关的中国问题研究。他们在坚持行之有效的传统研究的基础之上，也尝试从新的角度新的层次上观察和研究中国。各校的中国语言文化、文学、历史学、政治学、社会学、经济学和人类社会学等专业学生，越来越多的人以当代中国问题作为自己毕业论文的选题。

值得关注的是，对于荷兰汉学家来说，"传统汉学"并非贬义词，经典的科目和研究方法仍然是认识和了解中国文化和国情的基本手段。虽然有些欧美国家的汉学研究已经不同程度地加入了产业化和市场化的机制，然而业内人士深知今日的汉学研究脱离了传统就无法创新和发展。

2007年3月27日柯雷在中国人民大学举办的世界汉学大会上发言说：莱顿大学的中国语言文化系目前继续让所有的学生学习文言文和繁体字，近年荷兰各大学的汉学课程增加了现代中国经济研究的内容。荷兰的汉学研究得到了一些企业的赞助，但是他们将保持学术标准。汉学作为"堡垒"需要保护，不应该成为"象牙之塔"。①

① 《世界汉学大会07综述》，载《新京报》2007年3月28日。

第三章

荷兰汉学的阶段特征及汉学家往事综述

荷兰的汉学研究迄今已有200年左右的历史。如果说荷兰东印度公司在印尼巴达维亚和台湾大员的殖民地官员培训班只不过是荷兰汉学史中几株幼小的嫩苗,那么荷兰学者们在以莱顿大学为中心的汉学研究基地所开创的世纪伟业则是一棵枝繁叶茂的参天大树了。

荷兰的汉学研究与英国、法国和德国等西欧汉学大国一样,从19世纪初开始开设了有关汉语和中华文明的课程。19世纪末荷兰汉学家与外国学者进行了广泛合作,在丰富汉语教学内容的同时也扩大了汉学研究的范围。

20世纪70年代以前荷兰汉学家主要偏重于对中国传统文化、历史和文言文的教学与研究,并没有把中国当作一个现代国家实体来研究。1911年辛亥革命爆发,中国发生了翻天覆地的变化,越来越多的欧洲学者开始注意中国作为现代国家的存在,但是他们中的一些人却又往往把自己视为中国古代语言和文化的守护者,仍然沿袭原有的方式进行研究,他们似乎担心那些人类宝贵财富有可能随着中国政治社会的转型而消亡。

1949年新中国成立之后美国汉学界敏锐地把研究重心转移到新中国变化中的社会和文化方面。荷兰与西欧的其他汉学大国为适应当时的形势变化,也从对原来的中国精英文化和先秦哲学的研究转变为务实和应用型的研究,涉科范围除早先的中华文化、汉语、宗教、文学和哲学外,也进一步增加了政治学、经济学、社会学等社会科学和人文科学中的一些相关学科。

荷兰现代汉学研究的涉科领域和方法的真正转型始于1969年莱顿大学汉学研究院当代中国文献研究中心的建立。

荷兰的汉学发展史大致经历了四个阶段：殖民时期的中华文化研究，后殖民时期的汉学研究，转型期的汉学研究和多元文化与价值观视野中的荷兰当代汉学研究。现将各个时期的主要特点概括介绍如下：

一是荷兰殖民时期的中华文化研究（17 世纪初至 19 世纪中叶）：

荷兰对汉语和中华文化的研究始于荷兰人跟台湾人和荷属东印度华人的直接接触。与英国、法国和德国等西欧国家的汉学研究有所不同的是，传教对于荷兰早期汉学研究的发端并非主导因素，而为殖民主义者所追求的势力范围和商业利益扩张服务则为其驱动力之所在。1624 年荷兰耶稣会士开始在台湾传教，但随着郑成功收复台湾而基本终结，至于后来在内地传教的荷兰神职人员也始终处于势单力薄状态。荷兰当局在殖民范围扩张过程中，为了直接跟清廷和中国地方政府商谈通商事务，加强对巴达维亚的华人社区和台湾居民的管理，急需培养一批通译和了解华人事务的官员。最初他们在印尼的巴达维亚和台湾的大员分别设立了培训中心，但是收效甚微，于是便移师荷兰国内。当时荷兰公费留学生主要在澳门学习广东话或者在厦门学习闽南话，并考察中国沿海地区的历史、地理、节庆、婚丧习俗和民间宗教。荷兰最早出版的荷汉辞典基本上以闽台地域方言的语音素材和语料为依据。1851 年莱顿大学正式开设了中文和日文讲座，霍夫曼被聘任为首任讲座教授。这一阶段为荷兰汉学研究形成期，其特点是：虽然当时关心中国国情和文化的荷兰学者人数不多，研究处于自发和分散状态，考察仅局限于个案和微观，但是他们多半都阅历丰富、思维敏捷、学术修养好、极富使命感，在他们的学术活动经历中有关中华文化和中国国情的内容具有举足轻重的价值。正是由于他们的倡导和开拓才使荷兰汉学研究进入了新阶段，逐渐建立与欧洲大陆各国汉学研究的互动关系，进而影响了后来 160 多年的欧洲汉学研究潮流。

二是后殖民语境下的荷兰汉学研究（1876 年至 1968 年）：

1876 年莱顿大学正式设立了中国语言和文学教席，标志着荷兰汉学教学与研究的系统化、正规化和常态化的开端。在近一个世纪的漫长岁月中，荷兰汉学家广泛联系欧美学人，明确了汉学涉科范围，探索了组织、参与和管理汉学研究模式，推动了荷兰汉学研究和相关教学机构的运作，形成了区域化和专业化的汉学研究体系，创建了专业出版系统，培养了一批批杰出人才，对荷兰乃至西欧的汉学研究的发展作出了重要建树。广泛收集汉学资料的薛力赫和专攻中国地域方言和音韵学的高延，都具备优良的特需学科素质。此外，戴闻达、何四维、高罗佩、龙彼得和许理和等学者也是这一阶段的汉学领军人物，长期活跃于国内外，根据主客观条件选择并深化了自己的课题研究。他们的多方面贡献极富创造性，他们的名字与荷兰汉学在欧美学术界的知名度联系在一起。在汉学书籍奇缺的情况下只能依赖百科全书一类的第二手资源，是当时荷兰汉学家面临的问题之一。囿于历史视野，这一阶段的荷兰汉学研究偏重于精英文化和儒家学说，课堂教学则主要聚焦于汉语、古典文学、宗教和殖民地管理专业课程，教材多为文言文汉籍，教学方式偏重于经院式的阅读和讲授。语法理论一度被视为"矫饰"的学问(pretentious grammatical theory)，过分强调不求甚解的大量阅读导致了似是而非的翻译之风盛行，直到戴闻达主管教学业务时期才得到了及时纠正。1890 年荷兰和法国学者创办的主流汉学刊物《通报》，为两国学者开辟了发表和交流研究成果的园地。

三是转型期的荷兰汉学研究(1969 年至 1999 年)：

1969 年莱顿大学汉学研究院当代中国文献研究中心的建立，扩大并充实了荷兰汉学研究的机制，研究主题和分析框架都发生了重大变化，形成了高潮迭起的群星灿烂局面。施舟人、伊维德、汉乐逸、包乐史、宋汉理等学者为荷兰汉学的发展作出了卓越贡献。这一时期荷兰汉学研究的重心和特点是：

(1)因为荷兰东印度公司曾经统治过台湾 38 年(1624 ~ 1662)，荷兰学者对台湾这段历史有比较多的了解。荷兰国家档案馆(Nationaal Archief)收藏了大量东印度公司和台湾早期历史以及印尼华人社区的档案，并进行了系统整理和开发，为早期荷兰汉学研究提供了有价值的史料和素材。

(2)荷兰汉学家对原有汉学教学和研究的反思促使了教学内容由贵古贱今单科独进的模式向厚今薄古多科并进的转变。教学方式采取课堂讲授与讨论结合、课内与课外结合、理论与实践结合、国内与国外结合，赋予了汉学研究国际化、团队化和专业化的时代特色。

(3)荷兰学者还关注汉学研究选题与历史学、社会学、语言学、政治学、经济学和人类文化学的结合，跨学科和跨专业的综合研究应用性增强，基于人文科学的新型汉学倾向发展迅速。

(4)研究方式多样化,广泛采用田野调查、数量分析、问卷反馈、专题访谈和媒体手段,资源和成果数字化逐渐形成规模。从总体上看,这一阶段的荷兰汉学研究工作视野开阔,学风务实,成果丰富。

四是多元价值观视野中的荷兰当代汉学研究(21世纪初至今):

这一阶段的荷兰汉学研究,除了沿袭原有的成功模式在既有涉科范围内运作外,还关注中国社会运动、抗议现象和官方消息以外的信息。新的研究领域,如:中国国企改革、合资经济、计划生育、中外关系、党的角色、市民社会、人力资源、技术转让、民族性认可、节能减排、女性地位、三农政策、在华外国移民以及党校干训等先后进入选题范围。为增强研究实力,一方面吸纳新一代精英和外国学人加盟;另一方面还大胆冲破欧盟成员国资助体系的束缚,逐渐扩大研究渠道和规模。荷兰汉学家们意识到他们的研究与西欧乃至整个欧美汉学界之间的个性与共性关系,在与国际汉学界接轨和合作过程中注意保持本土化和多元化的特色。荷兰汉学家和中国学术界的联系进一步加强,对相邻学科成果的借鉴和综合利用独具特色。近几年由于人事变动,当代文献研究中心和莱顿大学汉学院的骨干力量有待加强,但是荷兰汉学的研究工作整体上仍然比较活跃。

荷兰汉学研究的舞台上长期活跃着一批从事不同领域不同年龄层次的学人,既有荷兰本国本土的专家,也有蜚声汉学界的非荷兰籍学者。莱顿大学一直享有世界汉学家摇篮的美誉,学子中有来自欧美的,也有来自亚洲的,荷兰汉学研究史上每一华章的谱写几乎都有他们的参与和贡献。

荷兰殖民时期有许多荷文的文献、档案、文书、契约、告示、报刊、书籍,是一笔语言学、历史学、社会学、经济学、政治学和档案学的巨大财富,因为语言障碍未能为更多不懂荷兰语的汉学家们所充分利用,如果能有计划地进行开发,荷兰汉学的影响将大大超出现有的范围。

一、荷兰殖民时期的中华文化研究
(17世纪初至19世纪中叶)

(一)首部《汉—拉—荷辞典》的编撰者赫尔聂斯

贾斯特斯·赫尔聂斯是17世纪初莱顿大学医学院的一名学生,他的父亲和兄长都是该校的教授。他对传教事业十分向往，决心毕业后到东印度群岛去传播福音。

1618 年赫尔聂斯在发表的一篇论文中告诫荷兰东印度公司的商人们，不要忽视传播福音只顾敛财，认为那是很危险的事。不久之后，莱顿大学应荷兰东印度公司的请求开设了神学班传教课程。12 年中一批批学员结业了，其中不少人常按照教义为公司出谋划策。

1624 年赫尔聂斯赴东印度群岛前又出版了一本书，谈到了传教应该使用当地的语言。他说中国就是《圣经》里提到的十大消失部落（Ten Lost Tribes）之一的国度，应该向中国人宣讲救世福音。他引用了先知弥赛亚的话说："看呀，他们来自远国近邦，来自北方西方，还来自中国人的故乡！"

17 世纪初东渡的荷兰海员、传教士和探险者常在南非好望角短暂停留补充淡水。作为一名业余植物爱好者，赫尔聂斯便利用这一难得机会到开普敦桌山脚下考察当地植物分布的情况。他找到了斑纹犀角、腐肉花、火炬百合（红热棒）等稀罕物种，欣喜若狂，仔细观察之后分别把它们描绘记录了下来。

他有一位阿姆斯特丹同学名叫约翰尼斯·范斯特普尔（Johannes van Stapel，1602～1636），从小酷爱植物，希望出版一册以希腊博物学家狄奥佛拉斯塔（Theophrastus，C. 370～287B. C.）著作中的素材为框架的《插图植物志》。赫尔聂斯了解到他的心愿后，特地为他在桌山下找到多种植物，并十分认真地把它画了下来，准备给斯特普尔编辑的植物志作插图。可惜他的同学编辑工作还未完成时就去世了，后续工作只能由他父亲完成，1644 年该书出版时收录了赫尔聂斯绘制的植物图谱。

赫尔聂斯在巴达维亚传教期间曾组织一个班子把福音书翻译成马来语，1651 年由阿姆斯特丹的一个出版社按照荷兰语—马来语对照的形式出版。

有一次他认识了一位曾在澳门向天主教传教士学习过拉丁文的中国人，于是便利用机会向他请教中文。

1628 年赫尔聂斯在巴达维亚编撰过一本《荷汉辞典及汉—拉基督教词汇要览》。当年 11 月 2 日在给东印度公司董事长的一封信中他写道："在一位懂拉丁文的中国人帮助之下我们编写了一本辞典，先列出荷兰文和拉丁文，然后注明汉字及其用法。同样地，我们还把信条经文、十诫和主祷经文都译成了汉语,并附上基督教要义。我们不厌其烦地去做此事,因为这样的中国人才实在难得。我们希望一旦展开了与中国的贸易,这本书对于子孙后代将极为有用。”

后来赫尔聂斯将文稿交给哥哥保存。几经辗转之后,文稿不知怎地竟然存入了英国博物馆的库房。荷兰只保存了一个没有拉丁文翻译的副本。

2005 年 1 月莱顿布里尔出版社出版的《探索》(Quaeredo)季刊刊登了库斯·凯珀(Koos Kuiper)的一篇介绍该辞典的文章。作者写道:“贾斯特斯·赫尔聂斯编撰的《荷(拉)汉辞典》可能是迄今第一部荷兰文—中文辞典,其中的概要和基督经文可能是作为在华人中传教的首次尝试。虽然看不出这部字典对后来的荷兰汉学发展有多大价值,或者对在华人中传教起到多么重要的作用,但是值得比过去更加认真研究才是。”(概要中的中文/葡文词语选自耶稣会士中文出版物,但是何种出版物却不甚了了。概要的新教特征已为非罗马天主教版的《十诫》所证明,例如其中没有收录《万福玛丽亚》,但是有供布道前后使用的祈祷经文。)

学术界普遍认为:赫尔聂斯的《汉—拉—荷辞典》标志着荷兰汉学研究的真正开端,历史意义深远。

(二)尼乌霍夫如何表现风情画内外之中国

1618 年 7 月 22 日约翰·尼乌霍夫出生于俞尔森市,父亲时任市长。1640 年尼乌霍夫以预备役军官身份前往巴西服务于荷兰西印度公司(Dutch West India Company);1654 年春东渡爪哇,1660 年至 1667 年任职于荷兰东印度公司。除了 1658 年和 1671 年两次短暂探亲假外,其余时间他都在国外度过。

从 1655 年至 1685 年荷兰东印度公司先后派遣了四个使团前往北京,请求清廷批准荷兰东印度公司扩大在华商务,并与中国建立正式贸易关系。尼乌霍夫是 1655 年第一赴华使团的事务长,他的特殊使命是“观察沿途的中国农庄、城镇、宫殿、楼房……和其他建筑,以及使明朝覆灭的鞑靼人(满人)的历史性遗存,并以直观形式把它绘制下来。”

1655 年 6 月 19 日,使团在杯突高啮和惹诺皆色的率领下,由 16 人组成的荷兰使团携带着给顺治皇帝的贵重物品,从巴达维亚乘船出发,9 月初抵达华南海岸。当地政府安排他们下榻广州,翌年 3 月由专人护送进京。

使团在广州停留近半年,尼乌霍夫利用等待时间用画稿记录了当时中国这个唯一的对外贸易港市,使团在广州看到的13座牌楼是他们最感兴趣的中国式建筑。关于1650年11月24日广州被南下清军围攻的情形,尼乌霍夫在书中有这样一段描述:"我相信他们告诉我的事实真是如此,在80天中有8000多人被残酷的鞑靼所杀害。有些人(耶稣会士马蒂纳斯就是其中之一)甚至说被杀人数高达10万余人,就如此众多的被关押人数而言,此事不是不可能的。"①

荷兰使团在地方官的帮助下,率领着一支由50条大船组成的船队从广州浩浩荡荡出发。4月4日到了南雄后,翻过大庾岭就可以进入江西。8日清晨,荷兰的两个高级商务官员带着部分朝贡礼品在150名清军的保护下出发,上午9时,900名工人搬运着剩下的物品开始翻越大庾岭。使团走完80里的山路后进入了江西境内,在赣江边安营整休,第二天开始乘船沿着赣江进入长江。

1656年4月9日使团到达第一站南安,所见房子密集,街道繁华。第四天物品全部装船继续顺流而下。4月13日到达南康,街的尽头是一座牌坊,有一个集市。在赣州荷兰人第一次看到了城防大炮,寺庙里的宝塔和哼哈二将,感叹中国艺人的才华。在彭家坳他们看到形状逼真极富艺术构思的假山在战争中遭到了破坏,吉安赣江中的小岛上有一座古寺也部分毁于战火,不禁嗟叹。

江西市(南昌)共有7座城门,高大壮观,使团被告知清军入关后当地数万军民奋勇抵抗。尼乌霍夫在书中这样写道:"该市跟其他城市一样遭到鞑靼彻底摧毁和掠夺,除了一片熊熊烈焰什么也没有留下,房屋和大宅都瘫痪在灰烬之中。"② 在吴城他们来到一条整洁街道,商业繁华,瓷器琳琅满目,令他们称羡不已。

彭泽是荷兰使团进入运河前的最后一站。从山东进入河北张家湾时,岸边已有24匹马和几辆大车等候他们。

---

① Johan Nieuhof, 1665. *Het Gezantschap Der Neerlantsche Oost-Indische Companie, aan den grooten Tartarische Cham, Den tegenwoordigen keizer van China* (1656), p.39.

② Johan Nieuhof, 1665. *Het Gezantschap Der Neerlantsche Oost-Indische Companie, aan den grooten Tartarische Cham, Den tegenwoordigen keizer van China* (1656), p.60.

使团到达了天津卫，只见庙宇处处，行人熙熙攘攘。这里显然是一个货物集散地，来往船只都不纳税，繁荣的景象为其他地方所罕见。当地总督和知县已经直接登船欢迎使团。终于到达北京，他们按例住进会同馆。

10 月 2 日荷兰使团在紫禁城觐见顺治皇帝。他们在远处向皇上磕头，皇上让担任通译的耶稣会士汤若望传达他的问话，然后把使者的回话写在纸上递上去。荷兰使者表示愿意每年到广州和福建做生意，但是到北京朝贺每五年一次就行。从现在保存的信件来看，担任通译的汤若望曾向皇上暗示不要与荷兰人建立自由贸易关系。皇上念他们远道而来，旅途艰辛，特准每 8 年朝贡一次，对于闽穗海上自由贸易一事则未予明示。

在朝贺过程中尼乌霍夫细细端详着宫中的雕梁画栋和金碧辉煌的陈设，暗自为中国工匠的艺术水准所折服。“就豪华、艺术、财富和舒适程度而言这里超越了所有欧洲的皇宫。”尼乌霍夫在书中这样写道。①

尼乌霍夫在《1656 年荷兰东印度公司使团觐见当今中国大汗纪实》中详细介绍了中国的儒、佛、道三教以及火药、指南针、造纸术和印刷术的发明。他还谈到满人和汉人妇女的社会地位和汉人妇女缠足的风俗。他说妇女平日足不出户，异性之间授受不亲。但是他的专著插图中妇女却无不抛头露面，与男人平等相处。尼乌霍夫的书中话题广及中国人的教育、生日、婚姻、服饰、丧葬（包括风水），也谈到了阶级差异（乞丐、艺人、学者和医生的等级）问题。涉及中国的医疗和科技时每每与欧洲同业相比较，但是不曾谈及针灸之事。谈到中国人饮茶习惯时他还介绍了泡茶的不同方法。书中有关汉语和汉字的内容特别丰富，因为当时欧洲学术界对此有不同解读。

该书的下半部分主要介绍中国的历史，从盘古开天辟地到当朝满族皇帝治理国家，都一一加以描述。不过尼乌霍夫的《1656 年荷兰东印度公司使团觐见当今中国大汗纪实》并不是当时欧洲所能看到的最详尽的中国史，大约在 1658 年卫匡国就出版了一部《中国上古史》（Sinicae Historiae Decas Prima）。

1657 年 1 月 28 日荷兰使团返回广州，3 月 31 日回到巴达维亚。1658

① Johan Nieuhof, 1665. *Het Gezantschap Der Neerlantsche Oost-Indische Companie, aan den grooten Tartarische Cham, Den tegenwoordigen keizer van China* (1656), p. 120.

年尼乌霍夫回国时将记录使团北京之行的笔记和文稿交给兄长亨德利克保存。1665 年其兄以"献给荷兰东印度公司董事长亨德利克·施皮格尔(Hendrik Spiegel)和西印度公司董事长科内利斯·扬·威特森(Cornelis Jan Witsen)"的名义出版了有关荷兰使团中国之行的皇皇巨著一册,书中有许多人像、资料、地图以及对当时一些事件的详尽说明。

该书后来分别译成了法文(1665 年)、德文(1666 年)、拉丁文(1668 年)和英文(1669 年),各个版本都分上下两册出版,在 18 世纪欧洲市场上十分热销。书中 150 张插画是当时西方人直观了解中国的第一手材料,也是后来兴起的"中国热"的重要资源。许多欧洲艺术家和建筑学家都热衷于从尼乌霍夫的插图中寻找设计灵感。1984 年在罗兰·波那巴亲王收藏的马达加斯加、拉普兰和美洲原住民的物品中发现了尼乌霍夫的插画原稿,再度引发了媒体无数次的回忆、联想和评论,也为历史学家和文学家提供了无限发挥和鉴赏的空间。"它为欧洲读者展示了迄今未有的最真实中国图像、风景和人物。"一篇推介文章这样写道。从那些画稿中人们惊叹尼乌霍夫对中国山川、城镇、街市、民宅、园林的地形感觉的把握是何等准确。书中的中国民俗民风的铜版画对后来西欧出版的中国文学作品的插图产生了无法替代的影响。

该书的英文版是根据 1668 年阿姆斯特丹出版的格奥尔格·霍恩(Georg Horn)的拉丁文版译出,1669 年和 1673 年两次由约翰·奥格尔比出版社(John Ogilby)出版。与早先的荷兰文、拉丁文和法文版本不同的是,英文版篇幅增加了很多,因为附录部分收录了基歇尔的《中国大观》六大部分的冗长摘录和插图。

基歇尔是 17 世纪德国耶稣会士通才,长期在罗马学院从事教学和研究工作,他的著作广及埃及学、地质学、医学、数学和音乐理论。他很早就开始对中国文化感兴趣,曾希望有朝一日能到中国来传教。他的代表作《中国大观》是一部中国知识的百科全书,包括内容丰富的地图学、神话元素和基督教元素。他在书中提到景教在中国的传播以及 1625 年在西安府发现的《大秦景教流行中国碑》。他认为远古的洪水大灾之后诺亚的儿子曾逃往波斯建立殖民地,中国人都是汉的子孙,中国第一位皇帝伏羲接受了圣书体并将它发展为汉字。

编者把尼乌霍夫的《1656 年荷兰东印度公司使团觐见当今中国大汗

纪实》与基歇尔的《中国大观》相提并论,可见该书在当时读者和出版界心目中的地位是多么重要。

尼乌霍夫荷兰文版的原有铜版画插图是根据中国工匠的版模制作的,一共150帧左右。出版商奥格尔比为英文版复制了其中大部分插画,但是大约三分之一没有复制。插画的标题都从荷兰文译为英文,复制的工匠文采斯劳斯·霍拉(Wenceslaus Hollar)按照当时的惯例把自己的签名放在了原制作工匠的名字的位置上。不过英文版的部分插图因为效果不佳,奥格尔比让车间重新进行复制。英文版中的一些插图(如"满族贵妇")在荷兰文版中未曾收录,也有部分插图是根据基歇尔的《中国大观》中的插图直接复制的。

尼乌霍夫一度还在印度和锡兰(今斯里兰卡)任职,之后侨居巴达维亚直至1670年。1672年,他在马达加斯加从一条小帆船登岸寻找饮用水时失踪。他是一位旅行家、画家和作家,是早期荷兰汉学研究历史中的一位杰出代表。

(三)福修斯对中国传统文化的深刻感悟

伊萨克·福修斯出生于一个知识分子家庭,父亲赫拉德斯·约翰尼斯·福修斯(Gerardus Johannes Vossius,1577~1649)是荷兰亚美尼亚族中的著名学者、神学家和人文主义者,在16世纪欧洲基督教改革运动中他始终保持中立,坚持伊拉斯谟(Erasmus,真名为 Gerhard Gerhards,1466~1536)倡导的调和立场。1633年前他父亲侨居英国,宗教环境改善后才回到荷兰,接受了阿姆斯特丹大学历史教授的教席。他们兄弟几人除了聘请私人家庭教师授课外,主要是跟父亲学习各门功课。

福修斯博览群书,知识渊博,能言善辩,通晓多国语言,对古地理学有特别造诣。21岁时他编译出版了希腊探险家希拉克斯·卡言达(Scylax of Caryanda)介绍亚非地理的一部专著。1642年,为编译《圣·伊格内休斯使徒书》(The Epistles of St Ignatius),福修斯克服了重重困难到罗马做研究准备工作。

瑞典女王克里斯蒂娜曾屈尊与他通信多年,在一些重大文案中特聘他为顾问,他还奉命多次造访大内指导她学习希腊语。不过1662年女王一度拒绝会见他,因为她得悉福修斯打算写文章批判她崇拜的法国古典学者萨尔马修斯。1663年福修斯从法国国王路易十四(Lewis XIV)那儿意外获得一笔巨额礼金,国王次子科尔贝(Mons. Colbert)在给他的一封短笺中写道:"足下:我王虽非汝国君主,但久慕盛名,愿求贤问业于大师。今特命寄送薄礼,聊表敬意,以示恩泽。世人皆知大师家学渊源,衣钵真传,大名盖世。专此祝颂,光耀绵延!"

1641年福修斯游历了英国、法国和意大利等国,结识了不少老一代学人,如:詹姆斯·于赛(James Ussher)和雨果·格劳秀斯(Hugo Grotius)等。1644年后他回到阿姆斯特丹任图书馆馆长。因为他居无定所,生性多疑,在人们心目中他是个脾气古怪的人。

1648年瑞典女王克里斯蒂娜聘任福修斯为皇家图书馆馆长。女王的父亲原希望为女儿建造一个最好的图书馆,使她能受到王子待遇的教育。刚好那年瑞典军队从捷克布拉格夺得600多件书籍、手稿、油画、雕塑、刺绣和文艺复兴时期的家具,搬进宫中,需要专人打理,便选中了福修斯。他凭着自己的学识和修养把图书馆管理得井井有条。他的采购很有见地,在皇家原有藏书的基础上丰富了馆藏。1649年3月他父亲去世时回阿姆斯特丹呆了几天,除了料理丧事外,还让侄子帮他把父亲的藏书打包装船,监运到斯德哥尔摩。

福修斯与女王宫中的外国学者克洛德·德·索梅士(Claude de Saumaise,1588~1653)素有嫌隙,为此引起诸多不快。17世纪50年代初福修斯被告知可以回荷兰探亲,实际上是对他下达的一道体面的逐客令。1654年女王皈依天主教后退位,福修斯送她到比利时才作别。清贫的女王转赠他一些图书以清欠过去未付薪酬,其中一本是《银色圣经抄本》(Codex Argenteus)。

《银色圣经抄本》是《旧约》四部福音的哥特文译本,6世纪初成书于意大利拉韦纳,是根据4世纪主教乌尔弗拉斯(Ulfilas)译自希腊文呈献给东哥特王朝狄奥多理大帝(Theodoric the Great)的圣经。所用的书写材料是优质紫色仿皮布,颜料为金色和银色两种,银色文字是主经文,设计精美,并用珠宝加以镶嵌。16世纪时《银色圣经抄本》原来保存在德国韦尔登的贝内迪克登教堂内,1600年罗马皇帝鲁道夫二世(Rudolph Ⅱ)将它据为己有,后来又辗转传到捷克首都布拉格。1648年瑞典军人攻打布拉格时掠得,将它送入克里斯蒂娜女王宫中。福修斯受赠此圣经后将它带到了荷兰,后为加尔迪勋爵(Magnus Gabriel De la Gardie)购得,1669年被转赠乌普萨拉大学。《银色圣经抄本》原有336页,后来乌普萨拉大学保存的只是其中的187页,其余部分保存在德国斯派尔。多次易主的经典历尽世事沧桑,无论宗教界还是历史学界都视它为国宝,也表明了福修斯与众不同的身份。

英国国王查理二世曾经说过:"(福修斯)这位满腹经纶的学者,除了不相信《圣经》外对什么都深信不疑。"为什么会对他有这一看法呢?原因之一是与福修斯所处的反潮流时代背景有关,另一个原因是跟历史上的所谓"阿里斯迪书简"(Letter of Aristeas)事件有关,第三个原因与他本人的为人处世的方式有关。据传说,埃及托勒密二世(Ptolemy Ⅱ Philadephus, 302~246 B.C.)当年为充实亚历山大图书馆的藏书,曾通过犹太祭司长以利沙(Eleazar)邀请犹太十二支族的学者将希伯来文律法译成希腊文。因为各支族均派出六人,共72人,在72天内译完的圣经就被称为《七十二学者译本》(Septuagint Bible)。但是后来史学家考证发现,所谓的"阿里斯迪书简"是出于某种目的伪托。1684年牛津的希腊文教授汉弗莱·霍迪(Humphrey Hody,1669~1706)在一篇论文中争辩说:所谓的"阿里斯迪书简"原是借推广为那个版本的圣经增加权威色彩,是希腊化犹太人造的假。福修斯在所编辑的罗马地理学家的一部著作的附录中对霍迪的论点进行了言辞激烈的批驳,充分表现了他作为圣经批判学者(Biblical critic)的毕露锋芒。

福修斯关心中国的事情,常以中国悠久历史来证明比欧洲更为先进的文明国家的存在。他在自己的专著和论文中多次谈到中国历史悠久,人口众多,有许多创造发明,中国人热情友善等史实。

1685年福修斯在他的专著《文明综论》(Variarum observationum liber)中专门用两章篇幅谈到了中国的事情。关于火药,他说:人们通常以为火药是基督徒发明的,但实际上16世纪以前火药在中国已经广为人知,而西方在1285年前并不了解火药为何物。火炮无论大小,其装填的火药都含有硝石成分。暹罗人(今泰国人)使用的火药都是从中国人那儿购买的。虽然欧洲人在兵法上早就超过中国人,但是就火药在军事上的应用而言却不如中国人。至于娱乐性烟花,中国人更是略胜一筹,对于颜色和形状的控制随心所欲,在夜空中各种光艳相得益彰。"欧洲人在战争中用不起那么多的火药,还不如中国人在喜庆时用的火药多。”他说。谈到长城时,福修斯说中国人酷爱和平,只是在过去40年前满人入侵才引起战乱,给人们带来了巨大灾难。“我们在艺术和科学上的一切成就都应归功于希腊人和中国人。”他补充说。[①]谈到中国和西方城市时,福修斯说:古罗马的面积相当于现代的巴黎和伦敦加起来20倍那么大,人口1400万。但是跟中国的一个城市相比较就算不了什么了,光杭州市人口就超过了2000万。

福修斯是一位语文学家和手稿收藏家,1660年以来的世界知名学者之一。他曾发表一篇备受争议的论文《地球的年龄》(The Age of the Earth),对于《圣经》作过尖锐的批评。他用望远镜观察,告诫东印度公司的商人注意热带雨季;对于17世纪诗歌和歌剧中的抒情节奏有所批评。1664年他被选为皇家学会会员,1666年进入了皇家科学院的学术圈。

威廉·普尔在《伊萨克·福修斯和罗伯特·胡可与早期皇家学会的汉学应用》一文中写道:

> 福修斯认为中国的学者文化(learned culture)是世界上最古老最了不起的。他对中国科技文化一件一件进行评析,中国的成就就是对欧洲失误的一种揭示。中国人掌握的医学知识是无可比拟的,把脉看病可以代替验尿(urinoscopy),仅看舌苔就可以诊断病情(diagnose from the tongue alone)。中国人的医术,如针灸,西方人过去闻所未闻。早在4000多年前中国医生就知道了血液循环的道理,他们的草药知识和外科技术无与伦比。中国化学至少有2000年,甚至有4600年的历史。在机械、建筑、绘画、表演和手工工艺等方面他们也有绝对优势。长城是中国的标志,这一建筑使巴比伦、埃及和罗马的任何伟大工程都相形见绌。就是1000多英尺高的琉璃塔和一座座跨海大桥——在他讲述故事背后的文献中通常都是用夸张语气描述的,其规模也不能与长城相比。即便是我们认为中国有缺陷的事情往往也并非如此。福修斯争辩说:中国画不用明暗对比技巧,是因为他们通过线条的处理就可以分清人和物的远近距离。当然,印刷术更是在传到信奉

① Joseph Needhan, 1987. *Science And Civilization in China: Part 7 Military Technology*, p. 55.

基督教的欧洲1500年之前中国人就已经发明出来了,而且他们今天的技术仍然领先于西方。磁铁在航海中的应用也应该是中国古人的发明,这一技术用于他国探险已经有2800年的历史。中国人通过斯里兰卡把这一技术传给了阿拉伯人,然后再传到了基督教国家。

关于福修斯的理论价值,威廉·普尔是这样评价的:

福修斯的论文乍一读起来真有点咄咄逼人的异端邪说(heterodoxy)的味道。他那铁面无私的赞许使我们意识到,最好把他的论文归类到与文艺复兴时期的"自相矛盾"文体那样训斥人的"异端邪说"后期案例。但是读第二遍时我们也许可以退让一步。首先,福修斯在1659年的辩论中赞同《旧约》希腊文《七十二学者译本》的立场与汉学观点趋同,用扩展的年表反对正统经文,缩短了《希伯来文通俗圣经》(the Hebrew Vulgate)年表。对福修斯来说,中国古代历史传统原本为达到目的的一种手段,因此,利用中国年表宣扬《七十二学者译本》这一举措得到了威廉·坦普尔爵士(Sir William Temple)在1690年《论古代和现代学术研究》(Essay upon the Ancient and Modern Learning)一文中的嘉奖,但是也招致了皇家学会会员威廉·沃顿(William Wotton)1694年对他的反击。其次,福修斯有关中国艺术和科学的论述很快表明,与其说他对汉学研究感到兴趣,倒不如说他对汉学研究的影响感到兴趣。……福修斯大声疾呼要学习学者文化,对于只熟悉一种语言的人来说其中隐含着超区域的精华(supra-regional elite)。不是因为中国人禀性上优越于我们,而是因为他们有悠久的文化,仅凭这一点就能保证他们的优势。也许我们的天文学和数学比他们的好,他们已经如饥似渴地从中吸取营养,这也并非我们在这些方面的禀性比他们强,而是因为这些知识是希腊人从迦勒底人和巴比伦人那儿学到的,这再次表明悠久历史占了上风。语文学家福修斯写的是一篇可以扩展并激励他人的文章,但实际上是悄悄地呼唤保存西方的学者言语

(learned discourse),让村言俗语从学者话语中淡出。因此在二读中福修斯的异端邪说竟变成了正统思想(orthodox),而他的汉学也变成了伪汉学(pseudo-sinology)。

但是这里还有一个三读的问题。首先,东方学术必然与福修斯谈及的几乎每一个领域中的西方正统思想相抵触,连他本人都无法回避这样的结论。福修斯谨小慎微地不触及中国宗教的话题,但是他论述的一层意思是中国保存着一种古老形式的自然宗教(natural religion),有待证明的耶稣会士立场其实带有一种自我毁灭的性质。中国历史记录提出了对《圣经》传统的批判问题。他们的药品跟西方理念有冲突,他们的艺术等也是如此。其次,福修斯也承认,时间的流逝对中国也有影响。比如,他们宏伟的古代雕塑艺术表明:我们和他们的情况都一样。随着时间的流逝,艺术和知识就逐渐失去了尊严。中国人把古典音乐看作失传的艺术而感到悲伤,也不努力去创作更多的现代音乐。福修斯说:可以相信,此事在他们那儿发生,就像在我们这里发生的情形一样。①

福修斯在瑞典的学术生涯既体面又极富争议。1670 年他在英国牛津大学研修了民法学位课程,1673 年成为温莎的驻守经师。他晚年的学术研究主要在数学和自然历史方面。

福修斯早年生活在一个无法真正开展宗教对话的荷兰社会。他的性格内向多疑,有明显的扭曲痕迹。他的知识面广,判断问题的依据主要是自己的理解和分析,有时难免过于自信。迈伊左克斯(M. des Maizeaux, 1673~1745)在《圣·艾沃蒙生平》(Life of St. Evremond)一文中曾经谈到许多有关福修斯平日不为外人所知的生活琐事,从中可以看出这位荷兰饱学之士待人接物的风格,超凡脱俗的豁达以及叛逆时代学者的际遇,但是这些极富个性的言行却常常不幸地被解读为一个学究的怪癖和不合逻辑的思维方式,成为人们茶余饭后的笑料和谈资。他说艾沃蒙每年夏天都到温莎度假,经常能见到福修斯,对他可谓十分了解。这位仁兄几乎通晓所

① William Poole, 2008. *Isaac Vossius, Robert Hooke, and the Early Royal Society's Use of Sinology.*

有的欧洲语言,但是没有一门他能说得地道;他能把每一个古人古事的来龙去脉、风俗习惯说得头头是道,可是对于自己时代的礼俗却一无所知。他跟人谈话时口若悬河,就像人们谈论罗马讽刺诗人朱文诺尔(Juvenal,66~140)或者讽刺作家彼托罗尼亚(Petronius,? ~66)一般。他发表专著论述《七十二学者译本》是神谕之作,但是在私下里谈话中却说他根本不相信上帝的启示。福修斯临终前,温莎总监哈斯卡德博士(Dr. Hascard)带着几位同事去他病榻前探望,让他遵循宗教惯例接受圣礼,可是他竟然加以拒绝,还令人费解地说:"请告诉我怎样才能让农夫把欠我的钱还给我,这是此刻我最希望你们帮助我做的一件事情。"

福修斯在温莎生活了20年,平时广泛的阅读使他成为《圣经》批判的先锋人物。有人说他对《圣经》的批判破坏了经文的丰富内涵,动摇了新教的坚实理论基础,一直跟那些不接受别人对自己的信仰进行评论的英国人发生冲突;但是也有人说,从长远观点来看,福修斯对《圣经》的批判恰恰维护了它的权威。连他的好友艾汝蒙都这样尖刻地批评他:"福修斯对于任何特别的、寓言式的、超想象的事情都有一种愚昧的信任感。"

福修斯父亲去世后,他本可以被授予历史学教授的称号,但是他婉言谢绝了,只表示愿以任何名誉退休笔耕。他去世后留下了一个最好的私人图书馆,后为莱顿大学所购得。

(四)范罢览的中国情结

1739年11月1日范罢览出生于荷兰韦尔克霍芬,1757年以海军军官学校学员身份在荷兰海军服役。这位喜欢独立、自由、冒险的年轻人,19岁退役后便与荷兰东印度公司签约,参与首次广州直航。1763年他第二次来华途中在南非好望角短暂逗留,邂逅了当地荷兰总督的女儿凯瑟琳娜·科尼莉亚·格特鲁达(Catharina Cornelia Gertruida van Reede van Oudthoorn),两人相识相恋,不久便结婚成家。从1758年至1773年范罢览在广州和澳门从事贸易达八年之久,商战的生活节奏使他感到厌倦,一心想回国跟家人过无拘无束的生活。回到荷兰后范罢览定居于海尔德兰,很快就对当地政治产生了兴趣,开始参与民主爱国启蒙运动。美国内战爆发后他时刻关注着那儿的独立运动,曾代表他的堂兄弟给本杰明·富兰克林(Benjamin Franklin,1706~1790)写过一封信,表示他们愿意参加美国海军,支持他们的事业。

1783 年范罢览移居美国查尔斯顿,从事贸易和大米栽种,第二年入了美国籍。因为四个儿子不幸相继夭折,感情上受到极大打击,1790 年便离开美国以荷兰商站大班身份回到了广州。

当时欧洲所有的商业大国都先后派团来华谈判通商事务。范罢览从英国特使马戛尔尼爵士(Sir Samuel Halliday Macartney, 1833 ~ 1906)访华消息中受到启发,便致信荷兰东印度公司驻巴达维亚董事长,建议派遣祝贺乾隆皇帝登基 60 周年使团访华。东印度公司总部批准了范罢览的建议,安排荷兰驻日出岛商团的德胜为正使,范罢览为副使,组成朝贺团赴京,随团通译为小德金。

1794 年 8 月 15 日德胜乘"暹罗号"从巴达维亚启程,两天后到达澳门,然后与范罢览会合。10 月 13 日上午两广总督长麟在与十三行区隔江相望的海幢寺接见了荷兰使团,办理关防文书事宜。总督告诉来宾一切安排悉循旧制,与英国马戛尔尼爵士所率使团规格相同。会见后东道主设宴为他们洗尘,当晚下榻于安海万松园的河南花园。

11 月 22 日荷兰使团从广州启程北上,一路饱受严冬风雪之苦,只管兼程赶路,顾不得任何怨言,终于 1795 年 1 月 9 日抵京。

1 月 12 日清晨 5 点,使团乘马车来到紫禁城,按照惯例,与其他朝贺团一起在保和殿受到乾隆皇帝接见,行三跪九叩首礼之后赐酒一杯。

1 月 30 日荷兰使团应邀到圆明园参加庆典,当晚在海淀客舍下榻。第二天清晨,旭日东升,84 岁的乾隆皇帝坐在"山高水长"一个蒙古包内的太师椅上接受荷兰和高丽等国使团的朝贺。礼仪结束后在大校场进早膳。每张桌子上都摆着 50 道菜肴和早点,席间还有杂技和舞蹈表演助兴。

2 月 3 日晚元宵节荷兰使团在大校场观戏并欣赏烟火。第二日上午乾隆皇帝赐宴圆明园内的正大光明殿。2 月 5 日晚他们又观赏了另一场烟花,同时还观看了双龙戏珠表演。2 月 8 日他们在圆明园出席了另一次大型招待会,有机会再次与乾隆皇帝近距离接触。整个活动日程充满了浓郁热烈的节庆气氛。

2 月 10 日荷兰使团离京前在紫禁城接受最后一次召见,乾隆除了赠予他们礼物之外,还特备致荷兰国王专函一件。虽然这次会见是外交礼节性的安排,但是也充分显示了朝廷对荷兰使团的重视和善意。

2月15日荷兰使团离开北京。在南归路上,他们顺道游览了苏州和杭州等沿途风景名胜,所到之处都要品尝当地的山珍海味、奇珍异果,尽情玩乐。

《1794~1795年荷兰东印度公司使团访问中华帝国朝廷纪实》记述了荷兰朝贺团沿途经过的城市和乡村,以及当地的民俗民风。1795年3月他们在杭州停留了数天,游览了西湖,湖畔、泉边、古塔、寺院、城楼、山脚、树丛、篷船都留下了他们的脚印,也许他们还跟游人有过多次交谈。有关沿途的所见所闻和感受,作者在书中作了以下描述:

今晚从中国仆人处得悉,后又经通事证实,我们希望具体了解该城的愿望无法实现的原因是第一位陪同设置的障碍。他曾和官员商量出哄骗我们的办法。据说此地女子美貌名扬天下,无人不愿前来领略她们的风采,宫廷大臣都以得到闺中饰物为幸事。为此他竟在我们到达之前让人竖立禁示牌,严禁任何女子在我们面前抛头露面,违者严惩不贷。难怪我们的希望落空。

跟随一位心慈向善的导游,我们本可以在这一带休憩三天,看看值得看的东西,但是那位骄横官员的下流嫉妒使我们的愿望无法实现。

贩卖妇女在苏州府是一个重要行当,但是浙江省的杭州府却独占鳌头。许多生计无着者来此闯荡,以收买贫贱人家女童为业,作为美人胎子养育。

他们精心调教女童,着以绫罗绸缎,习以女工及琴棋书画,惟望日后能以美貌和才能投入心仪者怀抱。

绝色女子多半送入宫廷和官府。相貌和技艺俱佳者身价约为450~700金路易,而有些售价却不足百元。

中国人认为一个男孩抵得上两个女孩,此事与他们的利益息息相关,令人深思。

按惯例女子出阁要给父母一些钱,即所谓的“彩礼”,就是在帝国的名流显要中这一习俗也不可不从。

法律明文规定,在某些情况下丈夫有权出卖发妻,除非娘家愿意接回，并退还“彩礼”。

世上没有任何一个国家的女子像在中国那样身陷此等凌辱，或者被忽视到此等程度。如果丈夫身份高人一等，妻子终日足不出户；如果丈夫是二等公民，妻子就是高等佣人，被剥夺一切自由。而那些下层百姓女子则与丈夫辛勤劳作。如果后者已经为人之母，则又添一个累赘，因为干体力活时必须把孩子背在背上，直到孩子能自己行走时才可解脱。

这就是中国女人的命运，无论在我们看来她们多么受罪，这些弱势群体都耐心地顺从地忍受着煎熬，凡事只能从俗。

大部分欧洲妇女的生活条件竟如此不同！可以找出一些牢骚满腹的人来证实这样的道理：欧洲妇女若能偶尔体验一下中国妇女所忍受的痛苦，也许会获益匪浅。①

荷兰朝贺使团来华期间欧洲的局势非常动荡。1795 年 5 月 9 日荷兰使团回到广州，德胜和范罢览听说法国军队已经入侵荷兰消息后两人就分手了。德胜带着大量手稿和日本茶乘船匆匆前往英国。范罢览在广州逗留了约半年时间，买了许许多多中国商品。其中有为美国总统夫人马萨·华盛顿(Martha Washington)订购的一套瓷器，为自己计划在美国建造的新家购置的一整套中国家具。

范罢览在离开广州前还请来当地两位画匠，终日为他闭门作画。那些中国画与当年广州市场上的外销画的风格基本相同，题材与荷兰使团进京和返程沿途景物有关，但是也有一些描写四川和云南等地的风光。据推测，范罢览在旅途中曾作过大量速写，回到广州之后雇用了不知名的画匠将他的速写加工成画或者重新绘制，最后装裱成册共 1800 幅。近年专家对其中部分画作研究后发现，那些中国水墨画用了勾勒、白描和点垛等传统技法，同时也糅合了西洋油画透视、色块和光影技巧，从其手法娴熟挥洒自如的水平判断，画匠显然比较熟悉当时广州流行的外销画风格。

① Van Braam Houckgeest, 1798. *Journey to Peking: An Authentic Account of the Embassy of The Dutch East-India Company to the Court of the Emperor of China, in the Years* 1794 *and* 1795, Vol. Ⅱ, pp. 181～184.

范罢览因为无法找到开往荷兰的船只，于是决定前往美国。1796 年他抵达费城后，从自己的藏画中挑选了 350 余幅，在自己的家中举办了一个小型中国绘画展，引起了当地新闻界的关注，于是对他的北京之行作了大量报道。

范罢览在特拉华河畔的克罗伊登购置了一块地产，自己设计并建造了一处别致公馆。铜质房顶是宝塔形结构，塔上银铃在风中无时不丁冬悦耳。地下室用蓝色大理石铺地，厨房、酒窖、乳品间、储藏室、点心房、仆人卧室一应俱全。此外还有舞厅和音乐室，可谓雅俗一体。户外建有可圈养 18 匹马的马厩，可停放 12 辆车的马车房，还有谷仓和冰室等配套设施。范罢览最难忘的是在中国度过的岁月，因此室内外装修用的都是中国工艺品，还给公馆取名为“华静居”(China's Retreat)。

1796 年在历史学家莫罗·圣·梅里(Moreau de Saint-Méry, 1750 ~ 1819)的帮助之下，范罢览与一家法国出版商签约撰写《1794 ~ 1795 年荷兰东印度公司使团访问中华帝国朝廷纪实》(Voyage de l'ambassade de la Compagnie des Indes orientales hollandaises, Vers l'empereur de la Chine, dans les annees 1794, 1795)(上、下册)。拟以旅行日志的形式，详细记录该使团 1794 年 11 月下旬从广州出发，经陆路于翌年 1 月初抵达北京觐见乾隆帝，并于同年 5 月上旬返抵广州的经过。

范罢览旅行日志的扉页表明该书“为美国总统乔治·华盛顿而作”，印刷精美，图文并茂，耗资巨大，几乎花完了他的全部积蓄。原计划出版两卷本。第一卷脱稿后在费城印行了 500 册准备运往欧洲销售，不幸途中被一艘法国私掠船截获。后来一家法国出版社将该书盗印成两册发行，声称是该书的全部。

1798 年伦敦出版了根据法文版转译的英语版，共 2 卷 324 页，书名为《北京之行——1794 年至 1795 年荷兰东印度公司使团觐见中国皇帝实录》(Journey to Peking: An Authentic Account of the Embassy of The Dutch East-India Company to the Court of the Emperor of China, in the Years 1794 and 1795)，配有使团行程路线图和若干插图。书后附两页篇幅的折叠中国地图，有关澳门介绍和围棋资料，以及中国戏曲《忠魂报》(*Chon-fon-kau*, Royalty Recompensed)。据考证，这可能是当时译为欧洲语言的第三部中国戏曲，在中西文化交流史上有其重要一页。后来该书又出版了德文版(1798～1799)和荷兰文(1804～1806)。

也许过于奢侈,也许应酬开支失控,范罢览很快就在经济上陷入了困境,生活开始每况愈下,幸得友人慷慨接济才免于入狱。后来他不得不宣告破产,把华静居和大部分收藏转让他人,只给女儿留下了其中的一小部分。公馆的新主人沃尔特·西姆斯船长(Captain Walter Sims)也十分向往中国和中华文化,对于馆内陈设十分满意,只把馆名"华静居"改为"中华厅"(China Hall)后就迁入住下。

1798年范罢览先后到德国和英国游览。1799年他返回荷兰,先住在奥尔登堡,后在阿姆斯特丹购置了一处小房产。老年晚景凄凉,1801年平静离世。

范罢览的部分藏画曾在伦敦克里斯蒂拍卖行公开拍卖,仅拍得173.5英镑。1943年范罢览的另一批藏画出现在拍卖市场上。塞勒姆的埃塞克斯学会——皮博迪·埃塞克斯博物馆(Peabody Essex Museum)前身——以143英镑的价格拍得其中丝绸封面的12本画册共249幅画。因为买家不了解这批藏画的价值,一直存放在图书馆的地下室故纸堆中。2000年,收藏家斯特罗尔(Strole)在该馆偶然发现了这批画,猜测是范罢览当年的《中国画册》,引起了该馆中国艺术部副主任麦志明博士(Dr. Bruce Maclaren)的关注,经多方查证,最终确认了藏画的真实身份。

这些承载着珍贵历史记忆的藏画引起了轰动。藏品(包括尚未找到的部分)的主题涵盖了中国人类学、历史学、地理学、民俗学和工艺学,以及艺术、文学、考古和神话领域中的诸多元素,展示了清代为欧美市场创作的中国画风格的多样性,为外部世界提供了感受当时中国社会的真情实景,同时也证实了早期美国民众如何从美学上对中国艺术的认可。在当时电影和录像尚未进入市民家庭的年代,那些跨越大洋进入美国的1800幅中国画,无异于价值连城的数据库。

荷兰莱克斯博物馆,曾在伦敦克里斯蒂拍卖行购得范罢览家族保存的两把椅子、三个欧洲风格的反面玻璃画、一把扇子、一个穿衣镜和一幅范罢览夫人玻璃反面画像。那个反面画是1790年广州的一位画师制作的。镜画上方是镜子,当年范罢览每次照镜子时仿佛都与夫人亲密相拥,她手中举着丈夫从远方寄来的一封信,像是向他人骄傲展示,又像是表达自己对亲人的思念。镜画左上方写着对出门在外丈夫祝愿的一句话,右上方则是丈夫和妻子双方家族的盾形纹章。如今物是人非,那段难忘的历史却依然昭示后人。

尽管范罢览的人生跌宕起伏,但他总是能看到世界美好的一面,这是智者的超凡品质。据他的美国孙子辛辛纳特斯·罗伯茨(Cincinnatus Roberts)回忆,范罢览平日是一位非常情绪化的绅士,发过一阵脾气之后却又总能听到他弹奏着吉他用假嗓轻声唱起忧伤的葡萄牙民歌。他是一个有趣的人,通晓多国语言,公开声称支持美国革命战争和荷兰进步的爱国主义运动,编写过传教手册和葡萄牙语语法指南。他死心塌地地追求爱情,坚持不懈地为实现理想而奋斗,曾经两次试图在美国重建自己的人生。这一切都可从他的座右铭"在重大问题上奋斗为根本"中了解到他的人生哲学,伊拉斯谟在《愚公赞》(In Praise of Folly)中倡导的也正是这种思想。可以毫不夸张地说:中国情结就是范罢览生命中的主题。我们不必介意晚年的范罢览到底是美国护照的持有者还是荷兰护照的持有者,在荷兰早期的汉学研究史上无论如何有属于他自己的一章,热心的读者可以从中读到有关他和他的中国情结的浪漫故事。

(五)研究中国北方历史和地理的专家维特森

1641年5月8日维特森出生于荷兰阿姆斯特丹一官宦之家,家族长期从事对俄粮食贸易,父亲科内利斯·扬·维特森(Cornelis Jan Witsen,1605~1669)曾先后担任过阿姆斯特丹民防长官、首席执行官、荷兰西印度公司总裁、海军部要员等职。1656年他率团前往英国与克伦威尔政府谈判两国海运法的实施问题,少年维特森亦随父前往,初次领略外事官场的礼仪和繁复。

可能受到数学家华内斯·许德(Johannes Hudde,1629~1695)的影响,1662年3月维特森在阿姆斯特丹光明学会竟大胆提出了地球人的祸福与彗星运行位置无关的观点。1663年维特森在莱顿大学研修民法课程,但是慢慢地对语言和地图学也产生了浓厚的兴趣。这期间他结识了地理学家兼旅行家科里斯(Corius),还跟马丁尼·罗普特(Martini Lor-put)学习过汉语。

1664~1665年维特森与特使雅各布·博雷尔(Jacob Boreel)乘船前往里加和瑞士,然后乘车前往诺夫哥罗德和莫斯科,广泛结交当地各界人士,获得了不少有关“鞑靼”的知识。他还顺道访问了尼孔主教（Patriarch Nikon），第一次接触到偶像崇拜的宗教和哲学问题。1666～1667年他前往罗马，在比萨见到了麦第奇家族的科西莫三世（Cosimo Ⅲ）。在巴黎他会见了科学家梅基塞代克·泰弗内（Melchisédech Thévenot）。1668年他前往牛津，与吉利斯·法尔克内（Gillis Valchenier）成为好友。

1671年维特森写了一部有关造船的专著《古代和现代造船与管理》（Aeloude en hedendaegsche Scheepsbouw en Bestier），提出了“先船体后结构”的造船理论。虽然行文不够讲究，句法缺乏必要斟酌，但是内容专业，配图精美，被视为与造船大师安东尼·迪安（Anthony Dean）的专著《军舰建造论》（Doctrine for Naval Architecture）同为经典之作。安东尼·迪安是一位上流社会人物，时任哈里奇市长和俄国彼得大帝的私人教师，维特森的知名度因此大大提高。后来彼得大帝曾经就俄罗斯帝国海军现代化的问题与维特森有过多次书信往来，并就俄国从阿姆斯特丹造船厂订购一批战舰之事，以及俄国向荷兰出售粮食、木料、云母、焦油、皮毛等商品与维特森进行过谈判。1697年维特森为沙皇在荷兰东印度公司船厂组织了一个为期四个月的培训季，还在雅各布·新洛朋（Jacob J. Hinlopen）府邸向他引见了植物学家和解剖学家弗雷德里克·勒伊斯（Frederik Ruysch）。

维特森经过20年的潜心研究，于1687年出版了第一张西伯利亚地图，范围包括今日的西伯利亚、蒙古、中国和伊朗，展示了从新地岛到中国之间的山川、河流、地貌特征以及植被和动物的分布情况。他曾和沙皇谈到经里海到波斯以及经西伯利亚前往中国的贸易通道问题。1692年他出版的《东部与北部鞑靼志》（Noord en Oost Tartarije），可以看作是对他五年前出版的西伯利亚地图的文字说明。他在这部志书里介绍了许多中国北方的历史、地理和人口情况，还收录了选自《哈梅尔游记》（Hamel's Journal and a Description of the Kingdom of Korea）中与中国关系密切的朝鲜的介绍以及对有关人士的采访。同时收录的还有译自比利时耶稣会士南怀仁（Ferdinand Verbiest，1623～1688）有关随同顺治到东北猎游的一封拉丁文长信，详细记载了沿途所见所闻。

《哈梅尔游记》作者哈梅尔（Hendrik Hamel，1630～1692）出生于荷兰高林采镇，1651年11月6日乘荷兰东印度公司的“伏格尔斯特鲁斯”号（Vogelstruys）离开荷兰，1652年7月4日抵达巴达维亚。1653年6月18

日，他与台湾长官考纳里·凯塞尔（Cornelis Caeser）及其家属从巴达维亚乘“斯佩威尔”号（Sperwer）帆船赴台湾和日本途中两次遇台风，不幸舟覆海中。8 月 16 日，36 名幸存者漂流到济州岛，朝鲜宫廷考虑到他们的一技之长就把他们安置在军伍。一年后他们秘密地乘一条渔船驶离朝鲜，途中为躲避强风在一个日本岛岸停靠时被拘押。1667 年 10 月 23 日他们离开长崎，27 天后抵达巴达维亚，历尽无数坎坷和风险之后终于1670 年回到了阿姆斯特丹。这是一部有关荷兰人在东方见闻的历史性著作，曾长期淹没在历史故纸堆中，当时对它的披露很快引起了学术界的关注。

在没有参考资料的情况下，维特森靠查阅大量中西古代文献、中世纪阿拉伯作家和现代欧洲学人的相关著作获得了有关西伯利亚及其周边地区的信息，对亚洲东部和北部鞑靼人作出了详尽描述。1705 年修订该书时他又进一步充实了内容，1785 年再次重印发行。他广泛收集了当时欧洲所能得到的资料，对欧洲和亚洲东北部、伏尔加地区、克里米亚、高加索、中亚、蒙古、中国（包括西藏）、韩国以及日本的相邻地区进行了地质学、历史学、人类学的百科全书式的介绍。作者在目录中使用了大约 900 个格鲁吉亚词语、700 个卡尔梅克蒙语词语，介绍了藏语、满语和蒙语书写系统，还编写了 25 种语言的词表和相关数据（可能因为印刷方面的原因汉语部分只列出数词）。维特森在增订版中还编入一份由外科医生助理马蒂乌斯·伊鲍肯提供的用荷兰语解释的 86 个朝鲜词语。这是当时欧洲人所知道的最古老的词汇，是一份研究当时朝鲜语语音和构词法的不可多得的历史资料。

1675 年维特森开始搜集西伯利亚及其周边地区的奇珍异物和艺术品，包括珊瑚、漆器、书籍、绘画、武器、瓷器、昆虫、贝壳、动物标本和宝石。回到阿姆斯特丹后他先后担任了市长、州长官会议参事和荷兰东印度公司总裁。他平日有机会接触到从巴达维亚寄到阿姆斯特丹的各种报告，曾经读过并引用过荷兰第三赴华使团的旅行日志。1692 年维特森得到了在此前半个世纪考察过沙哈林岛海岸的马腾·赫里茨·弗里斯（Maarten Gerritsz Vries）的一本日记，对于他的汉学研究很有帮助。

维特森对世界宗教，包括被他称为“孔圣人”的儒教和黄教（shamanism）都感兴趣。他对于从巴达维亚把咖啡树引进到南非作出了重要贡献。

维特森与欧陆理性论三哲之一的莱布尼兹交谊很深。莱布尼兹从 21

岁起开始研究中国文化,通过阅读孔子传记、文集以及来华传教士研究中国国情的专著,对中华文化有深刻的了解。在与法国耶稣会士白晋(Joachim Bouvet,1656~1730)的通信中受到《周易》中卦象的启发创立了二进制算法。1704年3月2日他在写给维特森的信中谈到三年前白晋寄给他的信以及中国伏羲六十四卦次序图和方位图,对于二进制理论得到了验证的结果颇为欣慰。同年6月6日维特森在回函中告诉莱布尼茨荷兰数学家许德已经去世,有关二进制的问题可以继续向法国学者塞扎尔·卡兹(Cesar Caze)求教。

维特森阅历丰富,知识渊博,政治上他是当时西欧的一位风云人物,专业上他属于西方文艺复兴时代所崇尚的多才多艺人才(Renaissance man)。公务之暇,博览群书是他的一种乐趣。许多名人学者都给他赠书,如:达珀、约翰·尼乌霍夫兄弟、火龙发明人扬·范德海登(Jan van der Heyden)等。他的私人图书馆藏书丰富,有各类图书、手稿、地图和版画2000多册,其中一部分是从他的叔叔图书遗产中继承过来的。

“政府机关总是给我一大堆工作,”有一次维特森向朋友抱怨说,“使我连一个小时都腾不出来思考学术研究问题,越来越让人心烦。我真恨不得拿起一本书在什么地方坐下来,在安静的环境中打发剩下的时间!”①

维特森的图书馆有一部分中文藏书。因为他经常出访亚洲,勃兰登堡公国的大选帝侯(The Great Elector of Brandenburg)腓特烈·威廉一世(Friederick Wilhelm Ⅰ, 1676~1718)曾委托他代为购买中文图书,以充实自己的图书馆。这除了出于对他的专业胜任外,也是对于他的中文水平和学术声誉的敬佩。

1713年4月9日维特森在给库波(Cuper)的一封信中写道:“我的图书馆里还有不少中文书,是早先从巴达维亚寄来的,不过我对书中的内容不甚了了。”若干年前一位中国大夫造访他家,但是因为时间短促未能深谈。他不无遗憾地说:“这位中国大夫的中文读写能力俱佳,要是他能在我家多呆一些时间,我肯定能通过他得到许许多多信息。”②

---

① Marion Peters, 1994. *From the Study of Nicolaes Witsen (1641~1717): His Life with Books and Manuscripts*.

② 出处同①。

维特森撰写有关中国国情和历史的著述多处涉及鞑靼地区(Tartary)和鞑靼人(the Tartars)的情况,这是早期西方汉学中存在历史概念含混不清的一个选题。

“鞑靼”是我国古代对长城以北各游牧民族的统称,但是“鞑靼”与“蒙族”分属两个不同的游牧民族。5世纪鞑靼人的活动范围在蒙古东北与贝加尔湖之间。我国有关“鞑靼”的最早记载见于732年突厥文的《阙特勤碑》。两宋、辽、金时代,漠北的蒙古部被称为“黑鞑靼”,而漠南的汪古部则被称为“白鞑靼”。蒙古部力量壮大后鞑靼人为蒙古族所灭,后来文献中所称的“鞑靼”实际上是元代汉人对蒙古族的俗称。13世纪初,部分突厥游牧民族为成吉思汗军伍所收编,因此后来入侵俄罗斯和匈牙利的蒙古部军人在欧洲史学界常被称为“鞑靼人”。

辽金时期满族被称为“女真族”,即历史上的“肃慎”、“挹娄”、“勿吉”和“靺鞨”。明朝初期女真族分为建州女真、海西女真和野人女真三大部。清朝皇太极将国号改为“大清”后“女真族”才被称为“满族”。在部分西文文献中清代的满族也被称为“鞑靼”。

为什么西方汉学家对这类选题这么感兴趣呢?其中一个原因是在大航海时代西欧殖民主义者有意宣扬异族改变一个主权国家政治的历史,以便为他们在海外推行殖民主义统治做理论上的铺垫。1688~1689年耶稣会士皮埃尔·约瑟夫·德奥尔良(Pierre Joseph d'Orleans, 1641~1698)出版的两卷本《鞑靼两次征服中国的历史》(History of the Two Taotar Conquerors of China)就把1206年入主中原的蒙族贵族和1644年推翻明朝统治的满族势力统称为“鞑靼征服中国”。作者把汉人都称作“Chinese”(中国人),而把蒙族、满族、藏族等中国少数民族译为“Mongols”、“Manchurians”和“Tibetans”;把汉族聚居的地区称为“中国”,以示对中国非汉族聚居地的区别。这种概念上的错误对于西方读者阅读古典汉籍造成混乱。在上述那两卷本的史书中德奥尔良收录了维特森翻译的南怀仁信件,除了因为维特森的译文有其独到之处外,还因为他是研究鞑靼历史的专家。

现代许多西方学者对此持完全不同的观点。1973年12月美国《当代历史》杂志(The Journal of Modern History)发表了芝加哥大学卡尔文学院范克利(Edwin J. Van Kley)撰写的《中国消息:17世纪欧洲人对满人入主中国的关注》,谈到了西方对中国社会变化关心的问题,具有一定的代表性。他写道：

现在中国已不再是因循守旧的异国他乡了，它的消息几乎天天见诸报刊。我们各个大学都在学习汉语和中国历史，它影响着我们的艺术和文学，甚至还向一些心怀歧见的西方学者表述了自己的政见。

西方世界报道的中国重大事件——1644 年满人对中国的征服，对于我们 17 世纪的西方老一代人具有振聋发聩的作用。它至关重要，但是也引发了各种各样的不同解读。当然，早在满人入主中原之前欧洲人就对中国有所了解了。在 15～16 世纪航海大发现时期中国题材就已进入了我们不断发展的旅游文学中了。当时人们对于旅游故事的需求跟对于亚洲产品的需求一样迫切。16～17 世纪欧洲人能得到大量外部世界的信息。中国在那段历史文学中的地位变得比任何时候都重要。①

1717 年维特森去世时彼得大帝称他为“一位了不起的朋友”。

（六）塞缪尔·范德帕特的西藏研究

据史料记载，第一位绘制西藏地图的荷兰人是菲利普·克卢弗（Philipp Clüver，1580～1622）。他出生于普鲁士，曾在荷兰莱顿大学攻读法律，后来受业于约瑟夫·斯卡利杰尔，改修历史地理专业。他是一位旅行家，曾游历匈牙利、波西米亚、英格兰、苏格兰和法国。他也是古物收藏家、莱顿大学历史地理学教师和图书管理员，曾根据历史资料绘制过一张 17 世纪中国长城和西藏地图（A 17th century map of the Great Wall of China and Tibet）。

又据史料记载，第一位访问过西藏的荷兰人是范德帕特。1690 年他出生于荷兰泽兰一海军中将家庭，曾在莱顿大学攻读法学专业，1714 年获

① Edwin J. Van Kley，1973. *News from China*：*Seventeenth Century European Notices of the Manchu Conquest. The Journal of Modern History*，Vol. 45，No. 4（Dec.，1973），pp. 561～582，The University of Chicago Press.

博士学位，翌年任弗拉兴副市长。面对远大前程，28 岁的范德帕特却决定与埃格蒙德·范德奈恩伯格（Egmond Van der Nyenburg）结伴出游。他们从荷兰到达叙利亚阿勒颇之后跟随一个驼队进入波斯的伊斯法罕，然后前往印度，1724 年 8 月抵达科钦港。几年后他到达莫卧儿领地，穿着藏袍进入了拉萨。

在 17 世纪末 18 世纪初，虽然从欧洲到亚洲的新航道已经开通，但是航行的条件仍然很艰苦。为什么西方人对西藏这么感兴趣呢？

在 13 世纪前的西方传说中，西藏是一方神奇美丽的净土，西藏人被认为是曾经战胜异教徒、波斯人和米迪亚人的约翰王的后裔。公元前 5 世纪希腊历史学家希罗多德在他的著作《历史》（The Histories）中记载了有关西藏蚂蚁搬运金沙的传说。公元 1 世纪罗马地理学家托勒密（Ptolemy，90～168）在他的《地理》（Geography）一书中提到了西藏的圣山——铜山。马可·波罗在他的《游记》中也记录了西藏喇嘛念咒可以使大雨倾盆变为风和日丽的好天气的传说。也许这些就是西方基督传教士去西藏寻找传说中失落的基督徒的目的。

14 世纪初西方传教士先后进入阿里、日喀则和拉萨地区传教。1325 年意大利方济各会传教士奥多里克（Friar Odoric，1265～1331）曾经巴达维亚、波斯、印度进入西藏，对沿途风俗、宗教和文化进行过考察，但是他逗留的时间很短。1624 年葡萄牙耶稣会士安多德（António de Andrade，1580～1634）曾从印度到达西藏的扎布让，被认为是第一个真正到过西藏的西方人。1626 年他在里斯本出版了一本用葡萄牙语撰写的《重新发现大契丹或西藏》，书中把西藏描绘成一个天主教王国，认为当地的喇嘛就是牧师。他还把藏传佛教的护法神祇附会为天使，把金刚杵看作十字架，认为不需要在西藏传什么教了。他的观感比较正面，对于西方读者了解当时的西藏很有帮助。1660 年奥地利耶稣会士白乃心和比利时传教士吴尔铎奉派从北京出发，经西宁到达拉萨。白乃心在当地曾进行过天文观测，绘制了布达拉宫平面图和达赖喇嘛画像，用西方人所熟悉的基督教语汇介绍了在西藏的见闻。白乃心回国后将病逝于印度的吴尔铎的手稿和绘图交给了基歇尔，由他编撰成《中国大观》在阿姆斯特丹出版发行。从此西藏为更多的欧洲人所了解。

一些罗马天主教传教士先后试图在拉萨打开局面，其中一位是 1716 年从克什米尔到达拉萨的耶稣会士叶普里图·德斯得利(Ippolito Desideri,1684~1733)。经过几年的刻苦学习他掌握了藏语和藏传佛教理论,据说经常与西藏佛学格西展开辩论,可见他的佛学修养已经相当高。他是西方藏学研究的开拓者,曾经系统报道过西藏历史、文化和社会状况,并且纠正了西方有关西藏地理和历史的一些不准确概念。

1608年英国东印度公司的"赫脱"号抵达印度西海岸的苏拉特。几年后英国舰队击败了葡萄牙舰队,控制了印度后打算开辟从尼泊尔和拉萨进入中国内地的陆地贸易通道。

范德帕特正是在这样的背景下进入西藏的,那时有两名喇嘛正奉派在拉萨测绘地图,还有几位在拉萨传教的方济各会传教士,其中一位是大名鼎鼎的法国耶稣会士宋君荣(Antoine Gaubil,1689~1759)。他们之间曾经有过交流,1752年宋君荣在给友人的一封信中曾对范德帕特有所介绍。

范德帕特长期住在拉萨,刻苦学习藏语,与喇嘛友好相处。后来又以一身汉人装束,陪同一群喇嘛沿着长城到达北京。方济各会修士彭纳(Francisco Orazio della Penna,1680 ~1745)曾经在一封信中引用了范德帕特对自己旅程的记述:早晨坐羊皮筏子渡过比兴江(River Bicin),当晚在江中一小岛上过夜,第二天中午登岸。

范德帕特是第一位从印度经拉萨进入中国内地,又从原路返回印度的欧洲人。1743年他离开印度,从孟加拉启程到达巴达维亚,同年9月抵达马六甲,然后返回巴达维亚。他曾就通过西藏进入中国内地与中国通商的问题有过成熟思考,并给荷兰东印度公司写过一份报告。后来因为荷兰在与英国东印度公司之间的竞争中失利,计划没有展开。1745年9月27日范德帕特在荷兰人拉蒙司先生(Mr. P. W. Lammens)住处去世。

范德帕特去世前在遗言中嘱托将他的所有文件和资料焚毁,他身边的人不得不照办。因为他担心留下来的不完整文件和材料极容易被人以他的名义发表或出版,可能产生负面效果,为此他曾在一张张小纸片上写下了除了他本人外无人能解读的密密麻麻的注释。

拉蒙司先生回到荷兰后向米德尔堡的泽兰科学协会(The Zeeland Society of Science)提交了范德帕特生前编撰的几册文集,这些文集和几则注释样例以及范德帕特1730年绘制的一幅西藏地图。地图包括恒河与雅鲁藏布江之间的广阔地区,主要用意大利文标注,但是他也常常用荷兰文的拼法取代英文和意大利文的写法。例如拼写“Purnoeh”（布尔诺）时他用的是荷兰文的“oe”（相当于英文的“oo”或意大利文的“u”）。

从注释看范德帕特的地图是在拉萨完成的。绘制地图前他曾向锡金一个大臣的儿子纳龙（Knalon）了解当地地形地貌的情况，后来他还想进一步了解情况时纳龙已经离开拉萨。在那张地图上阿润河的走势比任何地图都标得准确，帕里和日喀则之间也作出了标注，不丹被拼作“布娄克帕”（Broukpa）。泽兰科学协会的秘书曾经把范德帕特写在一些小纸片上的注释寄给莱顿大学教授维特（Veth）鉴定。这些注释是范德帕特对所收集到的西藏矿物、植被和动物品种的描述，也包括一些西藏湖泊地质地貌的记录。认识他的西藏人常谈到他那清教徒的生活，对于他精通几种东方语言的才能都表示敬佩。他是第一位研究西藏地理和历史的荷兰人，他所记录的西藏情况详尽程度超越了此前的其他欧洲学者。

甘多尔福博士（Dr. Gandolfo）曾向别人展示过他所保存的范德帕特精美地图的复制品。谈到地图原件的归属时，他不无遗憾地说：“地图原件为荷兰博物馆所收藏，可惜在第二次世界大战中毁于一次大轰炸。”

（七）中国文物收藏家鲁瓦耶

荷兰海牙律师鲁瓦耶（Jean Theodore Royer，1737～1807）是一位兴趣广泛的文物收藏家，加入过多个珍稀物品研究会。他年轻时苦学过几门外语，作为一位精通业务的制图员，他曾经搜集过大量出版物和图片。他还潜心研究过荷兰历史，十分关注海牙法兰西教堂附近的出土文物，利用业余时间精确绘制过新发现的文物和历史遗址。1765 年他被聘任为荷兰上诉法庭的书记员，1778 年担任该庭的副书记官兼书记员。他喜欢通过对中国物品的研究了解中国的历史和现状、中国的物产和社会环境。在他参与的各项学术和文化活动中，惟有在中华文化研究方面的成果最令人瞩目。

鲁瓦耶就像他的许多同龄人一样曾深深地被中国文物所吸引。虽然他知道当年出访中国的传教士和贡使留下了许多书籍和报告，但是却苦于无法判断其内容的真实性。为能直接读懂原文他下决心学习汉语，并直接购买带说明文字的中国物品，不再依赖中间商的主观陈述。

欧洲学者对于汉学的研究源于传教士（主要是耶稣会士）、商人、水手和冒险家带回的各种信息。早期欧洲的那些准汉学家(proto-Sinologists)不懂汉语,也没有来过中国,只有其中一些人愿意自学汉语,其他人则利用自己有限的中华文化知识对一般性问题,如:世界的年龄、通天塔(the Tower of Babel,典出《圣经》)建成之前的世界通用语等,来间接获取有关中国历史的知识。鲁瓦耶属于准汉学家中的务实派。

荷兰东印度公司从1602年成立后就与中国开展贸易。鲁瓦耶在荷兰可以直接买到大量中国商品,但是他的研究需要越来越多的具体信息,就跟在荷兰东印度公司广州工厂任职的朋友取得了联系,其中两位是于尔里克·瓜尔塞鲁斯·亨明森(Ulrich Gualtherus Hemmingson,1741~1799)和让·保罗·塞尔腾(Jean Paul Certon,1741~1793)。经他们的介绍鲁瓦耶又跟能说一口流利汉语并侨居中国多年的法语通事加尔贝(J. C. F. Galbert)建立了联系。加尔贝表示只要他对任何中国奇珍异宝感兴趣都可以帮他弄到手。

鲁瓦耶首先希望购买一套汉语开蒙课本,亨明森就请在那不勒斯接受过八年祭司培训并学习拉丁语的王卡洛(Carolus Wang)从中帮助。王卡洛回国后一时还没有找到祭司的差事,暂且在广州靠当通事和做买卖为生。他按照嘱托买到了几本私塾教材,特地用拉丁文写了一份内容简介、一篇有关汉语的论文、汉语声调的学习方法和常用汉字表,寄给了鲁瓦耶。在一封短信中王卡洛还主动提出愿意帮助他学习汉语并设法在广州采购他所需物品。不知道他们之间的书信往来持续了多长时间,但是至少有三封信为人所知,从鲁瓦耶藏品中可以看到王卡洛的高雅拉丁文手书曾出现在几幅中国画的说明文字中。

学习汉语需要好的辞典,当时除了几部手抄本外,在荷兰无法找到其他辞典,于是鲁瓦耶下决心自己动手编写。他开始搜集资料,特别是从欧洲出版物中寻找有关汉语的素材,摘抄文献提要,编排词目,一项雄心勃勃旷日持久的计划就此付诸实施。

鲁瓦耶还到离自己家不远的书籍收藏家约翰·米尔曼(Johan Meerman,1753~1815)的图书馆去查阅资料。那个图书馆收藏了大量来华耶稣会士带回的手稿,其中还有波兰汉学家卜弥格(Michael Boym,1612~1659)绘制的一幅地图,十分珍贵。

鲁瓦耶有一位供职于荷属东印度公司的朋友,1775年返荷时带回一个名叫陈阿锁(Tan Assoy)的中国仆人。鲁瓦耶请他到自己家中小住了10余天,帮助翻译单词,解释、音译并意译部分馆藏物品的名称和用途。此时鲁瓦耶已为自己的汉语辞典精心设计了一套检索系统。

这一时期西方出版的有关中国的书籍几乎都谈到了中国人的外貌特征和服饰,有些著作偶尔还附有雕版插画,但是没有一处介绍与鲁瓦耶收藏的63尊未经烧制的中国泥人的外貌特征相同的图片。这些泥人细部刻画逼真,有些还穿着布服,看样子像是清朝各级官员或官宦世家的成员,以一男一女为组合单元,穿朝服和便服的都有。

鲁瓦耶通对过手边资料的研究了解到中国清代官员的朝服等级森严,蓝色和黑色补服下摆都绣着五颜六色的图案。暖帽的形制也有等级,夏天戴的竹编帽子也互有区别。妇女的服装没有明确界限,因为中国妇女不当官,陪同丈夫外出应酬时衣着配合都注意得体。汉族妇女必须裹脚,而满族妇女却不受此歧视,这对欧洲人来说简直闻所未闻。

鲁瓦耶收藏了大量中国水彩画册,包括以服饰和搪瓷饰物为主题的画册。服饰画册展示了中国人平时穿的内衣和袜子以及佩戴的珠宝和挂件。他猜测中国官员衣橱内肯定都有深色的冬夏两款服装,胸前补花共有九个等级,但是纹章花饰卷带却没有差别。官员的暖帽通常都有皮毛卷边,下面镶嵌着彩色宝石。夏天的竹帽有红丝穗带,或者红色马鬃穗带。

在鲁瓦耶的收藏中特别有意思的是一条配套的腰带。他被告知中国古人的服饰不缝制口袋,所以把要携带的东西都装在一个小口袋中挂在腰带上。腰带里通常有烟斗、烟袋、扇子、小刀和筷子等物,还有一些不知其用途的绣花荷包。

欧洲人都很佩服中国官员的选拔制度。鲁瓦耶获得的一条重要信息是:所有为官的都必须经过一种名为“科举”的国家级考试,这就保证了掌权者统统都是合格的,既不存在世袭制度或裙带关系(nepotism),也没有形象准确与否之争。然而,举子必须苦读诗书多年才能掌握必备的人文学科知识,外加诸如书法、绘画、诗词、音乐和收藏等高雅艺术。这一理想激励着鲁瓦耶,他希望自己有朝一日能实现集文员、学者和鉴赏家于一身的梦想。

他收藏的中国文物原来存放在他家中一层的两个房间:大间存放的都是瓷器,小间存放的是其他藏品。

在他的一块展板画面上显示出文雅的中国古人常用的东西:桌上摆着一个小书柜、花瓶和香炉;壁橱里有画轴、花瓶、水果、乐器、茶具和茶叶罐,这些也正是鲁瓦耶平时用心所收藏的中国物品。当然,水果只能是纸质模型,但是各种各样的茶叶都按最地道方式包装。四个锡茶罐和画卷放在一起,其他茶罐则打包成长方形。大概鲁瓦耶在自己脑海中早就有这一场景的构想,然后特地让在华经商的友人帮他采购。

在另外一块展板的画面上显示一位中国学者穿着休闲服坐在睡椅上,旁边放着几本书,桌上有茶壶、香炉和小茶杯。硬木矮睡床的靠背镶嵌着大理石板。他收藏的中式椅子也是用同样材质做的,其中一些材料和式样是广州厂家专门向巴达维亚的荷兰人出售的商品,心灵手巧的广州工匠能生产各种款式的家具。鲁瓦耶家一层的展室实际上与画册所展示的室内格局略有不同,他还塑造了一尊真人大小的中国人模型,身上穿的竟然是地道的中国服装。

鲁瓦耶根据自己所掌握的资料、平日的揣摩以及所了解到的信息对他的启发,撰写了多篇探讨中国文化的文章。他的一篇论述人参药用价值的论文,是根据亨明森寄给他的人参样品,对人参的保存、人参汤的制作以及中国大夫传授的食用秘诀的介绍,自己又查阅了一些欧洲人著作后才写成的,因此坚信信息全面而且可信度高。

在一篇论述漆器的文章中,鲁瓦耶首先根据自己图书馆参考书提供的资料对中国和日本的漆器生产情况进行了概括。他发现自己收藏的中国油漆家具的制作程序并未见诸文字。他写道:一件最简单的漆器,底色必须是黑色的,然后再上一层透明油漆,完成后在阳光下从一个角度看上去是闪闪发亮的。他还解释说:18 世纪著作中常用的“烫金”(salvocate)这个词源于葡萄牙语,意思是在家具漆面上撒上金粉。还有一种在漆器上镶金、烫银、嵌珠母贝的技艺也未见任何文字记载。

在另一篇论文中鲁瓦耶提出了不同于所有中国游记陈述的观点:中国水彩画和雕刻中的所谓“狮子”,其实是一种虚构的动物。他的举证选自个人收藏的中国画和瓷瓶上的狮子图。他认为那些装饰图案上的动物并不像狮子,因为中国不产狮子。唐宋以降,皇家园林中的所谓“狮子”都是根据广为流传的佛经描述塑造出来的。他还把凤凰、麒麟和龙等中国虚构的动物与狮子进行比较,发现都是中国服装、家具和妇女发饰经常采用的图像,例证自然可以从自己的藏品中信手取来。

在鲁瓦耶藏品的入库清单中,有些物品带着收藏说明。例如他收藏的“汉方大家”就拥有500味中药和一块药用白蜡。七件乐器(鼓、钹、笛和笙等)也有说明书,笙的结构是储气座连接一排竹管,通过开闭气孔产生不同的乐音。他还收藏了有关中国音乐演奏的资料,主要是一些形象逼真的绘画。据1816年的一份入库清单说明,那些画原来画在12片很大的树叶上,画中76个人物正在演奏各种各样的中国乐器,名称和使用说明都写在法文说明书中。后来这些树叶被贴到一块帆布上,乐器名称用汉字标注,原来的法文已经不复存在。

鲁瓦耶收藏的树胶水彩画表现了中国乐师演奏乐器的情形,一个花瓶上的绘图表现了乐妓为一位雍容华贵的妇人弹奏乐曲,几个仆人在后边扇扇子侍奉的场景。入藏他图书馆的还有约瑟夫·玛丽·阿米奥特(Joseph Marie Armiot)论述中国音乐和中国乐器的六卷本专著。

久而久之鲁瓦耶成为荷兰汉学界的一位首席权威。荷兰联合省最高长官王子威廉五世(Prince William V,1751~1795)和王后普鲁士公主威廉米娜(Princess Wilhelmina,1751~1820)于1775年特地邀请鲁瓦耶到王宫展示他收藏的中国服装、珠宝和挂件,赢得了王室成员的高度评价。

鲁瓦耶去世后,他的遗孀妥善保管了那笔价值连城的财富,1814年把它献给了威廉五世。1816年藏品展室并入了海牙皇家珍稀馆(Royal Cabinet of Curiosities),成为今日的阿姆斯特丹博物馆和莱顿的国家人类文化博物馆(National Museum of Ethnology)的前身。当年皇家珍稀馆第一任馆长卡斯蒂尔(Reinier Picter van de Kasteele,1767~1845)对所有的展品进行了整理登记,列出了详尽清单。对于不同的雕刻、书写工具、金属制品、陶瓷制品、水墨画、乐器、炊具、服饰、漆器、药品,都一一详加分类、记录和说明。

通过收藏中国文物了解并传播历史悠久的中华文化,是鲁瓦耶对荷兰汉学作出的杰出贡献。每年不少海牙市民和外国游客都慕名前往参观他的藏品展览,拜读他的专论,分享中华文化给生活带来的乐趣。

鲁瓦耶收藏的中国文物常年在海牙展出意义非凡:一、陈列的展品是为研究中华文化历尽千辛万苦搜集来的,这样的博物馆在18世纪的荷兰为数不多,展品反映了早期中荷文化交往历史的一个侧影,十分珍贵;二、原来的收藏家鲁瓦耶是一位非常传统的18世纪荷兰学者,思路开阔,励志图强,造福后人,倘若当年他去世后展品被出售或散落民间,哪有参观者今日的眼福?

鲁瓦耶与约翰娜·路易莎·范奥尔巴内费尔特(Johanna Louisa van Oldenbarneveld)于1766年结合组成一个美满家庭,夫妻事业上相互支持,一生未曾养育子女。

(八)莱顿大学首任汉语讲座教授约瑟夫·霍夫曼

1805年约翰·约瑟夫·霍夫曼出生于维尔茨堡,1825年毕业后一度打算献身于舞台表演艺术。1830年在安特卫普酒吧一次偶然机会中他结识了大名鼎鼎的范西博尔德,两人交谈甚欢,竟改变了霍夫曼的平生志趣和后来的职业生涯。

范西博尔德也是维尔茨堡人,出生于一个医生家庭,1815年他在维尔茨堡大学学习医疗专业。除了他父亲外,对他影响最大的是两位教授:植物学家弗朗斯·克萨韦尔·赫勒(Franz Xaver Heller,1775~1840)和解剖生理学家伊格纳茨·多林格(Ignaz Döllinger,1770~1841)。范西博尔德曾寄居多林格教授家,因此结识了许多当地科学家,还广泛涉猎过一些自然科学和有关科学探秘的著作。1820年他获得医学博士学位后在海丁斯费尔德开业。1822年他应聘成为一名军医,在鹿特丹—巴达维亚航班的阿德里安那号任职。公务之余他努力学习荷兰语、马来语并搜集海洋植物。

1823年范西博尔德被派往日本长崎出岛任驻贸易站医生和科学家。他利用自己的医术赢得当地官员和居民的信任,获准到处旅行,后来与一日本小姐结婚,并开办了一所拥有50名学生的卫生学校。他的学生帮助他研究日本植物和园艺,他医治的病人赠送他许多当地日常用品,成为他研究当地民俗的教材。

1826年范西博尔德到江户旅行时得到几张严禁外传的北方诸岛地图,日本政府怀疑他是俄国间谍,因此被驱逐出境。回到欧洲后他定居于莱顿,荷兰政府花巨资收购了他从日本带回的植物,特聘他为荷兰国王威廉二世的日本事务顾问,1942年他还荣获荷兰贵族爵位。

此后霍夫曼与范西博尔德经常找机会见面。霍夫曼跟他学习日语,同时还跟他的华人助手郭庆常学习汉语,因为郭庆常的第二语言是马来语,为了交流方便霍夫曼还自学马来语。对于这一新的职业选择,他几乎倾注了自己的全部精力和热情。

几年后霍夫曼协助范西博尔德编写他的巨著《日本》(Nippon)。他在翻译中表现出来的语言才能给一些老资格学者留下了深刻印象,为此法国汉学家儒莲曾特别邀请他前往巴黎任教。

当时霍夫曼与范西博尔德之间因为某些过节嫌隙未消,有意应聘前往法国。荷兰殖民大臣鲍德(M. Baud)得悉此事后提出以年薪150镑的待遇聘任他为日语翻译,使他大为感动,同意留任。然而有关部门却迟迟未能对此项任命加以确认,他本人也不好意思催促,因此一直未能履职。1851年英国国王学院提出聘任他为该校汉语教授,莱顿大学不愿看到本国人才外流,便决定抢先向他发出聘书。

这一年莱顿大学正式开设了中文和日文讲座,霍夫曼被聘任为首任讲座教授。这是荷兰汉学研究史上的重要阶段,标志着荷兰汉语教学和汉学研究的正规化和常态化的开始。霍夫曼成了一位可圈可点的人物。虽然在荷兰懂得两种以上外语的知识分子的人数很多,但是惟有他最能胜任这一讲座教授的职责,因为他既懂日语,又懂汉语。

霍夫曼的主要著述有:《日语辞典》(Japanese Dictionary, 未完稿,1839年);《日语语法》(Japanische Sprechlehre, 1867年荷兰文和英文版,1876年德文版);《日英辞典》(Japanese-English Dictionary, 1881年)等。在印刷《日语辞典》时因为没有可用的活字,他就自己动手制作,既当设计师,又当刻字工匠。他所制作的那套字模,后来部分还用于排印《汉英辞典》。

因为他的工作出色,建树颇多,1875年他被授予荷兰狮子勋章,1877年又被选为柏林科学院通讯院士。

1878年1月23日霍夫曼病逝于海牙。

二、后殖民语境下的荷兰汉学研究（1851年至1968年）

(一)博古通今的汉学家薛力赫

薛力赫出生于一个知识分子家庭,祖籍萨克森。父亲赫尔曼(Hermann, 1804~1884)在维也纳受过教育,是一位博物学家,喜欢东方事物。因为不能进入荷属东印度群岛的自然史专门调查委员会,他就与好友范西博尔德进行合作调研,利用机会收集有用资料。1827 年薛力赫一家移居荷兰,父亲在莱顿自然历史博物馆任职。

家庭环境对薛力赫的专业选择有很大影响,使他从小就对天文学感到兴趣。著名的天文学家弗里德里克·凯泽(Friedrick Kaiser)是他父母的朋友,曾经告诉他许多宇宙的奥秘。他对语言的兴趣则得益于通晓多种语言的父亲的指导。他 9 岁时就跟莱顿大学的霍夫曼教授学习文言文。

1857 年 10 月他以享受津贴的见习通事身份来华,在澳门待了几个月后前往广州,后来到厦门学习了三年闽南方言。这是所有加入荷兰殖民事务官员行列者的必修课程,因为台湾居民和荷属东印度群岛的华人多半都说闽南话。在这一期间他曾到中国各地旅行,用心考察中国的城乡环境,了解社会情况和中国人的风俗习惯。

1862 年 8 月 20 日薛力赫被聘任为巴达维亚高等法院汉文通事,费伯与他共事。当时巴厘岛上的华人共约 30 多万人,荷兰的汉文通事主要分布在巴达维亚、三宝垄和泗水以及岛外的一些定居点。他们要把各级殖民政府行政部门颁布的法律、法令和法规译成华文。有关婚丧嫁娶习俗需要多方协调,汉文通事在其中扮演了重要的角色。在当地华人孤儿院他们是名誉地产业主和孤儿救助行政管理人员,为此他们还专门出版了一些有关丧葬习俗、丧葬业和婚俗的研究资料。薛力赫在研究华人遗嘱、捐赠和继承法方面是一位领军人物,对于泗水的一家华人殡仪业也常给予指导。这一阶段他把法律案件的翻译和中介职业与个人对于天文学和比较语言学的研究相结合,进入了学术研究的多产时期。

两年后他在耶拿大学(the University of Jena)攻读博士学位课程,1869 年以一篇《欧洲的华人习俗和游戏》(Chinesische Braüche und Spiele in Europa)论文获得了博士学位。

后来荷兰殖民当局任命他为巴达维亚翻译生的总管,使莱顿大学的霍夫曼得以解脱原来承担的重任。他和费伯制定了一个计划,把翻译生的培训年限缩短为 5 年——巴达维亚课程 4 年和中国见习 1 年。他们还聘任了中国语言教师每天对学员进行口语训练。

薛力赫精通业务,思维敏捷,勤于钻研,研究领域很广,一度对荷汉翻译和中国古典文学情有独钟。1866 年他曾经把广东作家的一部叙事诗

《花间集》译成荷兰文;1890 年 4 月 1 日他还在《通报》上向读者郑重推荐过《中国故事》。后来他的兴趣又转到了中国历史、古代星象学和比较语言学等方面。

薛力赫是最早研究中国天地会历史的西方学者之一,他的成果问世后受到政界和学术界的广泛关注。据考证,天地会源于乾隆二十六年(1761)福建漳州地区,由被官府通缉逃回原籍的少林寺和尚万提喜创立(一说由明朝遗民郑成功创立),最初实为一个带排满倾向的民众互助组织,参加者大多为饥寒交迫的农民、手工业者和运输工人。后来该会规模扩大至闽海一带,逐渐遍及华南各省,声名远播海外。官府闻讯后大为震惊,遭大肆搜捕后曾一度平息,但是乾隆五十六年(1791)张标和谢志在台湾复兴了天地会,第二年苏叶和陈苏老在福建同安也恢复了活动。此后,又相继发生了台湾天地会分支小刀会起义、广东蔡步云起义、广西天地会起义,太平天国起义时当地天地会会众亦参与。

薛力赫关注天地会,首先是因为在西欧近代史上这类事件实属罕见,西方殖民主义者对此十分敏感。其次,研究天地会可以体察当地民情,了解自己所在地区的民心所向和民心所求,以便向殖民当局进言,不要做官逼民反的事情,从中吸取教训。另外,天地会是研究中国民间宗教最有代表性的选题,通过这一案例的分析,可以对华南各省和台湾以及东南亚华人聚居地的民间宗教产生的历史环境、社会背景、会社宗旨、组织规模、人员成分、政治影响和当权者对策等方面的情况进行综合调查,辨别其中的宗教信仰、封建迷信和娱乐健身的不同性质,无论从社会学、历史学、政治学或者语言学(例如对天地会章程、誓词、传闻、诗歌、号令和秘符的解读以及民调)的角度来看都是极具学术价值的,这正是吸引薛力赫和其他荷兰学者之处。

1866 年薛力赫的第一部专著《天地会:中国人和东印度华人的秘密结社》(Thian Ti Hwui:A Secret Society with the Chinese in China and India)问世。这部洋洋大观的论著是根据殖民当局抢夺来的中国资料写成的。作为一个西方人,他首次能够对中国秘密社会礼仪信息进行探究和分析,这在此前是绝对不允许的。在天地会出现之前,荷属东印度和马来半岛的当局也不能就如何应对当地华人秘密组织而制定任何政策。他的研究改变了此前的不利情况。

1872 年他撰写的《中国与雅利安》(Sino-Aryaca)是一部对汉语和梵语进行比较研究的专著。雅利安人属高加索人种,是聚居于今日俄罗斯南部乌拉尔山脉附近的一个古代部落,被认为是印欧语系民族的共同祖先。薛力赫曾批评英国汉学家艾约瑟(Joseph Edkins, 1823 ~ 1905)等学者对印欧语系研究少,而对东方语言关注多,其实他自己也在论著中常常引用马来语、暹罗语和台湾闽南方言等方面的材料。他在《中国与雅利安》专论中试图以达尔文进化论来解释比较语言学中的一些问题,但是没有引起同时代学者的应有关注。著名语言学家图克(H. N. van der Tuuk)虽然没有否认这项研究所引发的博学效应,但是却把它描述为"语言学领域中的一种幻象"。

在法国汉学家沙畹的影响下薛力赫还研究过中西交往史、近代中外关系史和中国古代星象学。星象学是中国古代根据星象变化推测世事兴衰的一门学问。观天象者以恒星为坐标,观察日、月、五星(金星、木星、水星、火星、土星)的位移以及彗星、流星、新星的出没情况。他们相信有一种控制星球运行和季节更替的超自然力量,也同样能支配人间的各种事务,据此把一个朝代发生的重大历史事件同天象变化联系起来,以证明天象与人事之间存在的一种感应关系。中国早在尧舜时代就已经设置专门观测日月星辰的官职,以后各朝虽然名称和分工有所变化,但是星象研究从未停止,并且出版了许多专著,各朝的官修史书都有《天文志》章节。星象学家从事的研究实际上包括天文、星占和历算三项工作。由于星占学具有维护皇权的作用,历代统治者一直对它严加管理甚至对推论结果进行人工干预,不许私授,不许传言,因此我国星占学理论长期处于贫乏状态,星象学家的聪明才智也被封建统治者所禁锢。

中国是世界上天文学发展最早的国家之一。一些外国汉学家出于对中国古代科学的了解和求证渴望,选择了研究古代星象学的课题,但是对于他们来说难度很大。首先是中国星象学的学科概念与西方天文学的概念的巨大差异,其次是阅读古籍的语言障碍,没有一定的汉语知识和中国文化修养是无法胜任的。他们必须阅读《左传》、《国语》、《甘石星经》、《开元占经》、《史记・天官书》、《汉书・天文志》、《晋书・天文志》、《隋书・天文志》之类的汉籍,这无疑要面对巨大的挑战。

1875 年薛力赫撰写的《星辰考源——中国天文志》(Sing Chin Khao

Youen, Uranographic chinoise）是一部开创性的研究专著，曾引起广泛的关注，但是他那驰骋的想象也激起了学术界的热烈争论。英国汉学家李约瑟认为该书的基础理论部分欠扎实，因为薛力赫力图证明中国天文学是世界天文学之源。不过他还是把该书看作中国位置天文学（Chinese positional astronomy）的最重要参考文献。

我国气象地理学家竺可桢（1890 ~ 1974）曾经就薛力赫在《星辰考源——中国天文志》一书中对《诗经·小雅·渐渐之石》中"月离于毕，俾滂沱兮"的解读有这样一段精辟的专业评价：

> 薛莱格（薛力赫——笔者注，下同）《星辰考源》第 522 页谓箕星好风，非箕好风，乃箕为风兆也。因引天元历理"古人观象以立法，后人为法以求象"之语（原文注：薛莱格对于毕为雨兆、箕为风兆之解释，见《星辰考源》第 164 及 368 页），真可谓切中肯綮矣。但薛莱格解释毕为雨兆，箕为风兆亦不得要领，因氏以我国与西方同以星之朝觌为标准。不知《洪范》明明谓："月之从星，则以风雨。"而《诗经》谓："月离于毕"，月乃望月非新月也。离作丽解，即《管子·五行篇》"经纬星历，以视其离"之意也。实际箕星好风、毕星好雨之理，乃我国古代秋初月望时，月在毕，春分月望时；月在箕，而春月多风、秋初多雨之故。按毕之赤经现时为 4 时 23 分，故小雪月望在毕，6000 余年前，处暑月望在毕矣。箕之赤经现为 18 小时，夏至月望在箕，6000 余年前，春分月望在箕矣。我国大雨时期，长江流域在阳历 9 月，黄河下游在 7 月，而陕西、山西则在 8 月，即秋初。至于风力，则全国均以春分前后为最大。①

薛力赫还系统地研究过九姓回鹘可汗碑（原文全称为"九姓回鹘爱登里罗汨没蜜施合毗伽可汗圣文神武碑"）。该碑是 1889 年俄国学者雅德林采夫（N. M. Yadrintsev）率领的考古队在鄂尔浑河流域和硕柴达木湖畔发

① 竺可桢：《二十八宿起源之时代与地点》，载《竺可桢文集》，科学出版社，1979 年，第 253 页。

现的突厥碑中的一块,其他两块分别为阙特勤碑和毗伽可汗碑。唐初漠北有铁勒族的九个部落,回鹘可汗是漠北游牧封建政权的第九位君主,一生为保卫天山南北的交通要冲——北庭和龟兹竭尽全力。消息传出后,芬兰和法国先后派出考察队前往石碑发现地进行考察并拓制碑文,中国、法国、英国、俄国、芬兰和日本等国汉学家也纷纷对碑文进行研究和解读并出版专著。1892 年沙俄圣彼得堡皇家科学院院士拉德洛夫(W. W. Radloff)以《蒙古古物图志》的书名出版了俄国考察队的报告,翌年俄驻华公使喀西尼(A. P. Cassini)把《蒙古古物图志》送到清政府总理各国事务衙门请求帮助考释。1896 年薛力赫接受拉德洛夫的委托,系统地研究了九姓回鹘可汗碑。碑文用汉、粟特和突厥三种文字刻写,突厥文部分严重残损,剩字不多,汉文和粟特文部分保存较好。他认真研究后确定了汉文部分的行数和每行的字数,提出了自己的解读并把碑文译成为德文,获得了好评。

1872 年薛力赫回到荷兰休病假两年。霍夫曼见到他十分高兴,发现他的汉语学养已经远远超过自己,还能说两种南方方言,完全可以接替自己在莱顿对汉文通事的培训。后来薛力赫致函殖民事务大臣,建议创办一所荷兰汉语翻译生培训学校。1873 年薛力赫的报告获得批准,他被委任为"特聘教授"。

1875 年荷兰政府批准在莱顿大学设立汉语教席,1876 年薛力赫奉命担任该教席。1877 年他晋升为汉学教授。同年 10 月 27 日他以"汉语学习的重要性"为题发表就职演说,重点论述了汉语学习对荷属东印度华人社区管理以及荷兰与中国和东印度群岛贸易展开的重要性。他要求学生"读,只管读!把语法书扔到一边去!"

但是他的同事中部分人对此持不同观点,认为在学习过程中思维理解与认知器官的配合是有效的,不讲究语法就无法读懂文章,外语学习尤其如此。1881 年范·德·加伯览茨(von der Gabelentz)曾经在一篇文章中挑战了薛力赫的观点。然而谁也无法否认他这非理性办法对于初学者可能起到的作用,至少在一定程度上是这样。

薛力赫和 1896 届高延的弟子范察赫(von Zach)曾于 1897 年为《通报》合作撰写一篇稿件,文中满汉对译部分,由范察赫负责满文,而薛力赫负责汉语翻译。事后范察赫对同事抱怨说:"那篇文章中的汉语翻译没有一个句子是正确的。"他甚至把薛力赫不求甚解的治学态度形容为"一种病态”(a pathological phenomenon)。

薛力赫一生饱读诗书,在学术上以敢于坚持己见闻名。日本民俗学家南方熊楠为考证明末张自烈编撰的《正字通》中的“落斯马”一词,曾和他在信函中展开交锋,但是彼此谁也没能说服谁。1892年薛力赫发表了《中国史乘中未详诸国考证》专著,在第一卷《扶桑国考证》中提出了“扶桑”即日本或库页岛的观点,有别于各个时期许多外国学者的论断,得到了不少汉学家的认同。1893年薛力赫出版了有关汉语对称结构研究的专著《中国文体:排比与对偶规律》,学术界的评价褒贬不一,可谓仁者见仁,智者见智。

薛力赫在莱顿大学位尊权重,性格刚烈,自命不凡,但是要求严格,事必躬亲。他指导学生撰写论文,也培训过多名汉字排印工。1896年他在海牙会见了赴荷访问的清廷重臣李鸿章,彼此南腔北调的对话使陪同通事无能助阵。他深知中荷辞典之类的工具书的重要,庆幸当年自己在编写四卷版本的《荷华文语类参》所体现的价值。

他在学术上的最大贡献是1890年与巴黎汉学家高第合作编辑出版的汉学专业刊物《通报》,把两个西欧汉学中心紧紧地联系在一起。这份学术刊物在历史上因为经费不足或主编调动曾多次停刊又复刊,但至今仍保持其活力,在汉界受到普遍欢迎。

1902年10月27日莱顿大学为薛力赫任汉学教授25周年(比他父亲的莱顿自然历史博物馆馆长任期还多一年)举行庆祝活动。这一年他的两卷本暹罗语(泰语)研究专著作为《通报》副刊发行,为荷兰汉学界增添光彩。与此同时,几乎大半个北京城的学术界都得悉他的年青同事范察赫发表了对他1893年的汉语排比句理论的批判文章。两代学者就学术问题相互叫板,被传为佳话。

1891年薛力赫的弟子高延被聘请担任人类文化学教席,进一步加强了莱顿大学的汉学教研实力。1903年薛力赫去世,高延辞去了人类文化学教席接任汉学教席。1912年高延移居柏林,莱顿大学汉学教席空缺,直到1919年才由戴闻达接任。这位享誉欧美的学者闪亮登场,不仅弥补了莱顿大学汉学研究院的汉学教席空缺,也标志着荷兰汉学由为荷兰殖民政府服务到为培育新型汉学人才的转变。

薛力赫的主要著述有：

1.《天地会：中国人和东印度华人的秘密结社》(Thian Ti Hwui: A Secret Society with the Chinese in China and India)，巴达维亚：朗厄出版社，1866年。

2.《中国娼妓考》(Lets over de Prostitutie in China)，1866年。

3.《星辰考源—中国天文志》(Sing Chin Khao Youen, Uranographic chinoise)，1875年。

4.《荷华文语类参》(Nederlandsch-Chineesch Woordenboek met de Transcriptie der Chineesche Karakters in het Tsiang-Tsiu Dialect)，莱顿：布里尔出版社，1884～1890年。

5.《中国史乘中未详诸国考证》冯承钧译，1892年。

6.《中国文体：排比与对偶规律》(La Loi du Parallélisme en Style Chinois Démontrée par la Préface du Si-Yü Ki)，莱顿：布里尔出版社，1896年。

(二)高延在中国民间宗教和民俗学研究方面的非凡造诣

1854年2月18日高延出生于荷兰的斯希丹。他原是一位虔诚的罗马天主教徒，但是学生时代他经历了莱顿危机四伏的宗教变革，最后放弃了自己的信仰。1873年他在莱顿大学攻读汉学专业时受业于薛力赫门下，主修中国历史、文学、宗教、民俗学和人类文化学。

他于1877年至1878年、1886年至1890年两次到厦门见习，参拜了厦门和福州的各处庙宇，体验当地村民迎神赛会的气氛，搜集了许多有关中国民俗节庆和法事资料。他观看过多种版本的祭亡目连戏，感触颇多。这种表演源于民间僧道法事，由僧人扮演的地藏王菩萨打开鬼门关，或者由道士饰演的救苦妙行天尊打开枉死城，艺术再现了传说中解救屈死亡灵的过程。清朝道光年间这一表演形式在闽南城乡逐渐演变为追悼故世老人的一种“打城戏”，为那些平日无钱搭台请戏班演戏的百姓所欢迎。目连戏说的是目连在为救母亲闯地狱的路上曾遇一猪一猴，因受他的清德善行所感动就一直跟随，自愿充当使者。表演中的插科打诨只为缓和举丧期间的悲戚气氛，奉劝孝子贤孙追思亲人知恩图报。回国后他用荷兰文撰写了两卷本的《厦门岁时习俗》(Jaarlijksche Feesten en Gebruiken van Emoy-Chineezen)于1886年出版，后来又转译成法文出版。

1878年高延在井里汶任汉文通事时有许多闲暇时间，就潜心整理在厦门收集到的资料。后来他到坤甸任职，通过工作接触和深入考察，对客家人社会有了较全面的了解。他不仅学会了客家话和闽南话，还做过大量的田野调查和文献研究。他结识了当地客家人创办的兰芳金矿公司的最后一任"大唐总长"（官方文献称为"甲必丹"或"甲太"）刘阿生，在矿区进行了为期三年的调研，搜集了大量的文字和口传历史材料，还从刘阿生的女婿叶湘云那里得到了一份《兰芳公司历代年册》的珍贵手抄副本。

兰芳公司的创建在印尼华人历史中具有典型意义。乾隆四十二年（1777）在印尼婆罗洲东万律（加里曼丹）的偏僻荒岛上曾经成立过一个叫做"兰芳大总制"的华人自治团体。自称"大唐总长"的罗芳伯（1738～1795）原籍中国广东嘉应州（今日梅州），据说早年参加过天地会，练就一身好武艺，34岁时从广东虎门乘船到达西加里曼丹的坤甸，在一个金矿公司打拼。此时正值中国历史上的"湖广填四川"时期，大批客家人被强制迁往四川，罗芳伯可能是不愿迁移而逃往海外追寻淘金梦的众多客家人中的一位。那时岛上同时有许多家矿业公司，在那方圆数十里的原始热带森林中劳工多达万余，彼此之间有时为一些琐事发生械斗。后来他们联合组建了兰芳公司，罗芳伯艺高胆大，与工友相处极好，就被推举为公司的"大唐总长"。为防御歹人侵犯他们组建起护矿保安队，购置武器弹药，实施独立法规，自行收税，并发展当地种植园，修桥筑路，把矿区秩序管理得井井有条。从此兰芳公司闻名遐迩，甚至被称为"兰芳共和国"，"大唐总长"也被比作"大总统"。

早在19世纪20年代，荷属东印度当局就开始向西婆罗洲派遣军队，在三发和坤甸等地建立了据点企图控制当地华人公司。由于兰芳公司对荷兰当局采取了合作态度，才幸免于难。1883年高延因病返欧治疗，利用机会就读莱比锡大学获得了博士学位。不久，他获悉刘阿生去世，兰芳公司和其他一些华人自治和互助会社被荷兰殖民当局当作非法暴力秘密组织强行解散，当地金矿业逐渐为欧洲资本家所接管，大批华人矿工流离失所，不得不奋起反抗。高延对此事非常愤慨，认为荷兰殖民当局不了解华人社区的风俗习惯，因此才执行了此项错误政策。

1885年高延撰写了《婆罗洲华人公司制度》（Het Kongsiwezen van Borneo），由海牙马蒂纳斯·尼霍夫出版社（Martinus Nijhoff）出版，从社会学和人类文化学的角度对兰芳公司被解散事件进行剖析。书中除对兰芳公司作了详尽的介绍外,还着重从理论上分析婆罗洲华人移民的历史背景、性质特征及其在荷印殖民地发展中的重要作用;婆罗洲公司制度及其对海外移民的影响;中华共和式村社制度的产生过程;殖民地会社(会馆)的起源与性质等内容。作者在书中特别强调:中国人的祖先崇拜是儒家孝道观念的体现,供奉已故先人的祠堂是共商家族大事、规范成员行为的家长制机构;普遍建立于华人同业行会中的民间互助会是华人同甘苦共患难的救助组织,并非"下流移民"的秘密帮会。全书内容丰富,描述准确,观点鲜明,为学术界所称道。

1996年包乐史向当时在莱顿大学进修的袁冰凌女士推荐翻译高延的《婆罗洲华人公司制度》,并在译稿付梓之际作序,对该书作出了肯定的评价:

> 从许多方面看,《婆罗洲华人公司制度》是一本具有特殊价值的书。首先必须指出的是,它是最早的有关中国的社会学著作之一。早在1885年,人类学还处于新兴阶段,高延不同于当时其他汉学家只关注中国精英文化与儒家学说,而是在本书和他的第一部著作《厦门岁时习俗》(1883)中另辟蹊径研究中国民间社会。
>
> 然而,确切地说,作者不仅在书中阐述了学术观点,同时也抒发了鲜明的政治见解。这一点从这位中文翻译对荷印当局的西婆罗洲华人公司政策的谴责,以及慷慨激昂的表述和对公司的描绘上都可略见一斑。事实上,高延在1880年所接触到的公司已非原样,当时的最后一位兰芳公司甲太亦已在任数十年,过去的首领选举制已是昨日黄花,与公司起源关系密切的旧金矿也不复存在了。高延对解散公司做法的激烈指斥,断送了他在殖民地政府中的仕途,此后他转而潜心从事科学研究。①

① 引自高延著,袁冰凌译《婆罗洲华人公司制度·包序》,台湾"中央"研究院近代史研究所1996年,第3页。

1884年高延向荷兰政府殖民大臣提交了一份申请资助前往中国进行四年科研调查的报告，理由是：当时荷兰学术界对中国社会、历史、宗教和文化研究不够充分，因此对东印度群岛华人社区的管理和事务处理有时有违公正。他在报告中写道："我需要在中国停留一段时间，漫游各地。我将做为平民、和尚、道士、农夫和当地的平民、和尚、道士、农夫生活在一起，取得他们的信任，收集各种荷印政府需要的资料，从而使政府能够更好地了解、控制秘密会社。"①荷兰政府批准了他的报告。从1886至1890年他遍访了北京、江西、四川、福建和广东，参观了各处庙宇和道观，亲临各地法会与道场，聆听市民村夫有关居家生活、妇女地位、婚丧礼俗的介绍，获益匪浅。与此同时，他还为法国里昂的吉美博物馆（Musée Guimet）收集了大量福建印制的民间神像，为德里烟草种植园主协会招聘了大批中国农民工。

1890年高延返回荷兰不久就被聘担任莱顿大学荷属东印度群岛人类文化学教席（Chair of Ethnology）。他在以"从政治和科学角度看中国知识对于我国海外殖民管理的重要性"（On the Importance of the Knowledge about China for our Colonies, seen from the Political and Scientific Points of View）为题的就职演说中，强调华人少数民族在东印度社会的重要地位，显然他个人的学术研究兴趣仍然聚焦于中国。他热衷于用比较人类文化学的方法来分析和研究东南亚的社会和文化。他一边研究中国的宗教系统，一边给印尼人讲婚礼或母系社会的课程，而不是局限于对中国本土的研究。他的家人曾这样描述他当时的状态："他平日看似安静，寂寞，仿佛是幽居的学者，但实际上他的内心却充满焦虑和活力，驱使他要有所作为，在更大的领域中的作为。"②

从1892年至1918年，高延先后撰写了六卷本的《中国宗教制度考》、两卷本的《中国教派与宗教迫害》、《中国人的宗教》、《中国的宗教：大同一体——道教和儒家学说研究秘诀》和《大同一体论：中国宗教与伦理以及政事与学术之基础》。

高延对中国宗教问题的研究具有开创性，具体表现在：一、他的著作数

① 袁冰凌：《高延与婆罗洲公司研究》，载《婆罗洲华人公司制度》，台湾"中央"研究院近代史研究所，1996年，第158页。

② Leonard Blussé, 1989. *Of Hewers of Wood and Drawers of Water: Leiden University's Early Sinologists* (1853 ~ 1911), In *Leiden Oriental Connections* 1850 ~ 1940, p.348. Leiden: E. J. Brill.

量之多在同时代的荷兰汉学家中实属罕见,他先后用荷兰文、英文和德文撰写、翻译和出版了多部专著,赢得了众多关心中国事物的读者,丰富了欧洲学者的中国知识;二、他从现实的角度选题,以历史回顾为切入点,用最新采集的资料和数据为依托,言之有据,论证充分,可信度高;三、把社会学、历史学、宗教学、民俗学、语言学和人类文化学的理论与汉学研究结合起来,视角跨度大,层次丰满,内涵深邃。没有深厚的学养和丰富的阅历是无法做到这一点的。由于他的贡献,过去无人问津的课题逐渐揭开了面纱。

特别值得关注的是1892年至1910年高延所撰写的六卷本《中国宗教制度考》(原著全称为《中国宗教制度:它的古代形式、演进历程、历史与现状、礼仪风俗以及与此相关的社会建制》),根据所掌握的有关丧葬、灵魂和祖先崇拜的资料,对中国民间宗教信仰理论作出了准确阐述。其中有关风水方面的论述,资料详尽,观点新颖,最具可读性。

中国的风水学原为传统的相地之术,涉及宫殿、民居、庙宇和墓地选址的方法及原则,涵盖了风水、景观、生态、文化和人文等诸多因素。风水学把人、鬼、神视为不同形式不同质量的生命存在,认为都应享受最大的幸福指数,这样还可以惠及后人。风水学理论倡导的是根据传统美学观和中国国情制定出来的一系列原则,如:依山傍水、坐北朝南、不偏不倚、顺乘生气、阴阳平衡、相生相克、因地制宜、天地人合一等。由于它纳入了阴阳五行、天干地支、八卦九宫的理论框架,专业语汇和分析方法奥妙神秘,因此多少显得有些封建迷信的色彩。但是,如果从现代的气象学、建筑学、生态学、环境哲学、环境经济学、地球物理学、水文地质学、环境景观学、人体生命信息学的角度来研究风水学,都可以找到许多相互对应之处,在很大程度上符合现代的环保、采光、保洁、取暖、对流、绿化、防震、防腐、抗灾、宜居和继续发展的理论。研究这门学问的西方学者,首先必须熟悉经典汉籍,其次要在适当的人文和生态环境中加以体验,才能具备必要的文化学养。

2003年奥莱·布鲁恩(Ole Bruun)在《中国风水:介于国家正教与民间宗教之间的土卜》一文中对高延的中国风水的研究作了以下评论:

> 杰出的荷兰汉学家高延在他的里程碑名著《中国宗教制度考》中首次对中国的土卜(Geomantic Divination)进行了综合研

究。与那些仅仅运用一般理性思维概念的先行者相比较，高延的著作在系统田野调查和古典文献研究的基础上作出了人类文化学的精到分析。高延发现风水源于两个绝然相反的思想范畴：首先是表达对大自然，其次是对祖先的崇拜或者敬畏，两者都是中华文明的固有思维模式。高延还特别回答了人们常问的一个问题："既然它始终操控着整个帝国，那么，什么是'风水'呢？"接着他作出了这样一个界定：

准科学的体制应该教育人们在何处如何挖坟、建庙或盖房，以便让故去的先人、神明和健在的人统统有栖身之处，并尽可能置于大自然的吉祥环境之中（高延 1901：935）。通过把风水与中华文明的祖先崇拜观念的演进联系起来，高延提出的办法对他所处时代社会科学的发展起到了重要的推动作用。他的精妙分析和才能表明，使这个命题涉及的内容与天下人密切相关，因为对人类社会的研究可以为人们竖立样板，不过他那不妥协的语气在早期的人类文化学研究中还是相当普遍的。①

高延也是早期翻译研究《聊斋志异》的西方学者之一，在他的《中国宗教制度考》一书中收录了《聊斋志异》中的《长清僧》、《妖术》、《白莲教》和《尸变》等 10 篇与宗教有关的故事。

退休前高延所处的环境恶化到几乎使他的神经崩溃。他从国外带回的大量礼仪用品未能如愿捐赠给莱顿人类文化博物馆，因为与馆长发生一次争执，那些用品就分别散落到其他博物馆中去了。在一年一度的大学联谊会的"开心期"（hazing period），他为抵制滥用纸张而打的笔墨官司已发展到一发不可收拾的地步。他卷入了与学生甚至本院和其他学院同事的刀光剑影的辩论，无法自已。1904 年为了填补薛力赫留下的空缺他很勉强地放弃了人类文化学教席。而在此前几年，他也曾经分别婉谢了哥伦比亚大学和柏林大学的教授聘任邀请。1911 年柏林大学再次邀请他去赴任，他愉快地接受了。但是，与联谊会新入会者的纠纷（他因为此事辞去了教

① Ole Bruun，2003. *Fengshui in China：Geomantic Divination between State Orthodoxy and Popular Religion*，pp. 59～60，by Nias Press，Nordic Institute of Asian Studies.

区长的职务),以及就一位友人的聘任被取消而与大学董事会发生的意见分歧,使他的生活蒙羞。高延在柏林的事业原本可望得到完满成功,但是结果并不理想。他卷入了德国为发动世界大战的一切所作所为。虽然他曾一心想要出版一部有关中亚的早期汉籍的重要研究,看着殚精竭虑建立起来的柏林大学汉学研究院,大战结束时又笼罩着当初的阴影。1921 年他怀着破灭的梦幻离开了这个世界。

高延晚年的学术兴趣有所改变,主要研究中国与匈奴的关系,把大量中文古籍中有关匈奴的文献译成德文,其中出版的有:《公元前的匈奴》(Die Hunnen der vorchristlichen Zeit, 1921 年)和《公元前中国西部诸国》(Die Westlande Chinas in der vorchristlichen Zeit, 1926 年)等。

高延的主要著述有:

1.《厦门岁时习俗》(Jaarlijksche Feesten en Gebruiken van Emoy-Chineezen),2 卷,1886 年。

2.《婆罗洲华人公司制度》(Het Kongsiwezen van Borneo), Martinus Nijhoff,1885 年。袁冰凌译为中文,1995 年。

3.《中国宗教制度考》(The Religious System of China: Its Ancient Forms, Evolution, History and Present Aspect, Manners, Customs and Social Institutions Connected Therewith)6 卷,布里尔出版社,1892~1910 年。

4.《中国大乘法典的研究》(La code du Mahayana en Chine),阿姆斯特丹:1893 年。

5.《中国教派与宗教迫害》(Sectarianism and Religious Persecution in China: A Page in the History of Religions) 2 卷, 阿姆斯特丹, 1903 ~ 1904 年。

6.《中国人的宗教》(The Religion of the Chinese, The Hartford-Lamson Lectures on the Religions of the World),麦克米伦出版社,1910 年。

7.《中国的宗教:大同一体——道教和儒家学说研究秘诀》(Religion in China: Universism. A Key to the Study of Taoism and Confucianism),帕特南:1912 年。

8.《大同一体论:中国宗教与伦理以及政事与学术之基础》(Universismus, die Grundlage der Religion und Ethik, des Staatswesens und der Wissenschaften Chinas),柏林:1918 年。

(三)包雷对《道德经》研究倾注的满腔热情

1888年至1892年包雷在莱顿大学研修汉学,师从薛力赫。1892年至1893年他以“翻译生”(translateur-élève)身份前往厦门游学,后来在印度尼西亚廖内荷兰殖民政府中担任通译。他曾在一篇回忆录中这样描述他的恩师:

> 我的汉文老师陶孝珲(Tio Siao Hoen,音译)和兄弟及亲戚住在一条窄巷的阴暗小屋。20多年来他一直为荷兰汉文学生授课,每天四个小时,月薪仅区区12块墨西哥鹰洋。他年近花甲,身着丝袍,脚穿厚实的毡料便鞋,步履缓慢,长长的辫子规规矩矩地垂在身后,一副其大无比的眼镜架在鼻梁上……
>
> 没有过多久,大约在我了解他之后,我就明白了他实际上就是我的老子,而我却是他的儿子。这位每月由我支付12块鹰洋请来的五短身材导师,就像受雇的仆人,每天上午准时来上课。他通过一些有分量的词语和文雅的手势,启发我领会孔夫子和老子的智慧,这是任何知名的欧洲教授所无法做到的。我所撰写的有关东印度的智慧和美学,都应该归功于这位恩师。实际上,要对古人的智慧进行阐述是非常不容易的事情(这听起来有点别扭),没有写出来的比已经写出来的更为重要,应该在无言中加以接受。
>
> 这位陶大人也会到我的住处,在他介绍给我的仆人身上揩点油,或者抬高他向我推荐的商店的物价,以便暗中受惠。让人看起来只是由于他的帮助我才能买到价格低廉的东西。直到很久之后我才明白过来他是怎样靠那微薄的收入过日子的。[①]

包雷在厦门居住了一年,有机会到周边乡镇参观访问,体察民俗民风,与当地渔民村叟交谈。1894年9月离开厦门前,他曾在当地超度亡灵的宗教仪式中观看了一出劝孝戏《刘全进瓜》。该剧共10场,按地狱的10殿置景。为已故亲人打醮拜忏是当年的闽南民俗,以便帮助想象中的亲人因

---

① Hemri Borel, 1925. *Van Leven en Dood*, pp. 31~33.

生前罪孽被阎王判入地狱早日脱离苦海飞升天堂。剧中的气氛渲染夸张使包雷震撼,因为跟西方基督教的追思弥撒和安魂曲所采用的追悼亡灵的方式差别实在太大。但是从戏剧史和民俗学的角度看,他的收获却超出了预料。对于他来说,观看这次表演胜过他所做过的百次田野调查,使他亲身感受到当地民众敬天法祖的传统观念,领悟到民间戏曲与宗教、杂耍、木偶戏和武术的渊源关系,以及戏剧人类文化学和宗教生态学可能诠释的深奥道理。龙彼得(Piet van der Loon,又名范德龙,1920~2002)在《关于漳泉目连戏》一文中记述了包雷当时的感受:

……这时布幕突然拉开,显露出一个阴森怪异的场景。正中摆着一张桌子,桌上点着蜡烛,地府至高无上的君王就坐在桌后,他红白花脸,银鬓似雪,身穿一件大红袍,金光闪闪。他的两旁站着两个身材高大的恶鬼,一个牛头,一个马面,各执一根长矛,状极凶煞,难以形容。一群值班鬼卒,手如鹰爪,拖着尾巴,走上戏台,他们满身血污灰尘,有的面孔极黑,有的涂青、黄、红等颜色。我从未见过这样似人非人,似兽非兽的可憎动物。正中桌前放着一个大火炉,炉火正熊熊燃烧,几个小鬼用吹管从一个小口往炉内送气,个个欢乐得露齿狞笑。

过奈何桥的一幕也是极为恐怖壮观。一块狭长木板的两端架在椅子上,两边两个木箱,上面站着几个鬼卒,此外再没有其他刀具,中国人看这种临时搭棚演戏不需要很多布景和道具,凭他们丰富的想象力可以把简单原始的置景幻想成真实的场景。独木桥下就是想象中的一条河。两个残忍的人,一个戴着一条大鳄鱼头,嘴里长满锐利牙齿的黑面鬼,另一个扮成一条大毒蛇,它们在河中爬行。那些受刑的鬼魂一个接一个走上桥。由于害怕桥两边恶鬼手中的三叉戟,多数在桥上就失去平衡,跌入水中,毒蛇和鳄鱼就游过来吞食他们,很少几个侥幸过得桥来,他们恶意地嘲笑那些行刑鬼差,又悄然上路而去。①

① 龙彼得:《关于漳泉目连戏》,傅希瞻译,载《民俗曲艺》第78期,台湾财团法人施合郑民俗文化基金会编,1994年。

1909年包雷被派到北京进修，课余时间他参观了京城的很多名胜古迹，并把每次所见所闻都详细记录了下来。1910年他出版了荷兰文版的游记《太阳从东方升起》，两年后又以《新中国：一位观光客的印象》为书名出版了英译本。

书中有一篇记录他参观颐和园的文章，当时颐和园每月只有两个星期三对外开放，游客都必须有专人陪同。作者写道：

> 早上九点钟出发了，坐马车，有两匹带羽毛铃铛装饰的马，从位于北京南门的六国饭店到颐和园需要两个小时。……在干干冷冷的空气中，穿过北京城非常舒服，经过宏伟的皇城街，紫禁城和煤山。……从西直门出去后就走一条华丽的、维修极好的马路。大约走了一个小时，经过叫做“海淀”的小村，无穷尽的田野和森林。……后来拐进小道再转弯，经过高高圆圆盖着琉璃瓦的墙壁，很快就到了大门。①

当昆明湖的旖旎风光映现入他的眼帘，静谧的湖光山色竟使他流连忘返。他继续写道：

> 最美丽的就是两岸之间的宽宽静静像是熟睡的湖。一个周长四里的圆圈，白得像大理石的堤岸充满静静蓝蓝的水。浮在水上很薄的冰片在阳光下闪烁，好像很温柔的盖住此极深纯平静的湖水。在北面和东面大理石栏杆围大片湖水，像是后面高山掘出来的；上面在森林里有向南的宫殿和寺庙，是建筑、自然和艺术的奇迹，从山上可以看到下面的静湖。

走过铜牛便来到廓如亭，包雷再次被那巧夺天工的艺术造型所震撼。接着他这样描述：

① 曾丽雯：《优美的颐和园——1909年博雷尔游园记事》，载香港《文汇报》2010年7月5日，下同。

再过去有个非常漂亮的又红又金色的亭，也是高超的皇帝艺术家的艺术品。连到湖岛大理石桥的十七孔好像在蓝色水上祈祷。栏杆上精致的柱子有狮首，好像不是人用的桥梁，却是福地，只能由光明的天使和净化的灵魂才可以踩的。我在红梁支持的、用发红的旧金装饰的廊如亭休息并欣赏周围的像天堂般的环境。

以上是100多年前包雷向西方读者详细描述中国皇家园林游记中的几个片段，弥足珍贵。

包雷的学术兴趣广泛，对道教兴趣尤浓。1897年阿姆斯特丹出版社出版了他翻译的《道德经》（再版的书名为《中国的哲学家——老子》），1903年他又出版了《无为——建立在老子哲学基础上的幻想》，后来还先后在纽约、伦敦和慕尼黑再版了多次，颇受读者欢迎。这是他的学术生涯中的一大亮点。

《道德经》（即《老子》）是一部先秦道家典籍，分上下两篇，上篇为《道经》，下篇为《德经》，合称《道德经》，成书于春秋晚期或战国初年。据考证作者姓李名耳，后人称其为老聃，楚国苦县（今河南鹿邑）人，曾任周朝王室的柱下史，掌管图书要籍。《道德经》通过对自然无为思想的阐述表达了作者的宏伟的宇宙观、价值观、社会政治、军事思想和人生哲理。全书5000余字，修辞凝练，文实多姿，哲理宏富，浓缩了大量的东方人生智慧与感悟，没有深厚的汉语学养和中华文化底蕴的外国人，即便借助译本，也是无法真正读懂这部深奥典籍的。该书传入西方后风靡学界，从19世纪初至今先后问世的各种西文译本已近250种，发行量仅次于《圣经》。老子的核心价值观和思想精髓被认为意在反对人类文明的异化，他的自然无为、贵柔守雌、知人者智和善胜者不争等理念，在文明高度发展的西方世界，对于认识和解决社会顽疾和周期性的经济病灶的困扰具有想象不到的功效，因此能得到许多有识之士的共鸣与认同。在学有专攻的汉学家、热衷于中华文化的外国学人和政治家中，争相解读、领会和发扬《道德经》精神者不在少数。

包雷在《老子的“道”与无为》的《引言》中写道：

我喜欢老子！为此我特为读者奉献另一种译述版本，并尽可能把印刷和装帧都做得漂亮些。我希望你们也喜欢这位善良智慧的老人,并向他表示敬仰之情。他可能是具有洞悉精神世界能力的学者中的第一位(公元前6世纪),他竭力向别人敞开心扉,最终却出乎人们意料之外,在令人惋惜的沮丧中云游茫茫世界去了。对他来说没有一事是顺心的:友人误解他,其他人也嘲讽他。……

与老子思想有关的一个颇为有趣的实事是:虽然2000多年来他被误解,被嘲弄,但是,今天用于探讨所谓的"生机论"(Vitalism)的最优秀的科学和哲学思想,与老子"道"的理念却是完全一致的。如今每当谈及"宇宙动力"(Cosmic Urge)、"生命冲动"(Vital Impulse)和"创造原理"(Creative Principle)时,可以说都与"道"有关。一切视柏拉图的思想、形式和博爱为上帝创造性表现的有关的事物也都与"道"有关。当基督徒学者着手翻译圣·约翰的"神道"(the Logos of St. John)时,他们都乐于使用"道"这个词。

老子"道"的概念仅局限于"宇宙创造原理",这是实事。显然他没有提出"人性"(personality)的概念,基督徒把它归功于上帝,而老子却把它归结为智慧和仁慈,与"人性"没有什么关系。对于老子来说,"道"是放之四海皆准的永恒原则,构成并制约天地万物。正是那无形的宇宙影响使万物和谐,开花结果。这就是真理和道德的规范与标准。老子持有的不仅仅是作为"创造原理"的智者理念,而且还怀着虔诚的宗教感情来对待它:"他爱'道',如同儿子惦念和孝敬自己母亲一般。"①

他在60寿辰撰写的一篇文章中回顾自己的学术生涯时说,如果他的著作要被统统付之一炬但是只允许留下一本时,他就会选择《无为:建立在老子哲学基础上的幻想》。他说:"在那短篇中可以找到我的精华,好在它既有文学又有哲学的内容,我在文中阐述了生活方式和世界观。我一直希望把它作为单行本发行,而且是荷文版的。"

① Henri Borel, 1919. *Laotzu's Tao and Wu Wei*, translated by Dwight Goddard, pp. 2 ~ 3.

1895年包雷出版的《中国的智慧和美》共有五部分：前言(Foreword)；忽悠人的中国人(Deceptive Chinese)；中国戏剧(Chinese Opera)；病逝的官员(A Deceased Mandarin)；无为：建立在老子哲学基础上的幻想(Wu Wei—a fantasy based on Lao Tsz's philosophy)。"前言"是1919年他为第五版增补的。他在第一章中写道："当我从荷兰来到中国，在中国人自己的国家看到中国人，说来真有些抱歉，当时我并没有觉得特别别扭。"可见年轻的包雷不像许多西方人那样初来中国时什么都看不惯。他发现中国人特别喜欢鲜花、小鸟和孩子，喜欢多子多福和长寿。有一次他看到老师坐在家门口的岩石上，他问老师忙啥，老师回答说："逍遥呢！"他很欣赏老师这种享受生活的方式。但是后来他发现老师帮他购物时从中渔利，改变了看法，觉得中国人都在忽悠他。在第二章中作者介绍了取自《征西》的剧目《樊梨花》，他把厦门演出该剧时的露天舞台、音乐、演员的服饰、化装和道具与荷兰的歌剧院的演出作了一番比较，最后惊奇地发现扮演樊梨花的竟是一位男演员，使他眼界大开。在第三章作者描写了参加一次葬礼的所见所闻。他把观音与圣母玛丽亚作比较，也谈到妈祖和目连，供桌上的香烛和供品以及出殡的音乐。第四章作者从道家哲学角度对"无为"的观念进行了别开生面的分析。这些都是他在闽南游学中对于中国文化的深切感受。

包雷在印度尼西亚廖内担任通译期间，荷兰殖民政府中汉文通译的地位、作用和待遇发生了变化。根据1863年的有关规定，司法和行政当局需要时可以调用他们做翻译工作，他们也可应邀就华人事务向地区行政首脑提出建议，根据需要陪同他们在地区巡视。但是实际上这一切只是一相情愿的构想，此时汉文通事已经不再作为顾问使用，行政当局完全可以随心所欲地调遣他们。到1895年，汉文通事已经被改称为"华人事务官员"，荷兰皇家政令对于他们的地位、组织、称谓、培训和待遇重新进行了定位。在这次重组中的最大变化是，汉学家可以应邀或者主动地向司法和行政当局提出建议，这样，翻译的职责就降到了次要地位。包雷清楚地看到殖民社会任意摆布雇员的情况，可他自己对于官场关系的圆通和判断力又少得可怜，因此在此次重组引起的混乱中他深受其苦。他起草了一份措辞激烈的批评性专家报告呈递到上级之后，意见遭到了抵制，报告也立即从官方文档中被撤了下来。其实，从长远来看，他的许多看法都独具远见卓识，然而他却不幸地沦为一名受害者。他的职业生涯充满了世事曲折起伏，交织着下岗与祝捷，终于在1916年体面地被解雇，不过，此时他已经在荷兰享受了四年的“特批休假”。高延为此曾经称包雷为“备受争议的人物”，说“此公使荷兰汉学丢尽了脸面”。[1]

包雷最早觉察并撰文介绍了处于萌芽状态中的中国民族主义思潮，以及荷属东印度群岛华人青年的崛起。他发表了一些有关中国社会发展的权威性文章和小小说(dime novels)，以及有关远东事务的深奥浪漫的沉思录。他向荷兰知识界介绍了多卷本的孔子、老子和孟子的经典著作，该系列的总标题是《向非汉学家推荐的中国哲学丛书》。他被解聘后断然放弃了汉学研究，成为海牙一份有影响的报纸《故土》的戏剧和文学评论家，以一位“知识总管”(Intellectual Factotum)的资格继续在文苑辛勤耕耘。

包雷的主要译著有：

《中国的智慧和美》(Wijsheid en Schoonheid uit China)，1895年。

《中庸·大学·论语》(Kh'oeng Foe Tsz': The Central Mean, The Great Learning and Selected Sayings)，翻译，阿姆斯特丹：1896年。

《道德经》(Tao-te ching)，翻译，1897年。

《无为——建立在老子哲学基础上的幻想》(Wu Wei—A Fantasy Based on the Philosophy of Lao Tsz)，1903年。

《太阳从东方升起》，1910年。两年后又以《新中国：一位观光客的印象》(The New China, a traveller's impressions)由蒂姆译成英语在伦敦出版。

《老子的“道”与无为》(LaoTsz's Tao and Wu Wei)，纽约：1919年。

《孟子》(Meng Tsz' China's volkstribuun)，翻译，阿姆斯特丹：1931年。

(四)戴闻达：从汉文通事到汉学大家

1889年6月28日戴闻达出生于荷兰哈灵根。1908年他进入莱顿大学攻读荷兰语言和文学专业，后师从高延改修汉学。高延移居柏林后，他转学到巴黎大学，受业于汉学家沙畹、高第和微席叶(Arnold Jaques Antoine

① L. Blussé, 1989. *Of Hewers of Wood and Drawers of Water: Leiden University's Early Sinologists* (1853—1911) in *Leiden Oriental Connections* 1850 ~ 1940, p. 350 edited by Willem Otterspeer, Leiden: E. J. Brill, 1989.

Vissière, 1858 ~ 1930),继续他的汉学深造。1911 年下半年他又转学至柏林大学,除了听高延的课外,也利用机会听汉学家佛尔克(Alfred Forke, 1867 ~ 1944)的讲座课。他后来在汉学研究方面的广泛兴趣和深厚学养与几位恩师的栽培分不开。

1912 年至 1918 年他任荷兰驻华公使馆通译,与中国人民和文化的亲密接触对他后来从事的汉学研究有很大的帮助。他看到了辛亥革命后中国社会的动荡和人民对于美好未来的憧憬。他早期的一些文章和译著无不表现出对于当时中国重大事件和处于危急状态的社会问题的敏感和关切。

1919 年戴闻达被聘任为莱顿大学汉学讲师(Reader in Chinese),打破了早期荷兰汉学教师必需具备在荷属东印度殖民政府任职资历的人事聘任规定。他如是开始了全职汉学研究的生涯,专业素养和时代的感悟赋予了他在中华文化研究领域大显身手的成熟条件。他在以“论汉学战神”(On Chinese Wargods)为题发表的就职演说中强调,汉学研究除了一依旧制的课题外,还应该关注中国宗教和地域文化。他的这一指导思想无疑受到了高延的影响,在他后来出版的一系列著述中也反映出他的这一理念。特别是当后来世界面临又一次大战威胁,极权主义国家开始表现对人权价值和道德观念的蔑视,熟读四书五经的戴闻达原本是一位和平主义者,后来在莱顿大学竟成为敢于抵抗纳粹暴行的带头人。

1919 年戴闻达曾因翻译《景善大人日记》使他和当时的汉学界蒙羞,经过高人指点后他才正视该日记是巴克斯伪托之作的事实,从此他更加谨言慎行。攻读博士学位课程时原计划以“荀子”为题撰写博士论文,但是得悉美国学者德效骞正在翻译该书,就把选题改为翻译法家历史名著《商君书》。他作了大量的基础性研究工作,利用高本汉(Klas Bernhard Johannes Karlgren, 1889 ~ 1978)的辩异词表发现《商君书》并非个人之作,而且成书时间很可能是 3 世纪而非 4 世纪。

《商君书》全书 26 篇,文体多样,记载了法家革新变法、重农重战、重刑少赏、反对儒术等法家言论。有些中国学者认为《商君书》基本是伪书,有些学者却认为该书作者应为商鞅(公元前 390 ~ 公元前 338 年),持第三种意见者则认为《商君书》非一人一时之作,可能是商鞅和当时法家其他人的遗著合编。历史上的商鞅出身于卫国贵族,早年为魏相公孙痤的家臣,公元前361年入秦,得到秦孝公重用,执政将近20年,使秦国一跃而为当时民富国强的诸侯之邦,为后来统一天下奠定了坚实的基础。戴闻达的外交素养使他对中国治国文献情有独钟,这是符合他的学术追求的。他以扎实的史学功底跨越了难以想象的语言和史料背景理解的障碍,根据对已有史证的考证,大胆提出了自己的观点,为他的博士研究论文撰写迈出了成功的第一步,得到了导师和许多学者的好评。

1926年6月28日戴闻达为荷兰中国社会政治科学协会研讨会提交的论文《荷属东印度群岛上的华人》,运用儒家思想分析中国人孝敬父母安土重迁的传统与侨居海外谋求发展之间的矛盾,是社会动荡和经济困难迫使广东和福建两个沿海省份的一些中国人悖逆祖训,定居安南(越南)和暹罗(泰国),甚至远涉重洋,前往东印度群岛拼打天下,以勤奋和胆识重塑人生。若干年之后,一些"新客"(Singkehs)发财后回乡光宗耀祖,一些人留恋洒满他们汗水的异国他邦,让子女加入了"土生华人"(Peranakans,又译"峇峇娘惹")的行列。[①]这别开生面的分析,在华人华侨史的研究中独树一帜。全文章法老练,论述丝丝入扣,成功汉学家的历练和才干在他身上已经渐显端倪。

戴闻达写过许多很有见地的论文,但多半都是用荷兰文撰写的,在一定程度上影响了他在汉学界的知名度。收录在他1927年出版的《西方世界视野中的中国》(China Tegen de Westerkim)一书中的论文选题相当广泛,内容广及对1917年前后中国开展的新文化运动(Literary Renaissance)的评估、王阳明学说对当代中国的影响、军阀张勋(1854~1923)复辟失败后逃入荷兰驻华公使馆以及戴闻达跟他多次谈话的情况。

1928年戴闻达获得了中国文学和博士学位,正式出版了他的《商君书》长篇博士论文。那是一部译介法家典籍的专著,也是西方学者解读中国思想史的力作,把精确的哲理语汇和流畅的译文结合得尽善尽美。全书充满了学者的文思和艺术家的气质,是丰富荷兰文库的汉籍译作中的典范。书中对原著的大胆诠释和遣词造句的得当,被公认为汉学研究中不可

① "土生华人"泛指15世纪初定居马六甲、印尼和新加坡(淡马锡)一带的明朝华人移民后裔,也包括少数唐宋时期定居当地的"唐人",男性称为"峇峇",女性称为"娘惹"。按照马来西亚现行宪法,峇峇娘惹与19世纪后期去马的"新客"身份相同。

多得的精品。他的弟子曾经常说:他那极富文学品质的著作作为汉学入门教材读起来并非易事,每一页的内容从来不是干巴巴的提要式陈述,而是散发着浓郁的中国文化魅力的人文经典,以此为荷兰汉学界赢得了国际声誉。

戴闻达在研究法家文献方面的成功经验激励他对周朝晚期思想史的进一步研究,一度把目光聚焦于《荀子》。其实早在1924年他就在《通报》第23卷发表了一篇译自《荀子·正名》(The Rectification of Names)。《论语·子路》中记载了孔子说过的一句话:“名不正则言不顺,言不顺则事不成。”荀子在自己所处时代有关“名”和“实”问题的辩论中,多次肯定了“名为实定”的观点,指出:“同则同之,异则异之”。对于生活在殖民时代的戴闻达来说,选择研究并翻译荀子的“名”与“实”的论断,敢于对荀子的观点产生共鸣,是他带着感情色彩做学问的一种态度。1929年他又在《通报》第26卷发表了《〈荀子〉年表》。

戴闻达的当年弟子中多数人都期待毕业后能到荷属东印度群岛殖民政府中任职。为了帮助他们做好就业准备,他特别关注对东南亚各国与中国关系史的研究,翻译了曾三次陪同郑和下西洋的通译马欢的《瀛涯胜览》、明航海家费信的《星槎胜览》、《明史》和《明实录》中的有关郑和的航海史料。1933年他曾在阿姆斯特丹发表了一篇有关郑和下西洋的论文《马欢重考》,1938年他还在《通报》第34卷发表了《最后一个荷兰赴华朝贺团》。

第二次世界大战爆发前几年世界变得疯狂了,然而莱顿大学在戴闻达心中却依旧是令人魂牵梦萦的家园。1930年他欣然接受了莱顿大学对他汉学教授的任命,发表了《历史与儒教》(Historie en Confucianisme)的就职演说之后,婉辞了美国哥伦比亚大学相同任命的美意。这一年他还创办了汉学研究院(The Sinological Institute),使学生能集中利用大学图书馆的文献资料学习汉学课程。当时图书馆收藏的中西文汉学图书约1000册,不久得到了一定规模的扩充,一位印度尼西亚在校留学生曾祖森被遴选为馆长。当年庚子赔款转入中国与荷兰王国文化关系促进基金会(Foundation for the Advancement of Cultural Relations between the Kingdom of the Netherlands and China)后,莱顿大学汉学研究院成立了相应的汉学促进基金会(Foundation for the Advancement of Chinese Studies),从中获得了部分款项用于购置汉学图书以及支付馆长薪金。至此,莱顿大学的汉学研究、教学活动、图书资源和出版都纳入了有效管理机制,一改以往孤立无助的局面。汉学研究院不是以纯学术建制运作,而是以一个充满活力的企业式的组织(organized enterprise)载入莱顿大学校史。戴闻达主持汉学研究院教学工作时期是荷兰汉学发展史上的转捩点。

他经常出国讲学和旅行,结识了很多美国学者,他的语言天赋和人格魅力使他有机会在欧洲和亚洲广交朋友。他发挥自己的组织才能,对平日的汉学教学和研究进行指导和协调。虽然他对于自己得到的荣誉并非无动于衷,但是对于校内的学子和年青同事他却始终平等相待,保持近距离接触,不厌其烦地帮助他们解决专业和工作问题。

第二次世界大战爆发后莱顿大学汉学事业的发展举步维艰,正常的教学和研究都碰到了越来越多的困难,为弥补时局造成的损失,戴闻达与布里尔出版社签约准备出版一套由他主编的莱顿汉学丛书(the Sinica Leidensica Series)。第一批出版的专著有恒慕义根据《古史辨》编写的《顾颉刚传》(the Autobiography of Gu Jye-gang,1931 年)、埃松·盖尔(Eddon Modowell Gale)的《盐铁论》(the Discourses on Salt and Iron, 1931)、卜德的《李斯:统一中国的第一人》(On Li Sz as China's First Unifier)和奥韦尔狄金斯(G. W. Overdijkins)的《林则徐》(Lin Tse-hsü)。然而,第二次世界大战的纷飞炮火打破了许多才华横溢学者的汉学美梦,戴闻达主编的系列丛书后来被迫宣告停刊。

1932 年戴闻达和法国汉学家伯希和(Paul Pelliot, 1878~1945)克服重重困难,恢复了 1903 年薛力赫去世后停刊的法荷合作出版的汉学核心刊物《通报》。1935 年戴闻达出版了一部《中国通史》(A Comprehensive History of China),还访问了中国。他撰写的有关那次访华见闻先后见诸报刊,1936 年结集出版。

戴闻达在 1936 年《通报》第 32 卷发表的论文《荷兰早期的汉学研究》,是根据 1931 年在他为莱顿召开的东方学家第 18 届大会提交的一份发言提要的基础上撰写而成的论文,与 1950 年他发表的《荷兰对汉学研究的贡献》是姐妹篇。他以 17 世纪欧洲水手、耶稣会士和观光客向本国知识界传递的有关中国的信息为切入点,谈到了欧洲神学家和东方学家对中国天文学和天干地支纪年系统感到兴趣的那一段历史。1581 年莱顿大学约瑟夫·斯卡利杰尔教授从与罗马教皇格雷戈里乌斯十三世(Gregorius XⅢ)的一位助手通信中获得一份有关中国十二生肖的干支名称和用法的材料,他给每一生肖注上了拉丁文名称,但是不明白十干和十二支依次搭配组合成60个名称用于表示年、月、日顺序的道理。他的继任者萨尔马修斯阐明了天干和地支的搭配和循环使用关系,进而指出汉语和蒙语是不同的语言系统,斯卡利杰尔标注的只是按照蒙语发音的音译。由此又在荷兰学者中引发了对汉语24个节气名称和体系的介绍,以及戈利耶斯紧急求见在莱顿换船的耶稣会士卫匡国的故事。虽然是荷兰汉学史上中荷文化碰撞中爆发出的火花,但是足以表明荷兰学者对于中华文化研究的执著和热情。戴闻达在论文中多处使用了汉语方块字,在该卷《通报》的第305页还有他手写的汉字、英文和波斯文;在第312页至344页他直接用汉字标注出汉学古籍、中文人名、工具书名和常用词组;在第317页至318页的汉语否定词组中,除了他的手写汉字外,还标出了拼读字母、声调和英语翻译。通篇字体工整,编排讲究,匠心独运。

德国占领荷兰期间,戴闻达在自己家里曾经接待过犹太避难者,因此被捕入狱,后来经过蒙满学家海尼诗(Erich Haenisch, 1880~1966)等国际学者出面交涉才获释。

1940年戴闻达与荷兰射电天文学家扬·奥尔特(Jan Hendrik Oort, 1900~1992)就蟹状星云(Crab Nebula)问题进行合作研究。奥尔特是射电天文学专业的开拓者,曾以《高速星群》(The Stars of High Velecity)的论文获得博士学位,1927年他通过分析星群运动的现象证实了贝蒂尔·林德布拉德(Bertil Lindblad)有关银河系滚动的理论,1935年被聘任为莱顿大学天文台教授。在旅美期间他在一份资料中获悉美国观察天文学家梅奥尔(Nicholas Ulrich Mayall,1906~1993)已经测出了蟹状星云的扩张速率,推断出其确切年代,并了解到有关该星云出现的历史记载。

梅奥尔是美国杰出的天文学家,从加利福尼亚大学获得博士学位后就任职于美国利克天文台,对于星云(Nebulae)、超新星(Supernovae)、螺旋星系内部运动(Spiral Galaxy Internal Motions)、星系红向移动(the Redshifts of Galaxies)、宇宙的起源、年代和范围等天文学课题都有独到的研究,为利克天文台筹划用于替代早先36英寸的天文望远镜的一台120英寸射电望远镜的安装立下了汗马功劳。

奥尔特请戴闻达帮助查阅中国和日本史籍中有关新星(客星)的记载。虽然当时第二次世界大战已经爆发,一切都处于战乱无序状态,但是戴闻达却始终没有忘记奥尔特对他的嘱托。1940 年 7 月 30 日戴闻达在乌赫斯特海斯特给奥尔特的一封回信中写道:

> 阿米斯:我已经查到了你所说的新星的另一处记载。那是一部卷帙浩繁的文献《宋会要辑稿》,影印版几年前才问世(早期的研究人员并不了解),在第五十四卷谈到了有关 1054 年宋代观象台记录到的……

奥尔特在该处用铅笔加注:“回到莱顿后我将马上就此事给梅奥尔和巴德(Walter Baade,1893 ~ 1960)发一封航空回信。”奥尔特断定:新出现的宋代星不是普通新星,而是超新星。

1942 年这位天文学家为抗议莱顿大学的纳粹化管理愤然辞去了教授职务,那年夏天与全家移居到莱顿东边 100 公里处的一个幽静乡间。戴闻达得悉:在那饥寒交迫的战争年代,虽然奥尔特还与大学天文馆保持着联系,有时也骑自行车去莱顿,中途因为体力不支要休息几次,但是他还是顽强地挣扎着,靠想方设法为家人弄来的一些土豆,甚至煮郁金香球茎充饥。这就是戴闻达所了解的当时汉学界同事们的坎坷命运。

在荷兰被占领的战乱年代戴闻达被迫从公共生活中消失,开始潜心研究道教。1941 年他出版了一册书名为《与中国思想家共度时光》(Uren met Chineesche Denkers)的中国古典哲学著作译文集,与国人共享。后来他又着手翻译老子的《道德经》,把译作视为自己在失去自由的岁月中精神逃遁的一种手段。1942 年他终于完成了荷兰文的《道德经》译本,两年后法文版和英文版也先后付梓。他把“道”译释为表示万事万物不断变化的形式概念。

战后荷兰汉学家们以新作和旧译再度掀起汉学研究高潮。1946 年菲克瑟博克瑟(J. Vixseboxse)在戴闻达的指导下撰写了一篇关于《17 世纪荷兰访华使团》(Een Hollandisch Gezantschap naar China in de Zeventiende Eeuw)的论文。《通报》也于 1947 年复刊,恢复了巴黎—莱顿的学术合作关系。1942 ~ 1945 年被作为战俘关押在巴达维亚的何四维也回到了荷兰，受聘为讲师协助戴闻达工作。1948年海牙建立了作为第三世界发展研究中心的社会学学院，戴闻达被任命为院长。1949年罗伯特·克雷默斯（Robert Kramers）出版了《孔子家语》（Kungdz Jya-yw）翻译和研究的专著。同年曾祖森发表了有关白虎堂的论文，随后他被聘任承担新创建的中国哲学教席。

戴闻达乐于以“汉学家”自称，意欲表明“汉学研究”是一项非常艰巨的任务（a herculean task）。虽然他承认一个人不可能掌握研究中华文明所需要的全部学科知识，但是他对于汉学涉科内容有较全面的了解却是事实，而且愿意通过出版诸如中国古代哲学史、现代政治史、文学史、汉代研究、明清时期中国对外关系史和中荷关系史等方面的著作把自己的经验传授给他人。他对于15世纪初郑和下西洋的研究不仅为了激励其他学者填补他留下的空白，而且也想以此作为他节译极富文献研究价值的明人罗懋登创作的《三宝太监西洋记通俗演义》的前期准备。他提倡忠实于原文的翻译（faithful translation），资料必须可信可靠，抵制有百害而无一利的浅薄涉猎（dilettantism）。戴闻达的多才多艺与早期欧洲汉学家的多能多产的根本区别就在这里。他以马伯乐（Henri Maspero，1883～1945）为榜样，把中华文化遗产视为继往开来的历史学家的领域，认为中国哲学、法律和文学是中华文明历史画卷中的构件，不应该割裂开来学习。他承认专业化的重要性，告诫他的弟子要学习法律、艺术史和人类文化学之类的其他学科的知识，在他的著述中以上学科思路贯穿了所有相关汉语文本中，但是可惜经常被人轻视或者遭到粗暴对待。“查阅经典原文！”是他对所指导的学子经常使用的一句口令，要求他们认真理解那些看起来似乎不值一读的章节，在下武断结论之前必须勇于面对史证。

戴闻达被荷兰汉学界视为可信任的顾问、益友和“汉学外交家”（Diplomat of Sinology），在学生的心目中他还是诲人不倦的良师和说书人（raconteur），多么深奥的理论和千头万绪的历史，经他娓娓道来，顷刻之间课堂上的沉闷气氛就会在笑声中变得轻松起来。只要点上烟斗，他就是一位文思敏捷的学问家，像过电影一样引导学子们去重温历史，从17世纪戈利耶斯如何利用返国述职的耶稣会士卫匡国在莱顿换船的短暂休憩时间与他会面，到非洲的长颈鹿如何被误认为“麒麟”作为贡品呈献明廷，都是当年学子们耳熟能详的故事。在赋闲在家的日子里，他把10名高才生安排在阿姆斯特丹一处不为外人所知的地方，悄悄地给他们上了几个月的课。翻开《汉书》时，他总不忘扶一下自己的眼镜才开讲。德国侵略军对荷兰的占领持续了一年又一年，当全国解放之日来到时，老教授在家坐不住了，原来以"居士"名分译出的一首首唐诗只能暂时搁置一边。他当年一手创建的汉学研究院，在那些阳光灿烂的日子里，再次迎来了一批批来自世界各国的学子。

由于他经营有方，莱顿大学汉学研究院已经发展成为国际闻名的研究中心，拥有丰富的汉学藏书，吸引了大批外国留学生和研究生。他不仅仅关心如何做学问，还十分关心远东各国的近况。他在讲座、文章和专著中总是尽量向更广阔的外部世界介绍中国的最新动态。他用荷兰文撰写的普及汉学读物《中国通史》充分表现了他的渊博知识和概括能力，也体现了他对表达技巧和文风的准确把握。他还以"扬·洛德韦克"(Jan Lodewijks)的笔名发表过许多自己创作的诗歌。他每两年一次前往美国哥伦比亚大学讲学。作为一位德高望重、尽心尽责的《通报》主编，每一期他都要撰写论文、注释或书评。他是荷兰皇家科学院院士，英国皇家亚洲学会、美国东方学会、南洋学会名誉会员，美国普林斯顿大学和英国牛津大学名誉博士。

戴闻达晚年承担了一个研究残简的得意项目。他把一些残损竹简上已经复原的文字视为副文(spuria)，仿照马叙伦的思路对部分段落进行删节，又把一些段落移至他处。但是持异议的专家却认为，竹简受损不可能导致副文的出现，况且散乱的文本单靠移动原本相互关联的段落是不可能得到修复的。1954 年戴闻达逝世后不久，卜德发表的一篇措辞极其严谨的评论文章，终止了戴闻达修改的一些段落"为一层神秘面纱所掩饰"的意思应该永久保留的主张。

戴闻达早年和晚年的生活并非没有遗憾。但是毕竟金无足赤人无完人，对于汉学研究来说个人失误只是区区小事。他的奉献在于，多年来在汉学研究院大楼汇聚了一群群求知若渴的年青人，还有数以千计价值连城的汉籍经典。他的悉心教导和高瞻远瞩的策划，使荷兰汉学事业后继有人，如今的莱顿大学已经成为学子们向往的神圣殿堂。

戴闻达的主要著述有：

1.《荷属东印度群岛上的华人》(Chinese In the Dutch East Indies)，1926 年。

2.《西方世界视野中的中国》(China Tegen de Westerkim),1927 年。

3.《商君书》(The Book of Lord Shang: A classic of the Chinese school of law), 伦敦:亚瑟·普罗赛因出版社 (Arthur Probsthain),1928 年; 1939 ~ 1959 年; 伦敦:芝加哥大学出版社, 1963 年;联合国教科文组织代表作品集中国系列(UNESCO's Collection of Representative Works, Chinese Series)。

4.《〈荀子〉年表》(The Chronology of Hsü Tzu),1929 年。

5.《马欢重考》(Ma Huan Reexamined),阿姆斯特丹:1933 年。

6.《中国历史路线和人物》(Wegen en Gestalten der Chineesche Geschiedenis),1935 年。

7.《荷兰早期的汉学研究》(Early Chinese Studies in Holland), 1936 年。

8.《悬鼎》(De Hangende Drievoet),1936 年。

9.《最后一个荷兰赴华朝贺团》(The Last Dutch Embassy to the Chinese Court, 1794 ~ 1795),1938 年。

10.《中国人的航海方向》(Sailing Directions of Chinese Voyages), 1938 年。

11.《中国的思想家》(Urenmet Chineesche Denkers),1941 年。

12.《道德经: 道与德之著》, 荷兰语本, 1942 年; 1950 年; 法语本 (Tao To King, le livre de la voie it de la vertu), 1953 年; 英语本(Tao Te Ching: The Book of the Way and Its Virtue),伦敦:约翰·穆莱出版社(John Murray), 1954 年, 172 页; 东方智能丛书 (The Wisdom of the East Series),伦敦: Hollawood by the Sea, 1954 年。

13.《无为的哲学》(De Philosophie van Woe wei), 阿姆斯特丹: 1942 年。

14.《中国人之发现非洲》(China's Discovery of Africa),1947 年

15.《荷兰对汉学研究的贡献》(Holland's Contribution to Chinese Studies), 1950 年。

(五)何四维在译注秦汉法典残简方面的贡献

1910 年 1 月 31 日何四维出生于柏林—夏洛腾堡。他的家族原来住在北方的格勒宁根省,17 世纪以后男性成员世代为新教牧师,但是他的祖父

却务农,曾因开垦计划失败而破产。他的父亲是一位电器工程师,1905 年至 1919 年供职于德国阿龙电器设备公司。

何四维在凯瑟·威廉时代的德国小学接受启蒙教育,先后学习了六种语言。因为第一次世界大战期间食品奇缺,生活艰难,何四维和弟弟被送到荷兰阿纳姆姑姑家。小学毕业后就读于比瑟姆的一所中学,他的荷兰文学老师是诗人和文学批评家格雷硕夫(J. Gresshoff)。从阿纳姆到比瑟姆的路程大约 80 公里,每天骑自行车往返,给他少年生活留下了许多美好回忆。虽然 6 年的学校钢琴功课也算开心,但可惜没能调理好他的音乐细胞,过完 18 岁生日就再也没有摸过任何琴键。1919 年他父母亲离开了柏林,在荷兰阿姆斯特丹公租房暂住了一年,后来在比瑟姆定居了下来。1927 年何四维通过了中学毕业考试。第二年他带着自己喜欢的文学作品,和两位同学结伴沿着莱茵河前往海德堡,时而步行,时而坐车,时而乘船,度过了上大学前的一个难忘暑假。

何四维原来希望像父亲一样成为一名工程师,但是毕业考试后他改变了主意,开始着手备考基础希腊文和拉丁文,如果及格就有希望攻读人文学科。后来父母亲的一位朋友告诉他不妨学习东方语言,因为每年荷兰政府都刊登广告为学习汉语和日语的学生提供奖学金,将来还可能在荷属东印度群岛殖民政府中任职。1928 年他开始在莱顿大学学习汉语和法律专业,同学中有后来成为大名鼎鼎教授的傅吾康(M. H. van der Valk)。他们跟戴闻达教授学习《四书》和《景善大人日记》,他的福建助理张天泽(Chiang Tien-tse)给他们上现代汉语课程,还教他们基础厦门方言,那是在荷属东印度群岛跟 1300 万华人打交道必须掌握的一门知识。与此同时他们还学习了日语必修课,使用的唯一教材就是日本小学生的《读本》。

当时莱顿大学汉学研究院尚未创建,他们的上课地点不是在大学图书馆内的所谓“汉语教室”,就是在戴闻达教授的家里。但是到了 1930 年秋天汉学研究需要一个好环境,原来学校大楼的一处所谓“研究院”旁的几间教室就被拨给他们专用。这时何四维已经是三年级学生,他和同学们兴高采烈地帮着把大量汉学图书从拉彭堡运河对岸的大学图书馆搬到了新馆的书架上。这一年,一位戴闻达在美国讲学时认识的美国学生威廉·阿克也加入了他们的行列。当阿克了解到何四维的第二语言是德语,就一定要跟他互帮互学。他建议用一面刮脸的小镜子对口唇,纠正何四维的英语发音,然后用同样方法让他纠正自己的汉语发音,像"辛弃疾"之类的词组发音对于初学汉语的西方学生来说简直就像绕口令一般拗口。到1931年底,何四维通过了出国留学的资格考试,开始做来华进修的准备,他与阿克互教互学的事就暂告了一段落。

来华前的准备也包括建立自己的小家庭,新婚妻子是学习印尼语的芒女士(C. Mans)。1932年1月31日何四维夫妇抵达上海,亲眼目睹日军对北站的惨无人道的大轰炸,他们赶上最后一班开往天津的轮船,到达北京后暂住在东四牌楼胡同的《北华捷报》语言学校。何四维当时只懂一些基本的语体文和口语,战乱环境使他不能接触很多中国人,无法练习普通话,于是就请语言学校的旗人老师当家教。

为了避暑,何四维夫妇在西山脚下大觉寺附近租了一间小屋,秋后他们又入住漂北胡同的一个西式小院,请来一位旗人吴养田(Wu Yang-tien)先生每天给他上几个小时的课,读老舍的小说《赵子曰》。经人介绍何四维结识了梁启超的弟弟梁启雄,一位以研究《荀子》著称的学者,给自己上古文课。他和傅吾康在国家图书馆梁先生的办公室内读了几个月的《左传》和《史记》。傅吾康除了学习汉语外还学法律,打算研究中国现代法学,也鼓励何四维研究中国法学史,特别是《唐书》中有关刑法的章节,因为那是完整保留下来的最古老中国法典。何四维于是开始翻译《新唐书》。

1933年初,何四维陪同从日本来华的好友阿克前往太原时学会了射箭。大约在11月,何四维夫妇离开了北京,当时古老的牌楼依旧到处可见,寺庙香火仍然不断。1982年何四维在给卜德的一封信中深情地回忆起当年在北京的那段生活时写道:

> 有一次我去雍和宫参观时看到数百蒙古喇嘛穿着旗人长衫,在遮阳殿内,赞美天神的超级雄浑低音搀杂着小喇嘛脆弱的高音。……
>
> 我们所熟悉的北京如今充斥着这些玩意儿(西方的发明和新奇的设备),已经被现代化了,有街灯和电车,总是人满为患,木板便道上大胆的行人,一群群,不顾小命地悠哉优哉。也有一些汽车,少数自得其乐者则乘坐各式稀奇古怪的马车,镶着画有花卉

的玻璃。一些宅院有自来水和下水道，但是多数京城居民都从街上的水贩那儿买水。他们推着独轮车，车上装着两个硕大无比的水桶，让没有膏油的轮子吱扭吱扭地大街小巷满世界地跑。水桶里的水是从某条街头的小口水井里用细井绳拴着水桶打上来的。

在胡同中费劲地推着走的其他独轮车左右两边各装着一个大框，是煤贩子用来运送煤球的车子，拴在锈迹斑斑车条上的小铃铛时不时地响着，招呼顾客前来买煤球。还有一种值得特别一提的是“香车”：用无盖粪桶收集居民马桶中的夜间大小便。胡同的路多半都没有铺过，就像俗话说的“冬天一尺泥，夏天三尺土”。夏天狂风暴雨袭来，贩子们免不了淋得个落汤鸡似的。

住在胡同里的人都像老子所说的知足常乐的村民，不必走出家门去打听外边的事儿，仅凭铃铛或者叫卖声就知道什么行当的人来了。小拨浪鼓断断续续的急促击打声告诉人们布贩子来了，大鼓低沉慢速的击打声就是卖炭人来了，两个小铜铃欢快转动的声音是卖糖果的人来了（记得串在一根竹签上的酸甜可口糖葫芦吧？）颤颤巍巍地敲打小锣时不时迸出几句什么——我就记住了“算卦”这个词——准是算命瞎子来了，两块硬木撞击发出的沉闷声音说明卖肉的屠夫来了。拨动大夹子中音叉似的小棍发出的悠长颤音就是流动剃头匠来了，他的剃头挑子一头是扣着脸盆儿的凳子，另一头是金字塔形的小工具箱。不一会主顾来了，坐在凳子上，师傅用又宽又短的剃刀，不打肥皂就给他剃头，随后从抽屉掏出耳挖子、镊子和刷子给他小心翼翼地掏耳朵。

但是，尽管想象力丰富的读者可以多少领会小鼓、铜铃和小锣声音的微妙差异，却无法辨别大多数音调优美或沙哑粗犷或甜蜜动听的叫卖声，如：收破烂老妇人干脆刺耳的“换取灯儿”，馄饨挑子忧郁深情的“卖饽饽”，卖金鱼儿欢快的“卖金鱼儿”，菜贩的“卖萝卜赛梨子”，以及盲人叫花子的凄婉哀号：“老爷太太可怜可怜个瞎子吧！”这些在那小小的火神庙都能听到，在我居住的裱褙胡同也能听到。但是如今这一街市同步音乐已经消失了，就像在西方国家那样再也听不到了。还有那蓝天白云下盘旋鸽子尾羽发出的鸽哨声也听不到了！

中国红白喜事的壮观景象也看不到了。新娘坐的四人或者八人抬的花轿,红帘低垂,轿夫戴着黑皮镶边的大礼帽。更为壮观的是葬礼中的巨大灵柩车,覆盖着织花的红毯,上面顶着一个银球。运送灵柩的不是4人,也不是8人,通常是32人,沉重的灵柩把棺材严严实实封闭其中,像走在前面的打幡儿和仪仗一样,都穿着红圈绿衣。治丧人雇来的叫花子穿着租来的送葬服看上去都是一水儿的破衫烂裤。

北京的商业鼎盛时期,商户的入口处都悬挂着雕刻或者绘制成下垂彩线之类的商品。其中最漂亮的一个店家门面就靠近哈德门,全部都是精致的雕刻。那时老北京壮丽的城墙依然屹立,还没有遭到艺术摧残者(vandalists)拆毁的厄运。1966年春天和夏初我们本来可以在那儿美美地住上几个月,但是却目睹了壮观的哈德门城楼楼顶被掀翻,然后城门被拆毁,留下了最令人痛心疾首的记忆。不过我们在北京逗留期间,也逛了逛陶瓷店,然后前往远处色彩缤纷的胡同,最后当然就光顾琉璃厂了,看看那些古籍,寻访古董店。一路上还走过一些店铺,门前有在风中飘荡着黑髯口的无疑就是戏装店了,也看到挂着木制大刀和宝剑的道具店。令人难忘的还有无处不在的招牌和幌子,牙医橱窗呲着大牙的臭嘴什么的。

皇宫琉璃瓦上的白雪,沙尘暴,北海公园白塔之下的溜冰人群,穿着长袍坐在油漆板凳上的遛鸟人,挑着十几个套着蓝棉套的竹编鸟笼忙于寻找向阳墙根的佣人,在油灯下挺着便便大腹和饺子面的厨师,……都看不到了,都一去不复返了!①

1934年何四维本来打算前往巴达维亚,却直接去了日本,因为当时荷兰政府决定建立东亚事务局,把分立的中国和日本办事处合二为一,要求新雇员同时通晓汉语和日语。这样,他和妻子就在京都待了整整一年。他

① PH De Heer, 1990. *A Biography of Anthony Francois Paulus Hulsewé*. In *Thought and Law in Qin and Han China: Studies Dedicated to Antony Hulsewé on the Occasion of His Eightieth Birthday* edited by W. L. Idema and E. Zurcher, pp. 4 ~7.

们住在一个传统的日本居室，有御寒的榻榻米地板、几个木炭火盆和一个燃油取暖器，其中一个房间有壁龛，挂着一幅中国画，摆着一个花瓶，餐桌只有 25 公分高，对于熟悉中国情况的人来说没有一点陌生感。这类房屋以可视梁柱为装饰风格，棕黑色的墙，低矮的天花板。房间之间有推拉门，衣柜涂的是黑漆，还贴了有白鹤和芦苇图案的壁纸。何四维入乡随俗，不久就穿上了深蓝色夹层棉布和服，还有木屐和分趾袜，俨然是一副日本人的打扮，东方的人文环境缩小了汉学和兰学(Dutch learning)[①]之间的距离。除了在京都观光外，他和妻子也乘火车到本州和北海道等地游览，还登过富士山。他的日语知识原本有限，因为缺乏练习几乎忘光了，只能从头学起。老师是颇有名气的黑羽夏千岁，后来稻田贺太郎也教过他。在京都他与好友阿克相聚多日，一起向那须与一的后裔请教了日本箭术，虽然是业余级水平的操练，却也充满了成就感。

1935 年新年伊始，何四维再度前往爪哇，担任东亚事务局(the Bureau for East-Asiatic Affairs)日本处处长，主要负责为荷属东印度殖民政府及时提供根据从中日报刊获取的有关东亚政治、经济和社会发展的信息。事务局的官员比谁都清楚当时东亚局势对殖民政府的威胁与日俱增，不过距离后来发生的珍珠港事件还有相当长的一段时间，因此何四维一家(“二战”前出生的两个女儿和一个儿子以及战后出生的第三个女儿)跟多数生活在东南亚的荷兰人一样一切都还正常。何四维每天上班的时间是上午七点半至下午两点，然后回家，冲凉之后吃顿热腾腾的午餐，晚间一顿冷餐，然后就寝。何四维常到千岛群岛旅行，也到中爪哇以东的苏门答腊去看婆罗浮屠，[②]还常带孩子们去动物园过周末。

1939 年初何四维回国休假，利用这一机会准备参加汉语和日本文化课的考试，并提交论文《译注〈旧唐书卷五十·志第三十·刑法〉》(Hsing-fa Chih of the Chiu T'ang shu)，之后重返巴达维亚。第二年夏初德国法西斯入侵荷兰，新闻和信件检查制度开始在巴达维亚建立，何四维奉调担任检查员，据他本人统计这一期间他至少审查了 25000 封日文信件。

① “兰学”是日本江户幕府锁国政策时期(1641 ~1853)通过与出岛的荷兰人交流而形成的学问，使日本人得以了解西方的科技与医学等方面的发展情况。

② The Borobudur，始建于公元 8 世纪的印度尼西亚千佛坛，共九层，最高一层为大塔，阶梯形椎体，是世界闻名的石刻艺术宝库之一。

1942年1月23日何四维奉派前往万隆总督秘书处工作。3月8日日军在爪哇战役中获胜，形势急转直下危如累卵，荷兰殖民官员在咄咄逼人的日军面前被迫投降，何四维位居海军后备役上尉，被日军作为战俘关押，年底转送到新加坡樟宜集中营。本来他和其他人要被遣送去修筑臭名昭著的缅甸铁路，因为痢疾沉疴留了下来，和另外三个荷兰人翻译荷文出版物中有关新几内亚的材料，从1944年初到战争结束，时间长达三年。1946年初何四维被一支英国部队营救了出来，后任英军当局华人事务官员数月。荷兰海军部得悉他获救的消息，紧急召他回巴达维亚，岂料时疫缠身，无法视事。不久他与妻儿子女一起返回荷兰，被安置在海牙海军总参谋部情报处任职。

1947年3月何四维辞去了在荷兰海军部和荷属东印度殖民政府的职务，由于戴闻达的力荐被聘任为莱顿大学汉语讲师，协助他工作。两年后何四维放弃了唐诗和唐代法典的研究，原因是他得悉早在1946年卡尔·宾格尔(Karl Bünger)就已经对该课题进行过研究并出版了专著。汉代史是戴闻达本人的长期研究领域，自然而然地引起了何四维对这一选题的关注。戴闻达的两名弟子埃松和卜德都撰写过这方面的论文。他的美国朋友——牛津大学教授德效骞也翻译过两大卷的汉代前10位皇帝的年表。戴闻达当时正忙于编审两部极重要汉代史的工作：一部是韦慕庭(Clarence Martin Wilbur, 1908～)关于汉代奴隶制度的专题研究；另一部是李斯万(Nancy Lee Swann)关于汉代经济的研究。戴闻达不以此为满足，还鼓励其他学生，如：曾祖森、龙彼得(Piet van der Loon，又名范德龙，1920～2002)和何四维等人去翻译并进一步研究《汉书》。何四维经过再三考虑，决定以《汉书·刑法志》(Hsing-fa Chih of Han shu)为新选题，并着手收集有关《汉书》和汉代文学作品中有关刑法和法典方面的参考资料。1954年他的论文《汉律残简译注》(The Remnants of Han Law)通过后获得了博士学位。1975年湖北睡虎地秦简发掘开始后，何四维扩大了研究范围，运用秦简史料对秦汉法典、政治制度和社会生活进行多层面的探讨，在揭示秦简丰富历史价值的同时，还不断向西方汉学读者展示自己的学术成果。他发表有关简牍的论文多达10余篇，1985年他整理出版的《秦律残简译注》是第一部向西方学术界介绍秦简的著作，赢得了大量好评。

1956年1月何四维接替已故戴闻达的职务，与第二任妻子玛格丽特·沃兹涅夫斯基(Marguerite Waazniewski)婚后正式开始了自己的教授生涯。他在此后的20年中科研硕果累累,虽然汉学研究院的学生人数不多,但是生源却源源不断。他十分重视现代汉语教学工作,每周给一年级学生上三次课,为莱顿大学的汉学教学与研究的发展作出了杰出的贡献。他的研究领域宽广,包括秦汉史、秦汉法律制度、中国史学、古代佛教、中国古代数学、古典小说以及中国的马克思主义文艺理论。

20世纪60~70年代莱顿大学汉学研究院有很大变化,学生人数大幅度增加,行政机构比以前增多,平均主义的倾向在汉学领域中也有所反映,随之而来的是组织膨胀和会议频繁。何四维真切感受到教学中的无穷乐趣,但行政事务中不尽人意的事也几乎随处可见。

然而困难和变化没有影响何四维尽心尽责地做好自己的工作。弟子们无法忘记他怎样把那些乍一看来枯燥乏味的古籍讲得如此妙趣横生。他喜欢自己的弟子,但是从来不使用"学生娃"(Pupils)这个词来称呼他们,总是把他们看作需要接受良好专业培训的成年人。在他心目中好的治学态度应该是:在接触具体材料之前就有一个能提出整套问题的初步看法。他平时为人谦和低调,自称不过是一个"耐心做事踏实古板的语文学家"而已。对于身边的许多人来说,他既是良师又是益友。他给朋友、同事和弟子们寄出的大量信件,总是言辞诙谐,常常乐于与他们分享自己读书中的快乐。

他除了教学和写书外,还与国外的同行保持广泛的联系。1947年他与高本汉在斯德哥尔摩待了几个月,四处奔波的都是跟自己专业有关的事情。有时他去参加汉学会议,有时经批准出差外地。1959年2月,时任新加坡南洋大学文学院院长的恩师张天泽请他参加一个委员会对该院的教学标准进行测评。1963年夏天他在西雅图华盛顿大学花了三个月的时间参加了一项汉史研究。1965年秋天,他应10年前在莱顿结识的牟复礼教授(Professor Frederick Wade Mote)的邀请到美国普林斯顿大学为他代课。第二年上半年他利用政府津贴重访中国和日本,1973年他应邀到日本讲学。

何四维指导学生撰写的论文涉及各类选题,但是他个人晚年的研究则主要侧重于古代中国的法律制度,其中最重要的一篇是1979年发表的《早期中亚之中国:公元前125年至公元23年》(与英国汉学家鲁惟一合作)。

他把教学、科研与《通报》编辑相结合，与法国汉学家戴密微联手把《通报》办成欧洲汉学的核心专业刊物，许多撰稿人从何四维的严谨点评中获益匪浅。在他退休时同事们专门以“汉代的国家和社会制度”为题为他组织了一次小型研讨会，其中几篇精彩论文后来都陆续在《通报》上发表了。

何四维退休后移居瑞士仍笔耕不辍，每年都有若干数量的专著和论文发表。1985 年他的《秦汉法典》问世，为学术界提供了大量新近出土的秦汉法典竹简的权威注释和译文，其中对一位秦代行政长官上呈文件的译释充分表现出他的深厚学养，他撰写的有关汉语语序的论文也体现了莱顿大学在东方语言研究方面的优良传统。

1976 年何四维移居到他岳母居住的瑞士弗里堡以南的罗蒙，那是一个平静的小镇，那些日子他给友人的信笺上第一句话总是写着：“今日此间平安无事！”因为 1977 年一次车祸，他原来到欧洲各地观光的狂热已经没有了，但是 1975 年以后他先后写了两本书、10 来篇文章、若干评论、数十篇书评，使人不相信他的退休生活中没有什么遗憾。

何四维的主要学术研究成果有：

1.《早期中亚之中国：公元前 125 年至公元 23 年》(China in Central Asia: the Early Stage: 125B. C. ~23 A. D.)，莱顿：1979 年。

2.《秦律残简：1975 年湖北省云梦县发现的公元前 3 世纪的秦律和规章的译注》(Remnants of Ch'in Law: An Annotated Translation of the Ch'in Legal and Administrative Rules of the 3rd B. C. Discovered in Yun-meng Prefecture, Hu-pei Province in 1975)，莱顿：1985 年。

3.《满洲问题》(De Mandsjoerijsche Quaestie)，1930 年。

4.《中国古代史概述》(Het oude China; historisch overzicht)，海牙：1936 年。

5.《唐代阶段性禁止死刑和屠宰动物》(Periodieke executie-en slacht-verboden in de T'ang tijd en hun oorsprong)，莱顿：1948 年。

6.《中国 5 世纪民间佛教花絮》(Sidelights on popular Buddhism in China in the fifth century)，阿姆斯特丹：1951 年。

7.《中国的等级特权与法律平等》(Hierachic Privileges versus Legal equality in China)，剑桥：1954 年。

8.《荷兰的汉学和日本学研究》(Chinese and Japanese Studies in Holland)，

1958 年。

9.《〈说文解字〉:研究中国古代法典的工具书》(The Shuo-wen Dictionary as a Source for Ancient Chinese Law),哥本哈根:1959 年。

10.《中国与西方》(China en het Westen),比利时:1961 年。

11.《汉代度量衡》(Han measures),载《通报》,1961 ~ 1962 年。

12.《马欢〈瀛涯胜览〉手稿考》(The So-called Manuscript of the Ying-yai Sheng-lan by Ma Huan),载《通报》1963 年。

13.《中华帝国共产待遇之根源及基础》(Chinese Communist Treatment of the Origins and Foundation of the Chinese Empire),载《中国季刊》,1965 年。

14.《墓志铭》(Texts in Tombs),1965 年。

15.《新社会,古代史:中华人民共和国古代史重新评价》(Oude geschiedenis in een nieuwe maatschappij; de herwaaderring van de geschiedenis van het oude China in de Chinese Volksrepubliek),1967 年。

16.《云雾观测:中国古代预报技术》(Watching the Vapours; an Ancient Chinese Technique of Prognostication),1979 年。

17.《公元 28 年一桩诉讼案件》(A Lawsuit of A. D. 28)1979 年。

18.《法家与秦法》(The Legalists and the Laws of Ch'in),莱顿:1981 年。

19.《浅谈秦汉时期的徭役》(Some Remarks on Statute Labour during the Ch'in and Han Periods),1984 年。

20.《从云梦出土的竹简记载看秦代"法家"官府对经济的影响》(The Influence of the "legalist" Government of Qin on the Economy as Reflected in the Texts Discovered in Yunmeng Country),香港:1985 年。

21.《秦汉法典》(Chin and Han Law),剑桥:1985 年。

22.《中国国家权力基础之法典》(Law as One of the Foundations of State Power in China),香港:1987 年。

23.《中国汉代是"福利国家"之雏形?》(Han China—a Proto "Welfare State"?),载《通报》,1987 年。

24.《从〈史记〉和〈汉书〉的"世家"看建国先辈和被遗忘的人》(Founding Fathers and yet Forgotten Men—A Closer Look at the Tables of the Nobility in the

Shih chi and Han shu),载《通报》,1989 年。

25.《筚路蓝缕,以启山林——记莱顿大学早期汉学家,1853 ~ 1911》(Of Hewers of Wood and Drawers of Water: Leiden University's Early Sinologists, 1853 ~ 1911), in Leiden Oriental Connections, 1850 ~ 1940, edited by Willem Otterspeer, pp. 317 ~ 353, 莱顿:1989 年。

(六)以创作仿狄公案小说闻名汉学界的高罗佩

1910 年 8 月 9 日高罗佩出生于荷兰聚特芬。他的父亲高威廉(Willem van Gulik)是荷属东印度殖民地的军医,1914 年母亲带着高罗佩和哥哥陪伴在爪哇完成第二任期服役的父亲。1916 年至 1922 年高罗佩先后在泗水和巴达维亚上小学,长期生活在华人社会环境中。1923 年父亲退役,高罗佩回到荷兰,在奈梅亨上中学。他读过不少中国古典文学作品,家中花瓶上的汉字和中国图案在他幼年的心中曾萌发了学习中国文学的渴望和对中国文化认同的倾向。中学时代他就开始在学生刊物上发表介绍爪哇各地华人华侨生活和风光的文章以及自己创作的诗歌和故事,在荷华文化协会的《中国》杂志上也发表过自己学习汉语和中国文学的心得体会。

1929 年高罗佩在莱顿大学攻读汉语、日语、文学和法律课程,导师是语言学家兼人类学家于伦贝克(Christianus Cornelius Uhlenbeck, 1866 ~ 1951),高罗佩曾协助他对黑足印第安人(Blackfoot Indians)的词汇研究,并参与编写《英黑—黑英辞典》(An English-Blackfoot Vocabulary: Based on Material from the Southern Peigans, 1930; A Blackfoot-English Vocabulary: Based on Material from the Southern Peigans, 1934)。他的学士论文是《如何改良荷属东印度有关华侨的法律》。1932 年他在海牙出版的第一本书是翻译 5 世纪印度梵文文学家迦梨陀娑(Kalidasa)的《广延天女: 迦梨陀娑之梦》。

1934 年至 1935 年高罗佩在乌特勒支大学东方学院攻读硕士学位课程,学习日语、藏语、梵语和比较语言学。1934 年他以一篇题为"米海岳《砚史》考"的论文获得了东方学研究硕士学位。米芾(号海岳外史, 1051 ~ 1107)祖籍山西,早熟怪才,宋朝四大书法家(苏、米、黄、蔡)之一,曾独创中国山水画中的"米家云山",集书画家、鉴赏家和收藏家于一身,一生涉猎甚广,收藏宏富。他的事迹对于高罗佩后来的学术研究有很大影响。

1935 年 3 月 7 日，高罗佩在乌特勒支大学以《马头明王诸说源流考》的论文获得了博士学位。该论文涉及世界宗教史领域，主要对印度、西藏和日本的拜马信仰（马教）进行考证研究。这一选题对于一名西方学生来说有一定难度，足以证明高罗佩平日涉猎图书之广泛和钻研学问功夫之精到，非一般学子所能胜任。

高罗佩完成硕士学位论文之后，一度着手译介先秦诸子之一的鬼谷子论著。春秋（一说战国）时代卫国人王诩自称“鬼谷子先生”，纵横家鼻祖，据称他的学问通天彻地，日星象纬，布阵行军，明理审势，却病延寿，无不精通。同名著作《鬼谷子》是研究中国古代社会政治斗争谋略权术之书。早期西方汉学家多数以儒家、法家、道家和史学为选题范围，唯独高罗佩敢于涉足《鬼谷子》，价值取向之独特可见一斑，可惜他的这部书稿在第二次世界大战中毁于战火。

1935 年他被聘任为荷兰驻日公使馆二秘。当时他的学术兴趣聚焦于中国传统文化，特别是艺术和文学，收藏珍稀版本图书、乐器和画册。其间来华多次。

1941 年日本对荷兰宣战，1942 年高罗佩撤离日本。虽然他已经过了服兵役年龄，但是因战时的特别需要，他不得不到荷兰军中服役。在东非和埃及军务辗转，一度被误作间谍险遭不幸，几个月后才被遣送到新德里。

1943 年至 1946 年他任荷兰驻重庆公使馆一秘，有很多机会接触大后方的中国文化界名流，为他深入了解中国文化和社会生活提供了特殊的战时平台。到任后不久与 22 岁的使馆中国秘书水世芳相识。水世芳江苏阜宁人，是清代名臣张之洞的外孙女，曾就读于北平慕贞女子中学、长沙人学和齐鲁大学，父亲水钧韶曾在中国驻列宁格勒总领事馆工作，担任过天津市市长。高罗佩与水世芳两人一见钟情，情投意合，大约一年后组成了美满家庭。

1947 年他在荷兰驻美使馆任参赞，出席由 11 个对日交战国组成的远东委员会。第二年他奉调东京，担任荷兰驻日军事代表团（The Netherlands Military Mission）政治顾问。第二次世界大战结束后他在荷兰外交部政务司供职，主管亚洲事务。

在日本期间高罗佩曾经读到一本清初无名氏小说《武则天四大奇案》

(一名《狄公案》,高罗佩收藏的是六卷64回本,上海广益书局石印版),描写唐代名臣狄仁杰秉公审理民间大案的故事,其中有淫妇谋杀亲夫案,有见财生恶意杀死贩丝商人夺财案。狄公善于分辨罪与非罪,法与非法,在一桩李王氏之女新婚之夜暴死案中,亲临现场,发现赤链蛇吐毒于锅中,判定死者误喝毒水身亡,因此为疑犯胡作宾洗雪了冤情。故事情节跌宕起伏,十分引人入胜,只因书中涉及叛乱描写,长期遭禁。历史上真实的狄仁杰(630~700)从昌平令尹升迁至大理寺丞,在顾问和亲随的协助下剖断明白许许多多看似简单但却错综复杂的案情。他断狱如神,赏善罚恶,名播海内,深受百姓拥戴。最重要的是,高罗佩惊奇地发现原来公案小说(legal novels)已在中国风行了千余年,在地方戏剧表演和茶馆说书人的故事中也是最为百姓喜闻乐见的题材,其文学价值和法学价值远非西方侦探推理小说可比。后来他时断时续地把《武则天四大奇案》译成了英文,兴趣所至时忘乎所以,忘寝废食无法自已。

1949年高罗佩印刷了1200本签名出售的英译《狄公案》(Dee Goong An: Three Murder Cases Solved by Judge Dee——狄公巧断三桩谋杀案),书中有他自己设计的几幅中国式木刻彩色插图。这是向英语世界读者推介的第一部《狄公案》,在英语侦探小说(detective fiction)史上实属开山之作。

高罗佩在译本的《跋》中坦言个人感悟时写道:"我认为,现代侦探小说作家如果能亲自动手创作一个中国古代探案故事,那将是很有意义的一种尝试。"当时中西方文学界没有任何一位作家敢于站出来向他挑战。1949年高罗佩自己开始用英文创作中国探案故事。"借助狄公和他的四位亲随洪亮、马荣、乔太和陶干的断狱案牍,"他后来写道,"我的英文文本只是作为编排中文或者日文版本的基础。主要目的是向中国和日本现代作家展示:他们的古代探案文学中有大量侦探和奇案冤情的素材资源。"①

《狄公案》中一些看上去似乎毫不相干但逐渐演变成互为因果事件的手法,是中国古代探案故事的特色,也反映了高罗佩在日本第二任期中个人学术兴趣的戏剧性变化。1948年的一天,他真的以狄仁杰断案素材为资源,开始用中文创作了第一篇刑侦小说《钟杀案》。但因故事有反佛之嫌,无法在以佛教为国教的日本刊行。1950年他改用英语撰写了第二篇

① Henry Wessells, 1997. *R. H. van Gulik: Diplomat, Orientalist, Novelist.*

小说《迷宫案》,请一位汉学家译成日文,很快就有一位日本出版商表示愿意接受投稿,但是希望用一幅裸女图为其封面。高罗佩不敢苟同,坚持要保持小说插图的中国传统风格,他认为在尊奉儒家思想的中国根本就没有以裸体模特作画的美术学校。出版商建议他多方了解情况,于是他向中国和日本的一些古籍出版商发函求购此类图册。回答几乎都是否定的,只有一家上海书商回函说他的一个客户存有明末春册可供临摹,另一家东京古玩商告知,该店存有明万历版《花营阵阵》男女裸像木刻版片 24 张,可以转让。

此事对高罗佩的后来仿古探案小说创作的价值取向产生了直接影响。他开始醉心于搜集有关描写男女私情房事的中国古籍,包括诗词、小说、图册和文论,甚至校勘并限量出版民间流传的秽书春册。

1951 年他编辑了三大册《秘戏图考》:第一册是英文专论,第二册是汉籍中的相关资料,第三册是原版《花营阵阵》24 幅复制图片。在东京自费印行 50 册,分赠各国国家图书馆和挚友。他在该书的中文《自序》中写道:"18～19 世纪访华西人考察风俗书籍既不易入手,询人又讳莫如深。遂以为中国房内必淫污不堪不可告人,妄说误解因之而生。甚至今世西人所传中国房室奇习,大抵荒唐无稽,书籍杂志所载、茶余饭后所谭此类污辱中华文明之例,已不胜枚举。一则徒事匿藏,一则肆口诬蔑,果谁之罪欤?"[①]该书问世后引起了一些汉学家的关注,纷纷致函索隐。

在此后 20 多年中,高罗佩笔下的狄仁杰从基层令尹一直升迁至中央大理寺丞。虽然始终是一位铁石心肠的暗访者,但又是一位文化素养极高的绅士,喜欢读书、听音乐和鉴赏艺术作品。这实际上是高罗佩心目中的一位理想公仆形象。小说再现了盘根错节的案情,以及中国古代的社会景象和日常生活气息。高罗佩从汉籍中选用了许多素材,不过情节和主题的变化却极具现代特色。除了《广州案》是真实中国地名外,狄公办案的其他城市都是虚构的。

旧金山和约签订后高罗佩奉调至荷兰驻印度使馆任参赞,继续创作了《黄金案》、《铁钉案》、《四漆屏》和《湖滨案》等十几篇仿狄公案小说。

---

① 陈之迈:《荷兰高罗佩》,载《文史新刊》第 13 卷,1969 年第 5 期,台湾传记文学社。引文标点为笔者所加。

1953 年这些作品被结集为《狄公断案大观》(Celebrated Cases of Judge Dee)由新加坡南洋印刷社出版。全书包括 15 个中长篇和 8 个短篇,约 130 万字,内容涉及唐代司法、行政、吏治、外交、文化、宗教、民情和社会等方方面面的情况。小说手稿字体娟秀,文笔流畅,可读性强,深受读者喜爱。

1953 年高罗佩在荷兰外交部非洲和中东司任司长。在后来的三年中他没有写小说,但是在阅读探案文学作品过程中发现了一部涵盖 1400 年跨度的 144 桩刑事和民事案件的文集《棠荫比事》。此书不但在中国有名,在日本和韩国也广为人知,其文学价值和学术价值都超出了人们想象。于是他着手对该书进行翻译和注释,并在自己的探案小说创作中充分利用了这一资源。

1956 年至 1959 年他担任荷兰驻黎巴嫩兼叙利亚使馆特命全权大使,1959 年他又以荷兰驻马来西亚公使身份在驻吉隆坡使馆全面负责馆务,次年升任为大使。

1961 年高罗佩写出《中国古代房内考》一书,实际上是《秘戏图考》的姊妹篇,中文书名是作者直接附加在英文版的中译名。该书以一般西方读者为对象,对中国古人的性观念和男女私情作了进一步研究介绍。作者分析了从西周到明朝三千多年中国古代的性文化和性习俗,偶有不得不引用的猥亵文字皆以拉丁文替代,给人的印象是一部纯学术性专著。全书除《序》、《附录》和《索引》外,正文共四篇:第一篇:封建王国;第二篇:成长中的帝国;第三篇:帝国全盛时期;第四篇:蒙古统治与明的复兴。

《春梦琐言》是高罗佩在在日本发现的一部由 1637 年(崇祯丁丑年)沃焦山人的手稿编撰而成的书,经他校勘翻译后出版。他在英文《导言》中简要介绍了明代秽书春册在日本收藏的历史:虽然当时日本当局对于政治、军事和基督教图书的审查制度相当严格,但是对于淫欲书刊甚至春宫画之类的出版物却采取了宽容态度。该书采用折页单面印刷,初版印数限量为 200 册,以防唯利是图的出版商大量增印,流落民间贻害无知读者。

1963 年至 1965 年高罗佩被聘任为荷兰外交部文献研究局局长,其间还应聘在乌特勒支大学讲授“非印度佛教区文化史”的专题讲座。1965 年他创作了《柳园图》,并把 1963 年写的两篇作品以《猴子与老虎》为书名结集出版。其中一篇《夜虎》(The Night of the Tiger)说的是狄仁杰从外地巡案返京途中偶遇狂风暴雨，暂避荒村孤屋，深夜悍匪来袭，狄公机智弹琴退敌。这是高罗佩的学者涵养在探案故事创作中具体表现的一个例子，与《空城计》的情节有异曲同工之效。

现在狄仁杰断案小说在西方已广泛流行，被译成包括英语、法语、德语、意大利语、西班牙语、瑞典语、芬兰语、克罗地亚语等十几个语种，有些还被拍成电影或电视连续剧。

高罗佩在一篇回忆自己汉学研究的心路历程文章中写道："我高兴地获悉海涅曼(Heinemann)希望我继续创作这类小说的建议，我终于领悟到15年来这项工作已经成为我的生活不可分隔的一部分，对于我的学术研究十分必要。没有学术研究，我的外交生涯就难以为继。外交事务处理的是有现实意义的各种各样的问题，而学术研究却是温馨的避风港，其中所做的一切都具有永恒价值，即便是偶有失误也可以成为同行的前车之鉴。然而，要严肃认真做好学术研究，就必须忠于事实，绝对不可想当然。而从事虚构文学创作，就事实而言，作家就是无可争辩的主人，可以充分驾驭自己的想象。"①

据说高罗佩的汉语普通话虽然带着浓重的荷兰口音，但是能用15种语言进行交流和阅读。在30多年的外交官生涯中他先后供职于荷兰驻泗水、巴达维亚、南京、重庆、东京、华盛顿、新德里、贝鲁特、大马士革和吉隆坡等地使领馆，从秘书、参赞、公使到大使，以一位学者型干练外交家的形象出现在各种交际场合。

高罗佩对中国文化沉迷到何等程度并非一般人所能理喻。他穿长衫，睡硬板床，以中国人的传统方式待人接物，公干之暇以品茗、习字、弈棋、抚琴、吟诗、赏月、作画、篆刻或写小说为乐事。他曾与书法家兼诗人沈尹默(1883～1971)、书画家兼篆刻家齐白石(1864～1957)、书画家徐悲鸿(1895～1953)和文学家郭沫若(1892～1978)等文化名流过从甚密。他写文章有时不用标点符号，或者不用新式标点，古板也罢，固执也罢，总之他有自己的标准。

---

① Henry Wessells, 1997. *R. H. van Gulik: Diplomat, Orientalist, Novelist*。又见 A. M. Evers, 1983. *A Bibliography of Dr. R. H. van Gulik*.

他喜欢东方文物,古书、古画、古琴、琴谱、瓷器、佛像等都是他收藏的范围,闲暇时间常常徜徉于北平琉璃厂、东京神田区和伦敦旧书肆。他儿子威廉至今仍记得,父亲为买一尊佛像,全家竟节衣缩食数月有余。他追求稀世珍品,但是并没有阔绰到品位品相兼顾的地步,有时残损古物也照收不误。

他编撰的《中国绘画鉴赏——中国和日本以卷轴裱褙为基础的传统绘画手法》是他对东方书画艺术热爱的表现。该书篇幅长达600页,插图160幅,书末还附有42种中日纸张样品。他的《书画说铃》译本属于同类作品之上乘。

高罗佩从20岁开始练习书法,持之以恒,从不懈怠。他偏爱行书和草书,中规中矩,功底深厚。他翻译的米海岳《砚史》充分表现出他在中国书法方面的深厚学养。

夫人水世芳谈到高罗佩时曾说:"他不是外国人!从我们认识到他临终,他没有一天断过练字。他最爱吃元盅腊肠,喜欢四川菜,他实在是个中国人。"

1943年初到重庆时,高罗佩就对中国琴艺发生了浓厚的兴趣。不久,他聘请中国琴师指导自己弹奏《高山流水》等乐曲,弹奏时神情专注,很快就掌握了要领。同年他与书法家于右任(1879~1964)和冯玉祥将军(1882~1948)等社会名流组成"天风琴社",专门从事中国琴艺研究,与琴友切磋技艺。月明人静佳夕,每每操琴自娱,亲友围坐一旁亦共享其乐。

高罗佩认真研究中国琴文化(*Qin* Ideology),经多年努力编译成英文专著《琴道》一书,1940年由日本上智大学出版社出版。该书是古琴谱和各种琴学著述以及文学美术作品中涉及古琴的资料的汇编,加注释并译成英文,被认为是中国古代琴学研究领域的权威之作。他还他翻译了三国时期的文学家兼音乐家嵇康(224~263)吟诵古琴的长赋,1941年以"嵇康及其《琴赋》"为书名在东京出版。

高罗佩在研究中国琴学东传日本时偶然发现明末清初旅日中国僧人东皋在日本琴史上是一位有影响的人物,但是却没有载入中国史书。7年之中他遍访日本名刹古寺和博物馆,先后寻得禅师遗著和遗物300余件,然后编辑成《东皋新越禅师全集》,原计划于1941年付梓,但因太平洋战争的阴影笼罩未能如愿。1944年他在重庆自费出版了《明末义僧东皋禅师集刊》,为中国佛学史填补了一项空白。

高罗佩早年亲炙于古琴大师叶诗梦(1863～1937)教诲。大师原名佛尼音布,汉名叶鹤伏,是慈禧太后的侄子,其父官拜两广事务大臣。高罗佩能得到他的琴艺真传,无疑是习琴西人中之佼佼者。

《长臂猿考》是高罗佩撰写的最后一部作品。20世纪60年代他曾在荷兰驻东京大使官邸养过一只长臂猿,平时上班只要可能,他就把长臂猿放在自己的肩膀上,不知招来过多少路人好奇的目光和议论。长臂猿属于高级灵长类,人类的近亲,它的音囊能发出"呜喂"或"哈哈"声,由低渐高,十分震撼。从科学意义上讲,观察大自然中的长臂猿可以获取有关遗传学、生态平衡、行为模式、人类起源和环境保护等方面的信息,但这显然不是高罗佩的本意。那么,他养猿是出于收养宠物的创意?还是要体验李白的"两岸猿声啼不尽,轻舟已过万重山"诗意?现在也无从查考。中国文化中有关狐狸精美女、青蛇白蛇凄美爱情传说、义犬救主、鸿雁传书、吉祥动物(白象、白鹿、仙鹤、海龟)之类的故事很多,但是文人墨客为了某一体验如此别出心裁者实属罕见。高罗佩平日仔细观察长臂猿的饮食习惯、情绪变化和感情表达方式,并详作记录,久而久之灵感爆发,思维井喷,竟写成《长臂猿考》一书,并录制猿啼唱片一张。1967年该书付印前,正值高罗佩从东京回荷兰度假,在病榻上完成了书稿的最后一次校改,竟成为与读者永诀前的一部遗著。《长臂猿考》除《导言》外正文共三篇。《导言》部分从动物学与文化史角度谈猿与人类社会的关系,作者旁征博引,思路开阔,提出了"猿文化"的命题。第一篇考察了中国史前时代至汉代的猿文化;第二篇探讨了从汉代至唐代的猿文化;第三篇研究了宋代、元代至明代以后的新猿文化。他在书中对宋代易元吉(1000～1064)具有"三元及第"和"封侯"象征意义的吉祥画《乔柯猿挂图》、被誉为"日本画道大恩人"的南宋僧人画家牧溪法常(1210～1269?)的《松猿图》和雅尚翰墨的明宣德皇帝的《猿戏图》进行了详尽分析和评价。他认为随着栖息环境的恶化,中国境内的长臂猿数量日趋减少,具有现实意义的长臂猿题材也失去当年入画的光彩。这本书的选题与高罗佩的许多汉学论著的选题一样新奇、冷僻、刺激,但是他善于以宏富的中华文化和东方人文思维解读命题,赋予了该书一种特别深刻的含义,令人耳目一新。现摘录书中两个片段供读者研读:

貜老,猴也。生蜀西徼外山中,似猴而大,色苍黑,能人行,善攫持人物,又善顾盼,故谓之貜。纯牡无牝,故又名貜父,亦曰猕貜。善摄人妇为偶生子。又《神异经》云:"西方有兽名𤠶,大如驴,状如猴,善缘木,纯牝无牡,群居要路,执男子合之而孕,此亦貜类。而牝牡相反者'豦',音'据'。"按郭璞云:建平山中有之,大如狗,状如猴,黄黑色,多髯须,好奋头,举石掷人。《西山经》云:"崇吾之山有兽焉,状如禺,长臂善投,名曰'举父',即此也。"

今闻越有处女,出于南林。国人称善,愿王请之,立可见。越王乃使使聘之,问以剑戟之术。处女将北见于王。道逢一翁,自称曰袁公。问于处女:"吾闻子善剑,愿一见之。"女曰:"妾不敢有所隐,惟公试之。"于是袁公即杖箖箊竹。竹枝上颉桥,未坠地。女即捷末,袁公则飞上树,变为白猿。①

高罗佩饱读史书,长期受白话章回小说熏陶,熟悉文艺创作章法,擅长用古文写诗填词,下笔千言如母语般自如。

在《迷宫案》卷头诗中他写道:

运转鸿钧包万有,日星河岳胎鲜。人间万物本天然,恢恢天网秘,报应总无偏。在位古称民父母,才华万口争传。古今多少圣和贤,稽天行大道,为世雪奇冤。

在《黄金案》卷头诗中他写道:

父母官,天子臣,朱笔直,乌纱真。冰心一片奉日月,铁面千古惊鬼神。

1951年他曾赋诗一首相赠中国琴友徐文镜:

① Henry Wessells, 1997. *R. H. van Gulik: Diplomat, Orientalist, Novelist.*

漫逐浮云到此乡，故人邂逅得传觞。巴渝旧事君应忆，潭水深情我未忘。宦绩敢云希陆贾，游踪聊喜继玄奘。匆匆聚首匆匆别，便泛沧浪万里长。[1]

高罗佩在荷兰驻日使馆任职期间的个人中文藏书除遗失部分外共计2500种，近1万册，其中一些是宋刊元刻本、明刊本和彩色精绘手抄本，在他去世后运回国内为莱顿大学悉数购得，现珍藏于该校汉学研究院图书馆。据马大任和吴荣子两位馆长编写的《高罗佩藏书》（Van Gulik Collection）记载，其中的中国通俗小说数量相当丰富，对于读者寻究高罗佩仿狄公案创作的文化源流信息极有启发意义。现举要如下（同名异版和分册不计）：

1. 清溪道人编《禅真后史》
2. 酌元亭主人：《照世盅》
3. 艳艳生编《昭阳趣史》
4. （绘图）《前笑中缘金如意》
5. 芙蓉主人辑《痴妇说情》
6. 袍瓮老人辑《今古奇观》
7. 李笠翁：《金瓶梅》
8. 静恬主人：《金石缘全传》
9. 许乔、林石华序《镜花缘》
10. 《绘图情海奇缘》
11. 厘峰慕真山人：《绘图青楼梦》
12. 朱元亮：《青楼韵语》
13. 青阳野人编《（新编）青灯迷史》
14. 吴航野客编《驻春园小史》
15. 陈朗（小山）编《（绣像）儿女浓情传》
16. 《株林野史》
17. 溪山八序《粉妆全传》
18. 《风流才子传》
19. 钟伯敬：《封神演义》
20. 邗上蒙人：《风月梦》
21. 《（绘图）富贵奇缘》
22. 《海陵王荒淫》
23. 雉衡山人编次《（新绣像）韩湘子全传》
24. 名教中人编《好逑传》
25. 曹雪芹：《后红楼梦》32回
26. 史震林：《西青散记》
27. 金圣叹批点《西厢记》
28. 墨浪子搜集《西湖佳话》
29. 陈树基撰《西湖拾遗》
30. 《（绣像）西湖缘全传》
31. 二南里人编次《西洋记》
32. 墨憨斋主人编《笑府》
33. 游戏主人辑《笑林广记》
34. 秋水园主人：《小说字汇》
35. 桑野锐：《小说字林》
36. 葛元煦：《闲情八録》
37. 《（绘图）新红楼梦》
38. 《杏花天》（红杏传）

---

[1] Henry Wessells, 1997. *R. H. van Gulik*: *Diplomat*, *Orientalist*, *Novelist*.

39. 藤井理伯:《小说辞汇》
40. 指迷道人:《笑得好》
41.《改正杏花天全传》
42. 苏菴主人编次:《绣屏缘》
43. 陈朗(小山)编:《(绣像)雪月梅传》
44.《沪江艳谱》
45.(楚江)仙叟石公撰辑《花阵奇言》
46.《湘湖仙史》
47. 曹雪芹:《(绣像)红楼梦全传》
48. 笠翁先生原本《回文传》
49. 情痴反正道人编次:《肉蒲团》
50. 江西野人编演:《怡情阵》
51.《如意君传》
52. 四桥居士序《隔帘花影》
53. 金木山人编:《鼓掌绝尘》
54. 海宁陈氏:《古佚小说丛刊》
55. 天花才子编:《快心编全传》
56. 钱希言:《狯园》
57.(鸳湖)烟水山人《(绘图)闺秀英才全传》
58. 徐昌龄:《阃娱情传》
59.《蓝公案》
60.《李公案》
61. 蒲松龄:《聊斋志异》
62. 随缘下士编辑:《林兰香》
63. 屠绅:《六合内外瑣言》
64.《(绣像)吕纯阳三戏白牡丹》
65.《(绣像)绿野仙踪》
66.《(绘图)卖油郎独占花魁》
67. 沈宗畸:《拜鸳楼校刻小品》
68. 空观主人:《拍案惊奇》
69. 裴蓉镜:《拍案惊异》
70.《包公案》
71.《彭公案》
72. 高别诚:《琵琶记》
73. 陈森:《品花宝鉴》
74. 张无咎序:《(绣像)平妖全传》
75. 森泰二郎:《补春天传奇》
76. 张士登:《三分梦全传》
77.《三公奇案》
78.《三国志评话》
79. 李渔:《十二楼》
80.《施公案》
81. 天然痴叟:《石点头》
82. 荻岸散人编次:《双美奇缘》
83. 李春荣(芳谱)编:《水石缘》
84. 施耐庵:《水浒传》
85. 嗤嗤道人编著:《(绣像)素梅姐》
86. 元刻出像《增补搜神记》
87. 湖上笠翁序:《绣像订正隋炀帝艳史》
88.《贪欢报》
89.《桃花庵》
90.《桃花艳史》
91. 野园居士编:《(绣像)桃柳争春全传》
92.《梼杌闲评》
93. 高则诚:《(绘图)灯花记》
94. 汪廷讷编:《天书记》
95.《听月楼》
96.《豆棚闲话》
97. 云间子编:《草木春秋演义》
98. 陆绍珩:《醉古堂剑扫》
99. 天花藏主人编:《(绘像)醉菩提传》
100. 程趾祥:《此中人语》
101.《(绘图)武则天四大奇案》
102. 服部诚一评点《五色石》
103. 不奇生:《武则天外史》
104. 破额山人:《夜航船》

105. 夏敬渠:《(古本)野叟曝言》
106. 陈球:《燕山外史》
107. 屠绅:《蟫史》
108. 张文成:《游仙窟》
109. 种柳主人序:《新编玉蟾记》
110. 费源:《玉荷隐语》
111. 杨守勤、王衡编:《玉唾珠玑》
112. 烟火散人编:《鸳鸯配》
113.《(绘图)云外飘香百合台》

从以上书目可以看出,高罗佩所创作以中国古代社会为背景的仿古探案小说,可能曾从上述通俗小说中吸收营养或借鉴过相关素材,因此中国味十足,这是他的作品广受读者欢迎的原因之一。除了通俗小说外,高罗佩收藏的还有各个时期出版的中国文学作品、书画刊物、乐谱琴谱、音乐资料和录音。

高罗佩收藏书目反映了他那个时期的荷兰汉学家在研究对象和研究方式的一个特点。他们在关注学术界主流倾向和名家名作的同时,也开始关注非主流倾向和非官方、非专业、非正式出版物(稗官野史、民间艺术、街谈巷议、话本告示),甚至禁书和春册的浑水也敢蹚。这一研究路数为后来荷兰汉学的华丽转型作了充分铺垫,但是也不可避免地引起非议。

1968 年 9 月 24 日高罗佩因肺癌在海牙辞世,享年 57 岁。他一生共育 4 个子女,长公子威廉专攻东亚艺术,曾任莱顿人类学博物馆馆长。

高罗佩一生撰写了 20 多部专著、译著和专论,其中有:

1.《如何改良荷属东印度有关华侨的法律》(学士论文),莱顿:1932 年。

2.《广延天女,迦梨陀娑之梦》(Urvaçi, een Toneelstuck van Kalidasa)梵译荷,海牙:1932 年。

3.《米海岳〈砚史〉考》1934 年。

4.《马头明王诸说源流考》(Hayagriva: the Mantrayanic Aspect of Horse-Cult in China and Japan, with an Introduction on Horse-Cult in India),1935 年。

5.《琴道》(The Lore of the Chinese Lute),东京:1940 年。

6.《中国琴论随笔》,东京:1941 年。

7.《嵇康及其〈琴赋〉》(Hsi K'ang and his Poetical Essay on the Lute),东京:1941 年。

8.《明末义僧东皋禅师集刊》(Collected Writings of the Ch'an Master

Tung-kao, a Loyal Monk of the End of the Ming Period,重庆:1944 年。

9.《春梦琐言》(Trifling Tale of a Spring Dream,翻译,东京:1950 年。

10.《秘戏图考——明代春宫图,附论汉代到清代(公元前 206~1644)中国的性生活》(Erotic colour prints of the Ming period... Han to the Ching dynasties, B. C. 206-A. D. 1644),东京:1951 年。

11.《悉昙学——中日梵文研究史论》,(Siddham, An Essay on the History of Sanskrit Studies in China and Japan),印度那格浦尔:1956 年。

12.《棠荫比事》(Parallel Cases from Shade under the Pear-tree),英文译注,莱顿:1956 年。

13.《中国绘画鉴赏——中国和日本以卷轴裱褙为基础的传统绘画手法》,(Chinese Pictorial Art as Viewed by the Connoisseur),罗马:1958 年。

14.《书画说铃》(A Chinese Treatise on Scrolls and Forgers),翻译,贝鲁特:1958 年。

15.《中国古代房内考》(Sexual Life in Ancient China: A Preliminary of Chinese Sex and Society from 1500 B. C. till 1644 A. D.),莱顿:1961 年。

16.《长臂猿考》(The Gibbon in China, An Essay in Chinese Animal Lore),莱顿:1967 年。

17. 狄公案系列小说:

《狄公断案大观》(Celebrated Cases of Judge Dee)1941~1948,清代佚名原著,翻译。

《迷宫案》(The Chinese Maze Murders),1950 年完成, 海牙:1953 年。

《铜钟案》(The Chinese Bell Murders),1953~1956 年完成, 伦敦:1958 年。

《除夕迷案》(New Year's Eve in Lan-Fang),1958 年。

《黄金案》(The Chinese Gold Murders),伦敦:1959 年。

《湖滨案》(The Chinese Lake Murders),1953~1956 年完成,伦敦:1960 年。

《铁钉案》(The Chinese Nail Murders),伦敦:1961 年。

《朝云观》(The Haunted Monastery),吉隆坡:1961 年。

《红阁子》(The Red Pavilion),吉隆坡:1961 年。

《四漆屏》(The Lacquer Screen),吉隆坡:1962 年。

《短篇集》(断指记、汉家营等)(The Monkey and the Tiger, short stories),1965 年。

《御珠案》(The Emperor's Pearl),伦敦:1963 年。

《柳园图》(The Willow Pattern),伦敦:1965 年。

《猴子与老虎》(The Monkey and the Tiger),伦敦:1965 年。

《广州案》(Murder in Canton),伦敦:1966 年。

《紫光寺》(The Phantom of the Temple),伦敦:1966 年。

《短篇集》(Judge Dee at Work, short stories),1967 年。

《玉珠串》(Necklace and Calabash),伦敦:1967 年。

《黑狐狸》(Hei hu li),1968 年。

《诗人与谋杀》(Poets and Murder),伦敦:1968 年。

(七)潜心研究中国戏曲和道教的龙彼得

1920 年龙彼得生于荷兰。1940～1946 年他就读于荷兰莱顿大学中国语言文化系,业师伊懋可(Mark Elevin)。1948～1972 年任剑桥大学中文讲座教授。他长期从事中国道教、戏曲史、潮剧和梨园戏等地方戏曲、明清以来的闽台剧本和散曲的研究,并写下读书笔记数十本,个人收藏也颇为丰富。

1961 年,龙彼得在牛津大学东方学院(The Oriental Institute)从事教学和研究工作。1964 年他在奥地利维也纳国家图书馆偶然发现了刊于明神宗万历辛巳(1581)的《新刻增补全像乡谈荔枝记大全》潮剧本,《荔枝记》与《荔镜记》是同一内容但不同形式的演出剧本,为研究现代潮剧的发展提供了重要的思路和线索。

20 世纪 70 年代龙彼得还发现了嘉靖年间南戏版本《重刊潮泉五色插科增入诗词北曲勾栏荔镜记戏文》(即《陈三五娘》),引起了国际学术界的重视,梨园戏剧本的定位和研究因此提到了日程之上。

20 世纪 50～60 年代龙彼得在英国剑桥大学图书馆偶然发现了明万历甲辰(1604)由李碧峰、陈我含和于海浪刊刻的《满天春》,后来又在德国萨克森州立图书馆发现了明万历年间由漳州林景最刊刻的《钰妍丽锦》和漳州洪秩衡刊刻的《百花赛锦》。《满天春》收录了 18 出折子戏,原为英国诺里奇市的主教约翰·莫尔(John Moore)的藏书,1715 年他去世后国王乔治一世把它捐赠给了剑桥大学图书馆。《钰妍丽锦》和《百花赛锦》收录了13支唱段的唱词。1992年5月龙彼得把上述三种明刊集结为《明刊闽南戏曲弦管选本三种》(精选时尚新锦曲摘队一卷、新刻增补戏队锦曲大全满天春二卷和新刊弦管时尚摘要集三卷)在台湾出版,附录专论《古代闽南戏曲与弦管之研究》对闽南文学和梨园戏的历史进行了总结,从专业和历史角度对散曲进行了分析和探讨。三种明刊的发现证明了明代漳州一带戏曲繁荣的盛况,也印证了中国戏曲史"始于京盛于明"的专家论断,对于中国戏剧史的研究是一项重大的贡献。1995年12月中国戏剧出版社以相同书名出版了该书的大陆版。

1972~1988年龙彼得在牛津大学任汉学讲座教授。他搜集了大量珍稀版本和孤本道教典籍和戏剧资料,曾被欧洲科学基金会任命为道藏研究计划指导委员会主席。

1984年他出版的《宋代丛书中的道教书籍:评论和索引》是一部重要著作,对宋代官方和私人家藏道书的性质、类别、差异以及道教经书的源流进行了详尽分析,引起了国际汉学界的关注。

全书分英文和中文两个部分。英文部分"皇家图书馆的文献目录"对刘歆的《七略》、《仙道家》、《群书四录》、《中兴馆阁书目》、《中兴馆阁续书目》、《中兴四朝国史》、《四朝国史》和《宋史》中有关道教经书和神仙书目做了详尽解释。"家藏目录"部分对《邯郸图书志》、《群斋续书志》、《遂初堂书目》、《直斋录题解》和《赵希辨的图书》作了必要的考证。

中文部分"宋代馆刻及家藏道书目录"由作者校刊,采用了荷兰汉学家施博尔正统道藏目录索引编号、哈佛燕京引得号数推算表,按笔画顺序排列。共收入道书1600种3600卷,包括被忽视或遗忘了的版本以及中国大陆新发现的碑文和残篇。书中阐述了宋代各个时期的不同的宗教政策,阐明刊刻和版式的异同,有助于读者了解《道藏》的源流。

龙彼得对潮剧研究有很高造诣,曾五次到泰国华人社区采风,在泰国各佛寺搜集潮州"功德乐"资料,并自费录制整场功德乐和歌词。每次访泰他都要观看潮剧演出,曾在北榄坡拍摄英歌舞和潮州大锣鼓游行。在剑桥他对潮剧、英歌舞和潮州音乐的专题研究也从未中断过。

龙彼得曾先后担任剑桥大学图书馆名誉馆长、日本道教学会理事、法兰西亚洲学会名誉会员、欧洲科学基金会道藏研究计划指导委员会主席、欧洲汉学协会会长等职。1987 年退休后担任牛津大学名誉教授，仍笔耕不辍。2001 年他还对泉州木偶戏《目连》11 种抄本进行勘正，2001 年 11 月以《泉腔目连救母》为书名在台北出版。

龙彼得是欧洲人，更是荷兰人，虽然长期在英国任教，但是仍持荷兰护照直至终老。夫人出身荷兰世家，精通日文，是丈夫事业和家庭的好帮手。龙彼得 2002 年 5 月因病逝世。他的主要著述有：

1.《论〈管子〉的传播》(On the Transmission of Kuan-tzu)，1952 年。

2.《皮影戏介绍》，载《欧洲汉学研究会学报》，1982 年。

3.《新刻增补全像乡谈荔枝记》，饶宗颐、龙彼得主编，台北：1999 年。

4.《明刊闽南戏曲弦管选本三种》，台北：南天书局出版，1992 年。

5.《古代闽南戏曲与弦管之研究》(The Classical Theatre and Art Song of South Fukien: A Study of Three Ming Anthologies)，1992 年。

6.《中国戏剧源于宗教仪典考》，《中国文学论著译丛》(下)，台北：1985 年。

7.《宋代丛书中的道教书籍：评论和索引》(Taoist Books in the Libraries of the Sung Period: A Critical Study and Index)1984 年。

8.《宋代收藏道书考》(Taoist Books in the Libraries of the Sung Period: A Critical Study and Index)，伦敦：1984 年。

(八)汉学文献管理专家马大任

1920 年马大任出生于浙江温州百里坊的一家书香门第，自清以来马氏家族学者以诗文、金石、书画闻名乡里，其父马公愚是著名书法家。从幼稚园、小学到初中他都在省立十中附属学校就读，喜欢书画，但是父亲告诉他书画不能救国，于是高中阶段就转学江苏省立上海中学读理科。高一读完后抗日战争爆发，他到江苏镇江参加军训。1938 年 18 岁时他参加了"第一军随军服务团"在陕西凤翔县服务。后来他考上了中央大学外文系，当过"飞虎队"(中国空军美国志愿队)队长陈纳德的译电员。1944 年他毕业于国立中央大学，获文学士学位。1945 年在重庆新闻学院获硕士学位后从事新闻工作两年。

1947 年他由母校保送公费赴美留学，第二年获威斯康辛大学新闻学硕士学位，1958 年获哥伦比亚大学图书馆学硕士学位。1956 年至 1961 年他担任哥伦比亚大学布道研究图书馆副馆长,1961 年至 1965 年任康乃尔大学图书馆中文图书编目员,1965 年至 1974 年任斯垣福大学胡佛研究所东亚文献馆馆长。1976 年至 1985 年他应聘出任荷兰莱顿大学汉学研究院图书馆馆长,在任期中发起成立欧洲汉学图书馆协会,他出任第一届会长。

马大任是美国常青藤学校(美国东部八所大学联合会)中文图书馆界元老。1985 年在荷兰退休后,应邀担任纽约公共图书馆东方部主任五年。此后他还担任过台湾国立大学、淡江大学、长春科技大学、上海华东师范大学和南京东南大学访问教授。

2005 年他和其他几位华人老馆长发起"赠书中国计划"(Books for China Project),他担任该计划基金会会长。几年之内征集到近百名中外学者、教授、图书馆、出版社和国际机构 10 万余册专业图书。其中有欧洲史专家袁澄的 3000 册藏书,匹兹堡大学历史教授许倬云的 51 箱图书,纽约医学研究院图书馆主任贾英的 116 箱图书,联合国退休职员王汝梅的 65 箱藏书,哥伦比亚大学的东亚图书馆的 62 箱图书,牛津大学出版社的 270 多箱图书馆藏书等。这些图书内容涵盖了自然科学和社会科学等领域,丰富了受赠中国大学的图书馆藏书,成为他们的宝贵精神财富。2009 年马大任荣获了美国华裔图书馆员协会杰出服务奖(The Chinese American Librarians Association Distinguished Service Award)。

马大任知识渊博,是莱顿大学汉学研究院图书馆建馆史上学历最高的华人馆长。他关心所在大学的图书建设,乐于帮助师生解决科研和教学中的图书和信息资源方面的问题。他经常告诫青年学子:"竞争靠创新,研究靠知识,知识最重要的载体就是书籍。一个国家的知识总量强,这个国家就不会弱。"

马大任个人曾出版中英文著作多种。1983 年 3 月 3 日他在莱顿大学汉学研究院发表了一篇题为《荷兰的华人:概况和特点》(Chinese in the Netherlands: Some Basic Facts and Characteristics)的演说。当时荷兰的华人大约只有 6 万人,约占荷兰人口总数的千分之四,没有引起应有的重视。中国改革开放后大批移民从中国大陆、东南亚、台湾、苏里南等地迁入,中荷两国在经济、文化、科技等领域交往日趋频繁,学术界对于中华文化和汉学研究不断扩大。1984 年荷兰政府为制定对本国华人的政策,委托莱顿大学当代中国文献研究中心的人类学家彭轲进行了专项调查,三年后发表了一份长达3万字的《荷兰籍华人的社会地位》(The Social Position of the Dutch Chinese)调查报告。由此可见马大任1983年演说的选题在荷兰汉学史中的重要性。

马大任的《荷兰的华人:概况和特点》共分三个部分:第一部分为“历史背景”;第二部分为“现状”;第三部分为“华人社区的特点”。他在第一部分谈到了许多人对于荷兰华人的人口、语言、出身、职业和历史等基本情况一无所知的尴尬现状,认为“无知并不能成为冷漠的借口”。然后他介绍了在荷占台湾时期的汉人和荷属东印度的华人为荷兰殖民主义者劳作的历史,早期荷兰本土的华人移民就是他们中的少数人。第二部分他谈到荷兰华人按照语言(粤语、温州方言、荷兰语和越南语)、地区(福建、广东、江苏、山东、上海和台湾)和政治背景的社群划分的情况。第三部分他谈到从社会学角度来看华人移民的文化共同点,但是毕竟都属于边缘人群。他们的宗族和家庭观念强,长辈权威大于西方家庭,几乎所有的华人商户都是家族式的,特别重视对子女的教育。估计出席报告会的有当地政要和学者,马大任结束讲话时特别强调:“请务必以你们特有的宽容对待他们,使贵国成为欧洲华人移民最理想的国度!”

马大任出版的中英著述主要有:《美国图书馆的东亚藏书》、《美国华人经济现状》、《西欧的中文藏书》和《荷兰的华人:概况和特点》等。

(九)中国文学翻译家和评论家约恩克

1925年3月13日约恩克出生于荷兰阿珀尔多伦,在当地文法学校毕业后进入了乌特勒支大学研修汉学和阿拉伯语课程,业师为约瑟夫·穆列教授。后来他因病休学一年,于1949年转学到莱顿大学,业师为戴闻达和詹祖森。1952年詹祖森离开了莱顿大学返回印度尼西亚,约恩克接替了他担任的汉学研究院图书馆馆长职务。此后馆内的日常事务基本上由他一个人承担,偶尔也有少数学生去帮他的忙。事无巨细他都亲自过问,工作细致认真,并从中自学到了许多目录文献学知识。

他是荷兰第一位文学专业出身的汉学家,对于汉语和中国古典诗词都有很高造诣,从他在《通报》上发表的许多评论文章中可以看到他在这些方面的深厚学养。他并不是研究单一学问的专家,平日涉猎广泛,对于中国文学,特别是中国诗词,鉴赏情趣高雅。因为图书馆务繁重琐碎,个人出版的专著不多,只有部分期刊和百科全书发表过他的一些评析和短论。但是他为学生编写的一些汉学专著导读和提要学术价值却极高,一直被作为重要的参考资料使用。比利时和荷兰联合出版的《现代世界文学百科全书》(Moderne Encyclopedie der Wereld Literatuur)曾收录了他撰写的许多文章。他的传记研究也已收入《明代作家辞典》(The Ming Biographical Dictionary)。

约恩克曾与伊维德合作翻译过不少中国白话小说和戏剧故事,即便喜欢挑剔的读者也很难否认他文笔的生动和流畅。因为他主要用荷兰文写文章,读者面无疑受到一些限制。但是对于这样长期辛勤笔耕的学者,其才能和学识早已超越了时空界限,在专业人士中总能听到对他肯定的评价。

1973 年 1 月 22 日约恩克因突发心脏病去世。

他的主要译作和论述有:

1. 关汉卿著《救风尘》(Gered uit het leven),与伊维德合译,阿姆斯特丹:1974 年。

2. 关汉卿著《蝴蝶梦》(De vlinder droom),与伊维德合译,阿姆斯特丹:1974 年。

3. 康进之著《李逵负荆》(Li Kui draagt dorens),与伊维德合译,阿姆斯特丹:1974 年。

4. 无名氏著《杀狗劝夫》(Vermaning door een dode hond),与伊维德合译,阿姆斯特丹:1974 年。

5. 白檏著《梧桐雨》(Regen op de plataan)与伊维德合译,阿姆斯特丹:1974 年。

6. 冯梦龙著《勘皮靴单证二郎神》(Een leren laars getuigt tegen de god Er-lang),与伊维德合译,阿姆斯特丹:1975 年。

7. 冯梦龙著《计押番金鳗产祸》(Een gouden karper brengt ongeluk aan klerk Ji),与伊维德合译,阿姆斯特丹:1975 年。

8. 冯梦龙著《崔待诏生死冤家》(Ambachtsman Cui en zijn geliefde in leven en dood),与伊维德合译,阿姆斯特丹:1975 年。

9. 冯梦龙著《十五贯戏言成巧祸》(Een schertsend woord over vijftien snoer wordt een wonderlijk ongeluk),与伊维德合译,阿姆斯特丹:1975 年。

10.冯梦龙著《小任子烈性为神》(De ouderlievende zoon Ren wordt door zijn edele aard een god),与伊维德合译,阿姆斯特丹:1975 年。

11.《评鲁登伯格的〈汉德辞典〉》(Review of W. R. Rudenberg, Chinesisch-Deutsches Worterbuch),载《通报》47 期,第 107 ~ 128 页,1959 年。

12.《评刘若愚的〈中国诗词艺术〉》(Review of James T. Y. Liu, The Art of Chinese Poetry),载《通报》52 期,第 174 ~ 176 页,1965 年。

13.《评刘茂才的〈德汉句法〉》(Review of Liu Mao-tsai, Deutsch-Chinesische Syntax),载《通报》52 期,第 320 ~ 323 页,1965 年。

14.《语体文语法概说》(Survey of the Grammar of Literary Chinese),莱顿:1966 年。

15.《评白之编〈中国文学选集〉》(Review of Cyril Birch, Ed., Anthology of Chinese Literature),载《通报》53 期,第 297 ~ 300 页,1967 年。

16.《评多布森的〈孟子〉》(Review of W. A. C. H. Dobson, Mencius),载《通报》53 期,第 300 ~ 304 页,1967 年。

17.《评耶鲁大学远东语言系编〈汉语口语辞典〉》(Review of Staff of the Department of Far Eastern Languages, Yale University, Dictionary of Spoken Chinese),载《通报》53 期,第 305 ~ 315 页,1967 年。

18.《文言小品词》(Wen-yen Partikels)共 99 页,莱顿大学汉学研究院:1968 年。

19.《中国文学革命》(De Literaire Revolutie in China)莱顿:布里尔出版社,1969 年。

20.《评刘师舜的〈中国诗词 101 首〉》(Review of Liu Shih-shun, One Hundred and One Chinese Poems),载《通报》55 期,第 324 ~ 327 页,1969 年。

21.《评傅乐生的〈中国诗词选〉》(Review of J. D. Frodsham, An Anthology of Chinese Verse),载《通报》55 期,第 327 ~ 332 页,1969 年。

22.《评吉川幸次郎的〈宋诗导言〉》(Review of Yoshikawa Kojiro, An Introduction to Sung Poetry),载《通报》55 期,第 332 ~ 336 页,1969 年。

23.《评霍克斯的〈杜诗初阶〉》(Review of David Hawkes, A Little Primer of Tu Fu),载《通报》56 期,第 303 ~ 305 页,1970 年。

（十）通过传教史研究文化互动机制的许理和

1928年9月13日许理和出生于荷兰乌特勒支市,1941年开始在当地接受中学教育。1947年进入莱顿大学，师从戴闻达研修中国语言文学专业课程,同时学习藏文、日文和佛学。1952年他在斯德哥尔摩师从瑞典美术史家喜龙仁(Osvald Sirén,1879~1966)学习中国绘画与雕刻史。在撰写博士论文之前他曾去巴黎,导师为戴密微。1959年他提交的论文《佛教征服中国——中世纪初期佛教在中国的传播与适应》通过后获得了博士学位,留校任教。1962年他被莱顿大学聘任为东亚历史学教授。1969年他创建了当代中国文献中心并担任主任。1974年何四维从汉学研究院退休后许理和接替了他的职务。1976年至1992年他与巴黎法兰西学院的谢和耐共同主编汉学年刊《通报》,1988年兼任中国语言文学系主任。

《佛教征服中国》是许理和1959年的博士论文,后来以专著形式出版。该书覆盖年代约为东晋的100年,到慧远在庐山圆寂为终结,地域跨度包括长江以南的建康、会稽、襄阳、江陵和庐山等地。全书共分六章,第一章为绪论;第二章分析了汉代、三国和西晋的佛教发展状况及其社会背景、思想变革、代表人物与事件;第四章叙述了襄阳、江陵和庐山的佛教中心以及来自中国北方佛教的影响;第五章以专题的形式论述了公元4~5世纪的中国宗教信仰,对其产生背景和类别以及当时各种反对僧权的观点与文献进行了考查;第六章对僧权的维护和佛道冲突历史进行了研究,对儒家的文化优越感和世俗功利主义进行了剖析。正文后附《释慧远传》,对慧远的生平及其僧团活动给予了充分肯定。这是一部内容丰富,资料翔实,佛学和史学知识深奥的专著,学术界研讨中国佛教时经常引用该书。许理和通过对经文的翻译、注释和研究提出了一些重要观点:

1. 两晋时期的佛教包括以道潜(286~374)与支遁(314~366)为代表的南方派别和以道安(314~385)与慧远(334~416)为代表的北方派别;

2. 中国早期佛教是混合型的,只存在于散居在中国境内的移民家庭、群体和社区中,随着民族交融的深化才逐渐被汉文化所吸收;

3. 谈“空”论“无”的玄学流行是中国早期士大夫佛教(Gentry Buddhism)和王室佛教(Court Buddhism)发展的重要因素,佛法渗入士大夫阶层为佛教在中国传播铺平了道路,慧远是促使“士大夫佛教”向“庶民佛

教”转型的关键人物,公元300年是中国佛教的转折点;

4. 中国佛教是一种高度纪律化的行为和生活方式,而不是一种思想模式或哲学体系,佛教传入中国不仅是一新宗教思想的传播,也是新的社会组织形式——僧伽(Sangha)修行团体的示范;

5. 中国知识分子和官方的态度、僧人的社会背景和地位以及修行团体对中国社会的适应,在中国佛教的形成过程中都起到了决定性的作用。

这部专著给许理和带来了极大的乐趣和荣耀,从此他开始了自己深思熟虑的学术追求,《佛教征服中国》也很快成为荷兰汉学领域中广为人知的经典之作。但是这部专著也给他带来了沉重的包袱,在汉学研究中越是深入他越觉得道路的艰辛和付出代价的高昂,总是有一种负债感。一些佛学研究者对许理和的《佛教征服中国》提出过不同见解,但是批评者中具备中国早期文化、宗教、政治和社会史丰富知识的人并不多,因此该书的权威地位一直没有被根本动摇过。

从早期佛经翻译中探索语言学和文体学的分析方法是许理和汉学研究中的另一领域。他认为,早期传入的佛教以小教团的形式出现在民间,当时的佛经翻译为了适应教众接受水平多半都不使用典雅庄重的语言,而是充斥着许多诸如“那”、“所以者何”、“带来”、“舍去”之类的口语成分。两晋以前的佛教典籍,特别是未入大藏又无印度或西域原本的小教派和民间经文以及敦煌劫后余经,都是研究早期汉语白话发展的珍贵语料。白话词汇及其语法有许多不同于文言的特征,例如:复音词的大量出现,代词使用的减少,复数后缀的增加,“也”字结尾的判断句的消失等。他开启了佛典翻译在汉语史研究中的新领域。

1990年许理和为祝贺何四维80大寿而撰写的《汉代佛教与西域》也是一篇不可多得的宏论。全文共分六个部分:

1. 汉代佛教是一种复合现象;

2. 佛教的传播:接触范围的扩大、供养与都市环境;

3. 汉代“西域”(Serindia)是佛学(Buddhology)真空地带;

4. 公元1世纪的西域:都护和西域长史的人口调查报告;

5. 中国式农业的传播:屯边田卒在绿洲的耕作;

6. 孕育期的汉代佛教与西域。

他认为20世纪下半叶佛教研究已经接近饱和点,所有历史和准历史数据都已经被数十位专家所收集、过滤和解读，有些领域，如对古汉语佛经经文的语言学和文体学分析仍然有待开拓，但是最需要的是语文学知识而不是历史知识。20 世纪 70 年代初在物质文化领域有了一些新发现，此前仅发现极少汉代佛教的迹象（笼统地说是佛教对汉代表现艺术的影响），然而缺乏连贯性。考古界在宗教艺术方面提供了更多汉代佛教成分的新例证，使我们清楚地看了到汉代佛教三个方面的内容：对朝廷和帝国大家庭的杂乱崇拜；庙宇主持佛教的初次集结；本土信仰和崇拜中对佛教要素的非系统传播与接纳。作者参考了中国历史学界和佛学界研究的新成果，从汉籍中引用了大量文献资料，对以上论证做出了令人信服的分析，从一个西方汉学家的角度提出了许多新观点，信息量丰富。①

后来许理和的学术兴趣转向了对 16 ~ 17 世纪基督教和西方思想在华传播的研究。他翻译了李九标的《口铎日抄》并做了详尽注释，2007 年以在德国出版的《华裔学志》（Monumenta Serica）丛书之一出版了 862 页两卷本的《李九标〈口铎日抄〉——一位晚明基督徒的日志》。该书第一卷为序言和正文译文，第二卷是中文版原文影印件、参考书目和索引。作为一份基督教在华传播的文献资料，该书有助于读者了解明末耶稣会士的传教过程和方式。

《口铎日抄》是崇祯三年至十三年（1630 ~ 1640）意大利耶稣会士艾儒略（Guilio Alen，1582 ~ 1649）和葡萄牙传教士卢安德（Andreas Rudomina，1594 ~ 1632）与福建信徒之间的谈道记录。这部有关传教活动的著作首次没有涉及由精英思想（Elite Perspectives）引发的论战，而是聚焦于西方传教士与当地秀才之间的争辩。记录者之一李九标，字其香，明末福清海口人，饱读四书五经，1617 年考上了秀才。1628 年偕其弟李九功前往福州参加举人乡试时结识了艾儒略，后兄弟二人受洗入教。1637 年他彻底放弃了科举考试，开始钻研天主教义理，在天主教三山堂（福州）静修一年后回乡鼓励自己家族和村民入教。他与胞弟在海口积极投入传教工作，艾儒略与其他耶稣会士几乎每年都到他的教区视察。

---

① Erik Zürcher, 1990. *Han Buddhism and the Western Region*, in *Thought and Law in Qin and Han China*: *Studies dedicated to Antony Husewé on the Occasion of his eightieth birthday* edited by L. Idma, and E. Zürcher, E. J. Brill, Leiden, The Netherlands.

许理和曾对李九标和艾儒略作过多年研究，为翻译工作做了必要的前期铺垫。他用注解和评述的方式翻译了《口铎日抄》，在“序言”中介绍了该书写作的历史语境、编纂情况及其内容。全书共有494个故事和谈话，除了谈话和对讲道所作的归纳之外，许理和还在每一小节后都加上了说明，记录的日期和地点以及对话双方的籍贯和身份。书中内容涉及三位一体、天使与魔鬼，圣母与神圣、圣体与圣灵，死亡与彼岸，罪恶与悔过，弥撒与葬礼，也包括诸如性别、婚姻、妻妾、贫困与社会公正等问题。此外还涉及西方史、犹太史、自然科学和天文学，偶尔也谈及物理学和数学等相干话题。书中按照编年顺序的编排与主题的先后并不一致。这部著作不仅仅是百科全书式的史料汇编，也是一部基督教在华传教思想史和教科书。

李九标胞弟李九功，字其叙，也是一位福建天主教开教人物，艾儒略的得力助手，曾撰述《励修一鉴》和《文行粹抄》等多部著作。许理和曾在自己的译著中对他有所评论。

晚年的许理和依然从事中国佛教和早期耶稣会士来华的研究，但是除了评译《口铎日抄》之外，并没有留下其他大部头的专著。

1986年汉学研究院为庆祝许理和担任东亚历史学教授25周年，曾组织了一个福建——台湾地区历史研究室，以“17～18世纪福建的兴衰”为题于1990年出版了一册纪念文集。1993年10月退休时，他的同人（多半为其弟子）与旧友曾经精心为他编选了与他平生所关注的问题有关的四册纪年文集：包乐史和宋汉理编辑的《现代东亚初期的冲突与适应》（Conflict and Accomodation）、汉乐逸编辑的《西方的话语》（Words from the West）、梁兆兵与司马翎编辑的《长沙马王堆汉墓的帛画秘符及其他》（From Classical *Fú* to Three Inches High）、拉特克（Kurt Werner Radtke）与托尼·赛奇编辑的《中国的现代化、西化与文化移入》（China's Modernization, Westernization and Acculturation, 1993）。

2007年9月12日，艾儒略的家乡布雷西亚省举行仪式祝贺许理和译作《口铎日抄》出版。面对前来道贺的新朋旧友他没有发表学术演讲，却谈到了有关自己研究中的一些体会。他回答了大家都关心的一个问题：为什么他从研究中国佛教史转向了基督教在华传教史。他说早在当研究生时就特别想研究文化互动的机制（mechanism of cultural interaction）——各种文化和文明之间如何相互影响，又相互丰富的问题。对于汉学家来说，最重要的工作就是要对前现代中国或者说早期的中国进行研究。中世纪初佛教从印度和中亚传入中国,经历了吸收和适应的全过程,对早期中华文明产生过重要影响。他说自己对佛教教条或纯教义并不怎么感兴趣,只是对互动机制情有独钟。多少年来,他穿梭于字里行间,觉得自己找到了中国人对于佛教从完全抵制到全部接受的复杂过程中那种起作用的运作机制和动力,但可惜未曾加以比较。他注意到16世纪末17世纪初基督教从欧洲传入中国时也有一个相似的过程。其实这不是什么"转变",只不过是同一种模式的另一种表现罢了。

1989年一些西方记者曾以"西方遇见东方"的话题对他进行采访,但是许理和告诉他们自己研究的课题是"东方遇见西方",不是仅仅研究中国与欧洲,而是研究中国与整个外部世界的关系史。他们问:"中国的佛教史和基督教史都属于宗教范畴,可你为什么选择这个课题? 难道你本人不信教吗?"他回答说:"我并不那么热衷于意识形态,也不爱上教堂。这只是一个兴趣问题,这个问题,特别是外国事物,使我感兴趣。从中国的角度来看,佛教和基督教都是外国宗教。我认为面对外来事物,中国文化的特征就会充分地表现出来。"①

他还说:"汉学应该研究(前现代)中国。不管我们研究什么,中国文化(包括传统中国文化对外国复杂体系入侵的反应方式)应该永远是我们研究的重点。"这种转型(paradigm shift)理论的提出是他对荷兰汉学研究领域的贡献。他把这种转变描述为"从耶稣会士研究的伪汉学手段(missinological approach)向西学(Western Studies)研究的转变",即:源于西方的全部思想在中国文化语境和形式中进行传播并适应中国的习惯,以及中国人对此的反应。②

许理和研究佛教和基督教在华传教史,是出于他对宗教和文化关系密切的考虑。他认为每一种宗教都是在特定文化语境中展开的,并用那种文化的语汇表达自己的教义;每一种文化都与其宗教或意识形态相一致的信

① Nicolas Standaert, 2008. *Erik Zurcher's Study of Christianity in Seventeenth-Century China: An Intellectual Portrait* from *China Review International*, December 30, 2008.

② Erik Zürcher, 1990. *Han Buddhism and the Western Region*, in *Thought and Law in Qin and Han China: Studies dedicated to Antony Hulsewé on the Occasion of his eightieth birthday* edited by L. Idma, and E. Zürcher, E. J. Brill, Leiden, The Netherlands.

仰、教条和偏见纠葛在一起。他研究中国基督教史的另一个考虑是，这方面的文献资料特别丰富，其覆盖范围并非一般外国小宗教可比。

许理和遵循欧洲汉学研究传统，就像他的恩师戴闻达一样，视自己的著述中的参考书目为重要的学术资源。他特别重视汉籍的价值，把文献目录的获得和编撰看是作自己研究工作中不可分割的一个部分。他早期的书稿和参考书目已成了有关耶稣会士在华传教史（1580～1680）研究的参考文献，也成了现在中国基督教文本的数据库，共收录1000多个汉语条目和4000多个其他语种条目。由于他的关注和搜集，才有可能提供许多绝无仅有的跨学科史料。

20世纪70年代以后许理和在参与教学和研究的同时，还在汉学研究院负责行政工作。他是一位创业者，早在1969年就在汉学研究院创建了具有专用资金预算的当代中国文献中心，使莱顿大学成为欧洲少数几个专门研究现代中国的大学之一。殖民时代的荷兰汉学研究立足于服务海外殖民统治、国际关系和外贸，如今他从体制上确立了现代汉学研究的学术地位，这不能不说是莫大的贡献。他觉得只要上层不加干涉，就有施展自己才华的空间。1974年他接替何四维的工作时只是暂时代理院长职务，因为研究院还处于建制与否的争论之中。好在当时的莱顿大学汉学研究院已经名声在外，所以对内对外就都使用那块牌子，况且还有已被认可的中文系和独具特色的汉学图书馆，师生们觉得并非徒具虚名，因此倍觉理直气壮。

许理和授课组织严密，条理清晰，很受欢迎。可惜在他的早期佛教研究专业中没有自己的研究生，不过在基督教来华传教史研究中倒也带出了几位高徒。他习惯于跟学生（包括后来成为他的博士研究生和同事的那些人）保持一定的距离，这种放纵自由（laissez-faire）的态度是否属于"师道尊严"的表现？作为一个熟读经史子集的西方学者有这种态度并不令人奇怪，但是好学生都能理解他，觉得对于培养他的独立研究能力和基本治学态度其实是有好处的。他经常跟学生谈到自己年轻时花了多少年心血才掌握了佛经和道书中的专用语汇，他对学生读书心得所写的挖苦批语也给他们留下了不少思考空间。他精通文言文、荷兰文、英文和其他外文，积极参与学校内外的许多团体组织（包括联合国教科文组织）的活动。他博学多才，善于鉴别，总是有一种知识分子特有的幽默感，给学术界和同事留下了不可估量的精神财富。

他曾制定一项雄心勃勃的“中国历史视觉教学”(Visual Presentation of Chinese History)计划,打算通过人物、图表、地图和课文,以历史事件的主线和副线为脉络,用电脑软件和系列幻灯片,对中文系一年级和同类水平的学生进行中国史教学。此计划得到了荷兰和台湾多个基金会的支持,获得了可喜的成绩。但是鉴于版权政策的原因,该项计划的后续工作已经停止。

许理和是荷兰皇家科学院院士。无论在莱顿大学还是在欧洲汉学界他都是一位德高望重、成果丰硕、不求闻达的学者。他的儿子埃里克·扬·泽克(Erik-Jan Zürcher)是莱顿大学土耳其语言和文化教授。

许理和在汉学领域孜孜不倦耕耘数十年,对于东汉至隋代佛教的传播、明末耶稣会士来华、敦煌艺术、在佛经译文中寻找汉语口语与书面语相互渗透的证据、中国人为何接受马列主义等问题都有独到研究。他的著述多半用英文撰写,其中重要的有:

1.《佛教征服中国——中世纪初期佛教在中国的传播与适应》(The Buddhist Conquest of China. The Spread and Adaptation of Buddhism in Early Medieval China),莱顿汉学丛书第 11 卷,莱顿:布里尔出版社,1959 年。

2.《佛教的起源与传播》(Buddhism, Its Origin and Spread),伦敦:1962 年。

3.《中国古代书画的模仿与伪造》(Imitation and Forgery in Ancient Chinese Painting Calligraphy)。

4.《佛教对早期道教的影响》(Buddhist Influence on Early Taoism: A Survey of Scripture Evidence)。

5.《最早佛经翻译中的东汉白话成分》(Late Han Vernacula Elements in the Earliest Budddhist Translations)。

6.《中国早期佛教中的救世主降临信念与末世观念》(Messionism and Eschatology in Early Chinese Buddhism)。

7.《上帝与魔鬼——明末基督教徒手稿中的怪诞传奇》(The Lord of Heaven and Demons: Strange Stories from a Late Ming Christian Manuscript)。

8.《20 世纪 90 年代的人文学科——荷兰的观点》,许理和等编,阿姆斯特丹:1990 年。

9.《佛教、基督教与中国社会》(Bouddhisme, Christianisme et société chinoise),巴黎:1990年。

10.《汉代佛教与西域》(Han Buddhism and the Western Region),载《秦汉时期中国的思想与法典——何四维八十华诞纪念文集》,莱顿:1990年。

11.《中国耶稣会士传道团文献目录:1580~1680》(Bibliography of the Jesuit Mission in China,1580~1680),与尼古拉斯·斯坦达德和阿德里亚诺斯·杜丁克合著,莱顿:1991年。

12.《儒家学说的发展》(Confucianism for Development),莱顿:1993年。

13.《儒家学说:中华帝国晚期的基督教与正统学说》附录(A Complement to Confucianism: Christianity and Orthodoxy in Late Imperial China),纽约:1993年。

14.《中国国家与规范》(Norms and the State in China)1991年7月8~12日莱顿大学汉学研究院研讨会论文集,许理和等编,莱顿:1993年。

15.《中国文化的时与空》(Time and Space in Chinese Culture),莱顿:1995年。

16.《遭遇之初:十七世纪中国对于创造论的回应》,纽约:1995年。

17.《人文、科学与文化发展史》(History of Humanity. Scientific and Cultural Development),许理和等编,伦敦:1996年。

18.《李九标〈口铎日抄〉——一位晚明基督徒的日志》(Kouduo richao. Li Jiubiao's Diary of oral admonitions. A Late Ming Christian Journal/Translated, with Introduction and Notes by Erik Zürcher, Sankt Augustin),2007年。

三、转型时期的荷兰汉学研究(1969年至1999年)

(一)以研究中国道教蜚声国际汉学界的施舟人

施舟人(又译施博尔,法名鼎清),1934年出生于瑞典,祖籍荷兰,父母亲都是牧师。他曾就读于阿姆斯特丹一个以古拉丁文和希腊文为主科的大学预科班。1952年他在荷兰国立博物馆参观了一个远东美术展览,当他看到空灵出世的中国山水画、洁白无暇的瓷器和携着厚重文化信息的青铜器时,他的心灵被震撼了,决定去法国学习东方艺术。

父母去世后他得到一个去巴黎卢浮宫博物馆艺术学校读书的机会。经过几年苦读他先后进入了巴黎大学和法兰西学院研修中国思想史，汉学家康德谟(Maxime Kaltenmark，1910～2002)曾给他上过有关道教和道家思想的课程。有很长一段时间他是康德谟唯一的学生，可以集中精力学习《老子想尔注》、《太上灵宝五符序》和《灵宝无量度人妙经》之类的经文。通过课堂问答，独享专家教诲，在中华文化知识方面日有长进。

施舟人曾涉猎过陈国符(1914～)的《道藏源流考》。该书是世界上第一部系统研究《道藏》的学术专著，对《上清经》也有所介绍。上清道派是众多道派中最有名的一派，他们宣称《上清经》是出于众真所处的大罗大境的上清宫中，乃"玄古之道，自然立章"。上清派宗师多出身于上流社会，文化层次和地位都优越，教义比较成熟，道经演绎知名度亦高。施舟人被那些纷繁深奥的教义所吸引，便开始研读《道藏》。好在名师就在身边指点，有什么疑难都能迎刃而解。后来他撰写的博士论文就是当时个人几年的读书心得和研究成果。获得法国高等研究院博士学位和法国国家文学博士学位后，他留任巴黎。

1962年秋天他已是法国远东研究院研究员，不久得到了以访问学者身份到台湾研究道教的机会。1964年在几位老学者的帮助下，他参加了台南县西港镇庆安宫三年一次的"金箓禳灾祈安清醮"大典。在五昼夜的做醮仪式中，他被载歌载舞的道教大法事所吸引，从道士的谈话中又了解到当地香会组织的庄严古文"大法事"与世俗白话"小法事"的区别。台湾的生活使他眼界大开，很快就对当地的民俗产生了浓厚兴趣，并试图从《道藏》中寻找有关中国民间信仰的资料。当时台南有曾、陈、施、严四家道士，他从他们那里系统地学到了祖传古典斋醮科仪。道师曾赐、陈聪道对他的学识和学德赞赏有加，口传心授，亲切教诲，七年后成为正一三五都功经箓道长。其中一位道师临终前遗嘱将毕生收藏道经留赠与他。

1970年施舟人从台北回到法国，开始对《道藏经》的1843种书进行系统研究。他了解到中国的《正统道藏》校刊于明朝正统十年(1445)，共计480函5305卷，按三洞四辅12类进行编排，以《千字文》为涵目。《续道藏》校刊于明万历年间，续补32函。这是一种双重标准的分类体系，暨反映了道经的传授系统，又反映了道书的实际内容，加上后世道书不断增加，传授系统变得混乱，检索起来十分不便。于是他便构想出一项"道藏工程”(The Tao-tsang Project)的庞大计划。

1972年他受聘担任法国高等研究院宗教组主任导师和道教文献馆主任，讲授中国宗教史，并任法国远东研究院研究员。1975年他和欧洲汉学界的同事在巴黎倡议在欧洲青年汉学家大会的基础上成立欧洲汉学学会，他任会议执行书记。1976年他在欧洲汉学大会上正式发起编撰并出版三卷本的《道藏通考》(The Taoist Canon: A Historical Companion to the Daozang，原定名为《道藏手册》The Handbook of the Taoist Canon)的研究项目议案，顺利得到立项。

此项工程的总部设在巴黎高等研究实验学院(Ecolepratique des Hautes Etudes)的道教文献研究中心，下设指导委员会，并在巴黎、维尔茨堡和罗马设立了三个工作组。29位撰稿人中有24位来自荷兰、法国、德国和意大利的欧洲学者，三位在欧洲进修的中国学者和两位美籍学者。工作步骤是：先为参编人员举办《道藏》知识讲习班和研讨会，然后对每一部道典进行系统的研究和分析，对其年代、作者和重要性进行考订、排列并摘录有关片段。原先打算用法语、德语、英语和意大利语写稿，最后指导委员会决定只用英文，由施舟人负责统稿，1993年出版。编纂工作曾一度为人事和技术问题所困扰，但很快就得到妥善解决，1991年傅飞岚(Franciscus Verellen)作为主编之一加盟，编研所用分类体系经优化后更便于史料检索。书稿和参考文献由傅飞岚统一协调，成果出版日期推迟到2005年而不是此前公布的时间。

《道藏通考》共分三卷：第一卷除“综论”外，还包括第一时段的两个部分(东周至六朝时段和隋、唐、五代时段)；第二卷时间跨度为宋、元和明三朝；第三卷包括传记、目录、索引，以及道教主要人物传记、撰稿人信息及书名索引、目录号索引、拼音索引、总索引，《道藏》艺文版、新文丰版和三家版一览。

道典根据其初始位置的“作品号”编排，先后用施舟人的《道藏通检》(Concordance du Tao-tsang，1975年)和1996年他与陈耀庭合编的《道藏索引》(Concordance to the Daoist Canon)系统进行编制。施舟人花了整整25年时间写出了几本有关《道藏》的专著和70多篇论文。

1979年中法复交后施舟人开始到北京做汉学研究工作，曾代表欧洲汉学学会邀请钱钟书和夏鼐等学者到欧洲访问。在此后几十年中他遍访了大江南北,从西藏牧民的毡房到福建客家人的围楼他都访问过。1993年秋莱顿大学汉学研究院院长许理和退休后所空出的教席更名为中国史教席,聘请施舟人出任。其间施舟人还参与了莱顿大学汉学研究院、法国科技中心(CNRS)、中国社会科学院、北京大学历史系和北京社会科学院等院校和学术机构合作的研究项目《圣城北京》。

施舟人在整理和考证《道藏经》过程中提出了"文化基因"的理论。他是国际上第一位提出建立文化基因库(the Gene Bank of Culture)的学者,曾率先把生物学的基因概念引入文史学。他认为生物学基因库的知识已经普及到大众,任何物种在地球上消失都可能使人觉得痛心。但是对于文化基因的消失,许多人却不知其后果的严重。如今人们也不像过去那样重视传统文化,有人甚至以为否定传统文化才能实现现代化。他深切地感悟到建立文化基因库势在必然。

1997年,中国文化书院和北京大学中国哲学与文化研究所设立了"汤用彤学术讲座",每年5月邀请一些外国学者以讲座主讲教授身份来华。1998年施舟人应邀在第二届讲座中发表了《道教在近代中国的变迁》的主题演讲。

2002年北京大学出版社出版了施舟人的一册文集《中国文化基因库》。书中除了汤一介撰写的《序》和施舟人的《自序》,以及《施舟人道教论著选目》外,正文收录了作者在"汤用彤学术讲座"的主题演讲和在不同时间发表的多篇论文,内容丰富,观点前卫。其中有:《文化基因库——关于文史学的作用与前景》(原为荷兰皇家科学院的文史学改革而写,1999年乐黛云主编的《跨文化对话》和2001年香港中文大学的《人文学刊》分别收录了该文);《老台南的土地公会》(英文原作发表于1977年施坚雅主编的《晚清城市》);《滑稽神》(英文原作1966年发表于台湾民族所学刊);《仙人唐公房》(法文原作于1991年发表);《道藏中的民间资料》(1993年发表于台北《汉学研究通讯》);《〈老子中经〉初探》(1998年发表于北京《道家文化研究》);《道与吾》(1999年刊发于北京);《李渤及其〈真系传〉》(1988年刊发于广东《韩愈研究论文集》)。

施舟人的《文化基因库——关于文史学的作用与前景》是一篇视角独特分析透彻的专论,全文共分五个部分:(1)文化;(2)近代科学的到来;(3)图坦卡门(Tutankhamun)再生;(4)针灸的认识论;(5)文史学的功能。

作者在文章开头开门见山地提出了这样的观点:新文化形式的出现总是不同文化传统相互使用的结果,总是不同文明互动的产物。它们得自文明的交流和混合,有时也是不同来源成分的杂交。事实证明,文化发展、传播和多样化的模式具有与生物进化相似的特征。另一个令人信服的事实是,在基因谱系和语言进化谱系之间有着很大关系。文化的发展主要依赖于人类学习并将知识传输给后代的能力。施舟人举例说:非洲音乐与西方流行音乐、日本版画与凡·高(Vincent Willem van Gogh, 1853～1890)艺术创作、非洲雕塑与毕加索(Pablo Picasso, 1881～1973)油画、日本建筑与西方建筑,前后两者之间的影响证明现代文明如何得益于迄今存世的各类文化。各种不同的文化构成各具特色的种类存在,文化创新和复兴就有可能。从这个角度看,人类文化的功能无异于基因库的使用。他又举例说明,1883 年法国哲学家瑞南(Ernest Renan,1825 ～1892)在索邦大学(Sorbonne University)发表的《欧洲科学起源》的演讲中谈到阿拉伯人对数学发展的贡献时说:"在所有这一切中,惟一真正有生命力的因素是古希腊文化。古希腊文化是知识和正确思想的惟一源泉。"美国"图坦卡门"狂热是埃及第十八王朝最后一位法老(1343B. C. ～1325B. C.)墓葬中随葬品出土煽动起来的文化大潮,如果不满足于"耽于异国情调"或"迷信返祖现象"之类的解释,那么这一狂热应该归结为埃及文明无与伦比的文化价值。19 世纪,尤其是 20 世纪,人类渴望通过与自身文化绝然不同的文明接触来激发灵感。现存的传统可以保持其活力,就是消亡多时的文化也能复活,并对重新认识我们自己与周围世界,对了解人类历史的意义发挥十分重要的作用。联系到中国的情况,施舟人禁不住感慨万千。他说,20 世纪 70 年代中国考古学者发掘出兵马俑,但是没有引发图坦卡门效应,也许中国文化尚未进入西方人的知识领域。谈到文化多样化的消失将威胁到文化复兴问题时,施舟人认为人类文化财富必须通过某种途径得到保护,这不仅仅是为了我们的审美满足,也是为了维护这个多元文化的大千世界。他说科学也是一种文化产物,具有中国特色的宇宙论和哲学思想的阴阳五行同类相感论,彻底打破了西方传统的肉体与思维之间的藩篱,用完全不同的概念去思考人生及其意义。在演讲的最后,施舟人强调文化复兴的现实来自于不同传统的借用和交流。只要不同的文化形式继续以足够的数量和生命力存在,这种交叉繁殖就会持续下去。当今文化多样性受到全球一体化的威胁，文史专业保存和传播古老知识的功能，即便它不比建立新的研究模式重要，至少也应视为同等重要。[①]

施舟人从事教育工作跟他的汉学研究时间跨度一样长。他担任过各类水平学生的课堂教学和学位论文指导，从初学者到博士研究生都有。他曾在香港中文大学担任过客座教授，开过中国古典文学课《诗经》，听课的学生非常多。他说授课时必须引导他们思考，不忙于下结论，要鼓励学生通过阅读提出不同意见，甚至跟老师争论，他觉得这样教学目的就达到了。他认为批判思维是学生进步的标志。2008 年 6 月 27 日他在北京大学为来访的 400 多位美国中小学校长和教育官员做了题为“中国历史文化及其在全球的影响”的英文演讲，深入浅出，课堂效果很好。

2003 年施舟人与妻子袁冰凌在福州大学创建了世界文明研究中心和西观藏书楼，并任主任，捐赠了英、法、德、荷、瑞典、意大利、西班牙、希腊、拉丁等西语图书近两万册。

2008 年国家汉办暨孔子学院总部正式立项《五经》(《诗》、《书》、《礼》、《易》和《春秋》)翻译计划，宣布将由施舟人领衔此项工作，并组织海内外相关领域学者共同参与，计划在三年半的时间内首先推出英译版。专家一致认为，《五经》是最古老的汉籍，中国最重要的文化遗产之一。《圣经》和《古兰经》都是关于神的经书，而《五经》则是中国古代人文主义的代表作，因为缺乏现代译本，始终难以在世界范围内传播，正式推出权威译本十分必要。不久后，来自中国、荷兰、美国、英国、法国、德国、意大利、加拿大、比利时和以色列等国家和地区的 30 余位翻译界、经学界、训诂学界和考古学界的学者和汉学家汇聚在一起，为这一个旷世文化工程出谋划策。

施舟人回忆说：“上世纪 70 年代，在国学界与季羡林先生一起被称为‘北季南饶’的饶宗颐先生在我执教的法国高等研究院做访问学者。恰逢法国政府出资设立一个规模宏大的世界文化经典翻译项目。当饶宗颐先生看到项目中的中国典籍只有《红楼梦》和《三国演义》时，年过 60 的他流泪了：‘我们完了，没有人知道我们的文化源头是《五经》。’饶宗颐先生的眼泪使我深受震动，看到这种情况，每一个相关的人，每一个热爱中国文化

---

① 施舟人：《文化基因库——关于文史学的作用与前景》，载《中国文化基因库》，北京大学出版社 2002 年，第 9～28 页。

的人都会感到不安，我心中翻译《五经》的愿望也越发强烈。在后来的30多年中，我多次在各种场合提到翻译《五经》的重要性。2008年，国家汉办暨孔子学院总部接受了我的建议，经过多国学者参加的评审会，正式立项《五经》翻译项目。”①目前他已开始主持由国家汉办主管的大型国际汉学合作项目《五经》的翻译工作。

他的妻子袁冰凌1962年生于福建宁德，莱顿大学历史学博士，荷兰国际亚洲研究中心研究员，福州大学世界文明交流中心特聘教授。她主要从事中国历史、宗教和文化研究，成果卓著。

施舟人是荷兰皇家科学院院士，通晓8种语言，以研究中国道教蜚声于国际汉学界。2004年福建省人民政府向他颁发了第三届友谊奖。2005年，法国总统授予施舟人荣誉骑士勋章。

他在宗教人类学、中国古代思想史和文化史方面均有突出建树，出版过著述数十种。除了前面介绍的以外还有：

1.《论中国的进香活动》（Les pèlerinages en Chine），载《香客》，第305～341页，巴黎：1960年。

2.《汉武帝内传研究》（L'empereur Wou des Han dans la légende Taoïste），载《法兰西远东学院》第58期，巴黎：1965年。

3.《滑稽神》（The Divine Jester：Some Remarks on the Gods of the Chinese Marionette Theatre），载台湾《中央研究院民族学研究所集刊》第21期，第81～95页，1966年。

4.《道教科仪及其传承》（Taoism：The Liturgical Tradition），第一届国际道教学术研讨会论文，意大利：1968年。

5.《中国的鬼神理论》（Démonologie Chinoise），载《妖怪、天使和魔鬼》，第405～426页，巴黎：1971年。

6.《道教仪式中的文书》（The Written Memorial in Taoist Ceremonies），载《中国社会的宗教与礼仪》，斯坦福大学出版社出版，第309～324页，美国：1974年。

7.《道教的分灯科仪研究》（Le Feng-teng，Rituel taoïste），载《法兰西远东学院》第103期，巴黎：1975年。

---

① 河西：《施舟人：没有比翻译〈五经〉更紧急的事了》，载《时代周报》2010年1月14日。

8.《老台湾的土地公会》(Neighborhood Cult Associations in Traditional Taiwan),载《晚清城市》,斯坦福大学出版社,美国:1977 年。

9.《道体论》(The Taoist Body),载《宗教史》第 17 期,第 355 ~ 386 页,1978 年。另有荷兰文、法文和意大利文等译本。

10.《〈老子中经〉成书年代考》(Le Calendrier de Jade: note sur le Laozi zhongjing),载《东亚自然和人民学会新闻》第 125 期,第 75 ~ 80 页,1979 年。

11.《中国古代的末劫救世思想》(Millénarismes et messianismes dans la Chine ancienne),载《中国》副刊 2, 第 31 ~ 49 页,罗马:1979 年。

12.《道教的出家制度》(Le Monachisme Taoïste),载《公元 3 ~ 10 世纪亚洲宗教会议》第 199 ~ 215 页,1984 年。

13.《台湾的王爷和瘟神信仰》(Seigneurs royaux, dieux des épidémies),载《宗教社会学文献》第 59 卷第 1 期,第 31 ~ 41 页,1985 年。

14.《道教仪式中的替身》(La représentation du substitut dans le rituel Taoïste),载《礼仪的作用》,第 33 ~ 54 页,巴黎:1985 年。

15.《敦煌抄本中的道教职位》(Taoist Ordination Ranks in the Tunhuang Manuscripts),载《东亚的宗教和哲学》,第 127 ~ 149 页,维尔茨堡:1985 年。

16.《唐代的许真人香火和道教科仪》(Taoist Ritual and Local Cults of the T'ang Dynasty),载《密宗与道教研究 Ⅲ》,第 812 ~ 834 页,布鲁塞尔:1986 年。

17.《道教的白话法事与文言科仪》(Vernacular and Classical Ritual in Taoism),载《亚洲研究学刊》第 45 卷第 1 期,第 21 ~ 57 页,1986 年。

18.《刍狗和纸老虎释义》(Chiens de paille et Tigres en Papier: une Pratique rituelle et ses gloses),载《远东远西》第 6 期第 83 ~ 95 页,巴黎:1986 年。

19.《道教仪式中的时间循环》(Progressive and Regressive Time Cycles in Taoist Ritual)载《实践研究—中西的时间、科学与社会》第 5 卷,第 185 ~ 205 页,麻省理工学院出版社,阿莫斯特:1986 年。

20.《从田野调查看葛兰言〈古代中国的舞蹈和传说〉的理论》(Comment on crée un lieu-saint local: à propos de *Danses et Lègendes de la Chine ancienne* de Marcel Granet),载《汉学研究》第 4 卷第 2 期,第 41 ~ 61

页,1986 年。

21.《赵宜真的清微宗》(Master Chao I-chen and the Ch'ing-wei School of Taoism),载《道教与宗教文化》,第 1 ~ 20 页,平河出版社,东京:1987 年。

22.《关于道藏工程的报告》(Report on the Tao-tsang Project),载《欧洲汉学研究通讯》第 1 期,1987 年。

23.《道教的目连戏》(Mu-lien Plays in Taoist Liturgical Context),载《礼仪戏曲,戏曲礼仪》,第 126 ~ 154 页,伯克莱:中国民间文化出版系列 1,1989 年。

24.《庄子的"礼"和"祭祀"概念》(Tchouang-tseu et les rites),载《仪式与内心世界》,第 110 ~ 120 页,巴黎:1989 年。

25.《步虚考:道教仪式歌舞》(A Study of Buxu: Taoist Liturgical Hymn and Dance),载《今日道教礼仪与音乐研究》,第 110 ~ 120 页,香港中文大学出版社,1989 年。

26.《道教仪式中的净坛和建坛》(Purifier l'autel, tracer les limites à travers les rituels Taoïstes),载《路基》第 31 ~ 47 页,1990 年。

27.《保生大帝的香火与分香》(The Cult of Pao-sheng ta-ti and its Spreading to Taiwan: A Case Study of Fen-hsiang),载《17 ~ 18 世纪福建省的兴衰》第 397 ~ 416 页,莱顿:1990 年。

28.《仙人唐公房》(Le culte de l'immortel Tang Gongfang),载 *Cultes populaires et sociétés asiatiques*,第 59 ~ 72 页,巴黎:1991 年。

29.《〈瘗鹤铭〉及其作者》(L'épitaphe pour une grue' et son Auteur),载《饶宗颐 75 华诞纪念文集》第 409 ~ 421 页,香港中文大学出版社,1993 年。

30.《老北京的宗教行为与结构》(The Structure of Religious Behavior in Old Beijing),载《世界宗教研究》第 51 卷 1 期,中国社会科学院出版社,北京:1993 年。

31.《纯洁与陌生——道教在中世纪的变迁》(Purity and Strangers—Shifting Boundaries in Medieval Taoism),载《通报》第 80 卷,第 61 ~ 81 页,1994 年。

32.《文化基因库》(The Gene Bank of Culture),1994 年。

33.《道教哲学词汇》(Le vocabulaire philosophique du Taoïsme,宗教学

部分)第101卷,第32~38页,1994年。

34.《北京东岳庙探源》(Note sur l'histoire du Dongyue miao de Pékin),载《中国历史文化研究》*Hommage à Kwong Hing foon: Etudes d'histoire culturelle de la Chine*,第255~269页,巴黎:1995年。

35.《欧洲道教研究史》(The History of Taoist Studies in Europe),载明·威尔逊与约翰·凯利编《欧洲对中国的研究》,第467~491页,寒山堂,伦敦:1995年。

36.《古代北京的礼拜仪式结构》(Liturgical Structures of Ancient Beijing),载《中国的宗教和现代化——1992年4月在北京召开的国际宗教史协会地区会议议程》,第19~33页,剑桥:1995年。

37.《〈老子中经〉的内部世界》(The Inner World of the Lao-tzu Chung Ching)许理和等编《中国文化的时空》,第114~131页,布里尔出版社,莱顿:1995年。

38.《道教礼仪大纲》(An Outline of Taoist Ritual),载施舟人等编《礼仪文集》第3卷,第97~126页,布里尔出版社,莱顿:1995年。

39.《关于礼仪之争的一些问题》(Some Naive Questions about the Rites Controversy: a Project for Future Research)。载《历史文献研究所》第49卷,第293~308页,罗马:1996年。

40.《云雨之术》(The Art of the Clouds and Rain),1996年。

41.《〈庄子〉荷兰文译本》(*Zhuang Zi: de Innerlijke Geschriften*),阿姆斯特丹:1997年。

42.《论贵州道士的传职法事》(A Play about Ritual: the 'Rites of Transmission of Office' of the Taoist Masters of Guizhou),载 *India and Beyond—Essays in Honour of Frits Staal*,第471~496页,伦敦:1997年。

43.《肥致碑小考》(Une stèle taoïste des Han orientaux récemment découverte),载《罗亚尔之路——莱昂·范德米奇纪念文集》,第239~247页,巴黎:1997年。

44.《老北京的庙宇和香火》(Structures liturgiques et société civile à Pékin),载《三教文献》第1期,第9~23页,莱顿:1997年。

45.《东岳庙建立冥用什物圣会碑考》(Stéle de l'association pour les divers objets utilisés dans le monde des ténèbres),载《三教文献》第1期,第

33 ~ 45 页,莱顿:1997 年。

46.《吴澄的大都东岳仁圣碑考》(Stéle du temple du Pic de l'Est Dongyue miao de la Grande Capitale, par Wu Cheng),载《三教文献》第 2 期,第 85 ~ 93 页,莱顿:1998 年。

47.《明正统重建北京东岳庙考碑》(Inscription pour la reconstruction du Temple du Pic de l'Est à Pékin par l'Empereur Zhengtong),载《三教文献》第 2 期,第 95 ~ 102 页,莱顿:1998 年。

48.《道教历史》(The Story of the Way),载《中国道家与艺术》,第 33 ~ 56 页。加利福尼亚大学出版社,美国:2000 年。

49.《早期天道的环境保护思想》(Daoist Ecology: The Inner Transformation. A Study of the Precepts of the Early Daoist Ecclesia),载《道家与生态学》,第 79 ~ 94 页,哈佛大学出版社,美国:2001 年。

(二)莱顿大学应用语言学教授梁兆兵

梁兆兵 1936 年出生于湖北武汉,祖籍河北定县,曾经在北平和沈阳上过小学和初中。他随父亲到台湾后曾经学习医学专业一年,因为胃溃疡住院。病愈后重新报考上了台北师范大学英语系,毕业后留学美国西雅图华盛顿大学,在英语系进修半年后转入人类学系,后转学宾夕法尼亚大学英语系,获得硕士学位后从事电脑语言翻译研究。1971 年完成他的博士论文《介词、同动词,还是动词——评过去和现在的汉语语法》(Prepositions, Co-verbs or Verbs? A Commentary on Chinese Grammar Past and Present),获语言学博士学位后留校任教。

1977 年应聘到莱顿大学汉学研究院,任汉语应用语言学教授。他除了教授现代汉语和翻译等课程外,还致力于第一和第二语言习得研究。1983 年他向德国海德堡大学教授克兰提出一个第二语言习得的研究计划,以区分自学移民和课堂学生在语言学习方面的不同态度和过程。根据他的考察,自学移民的语言习得是自然的,而在课堂内学习第二语言的学生接受知识的方式是半人工的,或者说是"填鸭式"的。为此他积极参与奈梅亨—普朗克心理语言研究所(Max-Plank Institute for Psycholinguistics at Nijmegen)的多种语言研究项目,坚持收集资料、观察和研究,并与克兰相互协调计划。他的最终目的是从习得与学习的差别中印证教学对象和教学环境的不同所产生的不同效果，以便推广经验，以最经济的方式向学生传授知识。

1983 年他应邀到北京讲学，多年来热心经办中荷学术交流研究项目。

梁兆兵个人以及与同事合作编撰的文章、汉语教材和文集有：

1.《汉语口语的变体：天津话》（Varieties of Spoken Chinese），与弗朗西斯等合撰，多德雷赫特：1982 年。

2.《商务和函授汉语》（Business and Correspondence），与汉乐逸等合编，多德雷赫特：1983 年。

3.《心理语言学与汉语教学》（Psycholinguistics and the Teaching of Chinese），1985 年。

4.《汉语陈述语段中分句结构变体的进一步分析》（Clause Structure Variation in Chinese Narrative Discourse: A Developmental Analysis），与希克曼合撰，载《语言学》第 28 卷第 6 期，第 1167 ~ 1200 页，1990 年。

5.《语段接应的发展：代码指南》（The Development of Discourse Cohesion: Coding Manual），与亨德利克斯和罗兰合撰，载奈梅亨心理语言学研究所专刊，第 145 页，1990 年。

6.《文化交流规则》（The Do's and Don't's in Cultural Exchange），载《欧洲大学教师及专业教师大会议程》，第 426 ~ 433 页，布鲁塞尔：1991 年。

7.《长沙马王堆汉墓的帛画秘符及其他》（From Classica *Fú* to Three Inches High），与司马翎合编，勒芬：1993 年。

8.《翻译中的文化转换》（Cultural Transposition in Translation），载《长沙马王堆汉墓的帛画秘符及其他》，第 121 ~ 129 页，奈梅亨：1993 年。

9.《语段中人称、时间和空间参照发展编码手册》（The Development of Reference to Person, Time and Space in discourse: A coding Manual），与亨德利克斯、希克曼和罗兰合编，第 253 页，奈梅亨：1994 年。

10.《中国儿童短时体手段的使用：语义和语段的确定因素》（The Uses of Temporal and Aspectual Devices by Chinese Children: Semantic and Discourse Determinants），载《第三届国际汉语语言学大会议程》，第 34 页，与亨德利克斯和希克曼合撰，1995 年。

(三)杂剧、小说和翻译专家伊维德

1944年伊维德出生于荷兰东部的达伦。他中学时代就喜欢诗歌、文学和音乐,读过赛珍珠的《大地》和高罗佩创作的仿狄仁杰断案小说,对于中国产生了向往的感情。上大学前他希望学习一门既有思想又有历史深度的专业,最好与自己的母语文化差距大些,于是决定学习汉学专业。

1963年他进入了莱顿大学汉学研究院,业师为何四维教授,学习汉语、日语和社会学等课程。按照汉学研究院的惯例,该院学生应该到中国大学见习一段时间,但因为"文革"初期中国高校"停课闹革命",无法安排。1968年毕业后他获得奖学金到日本北海道大学进修他并不喜欢的社会学。后转入京都大学人文科学研究所,师从田中谦二研究中国古典文学两年,通过大量阅读中国小说,汉语水平有较大提高。

1970年夏天他曾在香港的大学服务中心从事研究。同年返回荷兰,在莱顿大学一边任教一边攻读博士研究生课程。他的博士论文《形成期的中国白话小说》(Early Vernacular Fiction, The Formative Period)主要研究辽金、元代和明代的杂剧故事、话本和评话小说。当时一些欧洲学者认为中国小说没有情节,不是真正的写实主义,伊维德不同意这样的观点,认为不能以欧洲人的标准和思路来研究中国小说。中国小说有自己的情节,而且每一部小说的情节都不一样。其实很多荷兰读者喜欢看《聊斋》之类的故事,也爱读白居易的诗。他本人就对于中国传统小说和戏曲倾注了满腔热情。他说文化是有生命的,并随着社会发展而不断变化。西方汉学家必须接受中国人和西方人都生活在同一世界的现实。荷兰人对荷兰文化负责,中国人对中国文化负责,彼此都必须尊重对方文化的特性。他主张西方汉学家通过自己的研究向国际汉学界展示成果,同时也让尽可能多的本国国民了解并接受中国文化。

关于小说的起源,传统的汉学史认为这种文学形式不同于高文典策的"丛残小语",与志怪、传奇、戏曲、话本关系至为密切,特别是白话小说往往都被追溯到宋代的说书。伊维德强调说书不是中国小说的唯一源头,小说是汲取各种文学样式的营养形成的。《京本通俗小说》是一部伪托的书,不足为信。9~10世纪以韵文形式讲故事的"变文"已经相当成熟,宋朝之前就有一个书面文学(白话)传统,可能为表演艺术服务,也可能为供阅读而抄写。

1974 年伊维德的论文获得通过，获得了博士学位。1976 年他接任何四维的中国语言文学教授席位，不久晋升为莱顿大学非西方语言与文化分院院长兼汉学研究院院长。平时除了行政工作外，他还承担教学和研究工作。每日骑自行车上班，生活简朴，工作繁忙。1978 年他曾率领一个荷兰旅行团来中国，参观了香港、广州、长沙、西安和北京等城市，增加了许多有关中国文化的感性知识，为他毕生从事的汉学研究打下了良好的基础。

1982 年伊维德编写的《中国古代文学理论著作初编》，是西方学者研究中国古代文论著作中较为全面的一部，收录了英、法、德、荷四种文字的大部分欧洲学者的著述，覆盖范围从孔子的文学观到王国维的诗学理论，从对个人专著的研究到理论的阐释，以及术语的诠释，一览无余。此前同类文献偏重于不同的诗歌理论，后来扩展到小说理论和戏曲理论，不仅跨越了语言障碍，而且对于中国文化也有较深刻的了解，达到新水平。

伊维德长期研究元杂剧，发表了多部专著和许多论文。杂剧是较早传播到欧洲的一种中国古典文学形式，西方汉学家在对这一体裁作品的研究过程中多半根据自己熟悉的方式去发掘它的潜在社会意义和文学价值，每每有所突破。1977～1978 年伊维德与美国加利福尼亚大学伯克莱分校奚如谷合编了《中国戏剧资料，1100 ～ 1450 年》(Chinese Theatre, 1100 ～ 1450: A Source Book)，书中收录了许多中文戏剧资料(包括演员、舞台、表演和组织方面的情况)和五部杂剧的英译。他们十分关注演出是否在临时舞台、商业化的剧院(勾栏)或者宫廷的问题，因为不同演出场合直接影响到剧本形式。他们将元、明两个时代刊本的杂剧进行了比较，发现两类文本在故事情节、内容、语汇和形式等方面的多处变化。经过修订后的版本市井气少了，风格规范了，用语典雅了，主题也更正统了。这实际上也是中国文学的各种体裁形式从民间、口头和粗俗雏形发展到正统典雅和成熟的过程。这一研究焦点的变化反映了伊维德在中国古典文学研究方面的成熟和深刻。

伊维德在他的论文《我们为何从未读到真正的元杂剧——杂剧在明代宫廷的演变》(Why You Have Never Read a Yuan Drama: The Transformation of *Zaju* at the Ming Court)中认为：《元曲选》、万历明刊本和《元刊杂剧三十种》等版本所收录的内容，都不能反映元代杂剧演出初期的原始面貌。元杂剧原来形式比较简单,四折一楔子和一人主唱是其结构特色,唱词比较直白粗俗。进入宫廷后,为迎合官场对象大约经过了文人润色和监管部门审查。后期的社会演出必然会采用经过修改的版本并考虑商业演出的经济效益问题。基于以上认识,伊维德认为元代晚期的杂剧剧本不同于其原始版本,艺术上得到了提炼,风格自成一体。

1991 年伊维德和奚如谷合著《月与琴:西厢记》(The Moon and Zither: the Story of the Western Wing)一书,在翻译王实甫剧作时十分注意保留原作的风格,尽可能传递作品中用字和双关的深层含义。在分析剧情和思想内容时努力揭示故事发生的时代背景,从中国文化中的“阴”和“阳”对立哲学观念来解读故事发生的情境:夜晚、明月、寺庙、和尚和女性,构成了张生和崔莺莺爱情故事的文化内涵。张生一时忘却了仕途经济的人生课题,陷入了性爱的温柔世界,但是经过科举考试又回到了充满阳刚之气的现实社会——这一过程恰似徜徉于“阴”与“阳”的两极世界。如此联系中国传统文化的解题对于西方读者来说是很有必要的。剧本原文中“银样镴枪头”和“待月西厢下,迎风户半开,隔墙花影动,疑是玉人来”等台词,可能残着存当时演出背景的市井色彩,经过文人雅士包装后堂皇其外,厚重其中,雅俗一体,相得益彰。至于伊维德和奚如谷所揭示的性挑逗成分,对于非专业西方读者来说倒也符合分寸,恰到好处。

伊维德翻译了很多中国文学作品,其中一些是第一次被译成荷兰文的,包括《唐诗选》、《寒山诗》、《白居易诗选》、《杜甫诗选》、《元曲五种》、《话本小说》、《文言选》、《聊斋志异》和《冯至北游》。他主张翻译文学作品最好全文翻译,只有在不得已的情况下才节译。中国古典小说有独特的结构和表达形式,如果不忠实于原文,只翻译大概意思就很可惜。他多次表示要做中国文化和西方文化的“媒人”而不是“伟大的汉学家”,翻译的目的是让荷兰读者看到中国文学的真正面貌。

伊维德是荷兰皇家艺术和科学院院士,两度出任荷兰莱顿大学人文学院院长,还在美国夏威夷大学马诺阿分校、加利福尼亚大学伯克莱分校、巴黎的法国高等研究实验学院和哈佛大学做过客座教授。1993～1998 年他与法兰西学院的魏丕信联合主编《通报》。2000 年他移居哈佛,先后担任哈佛大学东亚语言与文学系的中国文学教授和东亚语言文学系主任等职,2004 年任费正清东亚研究中心主任。

伊维德除了用英文发表论著外，还以中文、德文和荷兰文出版了50多部著作。主要有：

1.《形成时期的中国白话小说》(Chinese Vernacular Fiction: the Formative Period)，莱顿：1974年。

2.《中国戏剧资料，1100~1450年》(Chinese Theater, 1100~1450: A Source Book)，与奚如谷合编。威斯巴登：1982年。

3.《朱有燉(1379~1439年)的戏剧作品研究》(The Dramatic Oeuvre of Chu Yu-tun (1379~1439)，莱顿：1985年。

4.《中国文学史：导论、历史回顾与文献目录》(Chinese Letterkunde, inleiding, historisch overzisch en bibliografieën)，与哈夫特合编，荷文版，1985年。

5.《不孝子的再塑造：薛仁贵征东早期戏剧改编手记》(The Remaking of an Unfilial Hero: Some Notes on the Earliest Dramatic Adaptions of the Story of Hsüeh Jen-kuei,)载埃丽卡·普特主编：《弗里茨·福斯纪年文集》，第83~111页，阿姆斯特丹：希本出版社，1990年。

6.《汉代戏曲萌芽——对民间参军戏的专制压迫》(The Founding of the Han Dynasty in Early Drama: The Autocratic Suppression of Popular Debunking)载许理和主编：《秦汉的思想与法律》，第183页~207页，莱顿：布里尔出版社，1990年。

7.《丑角的快板和踏歌手记》(Some Notes on A Clown with A Clapper and Foot-stomping Songs)，载《汉学研究》第7卷第1期，第655~664页，1990年。

8.《改编的元朝和明初杂剧》(Emulation through Readaptation in Yüan and Early Ming *Tsa-chü*)，载《亚洲专刊》第3卷，第113~128页，1990年。

9.《几部18世纪中国小说中的经文、钟、灵猴、欧洲人和欧洲》(Cannon, Clocks and Clever Monkeys, Europeans and Europe in some Eighteenth Century Chinese Novels)，载希珀主编：《白与黑、想象与文化冲击——皇家回归学院公报》，第320卷，第54~82页，阿姆斯特丹：皇家回归学院，1990年。

10.《月与琴：西厢记》(The Moon and Zither: the Story of the Western Wing)与奚如谷合译，加州大学出版社，1991年。

11.《中国古典诗词》(Mirror of Classical Chinese Poetry, From the Book of Odes to the Qing Dyanasty),1991年。

12.《荷兰汉学:过去、现在和未来》,马清槐、唐芜译,分载《传统文化与现代化》,1993年第1期,第79~86页,第2期,第89~91页。

13.《中国文学导论》(A Guide to Chinese Literature),与汉乐逸合译,密歇根大学出版社,1997年。

14.《诸宫调研究——对于不同见解的重估》程瑛译,载《欧洲中国古典文学研究名家十年文选》,第336~377页,江苏人民出版社,1998年。

15.《诗人、大臣和僧侣的冲突:1250~1450年间杂剧中的苏轼形象》,张旭春译,载《欧洲中国古典文学研究名家十年文选》,第378~407页,江苏人民出版社,1998年。

16.《性与贞——弘治本〈西厢记〉中莺莺形象的塑造》,苏明明译,载《欧洲中国古典文学研究名家十年文选》,第408~439页,江苏人民出版社,1998年。

17.《高罗佩研究》程瑛译,载《国际汉学》第5期,第37~51页,2000年。

18.《我们为何从未读到真正的元杂剧——杂剧在明代宫廷的演变》(Why You Have Never Read a Yuan Drama: The Transformation of *Zaju* at the Ming Court)宋耕译,载《文艺研究》,2001年第3期,第97~106页。

19.《改头换面的孝鹦哥——〈鹦哥宝卷〉短论》,载《文学、文化与世变》,第469~489页,台北:中央研究院中国文哲研究所,2002年。

20.《中国帝制时代妇女作品选》(The Red Brush: Writing Women of Imperial China),与管佩达合撰,哈佛大学亚洲中心,2004年。

21.《清初文学中的创伤与超越》(Trauma and Transcendence in Early Qing Literature),与李蕙薏和魏爱莲等合编,哈佛大学亚洲中心,2005年。

(四)社会经济史学专家弗美尔

弗美尔是荷兰社会经济历史学家,先后于1969年和1972年在莱顿大学获得历史学和汉学博士学位。他长期从事中国经济和历史的教学与研究工作,曾任莱顿大学汉学研究院现代中国文献研究中心主任,并兼任《中国情报》和《亚洲太平洋商业评论》的编辑,欧洲现代中国研究基金会主任和北京大学荣誉教授。

他一贯致力于当代中国经济发展研究，尤其是对发展中地区的经济及土地开垦的研究，曾随团深入到中国大陆的一些山区以及台湾地区进行过考察。研究成果的评估和应用是考察研究的一个重要后续环节，为此他常常要和中国和欧盟同行对所涉及的问题进行理论和技术方面的探讨分析，最后落实到项目的应用开发。1986 年他参加了欧盟的“中国乳产品发展项目评估”；1988 年参加了欧盟的“中国教育管理项目评估和系统阐述”和“欧中农产品加工交流中心项目设计”；1990 年参加了“中国的城市污染治理和环境保护部门调查”和“中国的乳产品发展项目（EU）中期评估”；1991 年参加了中国社会科学院的“对中国陕西地区社会经济发展调查”；1994 年组织福特基金会资助的“关于中国集体和自愿互助组织的国际会议”；1995 ~ 1998 年他参加了中国国家科学技术委员会和荷兰教育科学部的“宁夏畜牧业和草原法的实施研究”；1998 年组织欧洲有关中国农业和农村发展的会议。诸如此类的活动和会议，几乎排满了他的每月议程。[①]

弗美尔在华发表的考察分析、调研报告和专业评估通常都是技术性很强的文字，但是他的一些文章也以被覆盖地区的普通读者为服务对象，常顾及深入浅出、融专业性和通俗性为一体的风格，因此有很强的可读性。例如他撰写的《一个人工湖的兴亡：公元 300 ~ 2000 年中国江苏的练湖》[②]就是其中一例。全文万余言，通过 11 个小标题构成了该文的近景、中景和远景，一步步把读者引入 1700 多年前在江苏丹阳县开凿的练湖。西晋时为解决水患和农田灌溉问题而修筑的这一项水利工程，原来方圆 40 里，面积 10 万余亩，唐代刺史韦损将其扩至 80 里，成为一个风光迤逦的人工湖。作者写道：“这个地区的小麦和水稻种植，开始于大约 7000 年前，良渚文化遗址可以追溯到 4000 年前；渔业文化甚至开始更早。公元 3 世纪，当大量人口迁至江南时，练湖的自然环境开始发生改变，农田水利逐渐兴起。”在“天然植被”小节中，作者提到了唐代李白在诗作中对湖光潋滟、鱼跃莲叶、鸟巢苇丛的描写，以及其他文人墨客关于翔鸟、沙鸥、渔事、大树、荷花、

---

① 《荷兰当代中国研究》，载中华人民共和国国史网，http://www.hprc.org.cn/gwddzgyjjg/helan/，2009 年 9 月 11 日。

② 载中国经济史论坛，2008 年 4 月 4 日，王利华翻译。http://economy.guoxue.com。

菱角、竹子、芦苇等原生植物和栽培作物，野生动物和家畜家禽的赞美，摇曳的桨声和远处寺院的钟声时时给观光客带来无限的美感和享受。当隋唐王朝为了从南方向京城漕运粮食而开挖大运河时，从丹阳到今日镇江一段运河地高河浅，经过河道疏浚并补充水源后情况大大改善，赋予了练湖重要的经济和战略意义。唐末战乱，水闸的部分木料被拆作军用，年久失修的练湖被改为农田，数以百计的渔民因此失去生计。942 年水闸修缮后灌溉得到了恢复。在“水闸的兴起”一节中作者接着写道：“在明朝中期，当地势家攘夺练湖的露滩部分，将其垦为农田：1459 年白港村附近有 1559 亩，嘉靖年间（1522～1566）北岗和马家庄附近地区有 3550 亩。有时官府也采取一些行动。”练湖堤坝和灌溉系统每年养护开支相当可观，但也并非高得不能承受。作者根据练湖历史记录和前代土木工程的情况，对维修费用作出了估计：湖区维护大约为 3000 个从灌溉中受益的农户每年每户 20 个劳动日。作者在“几点结论”中作了如下概括：“五种因素影响了以下两方面的微妙平衡：一方面是政府调节向运河供水和农田灌溉，另一方面是为了发展农业或其他目的进行的湖区垦殖。在帝国时代，循环发生的因素是政府组织的缺位和运河交通的不持续；在现代，决定性的因素则是水泵的采用和因上游用水所致的中心河水流的减少。”作者参阅了大量历史文献和档案，引用了《全唐文》、《重修丹阳志》、《练湖志》、《镇江府奉旨增造闸座记》、《太湖地区农业史稿》、《湖漕成案序》，以及崔瑞德的《唐代的财政管理》、参植松正的《元代初期对江南的控制》、秦世桢的《请复湖疏》、彭雨新和张建民的《明清长江流域农业水利研究》等。该文论证的科学数据与调研史实结合密切，极富咨询性和预见性，没有公式化的说教和繁琐的科学推演，很具说服力。文笔例似散文一般形象生动，体现了科技、文学和社会学的无缝结合，互为表里，相得益彰，中国读者读起来倍觉亲切。

弗美尔的主要学术成果有：

1.《17～18 世纪福建省的兴衰》（Development and Decline of Fukien Province in the 17th and 18th Centuries），弗美尔编辑，莱顿：布里尔出版社，1990 年。

2.《前言：历史背景和主要问题》（Introduction：Historical Backgroud and Major Issues），载《17～18 世纪福建省的兴衰》，第 5～34 页，莱顿：布里尔出版社，1990 年。

3.《清初兴华市的衰落》(The Decline of Hsing-hua Prefecture in the Early Ching),载《17～18世纪福建省的兴衰》,第101～162页,莱顿:布里尔出版社,1990年。

4.《福建沿海山区的土地开垦:历史与现状》(Land Reclamation in the Hills and along the Coast of Fujian: Recent History and Present Situation),载德尔曼编:《改造农业中国:20世纪90年代初农村发展与建制问题》,第158～178页,奥胡斯:奥胡斯大学出版社,1990年。

5.《中国环境污染的治理:问题和解决对策》(Management of Environmental Pollution in China: Problems and Abatement Policies),载《中国情报》第5卷第4期,第32～65页,1991年。

6.《中国的技术转让:1978～1988年钢铁工业制氧设备个案分析》(Technology Transfer in China: the Case of Oxygen-generating Equipment in Steel Industry 1978—1988),载洛伊恩贝格尔编:《中国从技术转让到技术管理》,第154～208页,柏林:1990年。

7.《中国地方志:自宋至清的福建石碑碑文》(Chinese Local History, Stone Inscriptions from Fukien in the Sung to Ch'ing Periods),载纽约《西方评论》,第208页,1991年。

8.《中国企业的污染治理管理》(Management of Pollution Abatement by Chinese Enterprises),载《中国情报》第6卷第1期,第34～45页,1991年。

9.《中国城市奶品生产与价格和补贴作用》(Milk Production in China's Municipalities and the Role of Prices and Subsidies),载《中国情报》第6卷第1期,第141～157页,1991年。

10.《中国厂长与环境污染》(The Chinese Factory Manager and Environmental Pollution),载《生技美白论文集》第11卷第1期,第21～27页,1991年。

11.《晚清中国边远山区:大巴山的经济和社会发展》(The Mountain Frontier in Late Imperial China: Economic and Social Developments in the Dabashan),载《通报》第77期,第306～335页,1991年。

12.《从农民到企业家:中国农村的发展和变化》(From Peasant to Entrepreneur: Growth and Change in Rural China),弗美尔主编,瓦赫宁恩:1992年。

13.《前言：农业发展的新问题》(Introduction: Recent Issues in Agricultural Development)，载《从农民到企业家：中国农村的发展和变化》，第1~14页，瓦赫宁恩：1992年。

14.《新县志：编写和评价研究笔记》(New County Histories: A Research Note on Their Compilation and Value)，载《现代中国》第18卷第4期，第438~467页，1992年。

15.《当代历史编写规则：中国政府和共产党对新县志中历史的表述》(Rules for Writing Contemporary History: How the Chinese Government and Communist Party Account for Their Past in the New County Histories)，载许理和等主编的《中国国家规范》，第377~400页，莱顿：布里尔出版社，1994年。

16.《清政府重视新耕地的开发》(Ch'ing Government Concerns with the Exploitation of New Farmland)，载《中国国家与文明社会巴黎会议议程》，第203~248页，巴黎：1994年。

17.《新方志》载《人文杂志》(增刊)，第183~188页，1994年。

18.《顾炎武等人作品中的时空观念》(Notions of Time and Space in the Writings of Ku Yen-wu, Hsu Hsia-ko, Ku Tsu-yu and Chang Hsueh-ch'eng)，载许理和等编：《中国文化中的时空观念》，第201~238页，莱顿：布里尔出版社，1995年。

19.《清代中国边疆地区人口与生态》(Qingdai Zhongguo Bianjiang Diqudi Renkou yu Shengtai)，载刘崔容编：《中国黄经时论文集》，第387~434页，淡江大学，1995年。

20.《环境污染造成的损失清单：中国经济持续发展带来的问题》(An Inventory of Losses due to Environmental Polution: Problems in the Sustainability of China's Economic Growth)，载《中国情报》第19卷第1期，第19~50页，1995年。

(五)潜心研究中共党史和华人迁移史30年的班国瑞

1944年班国瑞出生于英国。1968年他在剑桥大学东方学院毕业后继续攻读中国现代史专业，1970年获硕士学位。1979年他以论文《1934~1941年新四军早期发展溯源》(The Origins and Early Growth of the New

Fourth Army, 1934～1941)获里兹大学哲学博士学位。

1978～1989 年班国瑞被荷兰阿姆斯特丹大学的人类社会科学研究中心聘任为高级讲师,1989～1999 年他担任里兹大学东亚研究系教授,1999 年起被聘任为威尔士卡迪夫大学历史与考古学系教授。

他精通英文、中文、荷兰文、威尔士文、法文、德文、意大利文和西班牙文,曾用多种语言撰写有关中国近代史专著和论文。他对中国共产党史、革命史、红军史、欧洲华人以及托派人物都有深入研究。《欧洲华人》(The Chinese in Europe)是班国瑞与彭轲合作编写的专著,另一部专史《荷兰华人》(The Chinese in the Netherlands)也有班国瑞撰写的一章。他的专著《野百合,燎原火》是专程去福建龙岩、长汀、永定和江西瑞金等地考察后写成的,曾获 1992 年度最佳"中国历史书籍"奖。2000 年 9～12 月他专程到马来西亚、新加坡和澳大利亚等地访问并收集资料,准备编写有关欧洲和东南亚华人历史的新专著。

班国瑞对华侨的研究始于 1979 年,当时他在阿姆斯特丹聘请了几位研究生在华人社区从事人类学研究。这一时期华人移民和文化网络经常发表有关华人华侨的文章,其中一位作者亚当·麦基翁(Adam Mckeown)把跨国迁移(transnationalism)视为世界秩序的新变化,引起了班国瑞的共鸣,于是提出了编写一部多卷本的跨国迁移史的雄心勃勃计划。他希望把来自不同地区和不同时间的华人移民安置在几个大社区中,以免他们受到异乡伦理的束缚。20 世纪 90 年代中期,他又找到了柯曾出版社,计划编辑出版一套中国社会和文化系列丛书。在过去几年他还成功地开办了一个大三学生研究中国历史的汉语模式班,很受欢迎。

他的主要著述有:

1.《香港危机》(The Hong Kong Crisis),1983 年。

2.《评道德经济与中国革命》(Moral Economy and the Chinese Revolution: A Critique),与拉尔夫·撒克斯特、陈勇发合撰,1986 年。

3.《山火:1934～1938 年红军在华南的三年战争》(Mountain Fires: The Red Army's Three-Year War in South China, 1934～1938),1992 年。

4.《中国城市革命派:对 1921～1952 年中国托派历史的探讨》(China's Urban Revolutionaries: Explorations in the History of Chinese Trotskyism, 1921～1952),1996 年。

5.《欧洲华人》(The Chinese in Europe)与彭轲合编,1998 年。

6.《陈独秀最后的文章和书信(1937 ~ 1942)》(Chen Duxiu's Last Articles and Letters, 1937 ~ 1942),1998 年。

7.《新四军:1938 ~ 1941 年长江和淮河沿岸共产党人的抵抗》(New Fourth Army: Communist Resistance Along the Yangtze and the Huai, 1938 ~ 1941),1999 年。

8.《中国革命报道——彭瑞娜的书信》(Reporting the Chinese Revolution: The Letters of Rayna Prohme)与巴鲁赫·赫森、阿瑟·克内德尔合撰,2007 年。

9.《1917 ~ 1945 年被遗忘的历史:中国移民与国际化》(Chinese Migrants and Internationalism: Forgotten Histories, 1917 ~ 1945),2007 年 7 月出版。

10.《毛泽东与中国革命》(Mao Zedong and the Chinese Revolution), 2007 年。

11.《英国的华人:1800 年至今的经济与跨国行动》(The Chinese in Britain, 1800 - Present: Economy, Transnationalism),2008 年。

12.《唐人街》(Chinatowns),2011 年。

(六)研究全球一体化对东亚影响的拉特克

拉特克祖籍德国,1978 年入新西兰籍。1998 ~ 2006 年在日本早稻田大学任日本学和汉学教授,后应聘为莱顿大学现代日本史教授。2007 ~ 2008 年任职于由莱顿大学、阿姆斯特丹大学、自由大学和荷兰皇家科学院组建成的国际亚洲研究所(International Institute for Asian Studies)。他的主打研究方向为"全球一体化对东亚安全(特别是能源)问题的影响",也常涉笔中国文学。

他在一项专题研究报告中谈到了自己的研究基本方法和理论,代表了西方部分学者的思路,有助于汉学家对荷兰乃至西方同类著作的分析和解读。他写道:

> **理论切入点**:我的主要研究领域是影响国内外稳定的因素、精英的作用及其在构建未来世界的权力实施。19 ~ 20 世纪,人们为构建画板上设计出来的新政体和国际新秩序曾经做过长期

努力,但是往往都以灾难或者战乱告终。其实一开始就应该密切把握历史环境的变化。我使用了一个严格界定的词“认同”(identity),以便了解画板上设计出来的现代化办法不可避免失败的原因。19世纪的欧洲及其主权国家之间关系的区域体系成了主流理论(main stream theories)的切入点。21世纪初的国际秩序仍然等级森严,但是其等级模式、行动者、认同作用以及权力的行使都发生了变化。我在当代国际关系研究中使用了一个类似经贸术语的“特许制度”(franchise system)。苏联革命秩序的崩溃为当地社会和政治结构的无限延续提供了典型的实例。1952年后日本表面上装出一个到处体现“西方”价值观的国家,没料想到在半个世纪中日本的认同结构仍然有很大不同。失败的部分原因是适用于欧洲和北美的社科研究观念在应用到世界其他地区之前没有进行再验证,特别是在一个言论政治无法使非党派政治的分析观念得到建立的时代更是如此。“安全”是一个需要经常注意其历史、社会和政治环境的研究领域。

全球语境:见证了1989~1991年发生在欧洲的重大变化,我不知道这些变化将给东亚的未来及其与欧亚和美国关系带来什么影响。中国、印度、俄国、印尼、日本、尼日利亚、巴西,以及在宗教或文明方面受到伊斯兰深刻影响的国家,拥有世界人口的多数。传统使他们有别于欧盟和美国政府所代表的“西方”观念。这些国家当中的中国、日本、俄国和印度在1994~1997年间特别重新审查了本国的政治、经济和安全策略。日本加强了与美国各个层次的合作。1997年日本公开了其欧亚策略,决心加强(东)亚洲的地区合作,始于当年下半年的经济危机增加了采取主动的紧迫性。中国的改革政策,对于中国经济腾飞,跻身于世界真正强手之林,在众多国际组织中发挥积极作用,至为关键。始于1997年的经济危机提醒我们,向“新世界”的过渡不可能一帆风顺。伊拉克、北朝鲜、伊朗、2001年9月11日、阿富汗和萨达姆·侯赛因、全球反恐战争,在“西方”捍卫理想与其敌国之间的后续抗争中成了我们时代的关键词。这一场新的“冷战”与冷战时期“社会主义”与“西方”对抗时代的冷战有很大差别。对于反恐斗争的广泛支持，表明了在一致期待全球未来新秩序中不断扩大的联合。仔细验证就会发现，并非从欧亚和大中东到非洲与南美情况都如此。无论军事、经济、宗教或者意识形态的“力量”都无法轻易地构筑未来，因为过去的一些国家和个人都非常不情愿纠正或者改变根深蒂固的信念，即便已经被残酷的现实证明错误的也是如此。话语（观念和主张）转化为行动，行动可以改变感性认识，但是这一过程始终不易分析。

能源问题：有时以支持一些大国长远地缘政治策略的重要因素出现。日本和中国现代历史及其国际战略关系的定位，与连接美国、欧盟和俄国（苏联）的多国体制存在着极大反差。当对日本和中国在与能源大国的关系方面进行安全策略分析时特别需要考虑这些差别。①

拉特克主要著述有：

1.《元曲选 1260～1368 年》（Poetry of the Yuan Dynasty, 1260～1368），堪培拉：澳大利亚国立大学亚洲研究院，1984 年。

2.《1945 年至 1983 年之中日关系》（China's Relation with Japan, 1945～1983），曼彻斯特：曼彻斯特大学出版社，1990 年。

3.《1945～1983 年中日关系——廖承志的作用》（China's Relations with Japan, 1945～1983：The Role of Liao Chengzhi），曼彻斯特：曼彻斯特大学出版社，1990 年。

4.《无序还是一致：佐藤春夫的小说〈田园的忧郁〉与郁达夫的〈沉沦〉三部曲》（Chaos or Coherence? Sato Haro's Novel Denen no Yu Utsu and Yu Dafu's Trilogy Chenlun），载博斯卡多等主编：《反思日本》第一卷，第 86～101 页，桑盖特：1991 年。

5.《中国的现代化、西化与文化适应》（China's Modernization, Westernization and Acculturation），与托尼·赛奇合编，斯图加特：1993 年。

6.《麻烦的认同》（Troubled Identity）载与托尼·赛奇合编的《中国的现代化》，第 13～37 页，1993 年。

① http://www.iias.nl/profile/radtke-kurt-werner.

7.《日本现代化基础——与中国现代化之路比较》,依田憙家著,拉特克译,莱顿:布里尔出版社,1996 年。

(七)中国十四行诗和悲情诗的知音汉乐逸

1946 年汉乐逸出生于荷兰,曾执教于莱顿大学汉学研究院,致力于中国现代诗、语言学和哲学的研究,特别是对中西诗歌的比较研究。1996 年 8 月至 1997 年 2 月他以“资深荷兰人”(Dutch Senior)的身份在莱顿大学国际亚洲研究所从事中国现代十四行诗的研究工作。

汉乐逸本人也是一位诗人,翻译过王维、孟郊、周梦蝶和卞之琳等中国古今诗人的作品,曾把 200 余首荷文诗歌译为英文。他出版过英文和荷文诗集 9 部,并对圣经《诗篇》作过独创性诠释,为此荣获了 2004 年荷兰伊达格哈特诗歌奖(Ida Gerhardt Poetry Prize)。

20 世纪 80 年代末,莱顿出版了 4 卷本的《1900 ~ 1949 年中国文学导读》。其中第 3 卷为汉乐逸编辑的“诗歌卷”,收录了中国数十位著名诗人的作品。卞之琳的《三秋草》、《鱼目集》、《数行集》和《十年诗草》,由程艾蓝、杜博妮和汉乐逸分别进行介绍和点评。

卞之琳是我国著名学者和诗人。虽然他创作的十四行诗[①]采用的是 20 世纪初由西方引进的一种诗歌格式,像历史上的无韵诗、两行诗、日本的和歌俳句以及马雅可夫斯基的阶梯诗一样,曾在众多知识分子和青年诗人中引发过追捧的热潮,也因为诗歌形式自身的局限和时代的原因遭到过各种非议和批判,但是卞之琳的十四行诗用词、押韵和格式都很讲究,内容健康向上,能巧妙地把中国元素与西方诗歌格式相结合,不但拥有众多国内读者,还先后被译成英、法、德、荷、俄等语言。

关于《十年诗草》,“汉乐逸首先介绍了该集的三个组成部分:(一)从《三秋草》、《鱼目集》和《汉园集》精选的作品;(二)未曾单行的《装饰集》;(三)《慰劳信集》。然后,他概述了整个诗集部分或总体的特色。他分析说,后两个集子的主题有较大扩展,但在技巧上,仍不出 20 世纪 30 年代中

① 十四行诗,又译“商籁体”(Sonnet),是欧洲一种格律严谨的抒情诗体。欧洲大陆流行的十四行诗格式通常由两节四行诗和两节三行诗组成,每行 11 个音节;而英国的“莎士比亚体”十四行诗格式则由三节四行诗和两行对句组成,每行 10 个音节。两种十四行诗都有其独特韵式。

期的主流。诗人的早期诗作，措辞十分精巧，其意象和口吻常常让人想起法国象征主义诗歌。但卞氏并不直接模仿，而是将中西因素结合起来。他的综合极有个性，以致使他人难以步武其后。因此，在白话诗出现的前20年里，卞诗代表着一种极其老到的风格。写个人与世界隔离的主题，也同样是中西结合的产物。《装饰集》里的诗篇，涉及了新的主题，即爱的历程。细心的读者也许可以看出独特的个人层面。不过，这些诗一如卞氏战前其他诗，陈述婉曲，意象多义，允许在种种层次上加以解读。……《慰劳信集》里的20首诗，在主题上有着根本性的变化，诗人自认，在其整个作品里，这是很独特的部分，它们写的是真人真事。而在诗歌节奏和韵律方面，前后诗作的技法还是一脉相承的"。①

汉乐逸在他的专论《中国现代十四行诗》②中写道：

> 常常有人问我"什么是中国现代十四行诗"、"你为何研究这么一个过时的课题"之类的问题。我的回答是，简单说来，中国现代十四行诗就是用现代汉语创作的十四行诗；这个课题并非"过时"，实质上它是中国现代诗歌发展史中的一个多面综合体。使我越来越觉得奇怪的是：时至今日为什么很少人对中国十四行诗加以关注。例如，朱湘(1909～1933年)创作了71首意大利式和英国式的系列感人十四行诗，使他成为20世纪上半叶最多产的中国十四行诗诗人。但是在几部著名的中文和英文选集中他的这部分作品都被冷落了。如果我的研究其他什么事情都不做，我也会彻底批驳这样的花言巧语：在其他"真正"的诗歌园地的边角进行中国十四行诗的试验可以休矣！
>
> 至于回答"什么是中国十四行诗"的问题，也许我们可以回顾一下中国非十四行诗的历史。笼统说来，十四行诗是有一定韵律或半谐音模式的14行诗句。可以追溯到13世纪的欧洲南部，许多世纪以来诗人曾经用欧洲主要语言创作了十四行诗，它无疑是被最广泛使用的一种欧洲诗歌形式。

① 周发祥：《英语世界里的卞之琳》，载《中国文化研究》2001年第4期。
② Lloyd L. Haft，1997. *The Modern Chinese Sonnet*. In IIAS Newsletter 11，Winter 1997.

汉语的奇特之处是可以赋予每一音节英语或者法语无法表达的语义。古代汉语,即所谓的“文言文”,一直是最严肃的文学作品必须使用的语言,直到20世纪,通常一个汉语音节就可代表一个独立的词,所有音节的发音都可以在不同程度上重读。

大约在第一次世界大战结束时中国作家不再使用文言文,开始用现代白话写作。这直接影响到经历千百年的古诗格式的使用,因为它的音节韵律建立在古文基础之上,每一诗行的音节数目都是固定的。现代中国诗人解决这个问题的办法是采用欧洲的诗歌格式,包括十四行诗的格式,进行试验创作。

中国著名现代诗人卞之琳(1910~)创作的诗歌属于一种带音调的韵文。比如他翻译的莎士比亚十四行诗,虽然汉语每一诗行的音节数相差很大,但是都可以断开成与莎士比亚诗行音步(feet)相对应的5个音节群(汉语叫“顿挫”)。相比之下,另一位著名的莎士比亚十四行诗的翻译家梁宗岱(1904~1983年)却把每一诗行都控制在12个音节之中,表现出他对法国亚历山大式诗歌的喜爱。这无疑是回归到音节数目等同的中国古诗的传统。

另一位不算很狂热的中国著名诗人郑敏(1920~)却按照“顿挫”来思考问题。1979年我在中国跟她见过一面,20世纪80年代她参加过几届鹿特丹国际诗歌节期间我都曾为她的诗做过翻译。1994年我们坐火车前往一个博物馆参观途中,她1991年发表的十四行诗系列引起了我的注意。从此我下定决心进一步研究中国十四行诗。

郑敏的19首组诗真实地反映了中国十四行诗从最早阶段到今日的发展过程。中国著名诗人闻一多(1899~1946)在20世纪20年代曾经翻译并引用过雪莱和伊丽莎白·巴雷特·布朗宁(Elizabeth Barrett Browning)的诗。他是“顿挫”概念的早期提倡者。至于其形式,郑敏组诗综合了从早期翻译家、她和同时代诗人的试验创作,以及号称“十四行诗俄耳甫斯”里尔克的诗作等多种元素。当我怀着对诗歌形式和节奏的兴趣仔细研究郑敏近期的十四行诗诗作之后,我决定以突出其节奏感的方式翻译她的组诗。

显然,仍处于发展之中的十四行诗的传统是现代中国诗歌最权威、最令人信服和最持久的潮流之一。如果我的翻译和研究能激发对该传统新的兴趣——我相信一定会——那么我这半年就算过得很有价值。

汉乐逸对于台湾现代悲情诗人周梦蝶的诗歌评价很高。周梦蝶,原名周起述,1921 年生于河南淅川县。少年时家境清贫,性格内向,1948 年赴台。1956 年退伍后经营过书摊和茶庄,当过守墓人。在台北武昌街摆摊时专售冷僻的哲学著作和诗刊。1959 年第一部诗集《孤独国》出版后,他被人称为"孤独国主"。1962 年后他每日静坐街头礼佛习禅。1965 年他出版了诗集《还魂草》,吟佛思道,哲理深奥,影响颇广。晚年命途乖舛,道家超脱、佛家禅宗和基督情怀在他的诗作中更显深厚。

汉乐逸从一个独特角度对周梦蝶的诗歌创作进行了解读,认为佛门经典与禅门思绪是周梦蝶诗歌的特色,但是从西方哲学观来考察,却可以揭示其更丰富的内涵。例如周梦蝶的回文诗,从文学理论分析像是一种符号变换手法,意在表达"生生不息,无始无终"的观念。然而从弗洛伊德的精神分析理论来看,回文诗中的文字顺序与意义变化正反映了人们可能存在的一种逆转心理:主客易位不受常理限制——贫贱向往富贵,豪门回归寻常百姓人家,这印证了社会轮换和作者心态的创作理念。

汉乐逸的主要著述有:

1.《卞之琳:中国现代诗研究》(Pien Chih-lin: A Study in Modern Chinese Poetry),荷兰:弗里斯出版社,1983 年。

2.《当今中国著名诗人》(Een onafzienbaar ogenblik. Chinese dichters van nu),与柯雷合编,阿姆斯特丹:默伦霍夫出版社,1990 年。

3.《当代中国诗歌何处有?》(Bestaat er een moderne Chinese poëzie?),载《传统与进步》,第 61 ~67 页,莱顿:1990 年。

4.《西方的话:中国文学语境之西文文本》(Words from the West: Western Texts in Chinese Literary Context),汉乐逸编,莱顿:1993 年。

5.《雪人与冰淇淋皇帝》(Snowy Men and Ice-Cream Emperors),汉乐逸编,载《西方的话:中国文学语境之西文文本》,第 145 ~ 161 页,莱顿:1993 年。

6.《杨凌业诗两首》(Two Poems by Yang Ling-Yeh),载《翻译》第39期,第107~109页。

7.《中国新诗与文学翻译》(Recent Chinese Poetry and the Literary Translator),载《中国情报》周年副刊第9卷第1期,1994年;又载《怀旧与沉思》,第31~36页,1994年。

8.《永恒:杨凌业诗歌中的展望机制》(Timeless In Time: Perspective-Building Devices In Yang Ling-yeh's poetry),载许理和等编:《中国文化中的时空》,第287~301页,莱顿:布里尔出版社,1995年。

9.《冯至十四行诗中的若干韵律结构》(Some Rhytmic Structures in Feng Zhi's Sonnets),载《现代中国文学》第9卷第2期,第297~326页,1996年。

10.《〈中国文学〉序言》(Chinese letterkunde, een inleiding),与伊维德合著,阿姆斯特丹:阿姆斯特丹大学出版社,1996年。

11.《中国现代十四行诗面面观》(Aspects of the Modern Chinese Sonnet),载莱顿大学国际亚洲研究所《通讯》1997年第11期。

(八)欧亚交流史和华人史专家包乐史

1946年包乐史出生于荷兰阿姆斯特丹,1972年获得了莱顿大学汉学博士学位,1986年获历史学博士学位,论文题目是《奇异的伴侣:荷兰东印度公司巴达维亚华人定居者、麦士蒂索妇女与荷兰人》(Strange Company: Chinese Settlers, Mesitzo Women and Dutch in VOC Batavia)。1972~1975年他在日本京都大学人文科学学院担任研究员,1975~1977年被聘任为莱顿大学印度尼西亚研究项目主任。从1977年起任教于莱顿大学历史系,后被聘为教授,主讲《欧亚关系史》,兼任该校欧洲扩张史研究中心主任和国际亚洲研究中心主任。1991~1992年他获美国富布莱奖学金,以访问教授身份前往普林斯顿大学任教。

包乐史是欧亚交流史研究领域专家,一贯热心参与欧亚国际学术研究的交流与合作,为促进中荷友好做了大量工作,连续六年被厦门大学聘为客座教授。他以渊博的知识和丰富的经验闻名于学术界。他是荷兰鹿特丹内河航行露天博物馆基金会创建人,阿姆斯特丹国立航海博物馆学术委员会会员,美国加利福尼亚大学伯克莱分校世界华人研究会理事,荷兰国际亚洲研究学会会员。他支持并参与旨在促进荷兰与亚非各国学术交流的“面向新世纪的合作伙伴关系”博士培养计划。由于他对荷兰社会的杰出贡献，于2007年9月4日荣获荷兰女王颁发的“皇家骑士”荣誉勋章。

包乐史通晓英文、中文、日文、印尼文和荷兰文，主要研究东南亚历史、17～18世纪海外华侨史、印尼华人史、东南亚华侨贸易和殖民时代文化与社会，利用荷兰东印度公司档案资料撰写了多部专著和许多论文。他曾担任《莱顿大学欧洲扩张史学院欧洲侨民史学刊》(Itinerario: European Journal of Overseas History)主编和《现代亚洲研究》(Modern Asian Studies)编辑多年。他的主要著作已有多国译本，《苦难契约：17世纪殖民离异剧》曾获得荷兰《金猫头鹰文学奖》(Golden Owl Award)。他的主要著述有：

1.《历史与落后：关于欧洲对亚洲和非洲的扩张导致落后的论文集》(History and Underdevelopment: Essays on Underdevelopment and European Expansion in Asia and Africa)，莱顿：欧洲扩张史中心，1980年。

2.《公司与贸易：古代制度的海外贸易公司文集》(Company and Trade: Essays on Overseas Trading Companies during the Ancien Regime)，与法姆·戈斯特拉合编，莱顿大学，1981年。

3.《奇异的伴侣：荷兰东印度公司巴城华人定居者、麦士蒂索妇女与荷兰人》(Strange Company: Chinese Settlers, Mesitzo Women and the Dutch in VOC Batavia)，荷兰：弗里斯出版社，1986年。

4.《20世纪20年代至50年代的印度与印度尼西亚：规划溯源》(India and Indonesia from the 1920s to the 1950s: the Origins of Planning)，莱顿：布里尔出版社，1987年。

5.《〈荷使初访中国记〉研究》，包乐史和庄国土合著，厦门大学出版社，1989年。

6.《现代初期东亚的冲突与调和——纪念许理和文集》(Conflict and Accommodation in Early Modern East Asia: Essays in Honour of Erik Zurcher)与宋汉理合撰，莱顿：布里尔出版社，1993年。

7.《早先的移民：与欧洲扩张历史学家的私下谈话》(Pilgrims and the Past: Private Conversations with Historians of European Expansion)，包乐史编撰，亚非印第安研究学院，1996年。

8.《巴达维亚华人与中荷贸易》，桂林：广西人民出版社，1997年。

9.《论 18 世纪亚洲历史范畴》(On the Eighteenth Century as a Category of Asian History: van Leur in Retrospect),与与法姆·戈斯特拉合编,阿斯加塔:1998 年。

10.《邂逅在台湾:台湾原住民社会笔记——荷兰档案文献选编》(The Formosan Encounter: Notes on Formosa's Aboriginal Society: a Selection of Documents from Dutch Archival Sources)与纳塔利·埃弗茨和埃弗连·弗雷什合编,台北:1999 年。

11.《跨越分界线——1600 ~ 2000 年荷兰与日本的 400 年》(Bridging the Divide: 1600 ~ 2000, 400 Years the Netherlands-Japan)与威廉·雷梅林克、姆福·斯米茨合编,莱顿:2000 年。

12.《日荷交流 400 年之历史与展望》与威廉·雷梅林克合编,东京:2000 年。

13.《1600 ~ 1950 年荷兰与亚洲的往来》(The Dutch Encounter with Asia, 1600 ~ 1950)与吉斯·赞德福列特等合撰,阿姆斯特丹:2002 年。

14.《吧城公馆档案研究:18 世纪末吧达维亚唐人社会》,厦门大学,2002 年。

15.《东南民族研究》,厦门大学,2002 年。

16.《苦涩的契约:17 世纪殖民离异》(Bitter Bonds: a Colonial Divorce Drama of the Seventeenth Century),戴安娜·韦布译,普林斯顿:维纳出版社,2002 年。

17.《东南民族研究》,厦门大学,2002 年。

18.《吧城公馆档案研究:18 世纪末吧达维亚唐人社会》,厦门大学,2002 年。

19.《巴城公馆档案》(The Archives of the Kong Koan of Batavia),包乐史与陈萌宏等编,莱顿:布里尔出版社,2003 年。

20.《早期现代亚洲的流动社区与认同结构》(Shifting Communities and Identity Formation in Early Modern Asia),与费利佩合编,荷兰莱顿大学,2003 年。

21.《竞争与冲突:16 ~ 17 世纪欧洲商人与亚洲贸易网》(Rivalry and Conflict: European Traders and Asian Trading Networks in the 16th and 17th Centuries),与恩斯特合编,莱顿大学,2005 年。

22.《1780～1830 年马来群岛的政权和殖民国家组织的更迭》(Changes in Regime and Colonial State Formation in the Malay Archipelago, 1780～1830)应邀国际研究项目,新加坡:亚洲研究所和新加坡国立大学,2005 年。

(九)集汉学史和社会经济学史研究之大成者宋汉理

宋汉理生于 1946 年,1977 年在美国加利福尼亚大学伯克莱分校以论文《中国方志的变化与持续:惠州 800～1800 年之间的发展》获博士学位。她长期从事汉学史和中国社会经济学史的研究,曾任职于《东方社会经济史学报》(Journal of the Economic and Social History of the Orient)编辑部。

宋汉理通过对安徽徽州望族的长期考察,了解了六邑大族和名族中功成名就者人数众多,在宗族组织的形成过程中发挥了一定的作用,进而揭示了绅士阶层对于中国地方望族的历史延续性和传统社会的稳定性所作的贡献。她赞同"没有强大的官府控制是宗族形成的因素之一"的观点。中国封建社会的科举制度在历史上备受争议,但是对于促进徽州教育,维持望族的社会地位,却有其正面影响。中国地方精英不同于欧洲地方精英之处是:中国精英依靠宗族维持其地位,而欧洲地方精英则仰仗于家族维持个人权威。

以宏观的发展眼光来考察选题内容是宋汉理与众不同的研究风格。她在《第二次世界大战前荷兰的社会学、社会科学和汉学》一文中对荷兰的汉学研究历史进行了详尽的分析,指出莱顿大学从培训殖民地文职官员的舞台发展到全面开设文学、语言学、文化学、历史学、人类学等课程,最终成为汉学家摇篮的历程。她重点谈到了莱顿大学对于非西方社会的传统基础研究不同于阿姆斯特丹大学,荷兰社会学在汉学中的应用不同于美国社会学在汉学研究中所发挥的作用,最后概括为荷兰的汉学研究之路不同于其他西方国家的同类研究,表示应该就荷兰汉学的发展如何使当代中国社会学研究黯然失色的情况进行认真反思。

宋汉理在一篇回忆法籍匈牙利汉学家白乐日(Étienne Balazs,1905～1963)的长文《欧洲现代汉学之父》中曾引用英国汉学家崔瑞德(Denis Crispin Twitchett,又译杜希德,1925～)的话说:欧洲现代汉学界许多人把白乐日尊崇为"现代汉学之父"。第二次世界大战后白乐日对年轻同事的巨大影响不仅通过他出版的专著，更多的却是通过其犀利的辩辞引起他们对于中国深远的文化意义方面而不是对课题细枝末节的关注，在他的帮助之下年轻学者改进了自己的研究方法，加强与各地汉学研究中心的学术联系。正是由于他的人格魅力，使欧洲的汉学研究在一定程度上成为有共同目标、专业标准不断提高的学科组合(integration in an academic field)。与其说这是宋汉理评价一位汉学家的标准，不如说这也是她个人追求的目标。

宋汉理在上述论文中继续作出了令人信服的分析。她表达了这样的个人见解：人们可以设想20世纪中叶白乐日时代的学者们已经把汉学研究发展成为拥有系列专业的学科门类，那么是否仍然可以在他的著述中找到有助于解读中国历史的相关论断呢？白乐日是一位现实主义者和经验主义者，他曾经提出过一个实质性的问题：中国保持了2000多年稳定的奥秘究竟在哪儿？他向那些不研究中华文明的时代同龄人提出了挑战，甚至看不起那些被称为怀有“集邮者心态”(stamp collectors' mentality)的中国通。他刚开始从事汉学研究，就十分关注与中国历史有关的“大问题”，这一主导思想自始至终贯穿于他已经出版和尚未发表的著作中。所以，有志于汉学研究的学者们应该在更宽泛的中国学术语境中来研究白乐日毕生从事的事业和他的学术成就。

白乐日把欧洲汉学划分为四个阶段：第一阶段是耶稣会士前往中国传教时期；第二阶段为19世纪探索时期；第三阶段涌现了一批知名的汉学家，如：翟理思(Herbert Allen Giles, 1845 ~ 1935)、沙畹、高延、傅海波(Herbert Franke)等。白乐日批评第三代汉学家不善于综合运用汉学知识。尽管他们在对比语文学和语音学方面成绩斐然，但是所展示的研究成果多半都是独一无二、例外或者与发展现实完全无关的“小问题”，提出的也是费尽心机编造的想入非非的作品和荒唐理论。他把自己归入了第四阶段，认为这一时代的汉学不受西方学术的约束，批评一些刚从某一美国学院或者欧洲大陆某所大学毕业的学生，貌似有文化，一回到国内就满足于编写各类文明进化史，或者这个进化史那个发展史的乱七八糟的事。他们纵欲于无节制的系统化，以奇特方式把科学方法中纯形式主义的元素与中国思维对类别的偏好以及分类再分类的层次相结合。汉学界的许多学者认为白乐日的批评很中肯，虽然铁面无私，但是真诚感人。

宋汉理的主要著述有：

1.《16 世纪中国商人和商机》，载《中国社会科学院经济研究所集刊》第 5 集，1983 年。

2.《公元 800 ~ 1600 年“新安大族志”与中国士绅阶层的发展》，载《徽商研究论文集》，安徽人民出版社，1985 年。

3.《徽州地区的发展与当地的宗族——徽州休宁范氏宗族的个案研究》，载《徽州社会经济史研究译文集》，黄山书社，1988 年。

4.《第二次世界大战前荷兰的社会学、社会科学和汉学》(Sociology, Social Science, Sinology in the Netherlands before World War Ⅱ)，载《欧洲社会科学评论》第 27 卷第 84 期，日内瓦：1989 年。

5.《中国方志的变化和持续：惠州 800 ~ 1800 年之间的发展》(Change and Continuity in Chinese Local History: The Development of Hui-chou Prefecture 800 ~ 1800)，莱顿：1990 年。

6.《汉学，“显学”与女性贞洁：18 世纪中国知识界态度和社会理想再探》(Han-hsüeh, “Evidential Research”, and Female Chastity: A Re-examination of Intellectual Attitudes and Social Ideals in 18th Century China)，载伊维德和许理和主编的纪念何四维 80 华诞文集《秦汉时期的思想与法制》，第208 ~ 224 页，莱顿：1990 年。

7.《处于十字路口的中日“特殊关系”》(The Making of a “Special Relationship”: China and Japan at the Crossroads)，载《剑桥评论》，第 165 ~ 168 页，1990 年。

8.《清代福州的人族人口、地方行政与社会等级的初步分析》(Ch’ing-tai Fu-chou te ta-tsu jen-k’ou, ti-fang, hsing-cheng yü she-hui teng-chi te ch’u-pu fen-hsi)，载《清代区域社会经济研究》上册，第 437 ~ 446 页，北京：中华书局，1992 年。

9.《中国晚清时期的世系、学识与地域性：1600 ~ 1800 年安徽徽州与福建福州的教育比较研究》(Lineages, Learning, and Locality in Late Imperial China: A Comparative Study of Education in Huichow (Anhwei) and Foochow (Fukien) 1600 ~ 1800)，载《东方社会经济史学刊》第 35 卷第 2 期第 109 ~ 144 页，第 3 期，第 209 ~ 238 页，1992 年。

10.《普世性还是区域性？对近期出版的中国科技史的思考》

(Oecumenical or Parochial? Reflections on Recent Publications concerning the History of Chinese Science),载《汉学研究》第11卷第1期,第141~156页,1992年。

11.《王朝元的"永恒世界":18世纪中国的妇女、教育与正统观念》(The "Constant World" of Wang Chao-yüan: Women, Education, and Orthodoxy in 18th Century China)载中国科学院现代史研究所编撰《中国现代史的家庭作用和政治作用》,第579~619页,台北:1992年。

12.《现代初期亚洲的冲突与调和》(Conflict and Accomodation in Early Modern East Asia, 1933年)与包乐史合编,许理和荣休纪念文集,莱顿汉学丛书第29卷,莱顿:布里尔出版社,1993年。

13.《1780~1870年西方工业技术对中国转让的一些理论和实践思考》(The Transfer of Industrial Technology from the West to China 1780~1870: Some Theoretical and Practical Considerations),载山田启二主编:《1780~1880欧亚科技转让》,第79~94页,东京:1994年。

14.《如何既做贤惠妻子又做事业有成的学者:18世纪中国女性行为守则初步调查》(How to be a Good Wife and a Good Scholar at the Same Time: 18th Century Prescriptions on Chinese Female Behavior. A Preliminary Investigation),载列昂·范德梅尔斯主编:《文明社会与中国、日本、韩国和越南的国家传统》,第249~270页,巴黎:1994年。

15.《东方主义、汉学与公共政策》(Orientalism, Sinology, and Public Policy: Baron Antoine Isaac Silvestre de Sacy and the Foundation of Chinese Studies in Post-Revolutionary France),载《西方汉学初期语境中的中国形象》,第175~1992页,台北/巴黎:1995年。

16.《汉学文献:中国今昔研究参考书目指南》(China Bibliography, A Research Guide to Reference Works about China Past and Present),莱顿:布里尔出版社,1995年。

17.《帝国时代的中国妇女:新前景》(Chinese Women in the Imperial Past: New Perspectives),莱顿汉学丛书第44卷,莱顿:1999年。

18.《超越传统与现代性:中国晚清时期的性别、时尚与世界性》(Beyond Tradition and Modernity: Gender, Genre and Cosmopolitnism in Late Qing China),布里尔出版社,2004年。

19.《战争中沉默的妇女:第二次世界大战中拯救中国和欧洲的犹太妇女记述》(War And The Silent Women: The Retrieval Of Chinese And European Jewish Women's Narratives Of World War Ⅱ),2010 年 1 月 21 日荷兰乌德勒支大学历史系社会经济史研讨会论文。

四、多元价值观视野中的荷兰当代汉学研究(21 世纪至今)

(一)热心中国社会发展和党史研究的赛奇

赛奇曾在英国伦敦大学攻读政治学硕士学位课程,研究中国的政治和社会发展。1976 年中英两国政府签订了留学生交换计划,他和 15 名英国学生先从伦敦飞到香港,然后穿越罗湖桥到达深圳。在北京语言大学学习了三个月汉语后转学到南京大学主修中国当代历史,后来改修中国近代史,研究鸦片战争和太平天国。在荷兰莱顿大学获博士学位后担任荷兰莱顿大学汉学研究院院长,1986 年在莱顿大学汉学研究院现代中国文献研究中心创办国际学术性刊物《中国情报》。

1994 ~ 1999 年赛奇任福特基金会驻北京办事处首席代表,现在是美国哈佛大学肯尼迪政府学院的东亚研究中心主任,政治与发展经济学教授,哈佛大学费正清中心和亚洲中心执委会理事,清华大学公共政策和管理学院客座教授。目前他的研究聚焦于亚洲国家和社会相互作用及其在公共物资和服务方面所扮演的角色。他几乎每年都来中国,经常到中国社会科学院和中央编译局拜访专家学者,进行学术交流。

赛奇担任福特基金会驻华首席代表期间,出于对中国改革开放现实的好感和期待,曾考虑制订一项中美官员交流培训计划。1999 年他到哈佛大学政府学院任教期间开始具体筹划这一项目。2002 年 1 月 18 日中国国务院发展研究中心、清华大学公共管理学院和哈佛大学肯尼迪政府学院在人民大会堂正式签订了为期 5 年的培训协议。从 2002 年起的 5 年内哈佛大学每年为中国政府培训 60 名地方和中央的官员,帮助学员扩展经济管理知识,增强战略思维和分析解决问题能力,以便有效地应对公共政策变动的环境。据报道,这一培训计划期满后又继续顺延。

赛奇的主要著述有：

1.《中国共产主义运动资料导读》(A Guide to Material on the Chinese Communist Movement),与蒂姆·奇克合作翻译张朱红的《中国现代革命史·序言》载《中国历史研究》夏季卷,第3~94页,1990年;春季卷第3~87页,1991年,又载《中国社会学和人类学》第3~158页,1990年。

2.《1949年中华人民共和国成立前的中国共产党史新资料》(Newly Available Sources on Pre-1949 CCP History from the People's Republic of China),载《中国共产党研究通讯》秋冬卷第4期,第1~12页,1989~1990年。

3.《中国共产党与未来》(The Chinese Communist Party and the Future),载《中国情报》第4卷第4期第15~30页,1990年。

4.《中国的未来》(The Future of China),载《太平洋评论》第2卷第4期第351~357页,1990年。

5.《中国第一次联合阵线溯源:马琳的作用》(The Origins of the First United Front in China: The Role of Sneevliet (alias Maring)),两卷,莱顿:布里尔出版社,1991年。

6.《马琳与中国第一次联合阵线发端,1921~1923年》(Henk Sneevliet and the Origins of the First United Front (1921~1923)),载大卫·古德曼编:《中国与西方:思想与积极分子》,第103~129页,曼彻斯特:曼彻斯特大学出版社,1991年。

7.《中国城市改革》(Reform in Urban China),载特恩奎斯特与哈尔奎斯特合编《亚洲社会前景比较——亚洲研究北欧议程》,第2期,第558~599页,哥本哈根:1991年。

8.《中国特色的和平演变》(Peaceful Evolution With Chinese Characteristics),载威廉·约瑟夫编《中国要闻》第9~34页,西方评论出版社,1992年。

9.《京汉工人流血斗争·前言》(The Bloodshed of the Peking-Hankou Workers),载《中国社会学和人类学》,第156页,1992~1993年。

10.《解读中国:马琳案例》(Interpreting China: The Case of Maring),载与拉迪克合编的《亚洲研究动向:人文和社会科学评论》,第59~82页,柏林:1993年。

11.《中国的现代化、西化和文化适应》(China's Modernization, Westernisation and Acculturation),与拉迪克合编,斯图加特:1993年。

12.《北欧的当代中国研究》(Contemporary China Studies in Northern Europe),载《亚洲研究动向:人文和社会科学评论》,第4期,第115~128页,1994年。

13.《迪斯科与专政:中华人民共和国党、国家与社会关系》(Discos and Dictatorship: Party-State and Society Relations in the People's Republic of China)载香港《社会科学学报》,第4期,第103~127页,1994年。

14.《前言:中国共产党与抗日战争基地》(The Chinese Communist Party and the Anti-Japanese War Base Areas: An Introduction),载《中国集刊》,第1000~1006页,1994年12月。

15.《寻找中国的文明社会和民主》(The Search for Civil Society and Democracy in China),载《当代历史》第260~264页,1994年。

16.《中国共产党的力量崛起》(The Rise to Power of the Chinese Communist Party),阿蒙克:1996年。

17.《中国城镇化:成果、战略和政策》,与优素福和夏希德合编,世界银行,2008年。

18.《中国的治理与政治》(The Governance and Politics of China),帕尔格雷夫,2011年。

(二)长期从事海外华人和党校干训研究的彭轲

1957年彭轲出生于荷兰阿姆斯特丹,1979年毕业于阿姆斯特丹大学人类社会学研究中心,获文学学士学位。1982年初又获人类文化学硕士学位,论文题目是《荷兰华人社会》(De Chinese gemeenschap in Nederland)。1982年以交换学生身份到北京语言学院(今北京语言大学)进修,1983年转学北京大学。回国后,曾在荷兰莱顿大学汉学院当代中国资料中心任讲师。1987年应荷兰政府内政部之委托,从事荷兰华人生存状况调查工作。调查报告《荷兰华人社会地位》于1988年初出版,是一部广为人知的荷兰华人史著作。

1988年初彭轲到美国加利福尼亚伯克莱分校人类学系深造,为了撰写博士论文《普通和杰出:1989年中国改革和政治抗议之人类学研究》

(The Ordinary And Extraordinary: An Anthropological Study of Chinese Reform And Political Protest in Beijing, 1989),1988～1989 年间他在北京收集有关资料,于 1992 年获得人类学博士学位。1994 年又获荷兰国际农业发展中心的资助到河南省洛阳市作为期 3 个月的田野调查研究。

彭轲曾任牛津大学中国研究中心和英国校际中国研究中心(British Inter-University China Centre)主任,主讲中国政治与社会课程,也是该校现代中国研究中心研究员。

彭轲的汉学研究有两个选题,一是有关海外华人移民问题,二是对中国政治体制的研究。

他原来主要关注西欧的华人移民问题。20 世纪 90 年代中期,他开始对中国的农村地区产生了兴趣,曾在中国社会科学院社会学所做访问学者一年,与该所的折晓叶、陈婴婴、沈崇麟以及清华大学的沈原等学者进行合作,对江苏、云南、山西和河北的一些村庄进行调研,主要了解村庄之间如何联系以及如何通过成立乡镇企业、互助合作达到致富目标。1999～2001 年他主要关注生活在欧洲的中国福建移民。他们处于社会底层,通常从在中餐馆打工开始谋生之路,此后再涉足运输、建筑和食品供应等行业,劳务报酬极低。虽然他们对英国经济的发展做出了贡献,但却得不到公平的对待,彭轲对此感触颇多。他用了大约两年时间完成了专著《跨越国界的中国人:欧洲的福建移民》。

2004 年他再次来华研究外国在华移民问题。在北京、上海、广州以及吉林、云南和海南等省的一些城市,他发现外国移民问题已经越来越突出,需要寻求妥善解决办法。《优秀的共产主义者》(Good Communist)是他 2004～2008 年的研究成果,已于 2009 年 11 月由剑桥大学出版社出版。他的大部分调查工作是在云南展开的,研究对象主要是云南省委党校及一些地州县的党校,同时也在北京的中央党校、北京大学、清华大学、人民大学和国家行政学院对一些党员干部以访谈的形式开展调研。他认为不了解中国共产党就不了解中国。通过研究党校可以了解中国共产党如何健康发展,不断壮大力量,也可以看出中国共产党如何由一个革命政党成长为中国的执政党,以及今后的发展趋势。他认为作为一个人类学家,应该从不同于政治学的视角来研究中国共产党和党校干训。在他看来,政党不只是一个机构,更像是一个鲜活的生命机体。这是他与政治学研究者的不同之处,也是他个人的优势。由此他的兴趣又逐渐转到了对中国干部管理制度的研究,并取得了一些初步成果。

他精通荷兰文、英文和中文,曾先后在各国学术期刊和学报上发表论文数十篇。他主编的《欧洲华侨华人》(The Chinese in Europe)一书已由厦门大学人类学研究所副所长李明欢教授译成中文出版。彭轲还与中国、英国和法国的人口统计学家以及社会学家共同开展一项关于中国城乡流动人口的项目研究。他的主要著述有:

1.《荷兰的汉语》(Chinese talen in Nederland)与范登伯格等合撰,载勒伊特著:《荷兰的语言》,第43~70页,格罗宁根:1991年。

2.《中国教育成就与民间成功理论》(Chinese Educational Achievement and Folk Theories of Success),载《人类学教育季刊》第22卷第2期,第162~180页,1991年。

3.《荷兰华人的社会地位》(The Social Position of the Dutch Chinese),庄国土译,台北:中央研究院近代史研究所,1992年。

4.《普通和杰出:1989年中国改革和北京政治抗议之人类学研究》(The Ordinary And Extraordinary: An Anthropological Study of Chinese Reform and Political Protest in Beijing, 1989),加利福尼亚大学人类学系,伯克莱:1992年。

5.《移民与荷兰华人企业家》(Immigration et entreprenariat: les Chinois aux Pays-Bas),载吉略等编:国际欧洲移民杂志《西方华人与犹太人》第8期,第33~50页,1992年。

6.《华北饶阳县蔬菜大增产与持续性发展问题》(Vegetable Boom and the Question of Sustainability in Raoyang County, North China),瓦赫宁恩:1994年。

7.《官僚政治、朋友与金钱:中国社会资本主义的发展》(Bureaucracy, Friends and Money: The Growth of Capital Socialism in China),载《社会与历史比较研究》,第37卷第3期,第494~518页,1995年。

8.《中国农村集体合作发展:国营与私营》(Cooperative and Collective in China's Rural Development: between State And Private Interests),与弗美尔等合编,阿蒙克:1997年。

9.《国内外移民:中国人的观点》(Internal and International Migration:

Chinese Perspectives),与海因·哈利等合编,萨里:柯曾出版社,1999年。

10.《欧洲华侨华人》(The Chinese in Europe),与班国瑞合编,纽约:圣马丁出版社,1998年。

11.《跨越国界的中国人:欧洲的福建移民》(Transnational Chinese: Fujianese Migrants in Europe)合编,斯坦福:斯坦福大学出版社,2004年。

12.《华人欧洲移民近期流向:福建移民展望》(Recent Trends in Chinese Migration to Europe: Fujian Migration in Perspective),日内瓦、瑞士国际移民组织,2005年。

13.《现代中国的系谱心态》(The Genealogical Mentality in Modern China),载《亚洲研究学刊》第62卷第1期,第101~128页,2003年。

14.《中国国家人类学轮廓:中国农村政治结构、代理机关和经济发展》(Contours of An Anthropology of the Chinese State: Political Structure, Agency And Economic Development in Rural China),载《皇家人类学学院学刊》第10卷第3期,第517~538页,2004年。

15.《中国当代干部培训、党校和新社会主义过渡》(Cadre Training, Party Schools and the Transition to Neo-Socialism in Contemporary China),载彭轲主编的《当代中国人类学》社会人类学特刊第17卷第1期,2009年。

16.《法制与劳务:英国的华人的移民与雇用,英中新自由主义与国家》,载与向标合编的《国际评论》,2009年。

17.《优秀的共产主义者》(Good Communist),剑桥:剑桥大学出版社,2009年。

(三)视宣传招贴画为研究中国发展重要资源的田思

1975~1982年田思就读于莱顿大学,1984~1994年他继续在该校攻读汉学课程,获硕士学位。1996他获莱顿大学汉学博士学位后到中国台湾中央研究院从事博士后研究,回国后任莱顿大学教育学院副教授。2005年被阿姆斯特丹大学聘任为当代中国文化教授。

20世纪70年代田思因为对中国招贴画感到兴趣,开始广泛收集,日积月累,逐渐成为研究当代中国发展的一项重要资源。后来他以这些招贴画和海报为自己博士学位论文的题材,并于1998年和2001年先后以《从革命年代到现代化时期的中国宣传招贴画》(Chinese Propaganda Posters—

From Revolution to Modernization)为书名,分别在荷兰阿姆斯特丹和美国阿芒克由夏普出版社出版,1996年在科隆由迪蒙出版社转译成德文出版。

田思长期关注并收集中国宣传招贴画,并进行了一系列研究,先后发表了多篇论文。如:《以谁为学习榜样? 21世纪中国的教育宣传》(Learning by What Example? Educational Propaganda in Twenty-first-Century China,载《亚洲评论》33卷第4期,第541~571页,2001年12月);《全国一片红——20世纪50年代中国宣传画》(Paint it red-Fifty Years of Chinese Propaganda Posters,格罗宁根,1998年);《神化毛泽东:"文化大革命"以及之后的宗教造像和实践》(The Deification of Mao: Religious Imagery and Practices during the Cultural Revolution and Beyond,载钟威廉编《中国伟大无产阶级文化大革命——大师纪实及后毛泽东时代的清算》,博尔德:2002年)。1995年他在汉堡,1998年在格罗宁根,2008年在鹿特丹先后展览或联展自己的收藏,还在互联网上开设了"田思中国宣传画"专页和"中国海报"网站。

田思现任阿姆斯特丹大学当代中国文化教授,兼任莱顿大学当代中国史副教授,同时也是《中国情报》编辑部成员。

田思的主要著述有:

1.《中国的地区发展》(China's Regional Development),载《太平洋评论》第4卷第1期,第76~77页,1991年。

2.《中国是太平洋地区的主导因素》(China als Machtsfactor in de Pacific),载《国际观察家》第6期,第369~372页,1992年。

3.《有西方特色的中国未来:"四个现代化"(1978~1988年)期间中国的视图宣传》(A Chinese Future with Western Characteristics: Chinese Visual Propaganda During the "Four Modernizations",1978—1988),载拉特克和赛奇合编的《中国现代化:西化和文化适应》,第177~194页,斯图亚特:1993年。

4.《香港:从英国皇家子民到共和国"特区"公民》(Hong Kong: van Britse kroonkolonie tot Volksrepublikeinse "Special Administrative Region"),载《伊阿宋杂志》第1期第14~17页,1993年。

5.《四个现代化时代中国大陆的示范作用:视图维度》(Role Modelling in Mainland China During the 'Four Modernizations' Era: The Visual

Dimension),载许理和等主编:《中国国家与规范》,第 359 ~ 376 页,莱顿:1993 年。

6.《1977 年前倒计时的中国香港:引起争议的问题》(Chinees-Hongkongse twistpunten tijdens de countdown naar 1997),载《国际观察家》第 1 期第 23 ~ 26 页,1994 年。

7.《未来前景:现代化时代的中国宣传艺术》(The Future Visualized: Chinese Propaganda Art in the Modernization Era),载《中国情报》第 8 卷第 4 期,第 15 ~ 41 页。1994 年。

8.《中国》(China),阿姆斯特丹,1995 年。

9.《中国宣传:艺术和拙劣与革命和生活之间》(Chinesische Propaganda-Kunst und Kitsch zwischen Revolution und Alltag), Köln: Dumont, 1996.

10.《毛泽东成为灶君:"文革"期间毛泽东偶像崇拜面面观》(Mao as the Kitchen God: Religious Aspects of the Mao Cult during the Cultural Revolution),载《中国情报》第 9 卷 2 ~ 3 期,第 196 ~ 211 页,1996 年秋冬卷。

(四)研究中国历史、政治学和思想史的施耐德

施耐德祖籍德国。1982 ~ 1985 年他在德国埃朗根弗里德里希·亚历山大大学学习汉学、日本学和政治学。1985 ~ 1987 年他得到德国学术交流基金会的资助到台湾师范大学和台湾政治大学历史学院深造。1987 ~ 1989 年他返回德国波鸿鲁尔大学学习中国历史、东亚政治和政治学。1989 年他获得历史学硕士学位,论文题目是《民族主义与认同:柳条沟事件之后胡汉民的论著》('Nationalism' and 'Identity': Hu Han-min's writings after the Mukden-Incident)。1994 年他获得博士学位,论文题目是《学术和信仰与政治行为之间的历史编写》(Historiography between scholarship, weltanschauung, and political action)。

1989 ~ 1994 年施耐德在海德堡大学担任现代汉学教席。1994 ~ 1997 年任海德堡大学中国研究所现代汉学助理教授。1997 ~ 1998 年在美国哈佛大学费正清研究中心做访问学者。1998 年在北京大学比较文学与文化研究所以交换学者身份进行短期研究访问。1999 ~ 2000 年他被海德堡大

学中国研究所聘任为现代汉学助理教授。2000 年后被莱顿大学汉学研究院聘任为现代中国研究教授。2002 年开始担任《东西方历史编撰》主编。2003 ~2004 年任台湾政治大学历史研究所客座教授。

施耐德主要研究近代中国史学、政治学和中国思想史,研究领域包括:对史学史和思想史的研究;对 19 世纪末以来与民族主义和保守主义有关的中国思想史的研究,与民国时期国民党党史有关的中国现代历史和政治研究,对 1986 年后的台湾历史和政治以及 20 世纪 90 年代中国学潮的研究。

他的主要学术成果有:

1.《德意志联邦共和国关于中国共产党历史的研究》(The Research on CCP History in the Federal Republic of Germany),载《中共党史研究通讯》夏秋卷,第 6 ~7 期,第 36 ~44 页,1990 年。

2.《台湾中华民国 20 世纪中国史档案及其收藏》(Archive und Archivbestände zur Geschichte Chinas im 20. Jahrhundert in der Republik China auf T'ai-wan),载《1994 年波鸿东亚研究年鉴》,第 209 ~224 页。

3.《朝鲜战争与台湾地区的未来:书籍评论》(Der Koreakrieg aus der Sicht T'ai-wans),载《1995 年历史年鉴》,第 63 ~71 页。

4.《1990 ~1995 年中国台湾地区的宪政改革:原因、结果和影响因素》(Die Verfassungsreform in der Republik China auf T'ai-wan, 1990 ~1995: Verlauf, Ergebnisse und beeinflussende Faktoren),与冈特 · 舒伯特合编《21 世纪台湾的问题和前景》,第 7 ~38 页,汉堡:亚洲研究所,1996 年。

5.《道与史之间:寻找中国现代形象的两位历史学家》(Between *Dao* and History: Two Chinese Historians in Search of a Modern Identity for China)载《中国史学编撰》,1996 年 10 月卷,第 54 ~73 页。

6.《1990 ~1995 年中国台湾地区的宪政改革——政权变化的内外参数》(Constitutional Reforms in the ROC on T'ai-wan: Internal and External Parameters of Regime Change),载《哈佛台湾研究——台湾研究工作室论文集》第 3 卷,第 171 ~202 页,2000 年。

7.《中国与现代性危机》(China and the Crisis of Modernity),《莱顿大学就职演说》第 5 卷,2001 年。

8.《填平鸿沟:重建中华人民共和国新的历史文化形象》(Bridging the

Gap: Attempts at Constructing a 'New' Historical-Cultural Identity in the PRC),载《东亚史》第22卷第129~144页,2001年12月。

9.《民族和解的历史?历史性、民族特点与普遍性的问题》(Reconciling History with the Nation? ——Historicity, National Particularity, and the Question of Universals),载《遗憾之作》第18卷第3期,第89~103页,2004年。

10.《一个与多个:中国传统古典作品的解读及其在当代世界的作用》(The One and the Many: A Classicist Reading of China's Tradition and its Role in the Modern World),载《中国文化历史与思想的怀念变迁国际学术研讨会论文集》,第311~373页,台北:2005年。

(五)柯雷对中国当代诗歌的考察、研究和思考

1963年柯雷出生于荷兰鹿特丹,童年时就表现出语言天分。他父亲的一位朋友发现了他的悟性,在他14岁生日时送给了他一本《自学中文》的书,使他有机会第一次接触到中文,从此开始与中国文化结缘。他学习过6种语言,在大学主修中国文学、语言学和现代汉语等课程。现任荷兰莱顿大学汉学研究院中国语言文学教授。

柯雷长期潜心于中国当代诗歌研究,20世纪50年代以来坚持收集所有与中国新诗有关的各种正式和非正式出版物、手稿、访谈、影像和信函。他先后撰写了两部研究当代中国先锋诗歌的著作:《粉碎的语言:中国当代诗歌和多多》(Language Shattered: Contemporary Chinese Poetry and Duoduo)和《精神、残害和金钱时代的中国诗歌》(Chinese Poetry in Times of Mind, Mayhem and Money)。他试图概括这一阶段中国先锋诗歌的发展脉络,反映出虽然不同时期中国诗歌的素材、主题和技巧有所不同,但是存在着一种承前启后的关系,体现了作者十几年中对中国诗歌的考察、研究和思考。随着时间的推移,柯雷比以往更加积极地走进中国人的诗歌世界,在各种诗歌朗诵会、图书推介会和学术演讲中,他都畅谈自己对于中国新诗的感受,并热情推荐中国新诗人的作品。他还撰写过多篇有关中国当代诗歌的论文,曾于1988年与马高明和古碧玲合作编译《荷兰现代诗选》。

对于中国当代诗歌,柯雷曾经作过这样的评价:

"中国当代诗歌创作已经繁荣到无法用简单的语言来描述,它的色彩

不是红、蓝这样的单色调，而是多彩的；早期的朦胧诗尤其值得一提，这些诗歌中特有的意象手法是外国爱好中国诗歌的人最感兴趣的（如顾城的"黑夜给了我黑色的眼睛，我却用它寻找光明"）；另外，中国诗歌有着与其他国家诗歌一样的特点，那就是这些诗歌反映了诗歌产生的那个年代的一切。……把这些诗歌同它的时代和地域联系起来，可以看到一个国家的文化和发展。通过中国诗人的作品，外国人可以了解到中国的过去、现在，特别是看到了中国的发展。"

"从 20 世纪 80 年代起，中国的诗人开始越来越多地登上世界的诗歌舞台，就以荷兰鹿特丹的世界诗人节来说，参加的中国诗人累计已达 20 人，这是个可观的数目。中国诗人开始更多地了解世界，而中国诗人的努力，也使世界开始重新认识和关注中国的诗歌。"①

柯雷的主要著述除了前面提到的以外还有：

1.《内心的文化革命——与北岛和多多的一次对话》（Een innerlijke culturele revolutie. Een gesprek met Bei Dao en Duoduo），与威廉·范托恩合撰，载《光栅》第 50 期，共 4 页，1990 年。

2.《多多、北岛、芒克、食指、王家新、柏桦、琼柳诗选》（Duoduo; Bei Dao; Mang Ke; Shizhi; Wang Jiaxin; Bai Hua; Qiongliu），柯雷选编并翻译，载与汉乐逸合编的《难忘时光——中国当代诗人》，共 65 页，阿姆斯特丹：1990 年。

3.《多多：田间的课桌》（Duoduo, Een schrijftafel in de velden），柯雷选编并翻译，共 78 页，阿姆斯特丹：1991 年。

4.《北岛：保密》（Bei Dao, Bewaarde geheimen），柯雷选编并翻译，阿姆斯特丹：1992 年。

5.《多多诗歌的政治性与中国特色》（How Political and How Chinese is Duoduo's Poetry?），载《今天》第 3 期，第 206 ~ 218 页，1993 年。

6.《人与自然，人与人：多多诗歌的若干方面》（Man and Nature, Man and Man: Aspects of Duoduo's Poetry），载汉乐逸为许理和 65 华诞主编的纪念文集《中国文学语境中西文文本》第 100 ~ 115 页，莱顿：1993 年；又载

① 王光明：《荷兰著名汉学家解读中国当代诗人于坚作品》，载《深圳商报》2007 年 4 月 29 日。

《现代汉诗》,北京:1994 年。

7.《瘸子跑马拉松》(A Lame Man Running a Marathon),载《诗探索》第 4 期,共 10 页,北京:1994 年。

8.《多多: 熄灯号》(Duoduo, Tatoeages),与贺麦晓合译,阿姆斯特丹:1995 年。

9.《20 世纪 60 ~ 70 年代中国地下诗歌》(Underground Poetry in the 1960s and the 1970s),载《现代中国文学》第 9 卷第 2 期,第 169 ~ 219 页,1996 年。

10.《多多:我不懂》(Duoduo, Ik begrijp het niet)与贺麦晓合译,阿姆斯特丹:1996 年。

(六)从对比和应用角度研究现代汉语的司马翎

司马翎曾就读于荷兰莱顿大学和中国辽宁大学。1987 年获莱顿大学汉学和语言学硕士学位,1992 年获语言学博士学位,论文题目是《汉语"把"字句中的使役动词和完成式》(Causatives and Accomplishments. The Case of Chinese *ba*)。现为莱顿大学汉学研究院语言学教授。

他的主要研究领域为中国汉语与非汉语句法研究,但是范围广泛涉及语音、词汇和语法,对于普通语言学,甚至乔姆斯基的生成语法理论也有浓厚兴趣。

2009 年他曾出版《中文与荷兰文原本一样》一书,针对荷兰近年出现的学习汉语热潮中一些学习汉语的荷兰人认为汉语难学,因为汉语没有冠词、复数形式和时态,跟欧洲语言差别很大。他深入浅出地从语言的变化发展和对比角度,分析汉语与荷兰语之间的异同,对于声调、方言差异和学习方法等问题也一一作出解答。他说中国有很多方言,所以人人都要学习普通话。荷兰也有方言,年轻一代也通过学习标准语解决交流中碰到的困难。但是标准语的推广对于语言的多样性,以及依附于方言或少数民族语言之中的地方文化和身份认同,都产生了极大的危害。学习汉语的荷兰人,如果可能应该到中国生活一段时间,多跟中国人交流,多看报纸,才能把汉语学好。司马翎的主要的著述有:

1.《试论粤语时态》(Exploring Cantonese Tense),载《2004 年荷兰语言学》,第 169 ~ 180 页,阿姆斯特丹:2004 年。

2.《粤语和客家话中“能”和“同意”的后动词》(Postverbal Can in Cantonese (and Hakka) and Agree),与郑礼珊合撰,载《语言》特刊第114卷第4期,第419~445页,2004年。

3.《论各类行为助动词》(On the Different Verbal Behavior of Auxiliaries),与谢夫·巴尔比亚合撰,载《语言》特刊114卷第4期,第389~398页,2004年。

4.《四类汉语量词》(Classifiers in Four Varieties of Chinese),与郑礼珊合撰,载《牛津比较句法学手册》,第259~292页,纽约:2005年。

5.《普通话和粤语中名词的可数标记》(Markers of Countability on the Noun in Mandarin and Cantonese),载《语言学论丛》第35期,第234~245页,2007年。

6.《生成语法理论和汉语句末语气词研究》(Generative Grammar and the Study of Sentence Final Particles in Chinese),与谢霏霏合撰,载《当代语言学理论和汉语研究》,第364~374页,北京:商务印书馆,2008年。

7.《泛指量词“的”用法初探》(*De* 的 as an Underspecified Classifier: First Explorations),与郑礼珊合撰,载《语言学论丛》第39期,2009年。

8.《句法结构标记“给”与动词结构的衍生关系》(The Syntactic Marker '*gei*' and the Derivational Relations in the Structure of the Verb),与沈阳合撰,载《未知》第3期,第222~237页,2010年。

(七)从文本和语境角度研究中国现代诗歌的贺麦晓

1964年贺麦晓出生于荷兰。他很喜欢外语,先后学过法文、德文、英文、俄语和拉丁文。中学毕业时,他像许多同龄人一样面临上哪个大学选修什么专业的问题。1982年一位刚从中国回国的学长建议他选读中文,并告诉他中国是一个很有意思的国家。他接受了他的建议,打算去莱顿大学攻读汉语和中国历史与文化专业。他把想法告诉了父母,他们鼓励他勇往直前,不要半途而废。

他的导师汉乐逸在中国现代诗歌研究方面有很高造诣,同时也是一位诗人,对贺麦晓的专业学习有很大影响。跟他志趣相投的同学当中柯雷也喜欢诗歌,伊维德对中国古代文学和诗歌也感兴趣。他们常常在一起谈论这些话题。

1986～1987年大四时贺麦晓到沈阳辽宁大学学习现代汉语和中国文学课程，感觉收获匪浅，回国后他获莱顿大学中国语言文学硕士学位。1989～1993年为莱顿大学博士研究生，1994年获莱顿大学文学院博士学位。1994～1996年为莱顿大学国际亚洲研究所博士后研究员，1996～2001年他被聘任为伦敦大学中国现代语言和文学讲师，2001～2002年任伦敦大学亚非学院中国现代语言和文学高级讲师。

他的研究方向是中国现代诗学、中国现代文学以及文学社会学。他的代表作有《雪朝：通往现代性之路的八位中国诗人》（A Snowy Morning：Eight Chinese Poets on the Road to Modernity，1994出版）和《文体问题：现代中国的文学社团与文学杂志，1911～1937年》（Questions of Style：Literary Societies and Literary Journals in Modern China，1911～1937，2003年出版）

2002年起贺麦晓被聘任为伦敦大学亚非学院中国文学教授，2009年任哈佛大学东亚语言系客座教授。他的妻子于虹原籍四川，任职于英国教育部。

贺麦晓的主要著述和译著有：

1.《过时感与试验性》（'Sense of Outdatedness' and 'Experimental Character'），载《诗人报》第4版，1991年6月。

2.《多多诗集：害怕失去联系》（Duoduo，Bang dat ik verloren raak），贺麦晓翻译，共119页，阿姆斯特丹：1991年。

3.《第二频道》（Tweede Kanaal）贺麦晓与加普·西合编，海牙/布鲁塞尔：1991年。

4.《根纳季·艾基诗九首》（Nine Poems by Gennadi Ajgi），与林松合译，载《今天》第3期，第169～175页，1992年。

5.《艺术为谁——徐玉诺（1894～1958）的诗与叶圣陶对其美学价值的评价》（Art for Whose Sake？-The Poetry of Xu Yunuo（1894～1958）and the Esthetic Values of Ye Shengtao），载汉乐逸主编：《西方的话》，第5～25页，1993年。

6.《周作人的〈小河〉及其在早期白话诗歌发展中的作用》（Zhou Zuoren's Poem "Rivulet" and Its Role in the Development of Early *Baihua* Poetry：A Receptionist Approach），载维维亚娜·阿莱通与阿列克谢·沃尔科夫合编的《对中国变化的看法和观察》，第199～212页，巴黎：法兰西学院，

1994 年。

7.《中国文学研究会与“五四”文学传统》(The Literary Association of China and the “May Fourth” Literary Tradition),载《今天》第 2 期,第 158 ~ 168 页,1994 年。

8.《布尔迪厄的文学社会学观点》(Bourdieu’s Views on the Sociology of Literature),载《中国比较文学通讯》第 2 卷第 2 期第 15 ~ 22 页,1995 年。

9.《多多诗集:熄灯号》(Tatoeages),与柯雷合译,阿姆斯特丹:1995 年。

10.《多多诗集:不懂》(Ik begrijp het niet),与柯雷合译,阿姆斯特丹:1996 年。

11.《中国早期现代诗歌的现代性》刊《诗探索》第 101 ~ 117 页,1996 年。

12.《敬告纯真的读者——西方对中国现代文学的疑惑》(Constructing the Innocent Reader: Western Doubts about Modern Chinese Literature),载《国际亚洲研究所 1996 年年鉴》第 156 ~ 163 页。

14.《高雅与低俗文学——20 世纪中国的通俗小说》(Literature High and Low: ‘Popular Fiction’ in Twentieth-Century China),载《20 世纪中国文学界》第 113 ~ 134 页,1999 年。

15.《王晓明:学刊与社会——论“五四”文学传统之路》(A Journal and a ‘Society’: On the ‘May Fourth’ Literary Tradition),与西奥多·哈特合译,载《中国现代文学与文化》第 11 卷第 2 期(秋季),第 1 ~ 39 页,1999 年。

16.《陈平元著:历史笔触——“五四”运动内情》(Touches of History: Inside the May Fourth Movement),与玛丽亚·阿夫·桑德伯格等合译,莱顿:2009 年。

第四章 荷兰汉学的体系、趋向和机制的普世价值

据专家估计，全世界拥有一定汉学研究规模的国家大约70余个。从各国汉学发展史看，理论体系、发展趋向和动力机制是有效开展汉学研究的关键因素。

汉学承载着国际人文学科的价值信息，是衡量中外文化交流发展水平的重要标志。各国的汉学在自己国家的学科体制中构建和发展，并且在这一过程中形成自己的特色和优势，以此接受本国读者的审读、评论或者顶礼膜拜。汉学的发展受到本国学术环境的制约，例如学术的客观需要、学者队伍的现状、规模、水平和分工以及与中国交往的历史等因素。

中国学者从自己立场出发对国外汉学进行再研究，正如汉学家根据本国学术考量聚焦于华夏文化和中国国情一样，构成了该学科研究互动的两个方面，这是汉学研究的独一无二之处。中国学者对华夏文化和中国国情的研究不能取代外国汉学家的研究，因为视角不同，所掌握的资讯不同，读者对象不同，所以体验和价值也就不一样。

费正清等美国汉学家倡导的"汉学与社会学联姻"的研究方式在第二次世界大战前后得到了许多汉学家的认同，各国汉学界为适应当时形势的需要对于自己的研究方法、选题范围和交流形式进行了调整和变革，逐渐达成了许多共识。然而，细细考察荷兰、英国、法国、德国、俄国、瑞典、意大利和美国等国的汉学研究就会发现，由于各国历史、文化和政治背景的差异，他们的汉学研究切入点、覆盖层面、理论模式和应用对象过去不相同，现在也不完全一样。大体上说来，亚洲的汉学研究显然不同于西方的汉学

研究，东欧的汉学研究显然不同于北欧的汉学研究，西欧的汉学研究显然不同于美国的汉学研究，美国的汉学研究又显然不同于俄罗斯的汉学研究。要设计一套完全符合各国汉学研究的统一模式是不现实的。

在第二次世界大战结束后的几十年中各国的汉学研究都取得了长足的进步，无论研究规模和成果数量都大大超越了过去，这是符合事物发展规律的。国际汉学界彼此之间没有上位大国和下位小国之分，相互交流的指导思想如何定位事关大局。

有人说中国现代文学是“垃圾文学”，据称他们的许多同龄人都不喜欢，没有文学修养的人才看现代中国文学作品。也许言者并无不善居心，但是以外国读者喜欢不喜欢作为评价现代中国文学的主要标准显然是一种简单化的见解。也许那些读者对什么文学作品都不喜欢，也许他们接触到的译本不符合专业规范，都有可能造成外国读者对中国现代文学作品的不接受。诚然，在一段时间内，中国作家的“灵魂工程师”功能被过分夸大了，部分作品思想浅薄，形式单调，在消费主义叫卖声中又降生了快餐化和媚俗化的早产儿。影响中国现代文学作品走向世界的另一个原因是国内出版部门和媒体对外推介作品的标准政治因素考虑较多，而对于译文质量、读者对象和市场营销却考虑不够。文学翻译是一种再创造的艺术，不能仅仅满足于句子通顺但是没有风格的译文。许多西方读者喜欢读到具有中国人文特色，在创作技巧上有别于西方流行文学的作品。不过中国现代文学回归到艺术和审美原旨却也是有目共睹的事实，作家们冲破了原有观念禁区，植根于生活和传统再次成为时尚，讴歌生活和休闲娱乐的需求也得到了应有的尊重，在创作繁荣流派纷呈之当代，传世之作的问世必定指日可待，或许已经问世，正接受时间的考验和读者的筛选。

有人把“Sinology”标新立异为“中国学”，据说改名的理由是汉学“很偏很古典”，在国外处于边缘化的位置。也有人说美国学术界倾向于把有关中国国情和文化的传统研究叫做“汉学”（Sinology），而把有关中国文化和国情的现代研究叫做“中国学”（Chinese Studies）。于是“中国学”的适用范围从美国现代汉学逐渐扩大到各国现代汉学，“汉学”与“中国学”的分界线被认定为20世纪50年代。有人见到“Chinese Studies”就不假思索地给贴上了“中国学”的标签，可是碰到上下文无法定位的“graduates in Sinology”怎么翻译呢？伦敦大学亚非学院傅熊（Bernhard Fuehrer）认为：

"考虑到其他姐妹学科如'法国研究'和'俄国研究'的术语定位,近期在一些学术圈中时兴起的'中国学'多少显得有些古怪,翻译得相当别扭。"①

不主张随意给"汉学"改名的理由很多,具体说来是:首先,西方国家(特别是英语国家)汉学界使用的"Sinology"和"Chinese Studies"的实际情况并不像传闻的那样离谱。而且,"汉学"并非都是中国学者的翻译,其中也有那些饱读汉籍的外国汉学家自己的选择。其次,无论从历史学、语言学或者翻译学角度看"汉学"就是英语的"Sinology",并不会引起汉学家和读者的误判。"Chinese Studies"在某些语境中可以译为"中国学"或者"中国研究",但是在另外一些语境中则可能译为"汉语研究"、"中文学习"或者"中国人研究"。最后,许多非美学者未必同意给自己的汉学研究改名,因为美国汉学研究与其他国家的汉学研究情况有所不同。社会性是语言的本质,得不到大多数使用者认可的名称必定会失去其存在的价值。如果坚持用"中国学"取代"汉学",那么外国的汉学史、主管部门的备案、校名刊名、个人履历、文件图章、课程设置、招生广告、注册文档、学会通信录、论文关键词、纪念品标识,统统都要修改。姑且不说费用开支问题,只要有的改名,有的不改名,就可能造成出版物的概念混乱和正常业务联系受阻。缺乏客观标准,在翻译一篇数千字的文章过程中就可能因为要不断在"汉学"、"中国学"、"汉语学习"、"中国研究"和"中国人研究"之间做出一次又一次无聊选择而煞费苦心。如果全国科学技术名词审定委员会的专家们能助一臂之力,则善莫大焉。

越俎代庖也非惊人之举,视中国传统儒学观为衡量外国汉学著作的准绳,或者套用某一汉学大国的研究方式和产业化标准来鉴定别国的汉学研究和成果,实在缺乏说服力。有些好心人搬出国学大师陈垣的话:"我们应该把汉学中心夺回来,夺回北京!"也许大师当年没有区分此汉学不同于彼汉学,但是他的批评确实只是针对那些谈及国学"不是巴黎如何,就说西京如何"的个别学者。

如果到荷兰莱顿大学或者英国的牛津大学和剑桥大学去亲身感受一

---

① Bernhard Fuehrer, 2008. *Challenges and Perspectives of Chinese Studies in a Changing Society*, in Kawai, Shinchi (ed.) *New Challenges and Perspectives of Modern Chinese Studies*, P. 103. Tokyo: Universal Academy Press.

下，人们会发现所谓"传统汉学"在那儿并不是贬义词。许多荷兰和英国汉学家几十年如一日地研究汉籍，他们在密切关注中国学术新进展的同时，仍以写繁体字、读文言文、研究儒家学说为自己学术生涯中的最大乐趣，习惯"传统"研究方式的老一辈学者没有觉得"丢份"。他们的教室、图书馆、教材、餐厅、学士服、硕士帽、教学方式和答辩仪式，仍然不同程度地保持着19~20世纪的风格。

荷兰汉学家彭轲在一次接受《21世纪经济导报》记者采访时说："既学现代汉语也学古代汉语，可以说是牛津大学和剑桥大学的特色。在欧洲的汉学历史中，英国的汉学基地就是剑桥大学和牛津大学。19世纪的时候，文言还是一个活的语言。所以，当时英国开始教中国历史和文化，他们一定从古代汉语来开始，在两个大学至今还保持这个传统，我们还认为要做一个真正的汉学家，一定要会很高水准的古代汉语。"①

汉学的"发展趋向"是指汉学研究的目标定位和价值取向。文化存在于人们心智之中，更体现在民族文明发展史之中。世界汉学发展史以其厚重的知识养分丰富了以民族史、文化史、思想史、哲学史、语言史、教育史、经济史、妇女史、地方史和科技发展史为主流的史学领域，在新社会史、社会文化史和人类文化史诸多新史学中异军突起，赋予了国际文化交流新的内涵，并影响着当代文化交流的形式和走向。在大方向趋同的前提下，荷兰汉学家还有自己的独立思考和追求。他们不希望广大读者在荷兰汉学著述中读到的中国是变形的中国或想象中的中国，不管他们描述的中国形象与别国学者描述的中国形象有多大差别，他们都努力使自己对中国的看法在最大程度上贴近真实，贴近历史，贴近世界公认的中国。

汉学的"动力机制"是指汉学发展的潜在驱动力。资金投入、学人加盟、设备完善、交流体制化和常态化都是动力机制。没有荷兰汉学家的辛勤耕耘和贡献就没有荷兰汉学发展史，没有内外交流就没有作为一种学科门类存在的汉学。不管当代中国发生了多大变化，汉学家们认知世界的方式和手段如何更新，中国文化和国情仍然是荷兰汉学的研究讨论、田野调查、选题立项、分析评价和著书立说的资源，中国人理所当然仍是那些已经或者即将推出的皇皇巨著所论述历史的参与者和见证人。

---

① 《中国问题专家：西方对中国没有根本了解》，载《21世纪经济导报》2007年5月26日。

每一历史时期荷兰汉学家的选题都有自己不同的关注焦点，其中原因包括中荷两国关系的发展和汉学家个人对中国事物接受的因素，以及世界学术潮流的影响。例如，20 世纪 80 年代以来西方史学界广泛吸收了英国马克思主义史学、法国年鉴派史学、后现代文化批评和历史叙述主义以及人类文化史学的观点，以新文化史取代社会经济史研究和史学编撰的倾向日趋明显，逐渐成为史学研究的主流。这一影响也体现在那些具有真知灼见的荷兰汉学家对中国新时代文化现象的关注和研究之中。

目前世界上已有 109 个国家的 3000 多所高校开设了汉语和有关中国国情的课程，87 个国家开办了 282 所孔子学院和 241 个孔子学堂，学习汉语的人数多达 4000 多万。荷兰第一所孔子学院早在 2006 年 10 月就在莱顿大学海牙分校正式挂牌。这些都是帮助营造汉学研究人文环境所做的努力，预示着国际汉学发展的光辉前景。

一、荷兰汉学的理论体系定位

“汉学”是一个表示综合概念的名词，就像“人文科学”一样，“文史哲”只是其涵盖内容的一部分。类似词语还有“自然科学”、“生命科学”、“电子科学”和“军事科学”等，都有许多子学科包含其中。这其实只是对于固有学科进行概括的一种方式，为的是从总体上对它进行把握，并非什么硬伤或罪过。

汉学在西方一直被视为一个完整的独立学科建制，有其长期形成的领域和架构。法国、德国和英国很早就把汉学视为一个整体学科组合，其典范很快就对荷兰汉学产生了影响。20 世纪 60 年代以前，荷兰学术界对于汉学是否可以构成一种学科门类的问题并无专文论证，因为汉学家从来没有碰到过对学科身份合法性的质疑，毕竟它是一种客观历史存在，谁也无法否认。随着汉学的日渐发达，涉及面广，参与者和关心的人越来越多，一些人（包括少数业内人士）发现它居然不是单一学科之后就提出反思和清算的动议。国内也有一些与汉学业务有关的学者开始对汉学评头论足，提出了命名是否符合学科规范，覆盖众多学科是否恰当，汉学家是否需要特别资质，从事汉学研究到底有没有出路和危险，甚至提出颠覆传统和改名易姓的问题。学科理论体系定位就像起跑线的定位，起跑线错了，任凭你跑得多快也不可能夺冠。

2000年荷兰莱顿大学汉学研究院毕业生汉斯·奎日波(Hans Kuijper)曾发表过一篇论文《汉学是否一门科学》(Is Sinology a Science),系统地提出了自己的大胆看法。[①]他曾经在莱顿大学接受过汉学专业的系统教育,还写过其他有分量、有见地的论文,如《区域研究与国与国之科际系统研究》(Area Studies Versus Disciplines Towards an Interdisciplineary, Systemic Country Approach),对于汉学研究的性质和荷兰汉学界的情况他应该是比较熟悉的。

但是他在《汉学是否一门科学》一文中一开始就以"验证"方式发难造势,编派了汉学家的多项莫须有过失,使用了"迎头痛击"(a head-on attack)和"伪科学"(pseudo-science)等字样,并借用安徒生童话的典故把汉学比喻为"没有穿衣服的皇帝"(the emperor is wearing no clothes),仿佛有大曝家丑划清界限的架势。文中语多乖戾,不同凡响。

多年来,个别学子因为种种原因在网络上发泄私愤,甚至假借导师之名编造奇文怪论的事已经见怪不怪。荷兰汉学家是否因此平静地看待此文,不得而知。但是,作者的学术思想及其表现方式却有一定的代表性,国内外多家学术刊物和网站曾转载该文或者有所报道,因此值得关注。奎日波在他的论文开场白中这样写道:

> "当然,汉学是一门科学,"汉学家们可以庄重地回答这个虽然合理但是却不常提出的问题。他们还可能问"学者们还有什么理由把我们看作与他们是同事关系?"仿佛友情就是学科资格的凭证。这个问题我说不好。我要提出的观点是汉学将作为伪科学而被扫地出门,因为研究者并没有形成自己的理论体系。
>
> 我不希望这个哥白尼式的命题会压制各处响起的暴风雨般的欢呼。相反地,要是有人向我吐口水或者喝倒彩,我倒不觉得奇怪。如果说汉学中存在一些根本性错误,极可能在学者们中引发一场激烈的辩论。这个令人振聋发聩的问题提出的后果是可

① Hans Kuijper, 2000. *Is Sinology a Science*? In *China Report*, August 2000, Vol. 36 No. 3, pp. 331 ~ 354.

想而知的,但是不容否认的实事是基础的探测只能在楼房扩建之前进行。如果说在当今急剧变化的世界对中国事务进行探讨很有必要,那么下一步行动——对汉学的深入思考也同样重要。

为了避免误解,我请求读者们时刻想着一个问题:研究中国国情的学者不外乎分为两大类:甲、汉学专业毕业生,即:学过汉语(包括现代汉语和文言文)的学生;乙、获得学位后从事社会科学或人文学科研究,专门了解与自己的学术领域有关的中国问题。我所说的这些不中听的话适用于全部甲类人员。我的矛头并不是针对那些勤奋练习过汉语,攻读完政治学后还要研究中国政治形态的人;也不是把枪口瞄准那些与众不同的"生灵",如历史学家,学习汉语是为了研究(或部分研究)中国历史(或中国史家观点)。

奎日波在论文的第一部分"科学定义"中引经据典,对"科学"进行了界定,进而又用被界定的词语(definiendum)来解释什么是"自然科学"和"文化科学"。概念加概念使许多句子令人费解,但是值得一读。按照汉语的词语搭配和文内用语的实际含义,原文的"science"有时相当于汉语的"学科"而不是"科学",而原文"scientists"有时是指某一学科专家,而不是泛指的"科学家"。他接着写道:

书本、杂志和数据库通常都是知识库。而"科学家"的定义就是"科学的拥有者和提供者"。"科学"的最基本含义可定义为"一种知识",不过这样的定义不起什么作用。从柏拉图到傅科(Jean Bernard Léon Foucault, 1819~1868)等许多著名哲学家都深入研究过这个问题。掂量一下他们说过的话或者分析他们的论点会使人偏离主题太远,然而关注知识的只是哲学家。从20世纪40年代以来,科学家们一直在思考这个问题。美国各个领域的科学家通过共同努力回答了意义深远的认识论(epistemology)问题,不亚于一场"认知革命"(cognitive revolution),与第二次世界大战后的"信息和通信技术革命"挂上了钩。

知识问题没有解决就无法对"科学"进行严格定义。但是作为一种知识，科学知识有别于非科学知识。我认为"科学"的意思就是一种系统知识，是符合公认的原则和方法的一种知识。科学家从学科角度追求他所研究课题的条理性。

我用"科学"这个词来表示(或搜素)"系统化知识"(systematised knowledge)，即组合于符合通常可接受的原则和方法的知识。科学家以学科化方式寻找他所研究对象的条理性。他的理论不是一种学说，而是由用于指导或引导其研究与理解的批判及彻底调查结果所引发的想象结构。这种理论不是可有可无的奢侈或对于经验主义搜索的不必要的拦截，它提供了观察方式和调查工具；是一种心灵沟通模式，大范围的理想化结构，是一种据此阐述主题或覆盖领域的具有衔接性、考虑周详但尚未执行的计划，也是重要的推测资源。科学家提供证据，进行推断，从一个他认为正确的陈述和判断到另一个判断的推测(从隐含于前提的命题中提出)。

自然科学家具有广博的知识。尽管有的事件发生在过去(例如恐龙的灭绝)或者尚未发生(例如日食)，他都可以觉察到。有些只能通过显微镜和望远镜等工具才能感知其存在和特性的物体(例如夸克和反夸克)，[①]他也能推断出来。

自然科学家致力于对非人文现象的解释，然而对于自然解释的观点却各式各样。自20世纪30年代以来，对于任何自然现象的解释都可以归入某一自然法则，论点是推演或者归纳出来的，被解释的现象必须发生在特定环境中，或者有待于解释。

社会科学家研究的事物非常特殊。人并非相互碰撞的弹子球，而是有感觉的能动生命，具有智力、感情和意志本能，以及理化、生物和社会心理的特性。

社会学家对人类现象作出解释，但对于自然的解释却存在极大分歧。据说文化学家对于自己要了解的事物都有一种亲缘关系的感觉，在自然法则下彼此类似的都不可采用类推法。

---

① "夸克"(quarks)是比中子和质子更基本的单元，中国物理学家曾把它译为"层子"。夸克理论认为，所有的重子都由三个夸克组成，而反重子则由三个反夸克(anti-quarks)所组成。

从认识论和方法论(methodology)看,自然科学和文化科学之间的差距没有初次感受到的那么大。有关随意解释与解释性理解的辩论可能是“浪费时间”。自然和文化科学家都致力于揭示并理解他们所关注事物的条理性。他们的目标是在原有混沌中建立从无序和骚乱中产生的结构和稳定的秩序,以系统化方式使万事万物变得明白和容易理解。然而,从本体论(ontology)角度看,文化和自然之间的鸿沟并非莫测高深。

奎日波的论文第二部分“汉学的位置”为其论证核心,思路开阔和耐心评述是他的强项,有时细腻到令人晕眩的地步,仿佛生怕饱读汉籍的学者们悟性缺失。他的语气强硬,揭盖子的本领十分了得,虽然残留着学生娃争辩时的好胜心态,倒也能吸引辩方的充分关注。他继续写道:

我想说明的一点是:汉学家将作为伪科学家而被清退,因为他们没有掌握汉学理论,又一律排斥外部人员。按照考察对象而不是视觉对象来界定“中国研究”是错误的。汉学并非一种系统研究(a systematic study)。这样的汉学家跟中国打交道,对中国有相同的兴趣,但遗憾的是他们对中国的考察缺乏科学观。他们没有可以交流或者完美地适用于国家通论的思维模式,没有看到与研究对象(中国)之间、元素或子系统之间、整体与各个部分之间的连接或关系。他们不能总体或部分地表现多彩多姿的中国“地毯”,更别说对任何时间达到此目标的事件和行动的错综复杂关系了。最后一点,“中国通”(China Specialists)并不从整体上去思考中国问题,不懂得作为一个复杂实体的中国如何运作,也不了解中国的连接、深层结构和动力。如果他们不通过中国来揭示或者理解中国的有序状态,将被取消科学家的资格,那就应了“不穿衣服的皇帝”的那句俗语。

羞辱汉学家的最有效办法是询问他使用什么变数、常数和参数,以及这些指数如何(或在最大程度上)相互链接的问题;他的阅读又是建立在什么样的公设(postulates)或者假设(assumptions)的基础之上;他是通过什么途径得出自己的结论的;他的书面文字如何从详尽描述过渡到分析——汉学分析的;他对于自己 领域的研究对象使用什么样的分类规则;他以什么课题来为自己的专业打基础。汉学的基础理论和哲学著作至今尚未问世,看来这是汉学家的弱项,他们对于学科的基础理论和哲学根本没有兴趣。我们仍然期待《汉学原理》的面世。

汉学家都有进行细致观察的敏锐目光,但是却不能把它用于对局部情形的表达。其他学者,比如生物学家,把大米、竹子、白菜、大豆、大蒜、茉莉、荔枝、牡丹和草莓置于被子植物分类时就可以做到这一点。换一个方式来说,汉学家不能把算术变为代数,但是却把"机敏"错误地当作了"高深"。他们的著作虽然"很多",却不"充分"。单纯的数量"多"(multa)与实质性的"多"(multum)并非一个概念层次。一堆(好)砖,充其量不过是一些砖块,并非一座房子。具有讽刺意味的是,"中国通"无法为我们提供有关中国自身的有衔接性和深度的见解。对于中国建筑及其风格他们谈不出所以然,对于"垮了的一代"、条形码和中国成语也没有什么看法。"本不贯于末,一不显为多"。只要"个体"(unum)的含义模棱两可,以基础方式表现出来的"大量"(plures)就毫无意义,因为只有在总体背景下单一的词语才能被赋予意义。汉学家没有自己应有的学术地位,因为在手段上他们师出无名,就是说没有独特的观点——个人的观点,错误地追求情趣而堆砌事实,失察其要。他们没有资格戴上圣洁的科学光环。

命名学应用于表现科学的内涵。向斜、露头、隆起、地壳、切力、断层、沉降、均衡、移除、旋回层、纹泥、鬣丘、海底隆起高山和山林火灾爆发点,都是地质学专用术语。机会成本、中性曲线、管理浮动、挤出、外界因素、恢复规模、隐形杀手、调价、倾销、转向与购买力对等,都是经济学家使用的术语。音素、音节、语段、句法、词汇、措辞、系词、可操作性、切分成分、语素、虚拟、分句、三合元音和喉塞音,则是语言学家常用词汇。从严格对比意义上说,汉学家却没有一套明确的理论上相关的术语,或者具有汉语特点的等级(或类别)指称。

> 当然,与上述情形相反的是,“中国通”也有一些专用术语,例如:道、德、法、功、经、礼、名、气、拳、仁、神、士、术、体、天、文、武、信、行、玄、阳、意、阴、元、智、中等大量词语。但是因为一词可以多译,最终使人无法确定其含义。

客观地说,谈论“羞辱汉学家的最有效办法”属于一种童趣,但是童趣与汉学研究的严肃命题是格格不入的。汉学原理与汉学个案分析并非属于一个平台的操作,熟悉自己选题的汉学家可以潜心相关领域的微观或者宏观研究,何必用“参数”、“公设”、“分类”和“原理”之类的故弄玄虚的术语去打搅他们?如果批评凡·高从未与齐白石(1864~1957)有过直接交流,实在很不靠谱,因为他们不是同一时代的画家。如果问戴闻达当年在驻华使馆任职时为什么不学唱陕北的《信天游》,更不靠谱,因为中国民间音乐不是他的研究领域。如果问读者荷兰的郁金香和中国的茉莉花,哪个更具魅力,谁都无法回答,因为在这样的设问中两种花卉需要确定一个对比基点。奎日波对于汉学家的批评有时缺乏合理的逻辑,就像上述三种情况一般,因此不能令人信服。指责“汉学并非一种系统研究”,汉学家“著作虽然很多却不充分”,也失诸公允,其中奥妙不妨借用拉丁谚语“大非大”(multun nonmulta)的道理来自证清白。

> 没有视察能力,缺乏对抽象价值的深刻感悟,对于最强悍、最持久的中国思维观念不甚了了的汉学家,都是一些办事杂乱无章的糊涂虫。他们以浅尝辄止和散漫随意的方式从事“研究”,在职场上热衷于四处探听消息。其结果必然是,虽然专著和文章充斥着冗长的脚注,但是却很难找到严谨连贯有理有据的论点。从五花八门的学科中借来的术语和表达方式,无助于揭示问题实质,使行文措辞含混不清。急就章是他们的风格,概念往往缺乏明确的界定。作者将自己的考察导入了汉学框架,但是结构却没有章法。阅读这些出版物就像在一位业余天文学家陪伴下观察星空一样,任凭他朝着夜空指手画脚,在没有大倍数望远镜可供使用的情况下,无法使奥秘复杂的太空变得通俗易懂。他们的理论应用也是如此。如果读者们不信,不妨翻开任何一期的《中国

文化学志》(Sinologica)、《华裔学志》(Monumenta Serica)、《亚洲专刊》(Asia Major)、《哈佛大学亚洲研究》(Harvard Journal of Asiatic Studies)以及涵盖历史、文学、艺术、科学史等领域的最权威学刊《通报》验证一下。

把"中国研究"(China Study)改名为"中国学"(Chinese Studies)也于事无补。"必也正名呼",因为"名不正,则言不顺"(语出《论语》)。"汉语教授"与"生物学教授"、"社会学教授"或"中国教授"不再有任何区别,除非把称谓缩略为"语言学教授"加上"主要研究汉语"的说明。但是,每位中国文学教授,即便在美国一流大学,是否被承认曾经获得文学学位都可能是个问题。中国经济学讲师(有别于"中国经济讲师")也可以使用其中一个称谓,除非尊称为"经济学讲师"者的主要兴趣是研究中国经济学家的思想。

中国国情研究者(China Students,甲类人员)不仅是伪科学家,因为在西方学者研究中国400多年之后,他们还没有形成一套有关中国观念和概要的系统,而且还危险地变得神秘化。他们没有戴上"汉学家"的高帽子,因此很容易成为吓唬既不会说汉语也不会写汉字的读者和受众的坏习惯者的牺牲品。他们通过使用含义模糊的行话给自己的演讲增色,用深奥的课题或者汉字给听众催眠,完全忘记了讲课应有的透明度——真正的科学家始终坚持不懈地追求的目标。

汉学家并非正常人。他们没有"母亲",因为令人奇怪的是他们没有普通国学(Country Science),例如:生物学、人类学或者历史学,也没有专用于哪门学科的语言变体——专业术语(dialect)。他们获准把学科分割成一些小块:先秦时期、秦汉帝国、分裂时期、隋唐时期、宋朝、元朝、明朝、清朝、晚清时期(1800~1912年)、中华民国(1912~1949年)、共产主义中国(1949年至今)。但是无论怎样想象,我都不明白汉学家所了解的这些互不相干的历史时期怎么就明白无误地连在一起了。虽然"汉学"标签具有相反的含义,然而,与"地球"(地质学)、"生物圈"(生物学)、"人类"(人类学)或者"社会"(社会学)相对而言的"中国",

并不能成为特定观点研究的对象。诚然,汉学家多半也算是“国学专家”(Country Experts),但是并没有进行学科分组。

对中国进行多学科研究的主意听起来不错,但是当整个业务落实到未经良好训练的乐手的不和谐演奏时,情况就不妙了。从不同角度研究一个国家,只有按照一位大师的指点科学家们同心协力地做起来才有意义。沙特尔大教堂是由不同名匠建成的,但是它的壮观只归功于一位建筑师的理念。

在过去的一个世纪,有关中国的信息量大幅度增加,无法避免受到相对低劣质量的冲击。总而言之,汉学是一堆科学杂品,是东拼西凑的行当(Sinology, in short, is a scientific jumble, a patchwork affair)。要解释休谟(David Hume, 1711 ~ 1776)的《人类理解研究》(An Enquiry Concerning Human Understanding, 1758)中的著名论断,我建议到世界各国图书馆(日本图书馆除外)中去浏览。拿起一本有关中国的书问问自己:“这本书中有没有汉学理论?”恐怕能得到的回答是“没有!”

作者心中似乎有许多委屈和成见,以至倾诉时不太注意措辞和方式,甚至到了强词夺理的地步。一位系统学习过汉学课程的人说出“汉学是一堆科学杂品,是东拼西凑的行当”,把自己正从事的事业和身边的汉学家批判得如此一钱不值,尤其不可宽恕。中华民族经历了上下五千年的朝代更迭和无数次战乱和灾难的洗礼,竟然生生不息,其中华夏文化所发挥的精神支柱作用,从西方基督教文化的角度是很难理解的。值得庆幸的是读者能直接听到这位年青人的肺腑之言,无论同意与否,无论他的意见有多大的代表性,都可作为借鉴,从中得到有益的启示。他在论文第三部分“出路”中继续写道:

那么,怎么办呢?是否建议汉学家下岗回家另谋生路?我看应该劝他们打消这个念头。不过,即便他们不反驳我的观点,大概也没有人会听从这样的忠告。

我们不能给孩子洗完澡就把脏水连同孩子一起倒掉。汉学家(应该)精通现代汉语和文言文,为什么不发挥自己的这方面的才能？目前有大量汉语书籍需要翻译，其中一些还推出了印刷文本和光盘。

在卷帙浩繁的中国文学中只有极少一部分被收入了容量达450余卷的普雷亚德丛书(Bibliothèque de la Pléiade)。中国正史的重要性怎样评价都不过分，但是仍未被译成外语。司马光的《资治通鉴》、《史通》、《道藏》和《方志》都应该为不懂中文的学者开放。有些中国现代哲学著作也有待翻译，例如：熊十力的《新唯识论》(1944年重庆出版)、冯友兰的《新理学》(1939年长沙出版)、梁漱溟的《人心与人生》(1984年上海出版)、唐君毅的《生命存在与心灵境界》(1977年台北出版)、徐复观的《中国艺术精神》(1966年台北出版)和牟宗三的《完善论》(1985年台北出版)等等。真不知道理雅各和沙畹时代以来汉学家们是否一直坐在那儿无所事事？

我奉劝汉学家少装腔作势，在翻译——虽然卑微但是十分重要的工作——方面多花点时间。如果他们重视知识完善，就应该立即走下祭坛，就像补鞋匠那样坚持缝完最后一针。如果因为某种原因，他们还想研究某一汉学课题，就应该在自己周围找科学家合作，不要到广袤无边的大海去冒险。不过最重要的是摘下那顶不合适的"帽子"，脚踏实地地做些力所能及的事。

尽管我的话听起来有点夸夸其谈，但是我坚信中国(或者其他任何国家)是可以被理论化的。虽然作详尽阐述需要另写长文，但是中国的脱氧核糖核酸(DNA)确实可以排列起来，它的"文化密码"(cultural code)也是可以破解的，它的"道理"至少大体上可以琢磨出来。我总觉得，表现中国的历史和精神面貌，是可以从不同角度进行观察并描绘下来的，就像乔治·布拉克(Georges Braque,1882～1963)和毕加索创作立体派画一样。

也许奎日波觉得在争辩中口无遮拦，失诸谦恭，于是在论文的"结论"中感慨万千地作了一番表白。我们从这篇咄咄逼人的檄文中看到了荷兰汉学发展长河中的涟漪和浪花——系统理论之争、学科地位之争、研究领域之争、研究方法之争、发展方向之争。他认为"只懂得汉语(包括现代汉语和文言文)并阅读过有关中国国情及其史籍的人还不能成为汉学家。汉学著作的品质证明要求作者有一套自己的理论系统或者研究模式”,倒是诚恳的忠告。文中的争辩和解释不仅反映了荷兰汉学家的主流思想,也让关心荷兰汉学研究的读者听到了西方汉学界前进中的脚步声。他写道:

> 汉学研究的历史悠久,在许多国家都有其学术地位。因此,要求汉学家们出示其合法证明几乎是犯下了可被处以极刑的欺君之罪。但是,随着有关中国的书籍出版指数日升,没有任何人有理由反对想象那些作者如何从自己出版物的起跑点迈向制高点的那一步,以批判性的眼光观察其运作方式。我在久负盛名的莱顿大学汉学研究院确实进行了考察,竟然发现没有穿衣服的皇帝,汉学家找不到自己要研究的对象。
>
> 我是否把每一位“中国国情研究者”都描绘成卡通式人物了?一点都没有!我所做的一切是对两类人加以区分,设法让其中一类人摘下面具,以便去伪存真。我是否看不起所有的汉学家,始终认为他们的著作都是垃圾?绝对没有!我确认并再次重申汉学作品有不同的质量等级。许多著作和文章都可以评为“优等”,但是我的简单和基本看法是:如果汉学家没有自己的理论,他们将作为伪科学家而被清退。换言之,只懂得汉语(包括现代汉语和文言文)并阅读过有关中国国情及其史籍的人还不能成为汉学家。汉学著作的品质证明(hallmark)要求作者有一套自己的理论系统或者研究模式(这里是指汉学理论和汉学模式)。这种观点是否荒谬绝伦胡说八道?我不认为是这样,因为有没有汉学观点是查得出来,可以控制的。如果情况属实,砍刀就架到了我的脖子上。要是谁能指出或者证明我的论点有假或者错误百出,就可以置我于丑态毕露之地而后快。这一理论是否有挑战意义,足以在学者们中掀起一场辩论?肯定可以。因为每位国学专家都清楚我所说的事是否与他相干。激情迸发之余,还可以证明这样一个道理:真金不怕火来炼。

拙文旨在实践一次“创造性的摧毁”(顺彼得语),表现对汉学家思维的双重刺激。其中既有尖酸刻薄的戏虐,也有能量蜜糖的营养。

这次辩论，一方面是为了把反对偶像崇拜（iconoclasm）的火力对准汉学建制。我不指望外界会有什么反应，也不期待出现顽强的对抗。如果尊敬的读者能找出任何一本书或者文章，不是由政治学家、经济学家、法学家、心理学家、社会学家、语言学家、教育学家、人类学家、人口统计学家、地理学家、历史学家或者人文学家撰写，而是由汉学家与上述任何一位学者合作论述的，我就立马认输，承认我的理论已经被推翻。

另一方面，拙文意在邀请——非告诫——学者们通过改变方法把汉学研究水平提高到一个新的层次。为汉学家与科学家之间的合作，并把科学考察广泛应用于汉学研究之中而展开争辩吧！其结果必将使系统化的知识得到极大提高。

二、从选题变化看荷兰汉学研究的华丽转型

天地万物的存在总是处于新陈代谢过程之中，停止发展变化的事物生命就不再延续，必然要退出历史舞台。汉学作为一种学科门类也有其存在的形态，也处于发展变化之中。

随着国家经济的转轨和社会结构的变动，人们的认知方式和价值观念必然发生变化。汉学研究方式在这一背景之下的变化就是“转型”（paradigm shift，在不同专业中有不同译法，如“模式转换”、“思维变迁”或“境相转移”等）。这个术语的英文原是美国麻省理工学院教授汤姆斯·塞缪尔·库恩（Thomas Samuel Kuhn，1922～1996）在他1962年由芝加哥大学出版社出版的一部著作《科学革命的结构》（The Structure of Scientific Revolutions）中首先使用的。他出生于俄亥俄州的辛辛那提，1949年在哈佛大学获物理博士学位，1964年被聘任为加利福尼亚大学伯克莱分校科学史教授，1979年任麻省理工学院哲学和科学史教授。在他的5本专著和许许多多的著述中该书最负盛名，曾被译成16种文字，先后发行100多万册，“转型”概念被广泛应用于教育、企业、宗教、心理学、哲学史和科技史等领域。他在全书13章中提出了一系列极富挑战性的概念，“转型”便是其中之一。他认为，“科学并不是稳步累进的知识获取，而是系列平静间

歇中的智慧剧变”,是“对基于传统的正常科学活动的震撼补充,变革的结果就是一种世界观为另一种世界观所取代”。他把“转型”定义为“实质上是科学家相同观点的总汇,也是对如何理解问题的共识”,因为对于自然历史的解读至少需要一个赖以选择、评估和批判的理论和方法相结合的隐含体系。“转型”理论可以指导科学团体的研究工作,也是对一个学科领域作出明确无误辨别的标准。①

事物发展变化的“转型”是一种由量变引起质变的自然规律,何以会因库恩的那本书而掀起波涛汹涌的大潮来呢?原来在麻省理工学院还有一位被誉为“公共知识分子”、“可能是迄今仍健在的最伟大的离经叛道者”、集语言学教授和哲学教授于一身的乔姆斯基(Noam Chomsky,1928~)的学说连接着库恩“转型”理论的哲学基础。乔姆斯基以转换生成语法和普遍语法理论闻名于语言学界,把唯理哲学、数学、逻辑学、生理学、神经学引入跨学科语言学研究的目光和胆识赢得了众人的喝彩。尽管他有关语言能力存在于人类先天机制之中的假说以及用类似解数学方程式步骤来分析语言结构的方法为学界所诟病,但是在他的理论基础之上衍生出来的深层和表层语义的差异和“替换操练”(substitution drills)的课堂语言训练设计却使学者们眼界大开。1971年10月25日出席联合国大会的中国代表团中有几位北京高等学府的高翻,从一家纽约书店买回了几册名为《英语900句》的开蒙教科书,其中的“替换操练”对于非专业的英语学习颇有新意。这种教学法针对学生疑难问题所提供的答案是“我不能告诉你正确英语为什么这样说,但是可以告诉你正确英语怎么说”,因此很快就进入了各种规模的业余和速成英语课堂。乔姆斯基是当时纯理性心智主义(mentalism)应用哲理的代表人物,与库恩所强调的真实文本数据统计的经验主义理论长期处于对立状态。乔姆斯基对语言社会性的忽视使他的研究失去了预见性、警示性和通用性的品质,受感染的语言研究和教学工作因此濒于疲劳极限,也是后来学术界普遍存在的不求甚解的浮躁化发端。学者们认识到只有打破旧的思维定势才能有重大突破,这就是“转型”在汉学领域中出现的历史背景。

汉学研究的跨文化交流性质、专家对新理论的引介和对新著作的评

---

① Malcolm R. Forster, 1998. Guide to Thomas Kuhn's *The Structure of Scientific Revolutions.*

论，必然加速汉学转型期的到来，在此背景之下，荷兰现代汉学研究体制的创建就是荷兰传统汉学体制的转型过程。转型初期最引人注目的现象是新理念的运用和涉科范围的扩大。这是一个日积月累的缓慢变化，涉及学科定位、知识系统、价值取向、研究方法、交流形式、评估手段等方方面面的更新，其中一两项的变化只能是量的积聚，超过一定程度才能实现质的全面飞跃。概括起来，现代汉学转型的内涵指标至少必须包括以下方面：指导思想中国化（以中国为中心），涉科范围多元化，学术分工专业化，研究手段科学化，成果形式实用化（可操作性）。这些就是荷兰汉学家为实现转型而持续不懈奋斗的目标。

荷兰汉学研究的初级阶段涉科范围仅局限于汉语、中国历史、宗教和民俗，为东印度殖民政府培养通事和华人社区管理官员的性质赋予了荷兰汉学研究和教学浓重的官方色彩，制约了从业人员的积极性和发展空间。周边国家汉学研究的任何变化和进展对于他们都有刺激和影响。随着培训中心由国外转移到莱顿大学，以及来自美国的社会学与汉学结合的消息，促使了荷兰汉学研究范围期待已久的扩展，当代中国的研究项目进一步拓宽了研究领域，最终推动了汉学研究的华丽转型。

荷兰汉学研究涉科范围的扩展，实际上包括学术领域的进一步宽泛和研究人员的类型扩大。以往从事汉学研究者多半是懂汉语并长期关注中国历史和现状的人员，但是后来研究经济、历史、法律、考古、宗教、贸易、教育和旅游等专业的人员也纷纷转向汉学领域。他们多数人不懂汉语，也没有来过中国，却希望能够了解中国，甚至选择有关中国的课目作为自己的硕士或博士论文选题。社会上也有一些记者、作家、教授、商人、律师和公务员希望能够从自己专业角度去认识中国，把个人所从事的职业与中国的发展联系起来。这种社会需求客观上促使了荷兰当代汉学研究的不断升温。

1969 年许理和在莱顿大学汉学研究院建立了当代中国文献研究中心，增加了对当代中国社会学和经济学资料的收集和研究，实现了从重典非今到厚今薄古、多学科交叉的研发手段的转变。这是一项深思熟虑的措施，既避免了汉学研究院内部因人员扩大、研究方向不同和资金分流而出现分裂的危险，又拓展了研究和教学的空间，顺利地解决了跟欧美汉学界同步接轨面临的困难。

此后莱顿大学汉学研究院开始注重收集和研究中国各个历史阶段非官方、非主流、非传统和非正式出版物。过去研究中国社会和历史多采信官修正史或正统史学著作，例如《春秋》、《左传》、《史记》、《前汉书》、《后汉书》、《旧唐书》、《新唐书》、《宋史》、《元史》、《明史》、《清史》和《二十四史》等，后来认识到此类史书多半为帝王将相家谱，就把注意力转向正史中有关少数民族、游侠列传、稗官野史、民间传说、笔记小说、传闻逸事，或者地方志中记录的山川、物产、风俗、神鬼、人物等内容。图书馆和师生个人通过民间渠道收集了大量华人社区地契、村规、民约、家史、族谱、海报、地方志、大字报汇编、红卫兵小报和中央首长讲话等非正式出版物，作为馆藏图书的补充。

中国有许多不同于西方哲学、历史、文化、经济、政治、语言、教育、艺术和宗教的知识体系，任何人要在中国学术领域寻找真正西方意义上的人文和社会学科，或者打算用西方流行的理论框架和理论系统来研究中国的人文和社会学科，可能会感到失望。即便他们勉强这样做了，其研究成果也许有令人振聋发聩的一面，但是肯定也有无知妄说的一面。成功的汉学家的经验是：彻底改变以自我为中心的思维和研究方式，真正从中国立场上来体验并研究中国社会、历史、文化等不同专业，融会贯通之后才与西方同类学科的理论系统或数据库进行比较、思考和评价。这样的立场观点就会有说服力，有成效。这就是“转型”在汉学研究中更高层面上的含义。

费正清和列文森(Joseph R. Levenson，1920 ~ 1969)等美国汉学家曾经认为，中国历史上长期处于停滞状态，缺乏内部动力机制，只是在 19 世纪中叶受到西方列强冲击之后中国社会才发生了剧变。这就是在美国汉学研究中风行一时的所谓“冲击—回应”(impact-response)理论框架形成的过程。20 世纪 70 年代以后，以柯文(Paul A. Cohen，1934 ~)为首的美国学者对这一观点提出了质疑，主张从中国人的角度对中国社会和历史进行多学科的考察研究，探索中国社会内部的变化动力与形态结构，了解中国历史的真相，这就是“中国中心观”进入汉学历史舞台的最初设想。学者们摆脱了以西欧经验为对比基点的被动、片面和绝对化路数，检讨了汉学研究中与西方现代化进程比照的模式，为汉学家全面了解并认识中国打开了新视窗。多数荷兰汉学家选择了“中国中心观”的路数。

1989 年许理和就西方记者有关“西方遇见东方”议题的提问直截了当

地回答说他的研究课题是“东方遇见西方”而不是“西方遇见东方”,一字之差却体现了研究立场和方法的转变。他说:“汉学应该研究(前现代)中国。不管我们研究什么,中国文化(包括传统中国文化对外国复杂体系入侵的反应方式)应该永远是我们研究的重点。”他强调荷兰汉学研究要实现“从耶稣会士研究的伪汉学手段向西学研究的转变”。[①]这一新理念的提出标志着荷兰汉学研究真正意义上“转型”的开始,新的篇章由此展开。

从各个历史阶段荷兰汉学家的研究选题可以看出他们的理论框架和认知体系的差异与学术深度的不同,印证了荷兰汉学史上转型期前后所发生的巨大变化。

殖民主义时期潜心研究中华文明的学者赫尔聂斯、尼乌霍夫、福修斯、范罢览、维特森、范德帕特和霍夫曼等,都属于第一批筚路蓝缕的创业者和开拓者,荷兰汉学史的早期成就与他们的探索和贡献分不开。他们的著述主题和研究范围主要包括:①对于中国四大发明、中医中药、航海、官员选拔制度和妇女地位等中国历史和中华文明题材的研究;②对于华北历史、地理和西藏社会与藏传佛教的研究;③有关荷兰朝贺团在京城、皇宫、皇家园林和苏州杭州等地的印象和观感;④对于中国水墨画、瓷器、油漆家具和古玩的偏爱及鉴赏;⑤对于华南对外贸易口岸——广州的风情和市容的描写;⑥汉语—拉丁语—荷兰语工具书的编撰等。但是毋庸讳言,像各国早期研究中华文化的学者一样,他们的选题范围都比较窄小,多半取决于个人的兴趣和学术顿悟,个案分析、随感表述和跳跃式思维倾向比较突出,社会需求、理论系统和实用价值尚未成为推动他们研究的必具要素。

到了后殖民主义时期,戴闻达对于荷兰汉学局势的全面把握、何四维在译注秦汉法典残简方面的贡献、以研究中国性学和创作仿狄公案小说闻名的高罗佩、研究佛学和佛教史的许理和,都是出类拔萃的汉学家。他们的研究主要围绕儒家学说、中国民间宗教、古代星象学、中西交通史、东印度群岛华人历史、中国古代史、度量衡和娼妓制度、厦门岁时习俗、汉语文体、秦汉出土残简、《说文解字》、《史记》、《道德经》和荷华语类参等方面的

---

① Erik Zürcher, 1990. *Han Buddhism and the Western Region*, in *Thought and Law in Qin and Han China: Studies dedicated to Antony Hulsewé on the Occasion of his eightieth birthday* edited by L. Idma, and E. Zürcher, E. J. Brill, Leiden, The Netherlands.

情况展开。他们的学术地位不仅因为倾其所有的投入或旷世之作的问世而得到学界的认可，更主要的是他们的非凡造诣和精辟的解读使陈陈相因的史籍和经文在知识领域中获得了新的生命。他们攻克的难题最偏离常规、最冷僻奇特、最容易招来非议，最需胆识和高尚情怀，但是他们都做到了。荷兰汉学发展史中的转型因为他们的参与已经由理想变为现实。

施舟人、汉乐逸、伊维德、包乐史和宋汉理属于荷兰汉学第三梯队中的佼佼者。他们的汉学研究选题的最大特色是向老一代学者尚未趋及的领域开拓。荷兰汉学中的道教研究在施舟人之前有包雷、龙彼得、戴闻达和许理和等人的贡献，然而施舟人却是当之无愧的后起之秀。他参与发起并与傅飞岚共同主编的《道藏通考》，把《正统道藏》和《续道藏》所涵盖的道书全部进行了梳理、译释和研究，30 余年的时间跨度、三大洲 29 人的编委团队、数百万欧元的投资，统领了当今世界道教研究的新潮流。此外施舟人更以领衔翻译四书五经和创建中国文化基因库的巨大工程艳压群芳。关于南音的滚门和曲牌以及闽南滑稽神之类中国民俗的丰富知识，参与29 届奥运会福建厦门第 84 棒火炬的传递，使施舟人以极富艺术魅力的汉学家形象留在中国粉丝心中。伊维德对于元代戏曲和中国白话文学的翻译和研究开拓了新思路，提出了新理论。他与奚如谷合作翻译的《西厢记》(1991 年加州大学出版社出版)保留了原作的风格、用字和意象，是中国古典文学翻译中的一种有益尝试。这里，“指导思想中国化”和“涉科范围多元化”有了，“学术分工专业化”和“研究手段科学化”也有了，“成果形式实用化”虽然有待证实，但是至今未曾出现挑战和纷争。可以毫不夸张地说至少在今后半个世纪之内无人能超越他们。

一般来说，汉学研究的转型是民族文化转型的结果，而民族文化的转型归根结底又是社会体制转型的必然，这其中见证了中西文化的无数次的冲击、碰撞、交流和融合。从鸦片战争、辛亥革命、五四运动、新中国成立、“文化大革命”到改革开放，中国人民失去的是封建官僚体制以及与之伴随的屈辱和苦难、不适合新中国发展和变革的旧思想和旧作风，在民族文化意识提高的同时提升了自己的国际地位，实现了中华民族文化的伟大转型。当年严复选自英国格林威治山下的海军学校图书馆的《天演论》、《富源》和《穆勒名学》，通过翻译向国内传递了进化论、唯物论和西方古典政治经济学信息，改变了权贵们“天朝上国”的观念。在先知先觉的革命者带领下中国人民接受了认识和改造世界的科学精神和科学方法,在反帝反封建的斗争中完成了重建民族家园的伟业。历史上的“打倒孔家店”和“(批林)批孔”曾经伤害过中华文化的尊严,但是北京国家博物馆内4.9米高的孔子塑像再次向世界表明儒家学说在创建中华文明中的重要作用和地位。转型完成于对传统的反思和重构,催生了新的社会意识形态。但是无论发生什么变化,中华文化的优良传统依然代代传承。

汉学家知道传统汉学和当代汉学只是发展阶段不同而已。两者之间之所以有差异,是因为后者对前者的挑战永远存在。从转型所连接的两个阶段来看,后者似乎优越于前者,但是总有一天后者同样会被取代被超越。被称为优越于“汉学”的“中国学”目前面对的现实是:在后冷战和全球经济一体化的思潮中,有些老一辈汉学家流露出一种学术上的失落感,他们在努力使传统的汉语、中国文学和历史学等人文学科的研究与社会学科结合的同时,也不无遗憾地看到了中国文化中一些重要元素在当代研究中的缺失。荷兰青年汉学家一直努力设法改变接受官方发布的人文学科和社会学科资讯的被动局面,转而聚焦于非官方、非主流、非专业、非传统、非正式出版物。不知他们是否考虑过,在不久的将来人们是否也会为汉学研究中应有的权威信息和传统文化的缺失而感到愧疚呢?这是值得荷兰汉学家和他们的同事们深思的问题。

三、荷兰汉学研究的区域化、团队化和专业化机制

区域化、团队化和专业化是第二次世界大战之后西方汉学研究进入分工协作高度集约化后的新特点。荷兰汉学研究在这一过程中实现了与其他欧洲汉学大国同步的发展。

18世纪之前欧洲的人文和社会科学体系基本上是在西方文化基础之上发展起来的,其分析和诠释思路以基督教文化模式为出发点,对非西方文化的课题缺乏针对性。以牧师甘治士和尤罗伯为首的荷兰传教士在台湾的开堂礼拜开启了与台湾原住民的文化交流。随着荷兰殖民主义者在东印度群岛华人社区统治范围的扩大,他们开始培训一些懂得汉语和中华文化的通事和管理官员。早期派往澳门和闽南培训的荷兰实习生主要任务是学习广东和闽南方言,了解当地的历史和风俗人情。这一阶段的汉语

和中华文化研究基本上靠个人努力独自完成,不受社会机制或者学术形式的约束。

第二次世界大战之前荷兰只有莱顿大学和乌特勒支大学开设汉语和中华文化课程,汉语研究逐渐专业化和正规化,随着语言、历史、宗教和文学研究和教学体系的完善,各项课题的参照标准相继形成。19 世纪 60 ~ 70 年代薛力赫对中国天地会历史和星象学的研究,19 世纪末高延对中国宗教制度的研究,包雷对《道德经》和《论语》的翻译和研究,20 世纪 20 ~ 30 年代戴闻达对《商君书》的翻译以及对荷兰汉学史与东印度华人史的研究,基本属于个案微观汉学研究(Micro-Sinology)模式。

由于受法国汉学家的影响,19 世纪下半叶至 20 世纪中叶微观汉学研究在荷兰汉学家中得到了普遍的认可。这种研究方式的主要特点是重事实、重分析、重考据。中国经学史上有两汉"经学"(简称"汉学")和宋明"理学"(简称"宋学")两大对立派别。前者注重通过考证、校勘、注释、辨伪、辑佚等手段释读古代经典,与微观汉学的研究方法有许多相似之处。后者力图摆脱章句之扰,着眼于经书要旨和大义,从宏观上把握义理,这一方法普遍应用于考古学、历史学、文学、艺术及思想史等领域。但是熟读汉籍的荷兰汉学家多半选用宏观和微观相结合的研究方法来观察和分析汉学问题。

1942 年,曾受业于戴闻达门下并获莱顿大学汉学博士学位的美国学者卜德以微观汉学研究方式撰写了《中国物品西传考》(China's Gifts to the West)一书,指出从公元前 200 年到公元 1800 年中国对西方的文化和物质馈赠远远多于从西方所得到的回报。中国对西方的文化和物质馈赠有:丝绸、瓷器、茶叶、纸张、火药、印刷术、指南针、漆器、风筝、纸牌、折叠伞、轿子、金鱼、皮影戏,以及柑橘、柠檬、银杏、菊花、茉莉、牡丹、山茶花、杜鹃花等植物,风子油和麻黄碱等药物,煤和锌等矿物。卜德说,中国的发明创造不仅完全改变了西方的生活方式,而且还为西方现代文明奠定了坚实的基础,增添了光彩。如果没有纸张和印刷术,人们可能仍然生活在黑暗的中世纪,纸张对于后来西方的整个文明进程的影响无论怎样高的评价都不过分;没有火药,世界人民可能仍然受苦受难,中世纪欧洲骑士可能仍旧占据着城堡发号施令,欧亚各国可能仍旧停留在落后的封建农奴制社会。该书以微观汉学研究方式切入主题,从东西方文化交流的大视野中纵论华夏文明对西方文化影响的历史意义。这种微观与宏观结合的方法是当时西方汉学研究新方向中的成功实例。①1948年卜德又以同样的方式撰写了《中国思想西传考》(Chinese Ideas in the West),详尽介绍了中国哲学、经济理论、政治体制、文学艺术、科技发明和教育思想对西方学术和社会生活的影响。

1990年许理和撰写的《汉代佛教与西域》是一篇非常成熟的微观和宏观相结合的汉学研究论文。全文共分六个部分:一是汉代佛教是一种复杂现象:从三方面提出14个选自汉籍的论据,详细回顾了汉代佛教从月氏传入并获汉帝恩准的历史背景;二是佛教的传播:世俗社会的善男信女和职业出家人(和尚与尼姑)是中国佛教寺庙化的社会基础;三是汉代西域是佛学真空地带:早期的佛教从丝绸之路南北两条通道进入中土,新疆作为过渡地带并非绿洲寺庙兴建的地区,但是在鄯善与和阗佛教活动早于其他地区却是事实;四是公元1世纪的西域人口:据《汉书》记载乌垒都护向朝廷报告当地居民有14311户,而据《后汉书》记载西域长吏班勇的人口调查报告却为83123户;五是中国式农业的传播:屯边田卒在绿洲的耕作制度始建于公元100年北疆的轮台和渠犁,扜弥王子任首领,此后扩展至哈密和吐鲁番,成为戊己校尉驻地;六是孕育期的汉代佛教与西域:根据对以上佛教传入中土时的社会和物质条件分析,有关佛教在汉代传播的传统认识似乎存在偏差应予修正,佛教在中国出现的时间上限应该不晚于公元前65年,西域在200年中一直是佛教传入中土的过渡地带,洛阳佛国的僧人不是库车人或者和阗人,而是西域僧人。

许理和参考了中国历史学界、佛学界和考古学界的最新研究成果,从汉籍中引用了大量文献资料,以一个西方汉学家的身份提出了许多新观点。全文篇幅为32开14页,有脚注63条,内容涉及专有名词释义;引文出处、作者、年代、出版社和页码;参考读物;相关论点论据的补充和说明。

许理和在文中引用的中文、英文和日文书籍、刊物和文献有:《东汉佛教图像考》、《三国志》、《魏志》、《西戎传》、《出三藏记集》、《西京赋》、《文选》、《四十二章经》、《奉法要》、《吴志》、《和林格尔汉墓壁画》、《连云港孔

① Derk Bodde, 1942. *China's Gifts to the West*. Reprinted with permission in *China: A Teaching Workbook*, *Asia for Educators*. Columbia University.

望山摩崖造像调查报告》、《中国语言教师协会学刊》、《孔望山杯拌刻石考》、《英国博物馆斯坦因中亚艺术藏本》、《中亚民族和思想运动》、《高僧法显传》、《西域记》、《水经注》、《〈水经注〉疏》、《西域诸国志》、《〈水经注〉引书考》、《比丘尼戎本所出本末序》、《楼兰新发现木简纸文书考释》、《楼兰古城调查与试掘简报》、《新疆和阗县卖力克阿瓦提遗址的调查和试掘》、《新疆民丰县北大沙漠中古遗址墓葬区东汉合葬墓清理报告》、《试论孔望山摩崖造像》、《中亚之中国》、《前汉书》、《后汉书》、《建国以来新疆考古的主要收获》、《罗希淖尔考古记》、《从新疆历史文物看汉代在西域的政治措施和经济建设》、《汉晋西域与祖国文明》、《西汉屯田与"丝绸之路"》等。作者旁征博引，挥洒自如，高瞻远瞩，妙笔生花，充分体现了微观和宏观相结合的汉学研究新套路的优越性。①

20 世纪 30 年代美国汉学家芮沃寿(Arthur F. Wright，1913～1976)和费正清曾在英国牛津大学深造，对于欧洲传统汉学研究套路多有微词，曾在各类场合提倡社会学与汉学研究相结合的方向。他们的倡议是对西欧微观和宏观汉学研究模式的挑战，也是出于顺应美国军事和经济向外扩张战略方针的考虑。1946～1949 年费正清为美国本科和硕士研究生授课时提出了汉学"区域研究"计划。1992 年理查德·霍德—威廉斯(Richard Hodder-Williams)代表英国区域研究监测小组递交了一份题为"联合王国的区域研究"的报告，正式认可了区域研究在英国汉学中的应用。此后不少荷兰汉学家也纷纷响应。

"区域研究"的实质是在相关地理、民族或者文化区域内对诸如历史学、政治学、社会学、文化学、语言学、地理学和文学等异质领域(heterogeneous fields of research)开展学术研究的一种方式。与单纯文化研究不同的是，区域研究所倡导的是汉学和社会学等学科的结合，研究对象包括对侨居国外国民的跨区域跨文化研究。

第二次世界大战后欧美各国自由派和保守派都十分担心如何应对外来威胁的问题，纷纷在高校和研究部门设置了区域研究学科。美国福特基

---

① E. Zürcher, 1990. *Han Buddhism and the Western Region*, in *Thought and Law in Qin and Han China: Studies dedicated to Antony Husewé on the Occasion of his eightieth birthday* edited by L. Idma, and E. Zürcher, E. J. Brill, Leiden, The Netherlands.

金会(the Ford Foundation)、洛克菲勒基金会(the Rockefeller Foundation)和纽约卡内基法人社团(Carnegie Corporation of New York)先后召开了一系列研讨会,就应对这方面的认知不足达成了广泛共识,认为应该为此项研究进行投资,当务之急是建立基于国际政治学和经济学的大型智库集团。

但是,在美国国内也出现了观点相互对立的两派。一派认为社会学家与其推行西方模式,还不如携手世界各国的人文学科专家共同开发符合新潮流的文化和历史知识领域;另一派则认为,社会学家应该与历史学家结合创建适用于不同地区的宏观历史理论。

1950 年福特基金会创建了外国区域研究学者计划(Foreign Area Fellowship Program),旨在创建支援美国区域研究培训的大型机构,从 1953 年至 1966 年间为 34 所大学的区域和语言研究投入资金 2.7 亿美元,还为社会科学研究会以及美国学术总会下属各委员会投资数百万美元,以期最终接管外国区域研究学者计划。此外,最引人注目的还有根据 1957 年美国国防教育法令(1965 年改名为“高等教育法令”)创建的基于 125 所大学的所谓全美大学资源中心(National Resource Center),以及大学生外语和区域研究中心(Foreign Language and Area Studies Fellowships for Graduate Students)。

区域研究从一开始就受到社会舆论的严厉抨击,其中包括来自区域专家的批评。许多人认为因为区域研究与美国中央情报局、联邦调查局以及其他情报和军事部门的冷战计划有着千丝万缕的联系,参与这样的计划无异于行使国家部门的功能。还有一些人认为应以美国关注和优先研究的概念来定位区域研究的学术范畴。但是也有一些人坚持这样的观点:一旦区域研究计划在高校校园内启动,它所涉及的情报领域将肯定比政府机构所预见的要广泛得多。“文革”以前海峡彼岸情治部门对大陆动态的研究客观上就被纳入了美国区域研究计划。

对区域研究计划最大的威胁是政治学和经济学中的理性选择理论(Rational Choice Theory,又称 Rational Action Theory)的提出。苏联解体后,西方科技机构和慈善基金会减少了对区域研究的支持,不再鼓动学者涉足所谓“发展与民主”之类的区域研究选题。美国社会科学研究会和美国学术总会先后关闭了区域委员会,此举被学者们视为改变研究环境的一种强烈信号。2010 年媒体报道美国之音将停止对外华语广播,可能也与这一动向有关。

但是从积极方面来考量，第二次世界大战后的西方人文和社会科学的结构在反思和重构过程中，为适应区域研究的需要所开拓的多元价值取向，客观上有助于学者们研究课题的深化，理论体系和诠释模式的创新，以及西方文化与非西方文化之间的沟通，使社会科学进入了更开阔的领地。

西方各大学和系科对于“区域研究”领域的界定不完全一致，但是通常把范围划分为：非洲研究、美洲研究、拉美研究、亚州研究、欧洲研究和太平洋地区研究。汉学与日本学和韩国学研究隶属于亚洲区域研究中的东亚研究范围。1971 年莱顿大学把该校的汉学研究院（包括中国语言文化系、当代中国文献资料中心和中文图书馆）纳入了文学院下属的非西方语言文化分院，开设的课程有：现代汉语、古代汉语、汉语语言学、中国文化史、中国历史、中国传统思想等。

荷兰汉学家在“区域研究”的潮流中是积极的参与者，但是因为国情不同，采用的方式也跟美国有所不同。

现代学科发展迅速，分工细致，没有专业知识和交叉学科专业素养是很难胜任汉学研究工作的。随着学科分流的发展，多学科交叉的现象越来越普遍，例如：科技发展史、政治经济学、人类文化学、数理语言学、社会语言学、教育心理学、历史语法学、人口统计学等等。

20 世纪 70 年代以后参与合作研究、国际调研、翻译或者联合编撰专集的荷兰汉学家人数日增，相互切磋共同探讨成为时尚。鉴于大型汉学研究项目涉科范围广泛，资金投入巨大，时间跨度超常，研究体制严格，质量与国际水准衔接，因此往往需要多学科多语种的专家协作攻关，在此情况下专业化和团队化的运作就应运而生。

施舟人先后发起并主持或联合主持了多个大型国际汉学研究项目：

1. 1976 年施舟人在欧洲汉学大会上发起编撰并出版《道藏通考》，得到广泛响应。项目总部设在巴黎高等研究实验学院的道教文献研究中心，与此同时还在巴黎、维尔茨堡和罗马设立了三个工作站。29 位撰稿人员中有 24 位来自荷兰、法国、德国和意大利的欧洲学者，3 位在欧洲进修的中国学者和 2 位美籍学者。1991 年傅飞岚作为主编之一加盟，2005 年出版了三卷本《道藏通考》。在这期间施舟人先后撰写了几本有关《道藏》的专著和 70 多篇论文。

2. 1979 年施舟人发起并主持由法国科技中心(CNRS)、荷兰莱顿大学、北京大学、中国社科院和北京社科院合作的大型国际汉学研究项目《圣城北京》。

3. 2008 年施舟人向国家汉办暨孔子学院总部提出重新编译中国儒家文化原典《五经》(《诗》、《书》、《礼》、《易》和《春秋》)的建议,经过多国学者评审后正式立项,施舟人和夫人袁冰凌担任项目主持人。从海内外经学界、训诂学界、考古学界和翻译界等领域聘请杰出学者担任委员会首批成员,于 2009 年 7 月 27 日在北京举行《五经》研究与翻译国际学术委员会第一次工作会议。考虑到《五经》的容量(约 70 万字,译成英文为 100 万个单词,篇幅 2500 页),会议商定在三年半时间内首先推出英译本,待英译本定稿后再启动法语、德语、西班牙语、俄语、阿拉伯语、希伯来语、印地语和马来语等语种的翻译。

这一国际级的咨询和翻译团队阵容庞大,包括名誉委员 10 名和资深委员 36 名。

名誉委员有:香港中文大学教授饶宗颐(Jao Tsung-i)、美国华盛顿大学教授康达维(David Knechtges)、清华大学教授李学勤、英国剑桥大学教授鲁惟一(Michael Loewe)、北京大学教授汤一介、美国哈佛大学教授杜维明(Tu Weiming)、法国巴黎高等研究院教授汪德迈(Léon Vandermeersch)、北京师范大学教授许嘉璐、北京大学教授袁行霈、复旦大学教授朱维铮。

委员有:美国达特茅斯学院教授艾兰(Sarah Allan)、美国夏威夷大学教授安乐哲(Roger T. Ames)、澳大利亚国立大学教授白杰明(Geremie Barmé)、美国哈佛大学教授包弼德(Peter Bol)、意大利威尼斯大学博士卡多纳(Alfredo Cadonna)、香港岭南大学教授陈德鸿(Leo Tak-Hung Chan)、美国威斯康星大学教授齐思敏(Mark Csikszentmihalyi)、加拿大蒙特利尔麦基尔大学教授丁荷生(Kenneth Dean)、比利时天主教鲁汶大学教授戴卡琳(Carine Defoort)、美国俄勒冈大学教授杜润德(Stephen Durrant)、美国印第安纳大学教授伊若泊(Robert Eno)、德国慕尼黑大学教授叶翰(Hans van Ess)、香港中文大学教授何志华(Ho Che Wah)、美国哈佛大学教授伊维德(Wilt Idema)、法国巴黎高等研究院教授马克(Marc Kalinowski)、美国普林斯顿大学教授柯马丁(Martin Kern)、美国科罗拉多大学教授祁泰履

(Terry Kleeman)、香港中文大学教授李炽昌(Archie Chi-Chung Lee)、北京大学教授李零、美国哈佛大学教授李惠仪(Li Wai-yee)、意大利威尼斯大学教授李集雅(Tiziana Lippiello)、澳大利亚阿德来德大学教授梅约翰(John Makeham)、澳大利亚国立大学教授闵福德(John Minford)、美国哈佛燕京学社教授裴宜理(Elizabeth Perry)、以色列希伯来大学教授尤锐(Yuri Pines)、美国普林斯顿大学教授浦安迪(Andrew Plaks)、美国哈佛大学教授普鸣(Michael Puett)、美国康涅狄格大学教授桂思卓(Sarah Queen)、美国科罗拉多大学教授李孟涛(Matthias Richter)、福州大学教授施舟人(Kristofer Schipper)、美国芝加哥大学教授夏含夷(Edward Shaughnessy)、香港中文大学教授苏芳淑(Jenny Fong-Suk So)、欧洲汉学学会会长斯泰格(Brunhild Staiger)、英国剑桥大学教授胡司德(Roel Sterckx)、福州大学教授袁冰凌、北京大学教授乐黛云。

关于当代汉学研究中的区域化和国际化问题,莱顿大学汉学院院长柯雷在一次谈话中表达了这样的一些观点:“第一,我们现在所达到的和能保持的一种(研究)宽度要越来越宽,不能再保持保守的、区域性的研究和狭隘的看法;其次,我们必须保证学术的水准,为了钱而多招生是一个很危险的诱惑。还有一点就是国际化,这个词到现在恐怕已经不是一个空荡荡的词汇,而是一种实践。”①

后起之秀彭轲也参与了多项国际合作的田野调查和专题研究项目。

四、国际化、多元化和本土化视阈中的荷兰汉学研究

生物的多样性是大自然美丽而丰富的表现,文化的多样性是物质社会含蓄而精彩的反映。人类社会存在着不同的社会结构,导致了世界政治价值观的多种多样和物质文明的丰富多彩。人类社会本身就是一个多元化的世界,随着当今全球一元化和经济全球化的口号深入人心,多元文化和多元价值观适用范围的扩大就显得更为敏感和重要。

所谓全球一元化,是指跨越地域边界、社会制度和文化壁垒,在全球范

① 张以瑾:《汉学家眼里的“汉语热”》,载《中国教育报》2007年3月30日第四版。

围实现人与人、国与国、民族与民族之间的沟通与和谐，最终在达成共识的基础上统一步调。所谓经济全球化是指实现资本、技术和商品在全球范围自由流动的目标，这对生产力的发展和人们的思想解放具有巨大的推动作用。

从逻辑上讲，经济全球化必然导致政治和文化全球化，促使不同的价值观、思想意识、风俗习惯和伦理道德加速交流与融合。可以预期的结果是：伴随政治和文化全球化而来的必然也是全球经济的繁荣与发展。

从哲学上看，存在就是合理，合理则必然赋予存在生机。两种文化相互比较使彼此之间的个性更加鲜明，释放出需要交流的信号；相互比较之后更让人们看到彼此之间共性的存在，交流当然顺理成章。汉学研究代表着一个地区或国家的学术思维和话语地位。无论自觉与否，在这一领域中的汉学家们都是自我形象的代表，但更是一个学术派别或者个人所属民族的代言人，至少读者和受众是如此看待他们的。他们应该谨言慎行，负责任地对待自己所表达的观点和参与的活动。

西欧的汉学研究主要集中在法国、英国、荷兰、德国、俄罗斯和意大利等国，其他国家的汉学研究人员和资源相对比较分散，使用非主流语言出版专著和刊物必然导致交流渠道的狭隘。国际化是增强实力的途径。通过大型研究项目可以联合中小型研究机构，吸纳新一代学者加盟，摆脱成员国资助体系的束缚，提高研究水平和出版质量。

荷兰的国土面积只有41547平方公里，其中有一半以上低于或几乎水平于海平面，人口1500余万，生态环境中有许多不尽如人意的因素，但是荷兰却是一个经济强国和学术大国。17世纪以来重视贸易和航海业的荷兰经济发展很快，拥有世界第一家证券交易所、最大的鲜花拍卖市场，创建了世界上第一座天文台，制造了世界第一架显微镜和望远镜，在世界500强经济体中荷兰占了其中13家，在世界农产品出口方面仅次于美国和法国。这一社会背景为荷兰汉学的国际交流和合作创造了优良的生态语境，赋予了荷兰学者开放和包容的品格，开通了一条条国际快速通道。在国际学术合作方面，荷兰汉学家既是积极参与者，也是直接受益者。

从某种意义上讲，国际化是荷兰汉学生存的条件，也是发展的方向。汉学家既受命于本国广大读者和受众，也不可能不顺应国际潮流。这一性质决定了汉学国际化的必要性和可能性。所谓"越是民族的就越是世界的"的含义就在这里。

许多重大的课题研究没有各国顶级专家的通力合作是不可能以高质量专著形式结项的。重大学术工程的成功可以为国与国之间的文化交往和合作提供丰富的经验。近年来，荷兰学者参与的中国国情的国际研究合作项目和根据跨国赞助机构要求运作的项目一年比一年增加。

包括涉科范围和治学手段的学术多元化是国际汉学发展的大势所趋，这一点已为荷兰汉学发展的历史所证实。单纯从本国学术立场上来介绍或评价中国历史、文化、经济、社会、宗教、地理、文学，那仅仅属于对比历史学、对比文化学、对比经济学、对比社会学、对比宗教学、对比地理学、对比文学的研究范畴。局限于对中国某一阶段的历史、某一作家的作品、某一学科的研究，那只属于中国断代史、中国作家专题或者专论的研究。

在荷兰汉学领域中活跃着一支精干的专家队伍，200 年来，从荷属东印度殖民政府的华文培训班到莱顿大学汉学研究院的创建，几乎与西欧各汉学大国同步发展了自己的汉学研究事业。今日的莱顿大学以全新的思维使得原有的汉学研究和教学结构发生了变化，使汉学研究成为与现实联系密切的相关学科。在原有的中华文化、中国历史、中国文学、儒家哲学、道教发展的学科基础之上，增添了中国政治、经济、法律、生态、社会、环保和艺术等方面课题组成的不同专业。荷兰汉学研究方面的成功有本国汉学家的成绩，也有许许多多国际知名汉学家的贡献。

汉学多元化的发展有助于不同文化间沟通与理解的方式、内容和途径的展开。随着国际社会对中国的关注程度的提高，外部世界对中华文化和中国问题的研究的需求也在增加，这其中包括建交、移民、婚恋、市场调查、科研合作、投资意向、招生计划、劳务招聘、专利转让等等。汉学研究从边缘走向了中心，也必然从"理论中国"走向"现实中国"。汉学研究汇集了国际学术界的智慧，体现了中国与世界相互理解的形式和力度的多样化。

中国是一个多民族国家，多元化是中国文化的一大特点。春秋战国时代，王权衰落，诸侯争霸，当时具有远见卓识的知识分子面对现实的社会和人生问题，提出了各种解决办法和对策，出现了儒家、道家、法家、墨家、农家、杂家、纵横家、阴阳家和小说家等诸子百家争鸣的局面，在此后的中国历史中几乎没有只允许一种思想流行的情况。即便在封建统治者推行独尊儒术国策的年代，也无法改变儒、释、道并存的状况。辛亥革命之后中国学术界就推行西法西学问题有过长时间的争论，但是争论的焦点主要是中学和西学如何兼容，而非孰存孰废的问题。研究汉学如果不从这一现实出发，就无法理解中华文明生生不息的顽强生命力之所在。

施舟人说：西欧文化，不论是法国、意大利还是其他国家，在很长的历史时期内并不真正具有多元性，即使有短暂的改变，这种改变也很不容易。以巴黎为例，从中古到文艺复兴，一直到近现代，可以说只有一条文化主脉，即基督教。矗立在塞纳河边上作为市民最重要的信仰、文化及各种活动中心的巴黎圣母院，和其他处数千座教堂一样，是清一色的天主教教堂。法国皇帝或现在的法国总统无一例外是天主教徒。他们只有一个信仰、一种思想、一个传统，一本书，这就是《圣经》。而中国则大不相同。在唐代长安，皇帝在同文武百官举行儒家仪式的同时，朝廷内外佛寺、道观林立。中国与伊斯兰国家打过仗，但仍允许清真寺存在。中国人向来很欢迎外来思想和信仰，不像西方不同的宗教之间泾渭分明。这一点让西方人非常羡慕，因为西方一直在寻找如何形成一个真正的多元化社会。

施舟人还指出：多元化是中国文化的特点，也是它的一种富有，它使中国比较容易适应和接受外来的思想文化，并各自在“大中国”的框架内找到属于自己的位置。“三教鼎立，天下平安”，只有多元化，才是稳定的。[①]

值得注意的是，在提倡汉学研究内容和形式多元化的同时，也不可排斥学术研究的民族化和本土化。民族化和本土化是所在国学术研究存在的灵魂，失去民族化和本土化就必然导致审美观的异化，甚至政治价值观的普世化。政治是为特定阶级利益服务的理论和工具，普世化与政治是两个不同的概念，严格意义的“宽容”只存在于宗教、道德和学术领域。尽管在西方大航海的殖民时代就有学者提出了“国际公民”的理想目标，但是两次世界大战的悲剧使善良人的世外桃源乌托邦美梦破灭了。民族之间和政治集团之间的差异依然存在，这是无法回避的事实。汉学研究在兼顾民族化和本土化的前提下介绍中国文化，在相互尊重彼此和谐的气氛中面对文化观和哲学观的差异，承认不同政治利益和经济利益之间的冲突，有利于对可能出现的任何障碍寻求人性化解决的办法，使各种文化能自主适应新时代的新环境。

---

① 《关于中国文化多元性的对话》，载《福州大学报》2003 年 11 月 5 日第 48 期。

学者们对自己国家的历史和史学的研究，一般都会首先从本土的角度进行考察、分析和思考，但是外国汉学家研究中华文化和中国国情时则可能从外国学者的角度来考察和分析问题。比较基点不同，结论就有可能不同，甚至还会出现与本国学者的结论大相径庭的情况。之所以出现这样的差异，首先是因为考察和研究的问题与不同人群有不同的利害关系；其次是不同学者对资料的把握和对问题的感受不同；再次是考察和分析的理论依据和方法手段不同。例如对于历史上的天主教和基督教来华传播中发生的教难问题，明清时期的禁海问题，太平天国与义和团起义问题等等，在不同历史学家的笔下有截然不同的陈述和解读。随着各国政治势力的消长和彼此之间通过传教、外交、贸易、战争和学术交流，民族化和本土化的观念和政策也逐渐发生变化，中外学者之间的共识就不断有所扩大和增加，共同语言就越来越多。

在构筑“地球村”的过程中，外国汉学家加入中国学者的行列，或者中国学者参与外国汉学研究的重大工程，都是大势所趋，在学术理论和研究手段上相互交流和合作科研可以增加彼此的了解和信任，必然会进一步推动学术研究的发展。

这里所说的“本土化”不是对抗全球化的后殖民主义或者后现代主义概念。学术界提出“本土化”实质上是“民族化”。西方少数学者在殖民时代把非洲、亚洲和所有被掠夺地区视为“他者”世界所形成的欧美中心主义的文化立场，以及第二次世界大战中战争给民族和文化带来的灾难，虽然在和平岁月中已慢慢地被淡忘，但是在战后对亚洲的历史、文化、社会、文学和语言研究中，仍然有人坚持对“他者”的异质和分裂思维的东方主义观点，第三世界的学者不能不有所警惕。

民族化不以现代化为典范，或以全球化为考察历史的准绳，不过追求历史真相的客观表现应该是最起码的诉求。一体化并不意味着绝对的同一，只能是多样性的统一。人类道德观具有普适性(general applicability)，但是只要人类社会还存在不同的社会结构，政治价值观就没有普适性可言。看不到这一点，将丧失对全球一体化给我们的经济、文化和社会生活带来威胁的警惕。

汉学研究的基本方法和技巧离不开跨文化比较。在中国文化和外国文化两者之中，一般来说，中国文化应为对比基点，外国文化为参照点。如果中国学者对中外文化进行比较研究，则应该以外国文化为对比基点，中国文化为参照点。

许理和研究佛教和基督教在华传播的切入点是中国本土的文化背景，而不是外来因素，其理论依据就在这里。1989 年 9 月他在接受台湾《光华》杂志社记者的一次采访中说："我的研究工作主要是中国与外界关系的历史；但是这里所谓的'外界'，不只是欧洲，还包括整个世界。举例来说，我研究中国佛教史，探讨佛教在中国的传播与调适，同时也研究明末清初耶稣会来华史，包括中国人反教会的反应，或受基督教影响的太平天国等。总之，设法了解中国在接受外来影响的反应、变迁与适应的过程，是我最大的兴趣。"①

五、荷兰汉学研究与中国形象

这里所说的"中国形象"（Image of China），是指有关中国的文字或音像材料在读者和受众心目中构建起来的中国概念和图像的总称。西方对于"中国形象"的认知源于他们对中国文化个体的考察、研究，进而与自己所属文化进行比较，在解读、泛化、定位和对策选定的过程中实现从一个民族文化形象向另一民族文化形象的转换，最后完成对中国形象识别标记（Chinese Image Identity）的界定。

根据不同的涉科手段，这样生成的中国形象可以划分为：历史文化中的中国形象、新闻媒体中的中国形象、政治经济中的中国形象和科学技术中的中国形象。如果这样的形象是对中国历史或现实妖魔化（demonizing）他者化（otherness）的结果，就是负面中国形象；如果与中国客观现实一致或者基本相符的，就是正面中国形象。中国形象的负面信息多半来自于脱离中国现实的定型化（stereotyped）或程式化（programmed）编造，而中国形象的正面信息则源于对中国历史和社会的本质再现，也包括对于中国文化和习俗的崇拜、追求和善意批评。

汉学家笔下的中国形象是否属于真实历史的表现还是权力操控下的文人虚构，是否存在殖民话语因素还是经济强国的扭曲心理，是汉学研究

① 许理和：《当东方遇见西方》，载台湾《光华》杂志 1989 年第 9 期。

中首先要检验的一个问题。在两个文化之间的交流和沟通过程中会出现差异，因此扭曲和误解也在所难免，但是不能以此作为他者化妖魔化中国的口实。

1667年荷兰诗人和戏剧家冯德尔创作的《崇祯皇帝》和戈伊斯的《征服》中的剧中人物，都属于历史文化中的中国形象，虽然作者采用了虚构手法来刻画神职人员眼中的世界，表现出早期西方文人观察中国时的特殊心态，但基本上还是正面的信息。

1655年6月尼乌霍夫用画稿所描绘的广州繁华街市和长江两岸的迤逦风光，以及1665年阿姆斯特丹的雅各布·范·默尔斯出版社出版的第一部向荷兰读者全面介绍中国的《1656年荷兰东印度公司使团觐见当今中国大汗纪实》，直接推动了17～18世纪欧洲“中国热”(Chinoiserie)的升温，在促进中荷文化交流中产生了重要影响。1795年2月3日元宵节德胜和范罢览率领的荷兰使团在北京圆明园参加皇家庆典，以及南归路上在苏州和杭州等地观光的所见所闻，为荷兰读者直接展示了构建中国形象的一幅幅多彩多姿的画面。此后便有范罢览在离开广州回国前请当地两位画匠为他绘制1800幅中国画，以及荷兰女王在海牙赫登堡宫中大量收藏中国画和中国瓷器故事的演绎。

“中国热”这个词最初用于概括17～18世纪模仿中国风格的欧洲建筑或园林艺术。它是异国情调的高雅艺术品的代名词，后来为唯利是图的商人所利用，于是使用范围便从高雅的建筑设计、精美的艺术品，妙趣横生的手工艺品，扩大到为迎合西方市场需求而在廉价商品制造中对中国形式和风格的拙劣模仿。这些都是熟悉中国情趣的西方制造商和熟悉西方情趣的中国制造商共同导演的故事。

当年荷兰东印度公司从中国大量进口瓷器。海外纳贡人向王子呈献的贡物中最引人注目的是中国瓷器，王妃阿玛利娅是第一位拥有专门陈列中国瓷器展厅的贵妇，其他显贵富绅也以奥兰治家族为榜样，收藏中国瓷器成了17世纪之后荷兰社会的热潮。为了满足社会需要，1610年奥兰治王室指示荷兰东印度公司商人从中国景德镇采购白瓷釉和青花颜料，派专人筹建皇家代尔夫特陶瓷厂，招聘制陶名匠仿制景德镇的青花瓷。1728年经中国政府的批准荷兰商人在广东建立了一个培养本国技工的瓷器工厂。第一代代尔夫特瓷器工艺精致，物美价廉，广受中产阶级的欢迎，荷兰因此一度享有中国瓷器的研究者和收藏家之"麦加"(Mecca)美誉。然而激烈的市场竞争使中国瓷器渐渐失去了昔日的光彩,被沦落为一种令人反感的奢侈品。1719 年画家威廉·范米里斯(Willem van Mieris,1662~1747)创作了一幅名为《猿猴之室》(Interior with Apes)的油画,画面显示室内过度的瓷器收藏和一群面目狰狞的猿猴家族。这幅画是对当时荷兰失控的中国瓷器狂热的讽刺,因为人们都知道在荷兰文化中猿猴是奢侈和纵欲的象征。

荷兰的吕伐登普林瑟斯霍夫博物馆、格罗宁根博物馆、海牙海米特博物馆和阿姆斯特丹莱克斯博物馆收藏了大量中国瓷器。他们举办的第一次联展以 1560~1650 年中国向葡萄牙和西班牙出口的细釉薄胎克拉克瓷器为重点展品。五位荷兰学者应邀在展览期间举办的研讨会上向热心参观者作学术报告,介绍当年中国瓷器大量向欧洲出口所产生的影响,使欧洲人第一次有机会直接购买并收藏中国瓷器。从 16 世纪末到 17 世纪欧洲的饱学之士都对中国怀有好感,虽然他们对中国并不十分了解,但是都曾听说那是一个神秘而富庶的国度,由一位贤明国君治理本国知足常乐的子民。品质优良经济实惠的克拉克瓷器上都绘制着中国的花、鸟、虫、鱼、风景、人物、祥瑞动物和花纹图案,使欧洲人可以得到有关那个民风纯朴的国度令人难以置信的财富和奇迹的实例和佐证。①

随着时间的推移,"中国热"这个短语的内涵也发生了变化,除了用于描述模仿中国风格的建筑和园林艺术外,也用于泛指其他时期艺术领域之外的学科。从方济各会传教团(Franciscan Mission)首次出访元大都到八国联军肆虐北京的漫长岁月中,中国大地上发生了太多太大的变化。当初一个幅员辽阔、富庶强大的产丝帝国,一个充满智慧和正义的美丽天堂,曾被认为是对抗阿拉伯入侵者的潜在联盟,但是后来在西方人的眼中却成为无论在文明程度或者科技发展方面都不如西方的落后和停止发展的国家。他们原来对中国的好感和崇拜已经不复存在,代之以惊诧目光卑视中国,只是经济腾飞(economical boom)的当代中国才意外地使西方人感到惊喜和困惑。

---

① Jan van Campen, 2003. *Asian Ceramics in the Netherlands*, in *IIAS Newsletter*, No. 32, P. 42, November 2003.

虽然民族文化之间存在差异是正常现象，但这种差异不是得出正面或负面结论的唯一依据。妄自尊大、霸权主义、弱肉强食是第二次世界大战结束以前人类社会发生过无数次悲剧的祸源，冷战思维在当代的国际政治中仍有市场。所谓的"中国制造"的故事告诉人们的不是什么西方幽默，而是一种扭曲心态自画像。错误的判断和非理性对抗有可能导致"文化鸿沟"(Culture Gap)的出现，需要几十年甚至数代人的努力沟通才能平复，因为国家形象的构建和改变是考察者及其考察对象之间的互动结果。

在历史上的很长一段时间，西方的中国叙事既展示了西方的东方主义文化观，同时也制约着西方的中国认知。就是这道维护旧日秩序运转的"防火墙"，使西方的心态与观念视角披上了合法的面纱。只有通过持续的文化交流，才能拆除这堵横跨于东西方文化之间的壁垒，才能实现人类平等、自由和进步的良好愿望。

荷兰汉学界在这方面做了许多有益的工作。只要回顾一下中国文学作品翻译成荷兰文的情况，就可以了解到荷兰学者在中荷文化交流中所做出的不懈努力。从1767年到20世纪末，有200多部中国文学作品被直接译成或者转译成荷兰文，此外，荷兰读者读到的英文版、法文版、德文版、西班牙文版的中国文学作品数量也是相当可观的，不过多半都是由英国、法国、德国和西班牙学者翻译的。荷文版中国文学作品的译者，除了少数精通荷文的比利时人、印尼华人和海外荷兰移民外，绝大部分都是荷兰本土的翻译家翻译的。按照作品的体裁，荷译中国文学作品大致包括以下几类：

1. 小说：

《好逑传》(1767年和1944年出版)；《玉娇梨》(1829年和1941年出版)；《正德游江南》(1844年出版)；《灰阑记》(1926年出版)；《今古奇观·东周列国志》(1928年出版)；《水浒传》(1936年、1937年、1953年出版)；《子夜》(1939年出版)；《封神演义》(1940年出版)；《金瓶梅》(1940年出版)；《隔簾花影》(1941年出版)；《京华烟云》(1941年出版)；《三国志演义》(1943年出版)；《红楼梦》(1946年出版)；《聊斋志异》(1947年和1978年出版)；《山村》(1948年出版)；《八月的乡村》(1949年出版)；《西游记》(1950年和1979年出版)；《李有才板话》(1951年出版)；《骆驼祥子》(1952年和1979年出版)；《阿Q正传》(1959年出版)；《拍案惊奇》

(1965 年出版)；《肉蒲团》(1967 年和 1991 年出版)；《二度梅》(1967 年出版)；《呐喊》(1969 年出版)；《三言》(1975 年和 1976 年出版)；《尹县长》(1978 年出版)；《北京最寒冷的冬天》(1979 年出版)；《大乐福》(1983 年出版)；《家》(1986 年出版)；《沉重的翅膀》(1986 年出版)；《人啊,人》(1987 年出版)；《桑青与桃红》(1987 年出版)；《王蒙和王安忆小说》(1987 年出版)；《断鸿零雁记》(1987 年出版)；《方舟》(1987 年出版)；《芙蓉镇》(1988 年出版)；《儒林园》(1992 年出版)；《爱是不能忘记的》(1994 年出版)；《男人一半是女人》(1988 年出版)；《波动》(1989 年出版)；《虚构性格的人》(1989 年出版)；《绿化树》(1989 年出版)；《浮生六记》(1989 年出版)；《人到中年》(1990 年出版)；《小鲍庄》(1990 年和 1993 年出版)；《祖母绿》(1991 年出版)；《彷徨》(1992 年出版)；《习惯死亡》(1992 年出版)；《只有一个太阳》(1992 年出版)；《红高粱家族》(1994 年出版)；《感谢生活》(1994 年出版)；《大红灯笼高高挂》(1994 年出版)；《活着》(1995 年出版)；《贞女》(1995 年出版)；《天堂蒜薹之歌》(1995 年出版)；《杀夫》(1995 年出版)；《摇啊摇,摇到外婆桥》(1996 年出版)；《女儿楼》(1996 年出版)；《爸爸爸》(1996 年出版)；《女女女》(1996 年出版)；《我的菩提树》(1996 年出版)；《玩的就是心跳》(1997 年出版)；《米》(1997 年出版)；《叛逆之夏》(1997 年出版)；《旧址》(1998 年出版)；《饥饿的女儿》(1998 年出版)；《世界上最疼我的那个人去了》(1998 年)、《虚构之刀》(1999 年出版)；《虚构》(1999 年出版)；《烟雨濛濛》(1999 年出版)；《三盏灯》(1999 年出版)。

2. 诸子百家：

《四书》(1862 年出版)；《中庸·大学·论语》(1862 年出版)；《道德经》(1897 年、1910 年、1942 年、1947 年、1957 年、1975 年、1976 年、1979 年、1987 年、1988 年、1999 年、1992 年、1993 年、1995 年、1996 年、1997 年、1999 年出版)；《庄子》(1918 年、1951 年、1978 年、1997 年出版)；《孟子》(1931 年、1971 年、1999 年出版)；《孝经》(1938 年出版)；《论语》(1944 年出版)；《大学》(1948 年出版)；《易经》(1953 年出版)；《列子》(1965 年出版)；《大学》(1968 年出版)；《书经》(1981 年出版)；《老子化胡经》(1993 年出版)。

3. 诗词:

《毛泽东诗词》(1960年、1971年、1972年、1976年出版);《诗经》(1969年出版);《王维词选》(1972年出版);《寒山诗选》(1977年出版);《死水》(1981年出版);《台湾诗选》(1986年出版);《长恨歌》(1986年出版);《李白诗选》(1991年出版);《多多诗选》(1991年、1995年、1996年出版);《保密》(1992年出版);《作为事件的诗歌》(1996年出版)。

4. 散文:

《盐铁论》(1978年出版);《信心铭》(1985年出版);《北游》(1987年出版)。

5. 戏剧:

《元杂剧》(1974年出版);《西厢记》(1984年出版);《刘智远诸宫调》(1994年)。

6. 报告文学:

《使西日记》(1980年出版);《第二通道》(1991年出版)。

7. 自传:

《刘宾雁自传》(1990年出版)。

从以上的中国文学荷文译本的分类清单中,我们可以看到荷兰读者心目中的中国形象的构建方式、正面与负面信息的来源和比例以及对于荷兰汉学研究可能产生的影响,也可以从中获得有关今后中荷两国如何进一步开展文化学术交流的有益启示。

甲、在过去两个世纪中,荷兰读者可以读到的中国文学作品的数量相当可观,涵盖了大部分古今主流作家的作品,其中各个时期的小说最受欢迎,其次为诸子百家的作品。他们获取信息的方式由窄变宽,信息量几乎不少于任何其他西欧汉学大国读者可能得到的信息含量,阅读中国文学作品是他们认知中国的一个有效渠道。除了荷译中国文学作品,荷兰读者还能读到英语、法语、德语和西语的中国文学译本,外语阅读能力是荷兰读者的优势。

乙、上述清单明确显示了荷兰读者对于与中国进行文化交流的传统方式的偏爱。正面中国形象信息大大超越负面中国形象信息,传输频率没有出现大起大落或者长期空白的情况,即便在中国发生重大历史事件时期信息渠道仍然保持畅通。《道德经》的翻译版本之多足以说明他们希望通过这部内容博大精深的中国古籍解读人与宇宙、人与社会、自我与他人关系奥秘的愿望。这就是为什么在荷兰汉学史上没有出现像英国小说家萨克斯·罗默(Sax Rohmer, 1883~1959)在1913年创作的《傅满洲博士秘闻》(The Mystery of Dr. Fu-Manchu)中那样丑化中国的邪恶黑帮形象的原因所在。

丙、荷兰读者获取中国文学信息的过程就是调整并优化构建中国形象的过程。20世纪50年代以后荷译中国大陆现代作家的作品数量较少,其中一个原因可能是政治色彩影响进入出版市场,另一个原因是荷兰读者可以从其他语种的译本中获得必要信息。70年代之后港台作家、海外华人作家、大陆青年作家、非主流作家作品的荷文翻译和出版数量逐年增加。这一倾向的出现并非偶然,是与这一时期荷兰学者对于中国非主流、非官方、非传统、非正式信息的关注,以及荷兰汉学史的转型情况有关。荷兰读者在读到20世纪初鸳鸯蝴蝶派苏曼殊的《断鸿零雁记》、牛头宗法融三祖曾璨的《信心铭》、台湾言情作家琼瑶的《烟雨濛濛》、聂华苓的小说《桑青与桃红》和朦胧诗人北岛的小说《波动》的同时,也读到了50后新秀丁小琦的《女儿楼》、寻根作家韩少功的《爸爸爸》和《女女女》、被誉为"中文诗歌里程碑"代表于坚的《作为事件的诗歌》以及以元小说(metafiction)叙事模式进行创作的先锋派作家马原的《虚构》和《虚构之刀》。最引人注目的还有旅英作家虹影的《背叛之夏》和《饥饿的女儿》,许多读者对该书作者都有所了解,但是很少人知道曾经轰动一时的《英国病人》竟然与她的小说《K》有关。不了解相关背景信息是无法真正读懂她所创作的12部小说的。

丁、中国文学作品的翻译选择也是构建中国形象过程中的一项比较和探讨学术工程。朦胧诗、先锋话剧、伤痕文学和部分非主流文学都在极其困难的条件下推出了不少好作品,给读者带来耳目一新的感受,但是也曾引起见仁见智的争议。比如,朦胧诗人孕育于历史、社会和自身经验之中,从思想禁锢中冲杀出来,以"反思"的名义显示其启蒙价值和批判功能,是最早超越当时其他文体社会效应的一种独特文学形式。90年代以后,朦胧诗逐渐转变为个人的创作实践,甚至以纯文学面目出现在海外,内容日趋多元化,开始关注港澳台等地文学的发展,与华人文学在世界文学中的地位挂钩。然而,在一些人看来,朦胧诗人既是意识形态的叛逆者,也是传统诗歌的叛逆者。主题不确定、手法不透明、词汇的多义性和诗句语法逻辑反常是朦胧诗的最大特点，也是朦胧诗的最致命弱点，害得多少中国文学教师在课堂上遭受学子们的围追堵截，饱受口焦舌燥之苦。虽然可以被理解为在“真话不全说”年代人们寻求委婉表达的一种手段，然而随着“文革”神本主义的终结它是否已经失去了延伸价值的问题就值得认真思考。更重要的是，过分自我放纵的诗人并没有直面文学与政治关系的审美意义解读。先锋戏剧从观念到语汇，从内容到形式，都与中国传统戏剧有明显差别，所以生活在传统文化环境中的广大观众对新潮戏剧语汇和表演形式的接受就需要一个渐进和选择的过程。伤痕文学表现了灵魂受到摧残、心灵留下创痛的人们为打破枷锁而进行的抗争，是一个前所未有的激流暗涌的文学思潮。这类饱含真情和期待的作品，就像划破寂寥夜空的流星雨，令人久久难忘。但是也有人觉得它的忆苦思甜感伤情调塑造的是一群令人同情的愤青或者怨妇形象，只具有短暂的时效。即便作家选择取悦于80后和90后的读者或受众是出于无奈，也不可能为他们的长辈谋划跨世纪的伤痕文学创作或表演工程，况且现代媒体可以为他们提供更丰富、更直观的手段。姑且不谈学术观念上的差异，仅就作品的时限跨度而言，过分强调以上类型的中国文学作品的翻译和造势，就有可能产生脱离母体文化的变异效应(Alienation)，即：新潮文学没有国籍和家谱，把一首朦胧诗的作者改为荷兰人的姓名，读者就会认为这首诗是荷兰朦胧诗人的作品；把一出先锋话剧中的人名、地名改为美国的人名和地名，观众就会把它理解为美国先锋派的作品。至于对待一些有争议的中国文学作品，最好的办法还是心平气和地展开平等对话和讨论，倾听不同意见，任何政治化的夸张和渲染都会给汉学研究添加不稳定因素。

六、面向21世纪的荷兰当代汉学研究

21世纪的中国，无论政治、经济、科技和文化，都已经并将继续发生巨大的变化。2010年中国国内生产总值(GDP)为39.7983万亿元人民币(约合5.9万亿美元)，同比增长为10.3%，中国已跻身为世界第二经济大国。产业动向、贸易结构和科学研究显示出中国在整合世界资源、人才、技术和知识等方面的优势。

与此同时，中国人民的物质和精神文明也翻开了新篇章，台海两岸的关系得到了进一步的改善，外国学者一批批来华实地考察，参加各种学术研讨会，或者与中国同行共同研究所感兴趣的项目。资源、文化、市场、人口和经济的规模所赋予中国在国际事务中的历史使命和责任，必将进一步促进国际汉学研究的发展。如何在新世纪的视野中观察中国，对中国进行最客观、最综合、最贴近实际的分析，是包括荷兰学者在内的各国汉学家面临的任务。

在过去几十年中世界各国汉学研究取得了前所未有的成绩，但是也还存在许多问题亟待探究和反思。客观存在的东西方文化和政治差异所产生的负面影响是彼此都戴着自己的文化和政治有色眼镜来观察对方。要突破历史语境中形成的思维定势和习惯势力，东西方政治精英和学者都应该站在更高层面上以世纪目光来发现对方的潜在优势，拓宽交流渠道，增加互信，利用一切机会广阔吸取异质文化养分的胸襟，共同打造21世纪灿烂的世界。值得反思和重构的汉学研究问题有：汉学研究的总结或预警功能问题，研究立场的选择问题，主流学科与话语权问题，研究取向与相关学科的结合问题，以及后续研究面临的机遇和挑战问题。

（一）汉学研究的回顾和总结思路与咨询和预警功能

作为一种学科门类，传统的汉学研究无不侧重于从本国人文和社会学科角度对以往的成败得失进行回顾和总结，但是从21世纪学术产品的商业化角度看，咨询和预警的成分在研究中却可能占较大的比重。

以彭轲为首的汉学家接受荷兰政府内政部的委托对荷兰华人移民的历史和现状展开调查，是荷兰汉学由精英文化向实用型研究转变的范例。此后便有荷兰汉学家接受欧盟和其他国际团体的委托，联合中国科学院、相关院校和学者对中国乳品业、农村管理、地方外贸、环境保护、股份合作、家庭收入和草地退化等方面的调查。学术成果产业化和商品化是功利至上社会无处不在的一种“知识—酬金”转换形式，不过基础性和公益性的研究可能与此无缘。知识与酬金的转换可以代替或减少学政部门的拨款、受惠单位的投资、慷慨富豪的礼金、慈善机构的补贴和亲戚朋友的馈赠。但是转换的期待肯定对学术产品的针对性、及时性、咨询性和可操作性有所要求。成果表达方式必然以高调先声夺人，甚至带着火药味。如有可能,咨询应覆盖近期或中近期范围,预言准确率的验证与学科生命力息息相关。

传统的汉学研究注重观察、分析和反思,在一次次的可证伪性(falsifiability)和非可证伪性过程中旧理论为新理论所替换,旧模式为新模式所取代。库恩曾在《科学革命的结构》中提出:哥白尼、牛顿、达尔文、普安卡雷和爱因斯坦等天才所进行的研究都因转型(研究模式的改变)才引发了科学研究史上的革命。转型涵盖了科学团体所公认的论证假设、价值取向、研究模式和研究手段等环节。研究模式不但是科学研究的关键因素,而且也是学科成熟与否的标志。只有在研究人员中达成共识,学科的理论、评判和分析才有可能不断完善。

荷兰汉学研究的发展轨迹显示:早期汉学研究的特点是跳跃式思维,随感式议论,微观个案研究,独立分散作业,然后由区域研究模式引入跨时代、跨文化、跨语种的专业化和团队化攻关。当代汉学以现代性(modernity)为标志,具有深刻洞察力和前瞻性,在产业化和商品化的混声合唱中实现对国际化主旋律的烘托。

(二)汉学研究的立场选择:本国中心论、中国中心论和欧洲中心论

从治学态度上讲,汉学家的身份可以分为两种:一是以忠实于客观事实、尊重科学、对学科负责任的汉学家身份活跃于研究领域;二是以受惠者代言人或历史见证人资格著书立说,褒贬时务或臧否人物皆随潮流而动,玄机处处暗藏。

在多元文化并立的时代,每一位汉学家都是自由人也是独立者,汉学领域中的每一门学科都是自主学科也是单边学科,相互关系的变化意味着游戏规则的变化。通过比较和审视作出自己研究模式的选择是必然的,这一反思和重构过程势必导致学术环境的改变。

在研究中国近代史的汉学家中,费正清提出的“冲击—回应”模式在20世纪50年代的美国汉学界具有相当的代表性。他认为中国现代化的进程反映了西方列强入侵中国社会后引发的巨大结构性变动,经过多次改革和革命后才形成了现代中国的面貌。他的弟子柯文以“中国中心观”(China as Centre)的研究模式作出了回应。

汉学研究的“本国中心论”(National Centralism)模式，赞同在中国近代文化和历史研究中对西方入侵中国影响的强调，在论文撰写或史学编撰中套用殖民地史模式或者借用“文化移植”的假说，否认中国人的功罪辨识和学术创造才能。这种违背时代潮流的模式宅心西方人的文化优越感存在，对历史上殖民主义者的行为加以美化。

1984年柯文在《中国历史揭秘：有关近代中国的美国史学著述》(Discovering History in China: American Historical Writing on the Recent Chinese Past)中对其业师的史学模式提出了批判的观点。他认为费正清只注意到中国所受到的西方影响，但低估了中国传统社会能动抵制外来入侵的能力。他倡导以“中国中心观”来研究中国文化和历史，反对以西方列强对中国的冲击和中国的被动回应作为中国近代史的主线。这不仅是对中国史学研究固有路线的一种反思，也是对西方研究中国文化传统的勇敢挑战。

汉学研究中的“欧洲中心论”(Eurocentralism)长期被视为一种理想化的模式。在今后相当长的一段时间内各国不同的政治和文化体制将继续存在，要设计一种以西欧或北美模式为标准又符合不同文化观念的人文和社会科学研究模式是不现实的，但是避免任何形式的民族主义偏见却应该是当代汉学研究中必须采取的科学态度。

(三)汉学资源的主流和非主流学科与中心话语权

在15世纪的欧洲“人文科学”是与“神学”相对而言的科学，当代广义的“社会科学”实际包含了“人文科学”。

早期的汉学学科主要涵盖了语言、历史、文学、哲学和宗教，当代的汉学涉科范围已经扩展到历史、语言、文学、文化、哲学、宗教、社会、政治、经济、民族、民俗、法学、教育、地理、军事、卫生、环保、生态、人口、农业和城市化等方面。现在对汉学内涵的非专业界定，简言之，可以包括所有关于中国人和中国事的学术研究。

有意思的是，语言(包括汉语、汉语方言、古汉语和中国少数民族语言)几乎是所有资深汉学家的第一必修科目，但是专门从事语言教学和研究的学者参与各类汉学研讨会的人数却受到限制。因为语言能力往往被理解为汉学研究的一种工具和学养，所以客观上他们常被排斥在汉学家行列之外。

大名鼎鼎的荷兰汉学家高罗佩编撰的《中国琴论随笔》、《长臂猿考》、《秘戏图考》、《米海岳〈砚史〉考》、《明末义僧东皋禅师集刊》、《春梦琐言》、《棠荫比事》和《狄公断案大观》等并非属于汉学主流学科，但是读者却从来未对他的汉学家地位有任何怀疑。

早在1676年荷兰东印度公司职员布绍夫(H. Buschof)就在伦敦出版了从荷兰文转译为英文的《痛风记集》，介绍了用灸术治愈困扰自己14年的脚部痛风顽疾，是西方最早一部有关中国灸术文献。1683年荷兰医生赖恩(William ten Rhyne)出版了一部专著《论关节炎》(Dissertatio De Arthritide; Mantissa Schematica De Acupunctura; Et Orationes Tres)，介绍了可用于治疗关节炎的中国针刺疗法，是欧洲第一部有关针刺疗法的文献。1684年布兰克尔(S. Blankaurt)在荷兰发表了《痛风专论》，谈到了中国针灸治疗风湿痛的效果。

据统计，1970年荷兰全国大约只有5位针灸大夫，到1987年逐渐扩大到2000余人。此外还有8所三年制的针灸院校，成立了荷兰—中国华陀针灸中心。东至海牙，西达奈姆亨，南到霍恩道芬，北至格罗宁根，多数荷兰城市都有针灸诊所，治疗的疾病包括瘫痪、癫痫、忧郁症、面肌抽搐、震颤麻痹、周期性疼痛、甲状腺机能衰退等。针灸戒烟和减肥也取得明显功效。荷兰的针灸大夫先后创建了针灸学会12个，吸纳会员约1500人。1987年成立的荷兰—中华针灸中心是欧洲第一家获得官方注册的医疗中心，由上海针灸经络研究所和荷兰北部格罗宁根省立大学口腔系合办。近年来荷兰中医界多次邀请中国学者专家前往讲学和考察，举办各种针灸学术交流会。但是由于中医中药著述不属于人文和社会学科，荷兰的从业人员至今还无缘参与汉学研究机构发起的研讨中华文化的重要学术活动。

自20世纪末以来，许多年轻一代的荷兰学者的汉学研究选题有不少都游离于主流学科和非主流学科之间。例如：弗美尔有关中国社会和经济的著述《中国的技术转让：1978～1988年钢铁工业制氧设备个案分析》、《福建沿海山区的土地开垦：历史与现状》、《中国从技术转让到技术管理》、《中国环境污染的治理：问题和解决对策》、《中国地方志：自宋至清的福建石碑》、《中国的工厂管理与环境污染》、《新县志：编写和评价研究笔记》；田思的《展示未来——1978～1988年“四个现代化”时期的中国宣传招贴画》等。现在荷兰学者对于现代汉学的研究范围已经根据国际同行的共识不断有所扩展和补充，所以越来越多的非主流选题已为汉学家所接受。

学术界把一部分研究中国国情的学者视为“中国通”，而非“汉学家”。有些学者，如费正清，对于“中国通”的称谓也心领神会，并无异议。

在当代学术界，话语权直接关系到学科的公众形象、涉科范围、信息传播和贡献能力，以及学科发展的方向、地位和权威，学者们无不通过组织手段和章程加以维护。

汉学研究的话语权不能被理解为行政部门的职能，而应该是学人共享的权利。历史、文化、语言、哲学、民俗、政治、经济、文学、艺术和宗教有学术话语权，媒体、生态、环保、人力资源和企业管理等新型学科也同样享有话语权。主流学科的话语权固然重要，但是不能代替所有涉科的话语权。汉学家在表达自己学科的观点时需要认清所属学科与相邻学科之间的关系，不可以自己学科的观点和利益取代或者兼并其他学科的观点和利益。有些学者在论述自己学科问题时太自恋，太唯我独尊，影响了与相邻学科的沟通和对自己学科的准确专业表述。

学科与学科之间的关系需要通过专业话语表达。话语表达的内容通常建立在学科组织公认准则基础之上，经过其他学科团体的认可才能成立，因为汉学是由众多相关学科组成的一个门类。多数人接受的准则是强势话语的前提，排他的专断的准则只能使自己处于弱势话语地位。荷兰汉学研究涉科范围历史上的变化证明了学科话语权变化的自然规律。

（四）汉学研究取向与语言学、历史学、社会学和文化学结合的演变历程

人文和社会学科研究的理论和方法具有一定程度的普适性，各个学科之间相互渗透相互印证的现象较为突出。在汉学研究中不存在无界限的交接，知识局限不再被看作为一种缺陷，而是学术研究中的障碍。欧美汉学的研究取向，先后经历了与语言学、历史学、社会学和文化学结合的演变历程，这也是荷兰汉学的研究取向历程。

早期欧美传教士、商人、外交官和留学生，来华前后学习的第一门课通常为语言。根据不同需要，有人学习北方官话，有人学习闽南、广东或客家

方言,有人学习文言文,有人学习蒙语、满语或者藏语。他们能否顺利来华开展工作或学习几乎都与他们的语言成绩有关。对于他们来说语言只是一种工具,多数人都有自己的专业方向。随着研究工作的开展,编写辞典和教科书以及发表专著都是高级研究阶段的语言需要,但是他们的语言学习只是一种依附于专业的学养。

西方的汉学研究与语言学的亲缘关系还有一层特别含义。20世纪以前除了叙事史学外,断代史和编年史几乎是正统史学编撰的一统天下。20世纪60~70年代西方的史学研究从抽象历史认识论领域转到了文本实证解读(textual positivist interpretation),历史学家开始重视对历史文本的语言分析。这种分析并不局限于历史文本的术语和固定词组的语义学思考,更多的是要深入到语用学背景下的史学思辨,因为通过理论和概念推导可以澄清由文本解读的主观性和多义性产生的种种歧见。

20世纪初美国关注社会进化的的宏观社会学(macrosociology)和关注人们日常社会交往的微观社会学(microsociology)得到了快速发展,出现了实用型社会心理学派(School of pragmatic social psychology)、芝加哥学派(the Chicago school)和法兰克福学派(the Frankfurt school)。1932年美国学者费正清第一次来中国时,曾充分利用故宫档案撰写他的博士论文《大清海关》(Chinese Imperial Maritime Customs,1953年在此基础上扩展为专著《中国沿海贸易与外交:1842年至1854年条约港口的开放》Trade and Diplomacy on the China Coast: The Opening of Treaty Ports, 1842~1854)。他的汉学研究以历史为主干,利用社会科学的相关学科手段对史料进行综合性研究,坚持从中国的历史和社会现实出发考察中国。他提倡的区域研究是为了充分利用社会科学中的知识对相关的地理和民族问题进行综合考查,体现了这种研究对基层社会微观场景关注的特点,突破了早期汉学研究选题狭窄和学科之间缺乏融通的障碍,赋予了欧美汉学研究无限生机。1942~1943年他担任驻华大使特别助理时曾经提出:学术研究应该与社会的需要相结合,汉学研究有助于外交政策的制定;美国的远东政策有赖于汉学家对远东和中国国情的系统研究。为调整当时汉学研究领域以传统学科为主的状况。他在20世纪50年代曾提出对中国思想和文化进行系统研究并成立研究会的建议,在他看来思想文化史是最接近社会科学形态的一个领域。他支持史华慈(Benjamin I. Schwartz,1917~1999)等学者对中国共产主义运动进行研究,在麦卡锡主义肆虐的年代这一领域的研究是一件了不起的事情。

也许受到这一学术思想的影响,荷兰汉学家赛奇后来也出版了《中华人民共和国境内1949年以前的中国共产党党史新资料》、《中国政治与行政》、《中国第一次联合阵线缘起:马琳的作用》、《毛泽东的中国革命论述》等著作。2008年彭轲也发表了在中国多年调研基础上写出的《优秀的共产主义者》(Good Communist)一书。他认为要了解中国,要研究汉学,就必须研究中国共产党。

范黑克是较早关注社会学与汉学研究相结合的一位荷兰学者。1934年他曾经访问中国,在工人中进行调研,第二年写出了论文《西方的技术与中国社会生活》。后来他又发表了一篇专题论文《荷兰的华人移民》,把研究方向转向荷兰的社会问题。与其他荷兰汉学家的情况不同的是,他直接从社会学角度进入汉学研究领域,而别的汉学家却从汉学角度逐渐向社会学靠近。正是由于他和同事们的努力,荷兰汉学与社会学结合的选题成了一种新的关注热点。

这一时期社会学也与中国文学研究挂上了钩。伊维德研究元代杂剧时,除了对剧本进行翻译和分析外,还尽可能结合对与演员、舞台、表演、组织和演出等背景有关的社会学的研究。这种在相干社会背景下进行文学研究的新方法,与纯粹了解剧情,完全切断作者和读者与外部社会关系的研究方法效果是完全不同的。

20世纪70~80年代以后欧美国家出现了新文化史学(New Cultural History)潮流。社会学、民族学、人类学、历史学、心理学、汉学都出现了文化转向,文化因素和文化层面成为那些学科研究分析中的重要内容。这一潮流最早出现在意大利和英国,80~90年代开始流行于荷兰、德国和北欧各国。运动的支持者早先多从事社会学、历史学、人类学或者经济学研究,后来逐渐批判和修正了自己学科的理论框架才形成这样的新局面。这一切与旷日持久的世界性平民化思潮分不开,直接影响了欧洲汉学研究的基本模式和走向。

“文化”是一个内涵丰富的概念,包括知识、信仰、艺术、道德、法律、风俗以及人作为社会成员所获得的任何知识、技巧与习惯。文化被认定为解释机制和价值系统的密码。关注平民百姓日常生活的微观历史研究,用文化语汇和事例来诠释历史、社会和语言现象，使文本意义具体化和明朗化，给读者和受众打开了一扇扇新视窗，为谈话、授课和撰文增加通俗性和生动性。

从文化视角研究汉学是汉学综合研究的一种趋向，也是学术潮流相互影响的结果，为汉学研究的考察和分析增加了新方法、新手段（例如快餐化讲座和戏说皇廷春梦主题的切入）和新选题（如“市民社会”、“公共领域”、“党的角色”和“性别研究”等），使得学者们对汉学的总体认识进入了多层次、多维度和网络化的新阶段。

但是过去几十年的文化分析手段也逐渐暴露了其中的不足。例如，过分强调文化细节势必淡化历史学、经济学、政治学、社会学和文学等学科的影响，甚至偏离相关学科的个性化特点。突出微观史学的关注可能脱离或者忽视史学描写中的宏大叙事，使学术论证退化到与正规风格格格不入的婆婆妈妈章法，失去其高屋建瓴统观全局的宏观功能，无法探索历史造山造海运动的客观规律，给读者或受众留下了芜杂片面历史观念的后遗症。主题性和目的性明确的宏大叙事偏重于经济和文化，隐含着权威化和合法化政治结构和社会意识形态中的历史事件和人物。从某种程度上说，汉学研究中的权威优势失落和研究商品化盛行，与新文化带来的负面影响关系密切。

（五）从汉学现代性和新儒学看后续研究的机遇和挑战

汉学家所思考的现代性是与学术研究的传统性相对而言的概念，与学术语境密切相关，具有先行意义。现代性不仅涉及社会，也涉及制度、学科和审美观。制度现代性使社会变得更加理性化，审美观现代性则使生活变得更加感性化，两者之间存在着矛盾和互补关系；而社会现代性和学科现代性则将学科环境和学科手段升级至更完美的程度。

“现代性”始于民族和国家观念的确立阶段，以及高效率的社会组织机制和以自由、民主与平等为核心的世界潮流的价值理念的建立。有些西方学派认为到20世纪70年代中叶人类社会已进入了“后现代”阶段；而另外一些西方学派则认为，“现代”作为一个历史阶段从15世纪下半叶一直延续至今天，其性质体现于全球一体化、知识商品化，消费主义盛行，权威优势失落，组织制度、法制体系、世俗化价值观念和审美方式分别纳入规范。社会学家和历史学家对于现代性起始年代的看法并不一致，但多数学者认为现代性的发展是一个政治、经济、思想和文化渐变过程，与18世纪启蒙主义运动关系密切。在文学、绘画、法学、建筑学、心理学、教育学、社会学、政治学等领域，学者们对于历史分期和现代性都提出了自成体系的不同论述。

儒家学说是汉学研究中的一个重要选题，就整体而言，不研究儒家学说的汉学不是完美的汉学。产生于先秦时期的儒家学说是集心智、伦理和治国之术为一体的综合思想，两汉经学的出现实现了对儒家学说的第一次飞跃，而后宋明理学又对儒家学说进一步升级。近现代的新儒学（Neo-Confucianism），又称"新儒家"，是在中西文明碰撞下衍生出来的新学派。狭义的新儒学是指梁漱溟、张君劢和熊十力等人所提倡的儒学新思维；广义的新儒学则可上溯到鸦片战争以来与儒学变革有关的所有学说。现代新儒学被认为是传统儒学面向现代社会的历史性转变，也是当代寻求哲学精神、科学精神与宗教精神的统一。新儒学是当代和谐文化的组成部分，"大众儒学"则是当代儒学发展的新成果。

20世纪50~60年代美国汉学家费正清和芮沃寿所主持的儒学研究把重心由古代切换到近现代，不再将儒家学说看作一种历史哲学化石，而视它为仍在运作的意识形态和观念系统。此后，在陈荣捷（Chan Wingtsit，1901~1994）和狄百瑞（William Theodore de Bary，1919~）等学者的推动下，欧美儒学研究开始重视对学科内部的哲学课题以及儒家学者的人格世界的研究。另一种新趋向认为儒家学说不仅为一种仍有生命力的观念系统，而且也是一种宗教传统。有些西方学者从宗教角度对儒学进行研究，或者把儒学与其他宗教进行比较研究。这里所说的"宗教"并非泛指以承认神灵存在为前提的"神学"，确切地说应该是研究信仰的"宗教学"。总之，学科现代性赋予了儒家学说新的内涵和新的解读。

作为与儒家相对应的哲学流派的道家，近现代也在传统道家基础之上衍生出了新的流派——新道家（Neo-Taoism），其核心价值观表现在反对文明的异化。科学技术高度发展的现代社会所暴露出来的许多负面问题，使人们对新道家生态观念的认同程度越来越深刻。有些学者认为英国汉学家李约瑟、美国物理学家卡普拉和日本物理学家汤川秀树的专业研究均赋予了传统道家的自然人文主义现代性和世界意义，把传统道家思想提升到现代科学人文主义的高度,体现了科学精神与人文关怀的结合。道家的批判意识客观上帮助了人们审视各种现存的价值和秩序,最终将引导人们在生命延续中超越功利至上的追求,以实现个人与社会保持平衡、和谐与发展的统一。新道家的生命意境与新儒家倡导的理念同属于一种积极的思想资源。

在人文学科的学者看来,学术现代性更多体现在精神和文化变迁方面。20 世纪的历史打破了这种理想化的愿景(new vistas),对现代性的反思成为人文学科的重要主题。汉学家们发现,学科现代性为学术研究提供大量思想和精神资源的同时,也给研究工作平添诸多烦恼和困难。

第一,虽然资源丰富和诠释手段的多样化是学术研究的可喜进步,但是其负面影响却可能导致信息资源的异化和共同价值观的丧失。过去深信不疑的一些观点被否定了,原来熟悉的部分治史手段失去了用武之地,人与人之间达成某种共识比过去困难。伴随资源异化而来的是杂交化(hybridization)。因为不少人文和社会科学研究工作者面对潮水般涌来的新术语、新概念和新方法不知如何适应和验证,就可能把一些似是而非的元素勾连起来,为我所用,或张冠李戴,或移花接木。学者们往往因为不重视知识更新而要为自己的失误付出高昂的代价。

第二,在人文品格失去权威指导和监测的情况下,各学科之间的沟通和联系密切有可能导致文化认同危机的频繁发生。由于汉学研究的跨学科、跨时代和跨文化的性质,而汉学家又不可能都是通才,因此知识盲区、专业局限、判断失当比任何其他人文和社会学科都更容易发生,这就可能为学术浮躁、信息欺诈、数据造假和伪科学陷阱提供方便。面对新学科的出现和原有学科结构的细化以及权威地位的动摇,有些学者可能有一种不可名状的失落感,学术研讨会上仁者见仁智者见智的氛围每每导致资源自耗。有的学者在学科论述中想象推测多于个人的直接感受,有的学问大家只注重结论公示却不屑于过程论证,于是彼此各执一词,难解难分的情况时有发生。一些西方"中国通"(汉学家的孪生兄弟)碰到无法接受的中国新现实时,一是提出增加超越国际准则的"透明度"要求,二是扬言要启动知识产权调查程序,三是把一些纯学术问题加以政治化,四是雇用中介搞全球网络排行榜,跻身前三名当中必有一个是策划者。这些倾向势必成为当代文化认同的障碍。

第三，全球一体化和科研商品化可能威胁世界文化的多样性，进而颠覆为用户和读者福祉服务的传统学科美德。在消费主义盛行的当今世界，金钱冲动有时可以在各种借口下成为唯一合法的行动。学术权威不同于那些靠电视大奖赛投票器赶制出来的超男超女，他们都是凭自己的真才实学在学科生存缝隙中打拼出来的专业精英，但是在你死我活的商战中其中个别人竟然成了赵公元帅的俘虏，因此导致公众舆论对整个专家团队的不信任之势愈演愈烈，以致“打假”也可以成为专业户。全球一体化为科学研究的资源共享和产品市场扩大提供了法律依据，然而也同时为信息倾销(包括出售用户信息)、虚假广告和无知妄说的传播大开绿灯。当今任何一种学术体制的重构都可能建立在多重价值观的基础之上，因为学术水平的客观差异，重构的结果往往倾向于对所谓“理想榜样”(the norm for idealism)的西方汉学大国的学术思维和实践的认同。即便在儒家学说的研究中，也可能出现盲目排斥儒家思想的传统价值观和哲学观的倾向，商战中留下了大片无人监管的学术道德和专业责任空白，置读者和受众于无处投诉或求助的境地。

第四，高科技与骗术相结合可能为网络推手的滋生提供温床。随着网络技术的高速发展，方便快捷的信息存储和提取在日常生活中越来越普及，互联网已经成为一副美丽的面具，一小群只图一已私利的网络推手因此应运而生。他们利用互联网制造秘闻，戏弄读者进而误导社会舆论；或者通过流量和点击率引起监管部门的注意，以达到作秀或打击学科竞争对手的目的。高科技诈骗有恃无恐源于对新技术的迷信和对公众智商的低估，其代价便是职业道德和公信力的沦丧。网络为汉学家提供了最先进的科研手段，殊不知网络也是一个无法设防的虚拟世界，任何程序的设计都不可能是战无不胜的科技发明。如果加上零代价的公权力的滥用，就足以衍生出各种是是非非。越来越多的人从历史和现实的人间万象中悟出了这样的道理：人类文明社会的建立与学术环境的改善不仅需要科学智慧，更需要道德智慧。

2010 年以来国内网络盛传：1902 年 68 岁的慈禧自西安返宫后曾爱上年仅 29 岁的英国军官埃德蒙(Edmund Trelawny Backhouse，1873 ~ 1944，常用译名“巴克斯”)长达 6 年之久，据说慈禧还送给他乾隆时期大学士刘仁用泥金写成的《渔樵二十咏》。这段秘史源于英国牛津大学图书馆的一名负责人对该馆所收藏的一件手稿内容的曝光,据说其中详细记载了埃德蒙和慈禧关系的过程和细节(事后有人曾通过师生关系向牛津大学图书馆求证,对方未予正面回应)。据称埃德蒙出身于英国上流社会,26岁到北京,懂得12国语言,多次陪同英国贡使进宫,在他所著的《满州的没落》中记录了所传的这段偷情往事。也许策划者认为此事已死无对证,况且慈禧又是历史上有名的心狠手辣独裁人物。但是这类无聊故事先后涉及恭亲王奕䜣、荣禄、李莲英、安德海、白姓古董商和史姓金华饭馆伙计等人,再加上一个英国面首就不足为奇了。1903年清朝外交使臣裕庚之女德龄(1886~1944)回国后入宫成为慈禧太后第一女侍官,深得慈禧的宠爱和信任。1905年她离宫,1911年在美国出版《清宫二年记》(1948年上海百新书店出版了中文版)细致描述了她在清宫侍奉慈禧太后平日的饮食起居,对她的身边琐事、生活情趣和内心世界均有详尽记述。书中曾披露光绪死于砒霜中毒的冤案,近年经中国原子能科学院和北京市公安局法医检验鉴定中心等单位合作,利用中子活化、X射线荧光分析、液相色谱和原子吸收联用等现代技术手段,发现光绪遗体头发的砷含量是当代健康人的2000多倍,证实了德龄的陈述,但是书中并无一字涉及慈禧私养面首之事。这则传闻来自历史上口碑不佳的图书出版市场,没有引起太多读者的注意也属预料中之事。在冷战时期海外情治部门曾用过同样手段玷污我党留学西欧的资深领导人。因此读者除了把这则传闻看作是唯利是图的出版商要弄的一套推销小伎俩外,别无其他。

早在电脑网络问世之前,也有人通过报刊和出版渠道散布一些耸人听闻的消息,企图提高出版物的卖点。虽然规模和效果不能与网络手段同日而语,但是其"噱头"效应也属异曲同工。

1913年,一本据说从李鸿章160万字的手稿和日记中摘选编译而成的《李鸿章回忆录》(Memoirs of Li Hung Chang)在英国和美国同时出版。该书编者曼尼克思(William Francis Mannix)在《前言》中写道:李鸿章去世后,他的一个侄子将他散落在广东、上海、南京、北京和天津等地的手稿和日记集中存放于他的广东旧居中。1911年经清廷和李鸿章后人的许可,由李鸿章当年的洋秘书罗伯斯(R. Emmet Roberts)上尉担任翻译,在北京的王某人和广东一位"老秀才"协助下,曼尼克思对这些文献进行了整理和翻译,编撰出版了该书。曼尼克思原是美国第九步兵团的一名普通士兵，1900 年参加过八国联军在华的侵略活动，几个月后返美退伍。他因为虚开了几张数美元的假支票而被判入狱一年。服刑期间，他请朋友从夏威夷图书馆和中央联合教会借了一些英译汉籍，读完后开始编造故事，通过关系结集出版。几位英国读者发现书中有关李鸿章访问欧美的一些细节的描述有假。杜维德（E. B. Drew）是一位曾在大清海关任职多年，1896 年全程陪同李鸿章访美的退休帮办，发现书中有关李鸿章在旧金山金门湾向中国方向眺望的事情根本不可能，因为那天正是他从温哥华起程返京的时间。正当出版社决定调查此事时曼尼克思却意外人间蒸发了。后来李鸿章的儿子李经迈透露，他的父亲从来没有雇用过子虚乌有的“罗伯斯上尉”，而且也没有写日记的习惯，坚信那本书确系伪造。此后不久，美亚协会（American Asiatic Association）也发表声明严厉谴责曼尼克思的造假行径。

1924 年戴闻达在《东方研究学刊》第 3 卷上发表的《景善大人日记》译稿原文，是英国汉学家巴克斯和上海英租界工部局秘书长濮兰德合谋的伪作。1937 年戴闻达在《通报》33 卷上发表的一篇题为“景善日记之谜”的文章中曾对这一汉学界丑闻做了回顾并自责。涉案的巴克斯原来就是上面提到的埃德蒙，因为有些资料的翻译未循惯例只译出他的名字，许多读者竟以为是两个笔墨官司中的人物。

更早一宗疑案是公元前 2 世纪的所谓“阿里斯迪书简”问题。埃及国王托勒密二世曾经直接策划《七十二学者圣经译本》，后世学者怀疑“阿里斯迪书简”是否属于为推广上述圣经译本而暗中找人编造的伪书。虽然 1684 年牛津大学的希腊文教授汉弗莱·霍迪以及近现代的一些学者都先后论证过少数希腊化犹太人有造假嫌疑，但是持不同见解者人数也不少。推翻权威部门炮制的假案代价非同小可，以致此事在汉学界和宗教界至今仍无权威公断。

由此看来，汉学史上尚有诸多疑案未结，学者们今后仍面临识假打假的艰巨任务。

以上是一些极富新内涵的老问题。说“老问题”是因为在过去近 200 年中一些疑案曾经先后困扰过愁肠百结的汉学家们；说“新内涵”是因为汉学家们已经获取了新信息或者改变了自己的思维方式和解读手段。荷兰汉学家的经验有助于对以上疑阵的破解。

附录一

参考文献

1. 安托瓦尼特·沃利斯·弗利斯 利奥·费尔汉编:《荷兰王国》,海牙:荷兰外交部新闻处,1992 年。
2. 中国文化研究所:《荷兰的汉学研究》,载《世界各国汉学研究论文集》,台北 1962 年。
3. 吴荣子:《汉学研究在荷兰》,载《汉学研究通讯》1990 年第 9 卷第 4 期。
4. 熊文华:《荷兰的汉学研究》,载《汉学研究》第 2 期,北京:中国和平出版社,1997 年,第 1 ~ 29 页。
5. 张应龙:《鸦片战争前中荷茶叶贸易初探》,载《暨南学报》(社哲版),1998 年。
6. 郑永常:《晚明(1600 ~ 1644)荷船叩关与中国之应变》,载《成功大学历史学报》1999 年第 25 期,第 237 ~ 319 页。
7. 徐淦:《中国美术对西方的影响》,载《文艺研究》,2001 年,第 112 ~ 120 页。
8. 庄国土:《茶叶、白银和鸦片:1750 ~ 1840 年中西贸易结构》,中国经济史论坛,2004 年。
9. 李庆新:《17 世纪广东与荷兰关系述论》,载《九州学林》2005 年第三季一期,复旦大学出版社。
10. 叶文程:《明清时期我国陶瓷的外销概况》,载《收藏·拍卖》2005 年第 9 期,第 70 ~ 73 页。
11. 澳门民政总署文化康体部:《明清时期荷兰与广州的茶叶贸易》2008 年。
12. 施舟人:《中国文化基因库》,北京大学出版社 2002 年。
13. Johannes Nieuhoff, 1673. *An Embassy from the East-India Company of the*

United Provinces, to the Grand Tartar Cham Emperor of China. Trans. John Ogilby. London: White-Friers.

14. Grace V. Moorhead, 1919. *An American at the Chinese Court in* 1794. *The New York Times*.

15. J. J. L. Duyvendak, 1926. *Chinese in the Dutch East Indies*, paper for the symposium held by the Chinese Social and Political Science Association.

16. J. J. L. Duyvendak, 1936. *Early Chinese Studies in Holland. T'oung Pao* Vol. XXXII, pp. 293 ~ 344. Leiden: E. J. Brill.

17. J. J. L. Duyvendak 1950. *Holland's Contribution to Chinese Studies. London: The Chinese Society.*

18. F. P. Hulsewe, 1969. *Chinese and Japanese Studies in Holland*. Chinese Culture X – 3, pp. 67 ~ 75.

19. D. van der Horst, 1977. *The First Dutchmen in China*. Leiden: *T'oung Pao* Vol. XVⅢ. Leiden: E. J. Brill.

20. W. L. Idema (ed.), 1981. *Leyden Studies in Sinology: Papers Presented at the Conference held in Celebration of the Fiftieth Anniversary of the Sinological Institute of Leyden University*. Leiden: E. J. Brill.

21. John T. Ma, 1983. *Chinese in the Netherlands: Some Basic Facts and Characteristices*.

22. Willem Otterspeer (ed.), 1989. *Leiden Oriental Connections* 1850 ~ 1940. Leiden: E. J. Brill.

23. Harriet Thelma Zurndorfer, 1989. *Sociology, Social Science, Sinology in the Netherlands before World War II*, in *Revue Europeenne des Sciences Sociales* Tome XXVII No. 84, pp. 19 ~ 32. Librairie DROZ Genève.

24. W. L. Idema, 1990. *A Historical Survey of Dutch Translations of Chinese Literature*. Paper presented at the First International Conference on the Translation of Chinese Literature, held in Taipei, November 19 ~ 21, 1990.

25. W. L. Idema E. Zürcher (ed.), 1990. *Thought and Law in Qin and Han China: Studies Dedicated to Antony Hulsewé on the Occasion of His Eightieth Birthday*. Leiden: E. J. Brill.

26. Thomas H. C. Lee (ed.), 1991. *China and Europe, Images and Influences in Sixteenth to Eighteenth Centuries*, Hong Kong: The Chinese

University Press.

27. Thomas H. C. Lee (ed.) 1991. *China and Europe*. Hong Kong: The Chinese University Press.

28. Richard Henry Popkin and Arie Johan Vanderjagt (edit), 1993. *Scepticism and Irreligion in the Seventeenth and Eighteenth Centuries*. The Netherlands: E. j. Brill.

29. Harriet Thelma Zurndorfer, 1995. *A Brief History of Chinese Studies and Sinology*, in *China Bibliography: A Research Guide to Reference Works about China past and Present*, pp. 4 ~ 44, Leiden: E. J. Brill.

30. W. L. Idema, 1997. *Chinese Studies in the Netherlands*.

31. Fa-ti Fan, 2000. *Hybrid Discourse and Textual Practice: Sinology and Natural History in the Nineteenth Century*.

32. David Shambaugh, Eberhard Sandschneider, Zhou Hong (ed.), 2007. *China-Europe Relations: Perceptions, Policies and Prospects*.

33. Willy Vande Walle (ed.), 2003. *The History of the Relations Between the Low Countries and China in the Qing Era* (1644—1911). Leuven: Leuven University Press.

34. Kristofer Schipper and Franciscus Verellen (ed.) 2004. *The Taoist Canon: A Historical Companion to the Daozang tongkao*. Chicago: University of Chicago Press.

35. Harro von Senger, 2005. Earthbound China—Earthbound Sinology? Archive Orientalni 63.

36. D. E. Mungello, 2009. *The Great Encounter of China and the West*, 1500 ~ 1800 (Third Edition).

37. Yong Liu, 2007. The Dutch East India Company's Tea Trade with China, 1757 ~ 1781. Leiden: Brill N. V.. The Netherlands.

38. Leonard Blussé, 2008. Visible Cities: *Canton, Nagasaki, and Batavia and the Cming of Americans*. The President and Fellows of Harvard College.

39. M. Leenhouts, 2009. *Dutch Translation of Chinese Literature: Problems and Possibilities*. Journal of Multicultural Research.

附录二
汉英人名对照表

A

阿尔布雷赫特　J. C. Albrecht
阿方索一世公爵　Duke Alfonso I d'Este
阿克，威廉　William R. B. Acker
阿玛利娅　Amalia van Solms, 1602 ~ 1675
阿米奥特，约瑟夫·玛丽　Joseph Marie Armiot
埃泽曼　J. L. J. F. Ezerman
艾儒略　Guilio Alen, 1582 ~ 1649
安德里斯，罗杰　Roger Andries
安多德　António de Andrade, 1580 ~ 1634
奥尔登巴内费尔特　Johan van Oldenbarneveldt, 1588 ~ 1619
奥多里克　Friar Odoric, 1265 ~ 1331
奥弗德金克　G. W. Overdijkink
奥尔特，扬　Jan Hendrik Oort, 1900 ~ 1992
奥韦尔狄金斯　G. W. Overdijkins

B

巴夏礼　Harry Smith Parkes, 1828 ~ 1885
巴克斯　Edmund Trelawny Backhouse, 1873 ~ 1944
巴特格，约翰·戈特弗里德　Johann Gottfried Büttger
白晋　Joachim Bouvet, 1656 ~ 1730

白乐日　Étienne Balazs,1905 ~ 1963
白乃心　Johann Grueber,1623 ~ 1680
包德贞　Jeanne Boden
包乐史　Leonard Blusse, 1946 ~
包雷　Henri Jean Francois Borel,1869 ~ 1933
鲍德　M. Baud
邦杰,卡尔　Karl Büngers
贝理尼,乔凡尼　Giovanni Bellini,1430 ~ 1516
贝尔特,奥西亚斯　Osias Beert, 1580 ~ 1624
杯突高啮　Pieter de Goyer, 又译“郭佑”
彼托罗尼亚　Petronius, ? ~ 66
毕加索　Pablo Picasso, 1881 ~ 1973
比尼翁,阿贝　Abbé Jean-Paul Bignon, 1662 ~ 1743
柏应理　Philippe Couplet,1623 ~ 1693
博雷尔,雅各布　Jacob Boreel
博特科伊,科尼利厄斯　Cornelieus Bottrekoe
博斯,贾恩·威廉　Jan Willem Bos
伯希和　Paul Pelliot,1878 ~ 1945
波罗,马可　Marco Polo, 1254 ~ 1324
波特,保罗　Paul Potter, 1625 ~ 1654
布拉克,乔治　Georges Braque,1882 ~ 1963
布莱希特　Bertolt Brecht,1898 ~ 1956
布莱勤登,理查德　Richard Blechynden
布兰克斯津　Ad Blankestijn
布兰克尔　S. Blankaurt
布朗宁,伊丽莎白·巴雷特　Elizabeth Barrett Browning
布朗克霍斯特,达恩　Daan Bronkhorst
布劳　Willem Janszoon Blaeu,1571 ~ 1638
布罗伊克斯,爱德华　Eduard Broeks
布洛克　J. A. Blok
布鲁恩,奥莱　Ole Bruun

布鲁米津，若泽　José Bruurmijn
布绍夫　H. Buschof
卜德，德克　Derk Bodde，1909～2003
卜弥格　Michael Boym，1612～1659

C

查理二世　Charles II，1630～1685
陈阿锁　Tan Assoy
陈翰笙　Chen Hansheng，1897～2004
陈荣捷　Chan Wingtsit，1901～1994
崔瑞德　Denis Crispin Twitchett，又译杜希德，1925～

D

达珀　Olfert Dapper，1635～1689
戴密微　Paul Demiéville，1894～1979
戴闻达　Jan J. L. Duyvendak，1889～1954
德奥尔良，皮埃尔·约瑟夫　Pierre Joseph d'Orleans，1641～1698
德格里斯　De Grijs
德金　Joseph de Guignes，1721～1800
德克莱克　D. Declercq
德斯得利，叶普里图　Ippolito Desideri，1684～1733
德胜　Issac Titsingh
德容，若斯林　J. B. P. de Josselin de Jong，1886～1964
德希尔曼　G. L. TichelMan
迪安，安东尼　Anthony Dean
狄奥佛拉斯塔　Theophrastus，C. 370～287B. C.
狄百瑞　William Theodore de Bary，1919～
狄卡尔　René Des Cartes，1596～1650
杜丁克　A. Dudink
杜尔哥　Anne Robet Jacques Turgot，1727～1781
杜维德　E. B. Drew

多林格,伊格纳茨　Ignaz Döllinger,1770 ~ 1841

E

恩格尔福莱特　P. Engelfriet

F

凡·高　Vincent Willem van Gogh, 1853 ~ 1890
范奥尔巴内费尔特,约翰娜·路易莎 Johanna Louisa van Oldenbarneveld
范罢览　Andre Everard van Braam Houskgeest,1739 ~ 1801
范察赫　von Zach
范德帕特,塞缪尔　Samuel Van de Putte, 1960 ~ 1745
范德里姆,乔治　George van Driem
范德海登,扬　Jan van der Heyden
范德奈恩伯格,埃格蒙德　Egmond Van der Nyenburg
法尔克内,吉利斯　Gillis Valchenier
范黑克　Frederik van Heek, 1907 ~ 1987
范和伦　Pieter van Hoorn
范霍斯特　D. van der Horst
范克利　Edwin J. Van Kley
范莫斯　H. van Meurs
范尼克　Jacob Corneliszoon van Neck, 1564 ~ 1638
范斯特拉唐　N. H. van Straten
范斯特普尔,约翰尼斯　Johannes van Stapel, 1602 ~ 1636
范特威斯特　A. J. Duymaer Van Twist,1809 ~ 1887
范西博尔德　Philipp Franz van Siebold,1796 ~ 1866
菲克瑟博克瑟　J. Vixseboxse
费伯　M. von Faber
费渊　J. Vixseboxse
费正清　John King Fairbank,1908 ~ 1992
伏尔泰　Voltaire, 1694 ~ 1778
冯德尔　Joost van den Vondel,1587 ~ 1679

佛尔克 Alfred Forke, 1867 ~ 1944
弗格森 Th. T. H. Ferguson
弗尔肯 H. Foeken
弗里斯 Theun de Vries
弗里斯,马腾·赫里茨 Maarten Gerritsz Vries
傅利曼,莫里斯 Maurice Freeman, 1920 ~ 1975
傅飞岚 Franciscus Verellen
傅海波 Herbert Franke
傅科 Jean Bernard Léon Foucault, 1819 ~ 1868
傅吾康 M. H. van der Valk
福斯特曼 Ad Vorstman
福修斯,赫拉德斯·约翰尼斯 Gerardus Johannes Vossius, 1577 ~ 1649
福修斯,伊萨克 Issac Vossius, 1618 ~ 1689
富兰克林,本杰明 Benjamin Franklin, 1706 ~ 1790

G

盖尔,埃森 Esson Modowell Gale
甘治士 George Candidius, 1597 ~ 1647
甘多尔福 Gandolfo
高罗佩 Robert Hans van Gulik, 1910 ~ 1982
高延 J. J. M. de Groot, 1854 ~ 1921
高文律 Cornelis Reijersen, 1623 ~ 1750
高柏 Koos Kuiper
高本汉 Klas Bernhard Johannes Karlgren, 1889 ~ 1978
高威廉 Willem van Gulik
戈利耶斯,雅各布 Jacob Golius, 1596 ~ 1667
戈比 Gaubil
戈伊斯 Joannes Antonides van der Goes, 1647 ~ 1684
格里斯 G. F. M. de Grijs
格莱莫纳 Basilio Brollo de Glemona, 1648 ~ 1704
格劳秀斯,雨果 Hugo Grotius

格雷戈里乌斯十三世　Gregorius XIII
格雷硕夫　J. Gresshoff
葛瑞汉　A. C. Graham
郭克明　Kwee Kek Beng
郭庆常　Ko Ching chang
郭实腊　Karl Friedrich August Gützlaff,1803～1851
顾彬　Wolfgang Kubin, 1945～
古德里奇　L. E. Goodrich
管佩达　Beata Grant

H

哈普斯　Habsburg
哈彻　Michael Hatcher, 1940～
哈吉纳　E. Hagenaar
哈克曼　H. Hackmann, 1864～1935
哈斯卡德博士　Dr. Hascard
海尼诗　Erich Haenisch, 1880～1966
汉乐逸　Lloyd Haft, 1946
豪特曼　Cornelis de Houtman,1565～1599
赫勒,弗朗斯·克萨韦尔　Franz Xaver Heller,1775～1840
赫尔聂斯　Justus Heurnius, 1587～1653
赫尔曼　Hermann,1804～1884
贺麦晓　Michel Hockx,1964～
亨德利克,弗雷德里克　Frederik Hendrik,1584～1647
亨明森,于尔里克·瓜尔塞鲁斯 Ulrich Gualtherus Hemmingson, 1741～1799
恒慕义　Arthur William Hummel, 1884～1975
华盛顿,马萨　Martha Washington
黄嘉略　Arcadius Hoang,1679～1716
霍夫曼　Johann Joseph Hoffmann
霍亨索伦,威廉　William Hohenzollern

霍泽曼　T. Hoosemans

霍姆,汉斯　Hans Hom

霍格沃斯特　A. C. Hoogvorst

霍拉,文采斯劳斯　Wenceslaus Hollar

霍迪,汉弗莱　Humphrey Hody,1669 ~ 1706

J

吉卜林　Joseph Rudyard Kipling, 1865 ~ 1936

基歇尔　Athanasius Kircher,1602 ~ 1680

加伯览茨,范·德　von der Gabelentz

加尔迪勋爵　Magnus Gabriel De la Gardie

加尔贝　J. C. F. Galbert

贾保罗　R. P. Kramers

金梅士　Luis de Camoes

金,弗雷德里克　Frederick King

K

喀西厄　A. P. Cassini

卡尔夫,威廉　Willem Kalf

卡言达,希拉克斯　Scylax of Caryanda

卡兹,塞扎尔　Cesar Caze

卡斯蒂尔　Reinier Pieter van de Kasteele,1767 ~ 1845

凯尔克　C. J. Kelk

凯泽　Anne Sytske Keyzer

凯珀,库斯　Koos Kuiper

凯瑟琳娜　Catharina Cornelia Gertruida van Reede van Oudthoorn

凯塞尔,考纳里　Cornelis Caeser

凯瑟琳公主　Catherine de Braganza,1638 ~ 1705

凯泽,弗里德里克　Friedrick Kaiser

康德谟　Maxime Kaltenmark, 1910 ~ 2002

科尔贝　Mons. Colbert

科里斯　Corius
科西莫三世　Cosimo Ⅲ
柯雷　Maghiel van Crevel
柯文　Paul A. Cohen, 1934 ~
克洛岱尔　Paul Claudel, 1868 ~ 1955
克拉斯，科内利斯　Cornelis Claesz, 1551 ~ 1609
克拉姆　F. G. Kramp
克雷默斯，罗伯特　Robert Kramers
克龙　C. C. Crone
克鲁斯，加斯帕·达　Gaspar da Cruz, 1520 ~ 1570
克鲁恩　W. Croon
克卢弗，菲利普　Philipp Clüver, 1580 ~ 1622
魁奈　Francois Quesnay, 1694 ~ 1774
库波　Cuper
库尔泽，亨利希　Heinrich Kurz, 1836 ~

L

拉德洛夫　W. W. Radloff
拉蒙司　P. W. Lammens
拉穆西奥，詹巴蒂斯塔　Giambattista Ramusio
拉斯特，杰夫　Jef Last
拉特克　Kurt Werner Radtke, 1945 ~
莱德罗斯，洛泰　Lothar Ledderose
莱布尼茨　Gottried Wilhelm Leibniz, 1646 ~ 1716
赖恩　William ten Rhyne
蓝根　F. Langen
雷慕沙　Jean-Pierre Abel Rémusat, 1788 ~ 1832
雷哈诺　Hanno Lecher
勒伊斯，弗雷德里克　Frederik Ruysch
梁兆兵　James Chao-ping Liang, 1936 ~
梁友兰　Nio Joe Lan

列文森　Joseph R. Levenson,1920 ~ 1969

李斯万　Nancy Lee Swann

李约瑟　N. J. T. Montgomery Needham, 1900 ~ 1995

理雅各　James Legge, 1814 ~ 1897

利纳德,雅克　Jacques Linard,1600 ~ 1645

利皮埃罗,第齐亚诺　Tiziana Lipiello

林德布拉德,贝蒂尔　Bertil Lindblad

林斯霍腾　Jan Huygen van Linschoten,1563 ~ 1611

龙彼得　Piet van der Loon,又名范德龙,1920 ~ 2002

卢安德　Andreas Rudomina,1594 ~ 1632

鲁克恩　Klaas Ruitenbeek,1951 ~

鲁道夫二世　Rudolph Ⅱ

鲁瓦耶　Jean Theodore Royer,1737 ~ 1807

鲁伊斯达尔　Jacob van Ruisdael, 1628 ~ 1682

罗伯斯　R. Emmet Roberts

罗胡森　J. J. Rochussen

罗登科,保罗　Paul Rodenko

罗伯茨,辛辛纳特斯　Cincinnatus Roberts

罗普特,马丁尼　Martini Lor-put

伦勃朗　Rembrandt Harmenszoon van Rijn, 1606 ~ 1669

M

马伯乐　Henri Maspero,1883 ~ 1945

马大任　John T. Ma, 1920 ~

马嘎尔尼　Samuel Halliday Macartney, 1833 ~ 1906

马克　A. Demaerckere

马礼逊　Robert Morrison,1782 ~ 1834

马什,纳西瑟斯　Narcissus Marsh

马松,菲利普　Phillippe Masson

麦华陀　Walter Henry Medhurst, 1823 ~ 1885

麦基翁,亚当　Adam Mckeown

麦志明 Bruce Maclaren
曼尼克思 William Francis Mannix
迈伊左克斯 M. des Maizeaux,1673～1745
梅罗德,威廉·德 Willem de Mérode
梅西科波 M. Messkoub
梅里,莫罗·圣 Moreau de Saint-Méry,1750～1819
梅奥尔 Nicholas Ulrich Mayall,1906～1993
牟复礼 Frederick Wade Mote
米尔曼,约翰 Johan Meerman,1753～1815
莫尔,约翰 John Moore
穆尔黑德,格雷斯·范 Grace V. Moorhead
穆罕默德,哈兹 Hajji Mahonmed
穆列,约瑟夫 Jozef Lodewijk Maria Mullie, 1886～1976

N

南怀仁 Ferdinand Verbiest, 1623～1688
纳茨,彼得 Pieter Nuyts
纳龙 Knalon
尼乌霍夫,约翰 Johan Nieuhof,1618～1672
尼孔主教 Patriarch Nikon
倪汉克 Henk B. Nieuwenhuys

P

帕胡德 C. F. Pahud
帕特曼斯,汉斯 Hans Putmans, ? ～1656
庞德 Ezra Pound,1885～1972
庞普 Dirck Gerritswzoon Pomp, 1544～1608
佩茨 Paets
彭纳 Francisco Orazio della Penna,1680～1745
濮兰德 John Otway Percy Bland, 1863～1945

Q

乔姆斯基 Noam Chomsky,1928 ~
琼,W. L. W. L. van Woerkom-Chong

R

惹诺皆色 Jacob de Keyzer
热拉尔 W. G. Gérard
容,彼得·德 Peter de Jong
荣格 Carl Gustav Jung,1875 ~ 1961
儒莲 Stanislas Julien, 1797 ~ 1873
瑞南 Ernest Renan,1825 ~ 1892

S

萨尔马修斯 Claudius Salmasius, 1588 ~ 1654
萨维诺,吉多·达 Guido da Savino
赛奇,托尼 Anthony J. Saich, 1953 ~
塞尔腾,让·保罗 Jean Paul Certon,1741 ~ 1793
沙忽略,方济各 Francisco Xavier,1506 ~ 1552
沙利文,托马斯 Thomas Sullivan
沙畹 Emmamuel-édouard Chavannes,1865 ~ 1918
施舟人 Kristofer Schipper,1934 ~
施托伊弗桑特,彼得 Peter Stuyvesant
施泰因梅茨 S. R. Stenmetz,1862 ~ 1940
史华慈 Benjamin I. Schwartz,1917 ~ 1999
沈福宗 Michael Alphonsius Shen Fu-Tsung 1657 ~ 1692
胜雅律 Harro von Senger, 1944 ~
斯宾诺莎 Baruch Spinoza, 1632 ~ 1677
斯劳尔霍夫 Jan Jacob Slauerhoff, 1898 ~ 1936
斯特勒弗尔 Stijn Streuvels
斯卡利杰尔,约瑟夫 Josephus Scaliger, 1540 ~ 1609

司马翎　Rint Sybesma,1960 ~
宋君荣　Antoine Gaubil,1689 ~ 1759
宋汉理　Harriet Thelma Zurndorfer, 1946 ~
苏尔坦,曼努克家族　the Mamluke Sultans
索梅士,克洛德·德　Claude de Saumaise,1588 ~ 1653

T

汤姆斯,彼得·佩兰　Peter Pering Thoms, 1824 ~
汤若望　Johann Adam Schall von Bell,1592 ~ 1666
坦普尔,威廉　William Temple
泰弗内,梅基塞代克　Melchisédech Thévenot
特费恩　Henri Nicolaas ter Veen, 1883 ~ 1949
特朗　T. Truong
田海　Barencl ter Haar,1958 ~
田思　Stephan R. Landsberger,1955 ~
托尔斯泰　Tolstoy,1828 ~ 1910
托勒密二世　Ptolemy II Philadephus,302 ~ 246 B. C.

W

王卡洛　Carolus Wang
威尔德,凡·德　Van de Velde, 1633 ~ 1707
瓦格纳,理查德　Richard Wagner,1813 ~ 1883
瓦赫纳尔,卢卡斯·扬斯　Lucas Jansz Waghenaer
威特森,科内利斯·扬　Cornelis Jan Witsen
韦尔策　E. J. Welz
韦麻郎　Waijbrandt van Waerwijck
韦特曼,爱德华　Eduard Veterman
卫匡国　Martino Martini, 1614 ~ 1661
维登霍夫　J. Wiedenhof, 1959 ~
维尔肯　G. A. Wilken, 1847 ~ 1891
维米尔　Johannes Vermeer, 1632 ~ 1675

维斯 P. J. Veth
维特森,尼古拉斯 Nicolaes Witsen, 1641 ~ 1717
维特森,内利斯 · 扬 Cornelis Jan Witsen, 1605 ~ 1669
威廉一世,腓特烈 Friederick Wilhelm Ⅰ, 1676 ~ 1718
威廉五世 Prince William V, 1751 ~ 1795
威廉米娜 Princess Wilhelmina, 1751 ~ 1820
魏丕信 Pierre-Etiene Will
沃顿,威廉 William Wotton
沃兹涅夫斯基,玛格丽特 Marguerite Waazniewski
吴尔铎 Albert D'orville, 1621 ~ 1662
吴德荣 Tak-wing Ngo
吴荣子 Joyce Wu
乌尔弗拉斯 Ulfilas
微席叶 Arnold Jaques Antoine Vissière, 1858 ~ 1930
韦慕庭 Clarence Martin Wilbur, 1908 ~

X

喜龙仁 Osvald Sirén, 1879 ~ 1966
西登瑞 S. Sidenri
希尔 De Heer, 1950 ~
希罗多德 Herodotus, 485 ~ 425 B. C.
西姆斯,沃尔特船长 Captain Walter Sims
奚如谷 Stephen West
小德金 Chrétien Louis Joseph de Guignes, 1759 ~ 1845
谢和耐 Jacques Gernet, 1921 ~
新洛朋,雅各布 Jacob J. Hinlopen
休谟 David Hume, 1711 ~ 1776
许理和 Erik Zürcher, 1928 ~ 2008
许烺光 Francis L. K. Hsü, 1909 ~ 1999
许德,华内斯 Johannes Hudde, 1629 ~ 1695
薛力赫 Gustaaf Schlegel, 1840 ~ 1903

Y

雅德林采夫　N. M. Yadrintsev
伊维德　Wilt Lukas Idema, 1944 ~
伊拉斯谟　Erasmus,真名为 Gerhard Gerhards, 1466 ~ 1536
伊懋可　Mark Elevin
以利沙　Eleazar
尤罗伯　Robert Junius, 1606 ~ 1655
于赛,詹姆斯　James Ussher
于伦贝克　Christianus Cornelius Uhlenbeck, 1866 ~ 1951
约恩克　Dirk Reinder Jonker, 1925 ~ 1973

Z

翟理思　Herbert Allen Giles, 1845 ~ 1935
泽克,埃里克·扬　Erik-Jan Zürcher
曾祖森　Tjan Tjoe Som, 1903 ~ 1969
卓根布鲁特,杰曼　Germain Droogenbroodt
朱文诺尔　Juvenal, 66 ~ 140

附录三
汉英术语对照表

A

阿里斯迪书简　Letter of Aristeas

B

峇峇娘惹　Peranakans （土生华人）
白釉蓝彩陶瓷　deft wares
包税商　taxfarmers
本国中心论　National Centralism
本体论　ontology
变异效应　Alienation
波士顿茶叶党　Boston Tea Party
捕捉他性　capture otherness

C

超区域精华　supra-regional elite
超新星　supernovae
程式化　programmed
传教士　missionary
创造原理　creative principle
冲击—回应　impact—response

D

大航海时代　Age of Exploration
大选帝侯　The Great Elector of Brandenburg
道家　Taoist School
道德经济　moral economy
道教生态学　Taoist ecology
道书　Taoist books
道藏　The Taoist Canon
道藏工程　The Tao-tsang Project
党校干训　cadre training in a Party school
"低层次"人群　Lower people
《狄公案》　Dee Goong An：Murder Cases Solved by Judge Dee
定型化　stereotyped
多才多艺人才　Renaissance men
多元文化　multi-cultures
对比研究　comparative studies

F

法兰克福学派　the Frankfurt School
翻译生　translateur-élève
泛灵论　animism
佛教　Buddhism
佛学　Buddhology
放纵自由　laissez-faire
风水学　*fengshui*，　geomantic divination
方法论　methodology
方济各会传教团　Franciscan mission
副文　spuria

G

“高层次”人群　higher people

共同价值观　shared value

共性　generality

功利性　utilitarianism

国学专家　expert on Chinese national culture, country expert

观天象　astrological studies

H

汉学　Sinology

汉学家　Sinologist

汉学外交家　diplomat of Sinology

核心学科　core disciplines

宏观汉学　macro-Sinology

宏观社会学　macrosociology

宏大叙事　grand statement

后现代主义　post modernism

后殖民主义　post colonialism

华夏文化　Chinese culture

话语权　discourse right

黄教　shamanism

会馆　guid hall, *kongsi*

J

甲必丹,甲大　captain

教席　professorship, chair for senior teaching staff

解读　interpretation

精英文化　elite culture

精英见解　elite perspectives

集邮者心态　stamp collectors' mentality

经济腾飞　economical boom

矫饰的语法理论　pretentious grammatical theory

K

开心期　hazing period

看舌苔诊断病情　diagnose from the tongue

科际意义　interdisciplinary significance

科研商品化　commercialized scientific research

可证伪性　falsifiability

克拉克瓷　kraak ware

跨学科研究　cross disciplinary studies, interdisciplinary studies

跨国迁移　transnationalism

L

兰学　Dutch learning

理性选择理论　rational choice theory(又称 rational action theory)

理想榜样　the norm for idealism

伦理政策　ethical policy

螺旋星系内部运动　spiral galaxy internal motions

M

马约利卡陶　Majolika

马约利卡风格　Majolica Style

麦士蒂索妇女　Mesitzo women

麦加　Mecca

盲区　zone of blindness

朦胧诗　obscure poetry

美学价值　aesthetic value

明代青花瓷款式　Ming Dynasty blue and white porcelain type

民间宗教　popular religion

墓志铭　text on the tomb stone

N

南戏　Southern Fukienese Opera
女性作家文学　literature by female authors

O

偶像崇拜　iconoclasm
欧洲中心论　Eurocentralism

P

婆罗浮屠　the Borobudur
普适性　general applicability
普世意义　oecumenical significance

Q

秦律残简　remnants of Qin Law on bamboo strips
琴文化　*Qin* Ideology
浅薄涉猎　dilettantism
区域性　regionalization, parochiality
区域研究　area studies
《七十二学者译本》　Septuagint Bible
裙带关系　nepotism
全球一体化　globalization
全球经济一体化　global economic integration

R

人类文化学　ethnology
人类学方式　anthropological approach
人种论　ethnography
人文科学　the humanities
人类学史学　anthropological history

人性 personality
认同 identity
认识论 epistemology
认知革命 cognitive revolution
戎克船 junk
日本学 Japanese studies, Japanology
儒家学说 Confucianism
弱势群体 vulnerable group

S

伤痕文学 scar literature
僧伽 Sangha
社会科学 social sciences
社会描述研究 sociography
社会史 social history
社会文化学 cultural Sociology
社会心理学派 School of Social Psychology
生机论 vitalism
生命冲动 vital impulse
圣经批判学者 Biblical critic
实用性 pragmaticalness
实在论哲学家 Realist Philosopher
十大消失部落 Ten Lost Tribes
十四行诗 sonnet
时空观念 notions of time and space
世界性 cosmopolitnism
视阈 field of vision
士大夫佛教 Gentry Buddhism
说书人 raconteur

T

他性　otherness
烫金　salvocate
特许制度　franchise system
替换操练　substitution drills
天地会　Heaven-Earth-League
天文学　astronomy
田野调查　field work
通事　interpreter
通俗小说　popular fiction
通天塔　the Tower of Babel
图坦卡门　Tutankhamun
团队化　working as a team（member）

W

网络推手　Internet marketer/profiteer
网络诈骗　phishing
王室佛教　Court Buddhism
文本分析　textual analysis
文本实证解读　textual positivist interpretation
文化互动机制　mechanism of cultural interaction
文化鸿沟　culture gap
文化互植　cross-fertilizations
文化基因库　the Gene Bank of Culture
文化交流　cultural exchanges
文化密码　cultural code
文化史　cultural history
文学实践　literary practice
文化认同　cultural identity
伪汉学　pseudo-Sinology

伪汉学手段　missinological approach
伪科学　pseudo-science
微观汉学　micro-Sinology
微观社会学　microsociology
位置天文学　positional astronomy
务实性研究　pragmatic research

X

西学　Western Studies
西域　Serindia, Western Region
系谱心态　genealogical mentality
系统化知识　systematised knowledge
系统研究　a systematic study
《希伯来文通俗圣经》　the Hebrew Vulgate
心智主义　mentalism
新客　Singkehs
新文化史　New Cultural History
新文化运动　New Literary Renaissance
星云　nebulae
星系红向移动　the redshifts of galaxies
幸福指数　happiness index
先锋文学　vanguard literature
现代性　modernity
县志　county history
消费主义　consumerism
小小说　dime novels
蟹状星云　Crab Nebula
宣传招贴画　propaganda poster
学术造假　academic fraud
学术浮躁　academic impetuosity
学科组合　integration of an academic field

学者文化　learned culture
学者言语　learned discourse

Y

妖魔化　demonizing
雅利安　Aryan
移民　migration, migrant, emigrate
异端文学　literature by dissident authors
异端邪说　heterodoxy
异质研究领域　heterogeneous fields of research
异化　variation
意识形态　ideology
《银色圣经抄本》　Codex Argenteus
应用科学　applied science
应用语言学　applied linguistics
宇宙动力　cosmic urge
语境　context
艺术品破坏者　vandalist
原诗歌　meta-poetry
元小说　metafiction
愿景　new vistas

Z

杂交化　hybridization
赠书中国计划　Books for China Project
自然宗教　natural religion
侦探小说　detective fiction
正统思想　orthodox
芝加哥学派　the Chicago School
知识总管　intellectual factotum
知识产权调查　intellectual property investigation

殖民当局　colonial administration
治史手段　historical approach
中国国情研究者　China students
中国通　Communicator on China, old China hand
中国海岸学派　The China Coast School
中国热　Chinoiserie
中国戏曲　Chinese opera
中国形象　image of China
中国形象识别标记　Chinese Image Identity
中国研究　China studies
中国中心观　China as Centre
忠实翻译　faithful translation
主流理论　main stream theories
主流学科　principal disciplines
专业化　specialization
专业用语　dialect, term
准汉学家　proto-Sinologist
转型　paradigm shift